Langenscheidt
Grund- und Aufbauwortschatz

# Englisch

mit MP3-Download

Langenscheidt

*Projektmanagement, Lektorat und XML-Realisierung:* Ursula Welsch und Susanne Franz
*Bearbeitung:* Dr. Lutz Walther; unter Mitarbeit von Dr. Helen Galloway
*Grafik-Design:* Ute Weber
*Cover-Illustration:* Das Illustrat, München
*Umschlaggestaltung:* KW43 BRANDDESIGN, Düsseldorf

**Kostenloser Download Ihres Audio-Grund- und Aufbauwortschatzes**

Gehen Sie folgendermaßen vor:
1. Gehen Sie auf die Seite www. langenscheidt.com/bonusmaterial
2. Geben Sie dort den Code **gaw137** ein.
3. Klicken Sie auf den Button "aktivieren".
4. Klicken Sie auf Ihr gewünschtes Zusatzmaterial (MP3-Audiodateien)

2. Auflage 2020

**www.langenscheidt.com**


Satz: preXtension, Grafrath
Druck und Bindung: Druckerei C. H. Beck, Nördlingen

**ISBN 978-3-12-563185-4**

# Vorwort

Der Langenscheidt Grund- und Aufbauwortschatz Englisch ist sowohl für Anfänger als auch für fortgeschrittene Lerner geeignet. Die Wörter und Wendungen entstammen den **Niveaus A1 bis B2**. Ob ein Wort zum Grund- oder Aufbauwortschatz gehört, erkennen Sie am weißen bzw. blauen Hintergrund.

Der Wortschatz ist nach Häufigkeit und Aktualität ausgewählt. Er gliedert sich thematisch in 21 **Kapitel**. Innerhalb eines Kapitels sind die Wörter nach Sinnzusammenhängen gruppiert, sodass sie leichter zusammen gelernt werden können.

Zu jedem **Stichwort** finden Sie mindestens einen **Beispielsatz**, der den korrekten Gebrauch veranschaulicht. Bei unterschiedlichen Wortbedeutungen wurden mehrere Beispielsätze aufgenommen. Eine Ausnahme bilden Wörter, deren Bedeutung über die Übersetzung eindeutig erschlossen werden kann, wie z.B. Nahrungsmittel oder Tiere und Pflanzen. Diese Begriffe haben wir in thematischen Wortlisten zusammengefasst.

Viele **Tipps** informieren Sie über den Gebrauch und die Unterscheidung von leicht zu verwechselnden Wörtern oder über wichtige landeskundliche Details. Darüber hinaus können sie Anmerkungen zur Wortbildung enthalten.

Mit dem **Register** für jede Sprachrichtung können Sie alle Wörter rasch finden.

Laden Sie auf www.langenscheidt.de/audiowortschatz mit dem im Impressum abgedruckten Code kostenlos die **komplette Vertonung** des Grund- und Aufbauwortschatzes Englisch herunter. Der Audio-Wortschatz hilft Ihnen Ihre Aussprache zu optimieren und lässt sich auch für das Vokabellernen unterwegs nutzen. Einige Beispielsätze aus der Buchausgabe haben wir für die Vertonung leicht abgewandelt, um Ihnen das Hörverstehen zu erleichtern.

## So einfach funktioniert's:

(Unter-)Thema

Stichwort (blau)

IPA-Lautschrift

Wortart

Beispielsatz

Amerikanische Aussprache-variante

Redewendung

Unregelmäßiges Verb, Verweis auf die Übersicht der Konjugations-formen

Grundwortschatz (auf weißem Grund)

Tipp (dunkelblau unterlegt)

Aufbauwortschatz (auf blauem Grund)

Verweis auf einen Tipp, der auch für dieses Stichwort zutrifft.

282 **Luft- und Schifffahrt**

**direct** [dɪ'rekt] *adv, adj* — **direkt**; **Direkt-**
- Can I fly **direct** from London to Hawaii? — Kann man von London nach Hawaii **direkt** fliegen?
- We booked a **direct** flight from Frankfurt to San Francisco. — Wir haben einen **Direkt**flug von Frankfurt nach San Francisco gebucht.

**ship** [ʃɪp] *n* — das **Schiff**
- Over 400 passengers were on the **ship**. — Über 400 Passagiere w… **Schiff**.

**boat** [bəʊt] *n* — das **Boot**, das **Schiff**
- We hired a small **boat** and went over to the island. — Wir mieteten uns ein kleines **Boot** und fuhren zur Insel hinüber.

**port** [pɔːt] *n* — der **Hafen**
- The **port** of Rotterdam is one of the biggest in the world. — Der **Hafen** von Rotterdam ist einer der größten der Welt.

➡ Im Gegensatz zu einem **port** ist ein **harbour** kleiner und für kl… geeignet.

**harbour** *BE* ['hɑːbə], **harbor** *AE* ['hɑːrbər] *n* — der **Hafen**
- The **harbour** was full of yachts and fishing boats. — Der **Hafen** war voll mit Jachten und Fischerbooten.

➡ port ▸ S. 282

**ferry** ['ferɪ] *n* — die **Fähre**
- Why don't we take the **ferry** when we go to England next summer? — Warum nehmen wir nicht die **Fähre**, wenn wir im nächsten Sommer nach England fahren?

**to put to sea** [tə 'pʊt tə 'siː] *phrase*; ▸ **v irr** S. 444 put — **auslaufen**
- On our final day we **put to sea** from the port of Montevideo. — Am letzten Tag **liefen** wir **aus** dem Hafen von Montevideo **aus**.

**to sink** [tə 'sɪŋk] *v*; ▸ **v irr** S. 446 sink — **sinken**
- The ferry **sank** within minutes. — Die Fähre **sank** innerhalb von Minuten.

**helicopter** ['helɪkɒptə] *n* — der **Hubschrauber**
- The president was brought from the hotel to the airport by **helicopter**. — Der Präsident wurde in einem **Hubschrauber** vom Hotel zu… gebracht.

# Inhalt

# Hinweise zur Aussprache und zur Lautschrift

## Lautschrift

Die Lautschrift eines Begriffs wird in eckigen Klammern unmittelbar nach dem Stichwort **woman** ['wʊmən] angegeben und orientiert sich an der britischen Aussprache. Gibt es eine amerikanische Aussprachevariante zu diesem Eintrag, wird sie zusätzlich mit angegeben: **advantage** [*BE:* əd'vɑːntɪdʒ, *AE:* əd'væntɪdʒ].

Folgende Schrift- und Lautschriftzeichen werden für die Darstellung benutzt:

## Vokale und Diphthonge

| Zeichen | Beispiel | Phonetik | Aussprache |
|---|---|---|---|
| [æ] | hat, bad | [hæt], [bæd] | keine dt. Entsprechung, zwischen **a** und **ä** |
| [ʌ] | sun, other | [sʌn], ['ʌðə] | kl**a**tschen |
| [e] | letter, end | ['letə], [end] | n**e**tt |
| [ə] | address, sister | [ə'dres], ['sɪstə] | bitt**e** |
| [ɪ] | visit, busy | ['vɪzɪt], ['bɪzɪ] | H**i**lfe |
| [ɒ] | clock, shop | [klɒk], [ʃɒp] | D**o**tter |
| [ʊ] | book, push | [bʊk], [pʊʃ] | M**u**tter |
| [ɑː] | father, arm | ['fɑːðə], [ɑːm] | K**ah**n |
| [iː] | teach, knee | [tiːtʃ], [niː] | B**ie**ne |
| [ɔː] | call, port | [kɔːl], [pɔːt] | Z**o**rn |
| [ɜː] | bird, world, earn | [bɜːd], [wɜːld], [ɜːn] | f**ö**rdern |
| [uː] | news, boom | [njuːz], [buːm] | St**uh**l |
| [aɪ] | find, idea | [faɪnd], [aɪ'dɪə] | M**ei**ster |
| [eɪ] | place, able | [pleɪs], [eɪbl] | keine dt. Entsprechung, Lautfolge von [e]+[ɪ] |
| [ɔɪ] | voice, enjoy | [vɔɪs], [ɪn'dʒɔɪ] | l**äu**ten |
| [aʊ] | town, out | [taʊn], [aʊt] | H**au**s |
| [əʊ] | road, open | [rəʊd], ['əʊpən] | keine dt. Entsprechung, Lautfolge von [ə]+[ʊ] |
| [eə] | bear, air, where | [beə], [eə], [weə] | popul**är** |
| [ɪə] | year, ear, here | [jɪə], [ɪə], [hɪə] | v**ier** |

| Zeichen | Beispiel | Phonetik | Aussprache |
|---|---|---|---|
| [ʊə] | Europe, tourism | [ˈjʊərəp], [ˈtʊərɪzm] | keine dt. Entsprechung, Lautfolge von [ʊ]+[ə] |

## Konsonanten

| Zeichen | Beispiel | Phonetik | Aussprache |
|---|---|---|---|
| [p] | point, pot | [ˈpɔɪnt], [pɒt] | **P**unkt |
| [b] | begin, hobby | [bɪˈgɪn], [ˈhɒbɪ] | **B**erg |
| [f] | feel, wife | [fiːl], [waɪf] | **F**uß |
| [v] | van, live | [væn], [lɪv] | **V**illa |
| [w] | word, forward | [wɜːd], [ˈfɔːwəd] | keine dt. Entsprechung, gesprochen wie **u** mit gestülpten Lippen |
| [t] | talk, butter | [tɔːk], [ˈbʌtə] | **T**on |
| [d] | do, red | [duː], [red] | **D**ach |
| [s] | save, fast | [seɪv], [fɑːst] | Schlu**ss** |
| [z] | zero, news | [ˈzɪərəʊ], [njuːz] | **S**onne |
| [θ] | thank, breath | [θæŋk], [breθ] | keine dt. Entsprechung, gesprochen wie ein gelispeltes, stimmloses **s** |
| [ð] | the, breathe | [ðə], [briːð] | keine dt. Entsprechung, gesprochen wie ein gelispeltes, stimmhaftes **s** |
| [ʃ] | shop, dish | [ʃɒp], [dɪʃ] | **Sch**ule |
| [ʒ] | vision, garage | [ˈvɪʒn], [ˈgærɑːʒ] | Passa**g**ier |
| [tʃ] | child, match | [tʃaɪld], [mætʃ] | deu**tsch** |
| [dʒ] | jeans, fudge | [dʒiːnz], [fʌdʒ] | **Dsch**ungel |
| [l] | land, ball | [lænd], [bɔːl] | **L**iebe |
| [g] | give, dog | [gɪv], [dɒg] | **g**eben |
| [k] | car, lake | [kɑː], [leɪk] | **k**önnen |
| [m] | man, room | [mæn], [ruːm] | **M**ann |

| Zeichen | Beispiel | Phonetik | Aussprache |
|---|---|---|---|
| [n] | note, run | [nəʊt], [rʌn] | **N**ote |
| [ŋ] | king, singer | [kɪŋ], ['sɪŋə] | Kli**ng**el |
| [r] | ring, lorry | [rɪŋ], ['lɒrɪ] | keine dt. Entsprechung, **r** gesprochen mit zurückgezogener Zunge |
| [h] | hotel, downhill | [həʊ'tel], [daʊn'hɪl] | **H**otel |
| [j] | year, beyond | [jɪə], [bɪ'jɒnd] | **j**etzt |

## Betonung

Im Englischen wird meist die erste Silbe des Worts betont. Bei mehrsilbigen Wörtern zeigt das Betonungszeichen ['] an, dass die folgende Silbe am stärksten betont wird. Eine Nebenbetonung in einem Wort wird durch das Zeichen [ˌ] gekennzeichnet.

Das Symbol [ː] bedeutet, dass der voranstehende Vokal lang gesprochen wird.

# Persönlichkeit

## Persönliche Angaben

| | |
|---|---|
| **Mr** ['mɪstə] *n* | der **Herr** |
| ▪ This is my boss, **Mr** Paul Brown. | ▪ Das ist mein Chef, **Herr** Paul Brown. |
| **man** [mæn] *n* | der **Mann** |
| ▪ He's a good-looking **man**. | ▪ Er ist ein gut aussehender **Mann**. |
| **Mrs** ['mɪsɪz] *n* | die **Frau** |
| ▪ Is there a **Mrs** Bolton living in this house? | ▪ Wohnt in diesem Haus eine **Frau** Bolton? |
| **woman** ['wʊmən] *n* | die **Frau** |
| ▪ The novel is called "A **Woman** of Thirty". | ▪ Der Roman heißt „Eine **Frau** von dreißig Jahren". |
| **Ms** [mɪz] *n* | die **Frau** |
| ▪ Do you need any help, **Ms** Carlton? | ▪ Brauchen Sie Hilfe, **Frau** Carlton? |

➡ **Ms** ist die heute gängige Bezeichnung für Frauen allgemein; die alte Anrede **Miss** (Fräulein) wird jedoch noch von der älteren Generation für junge Mädchen und für Wendungen wie „Miss Germany" verwendet.

| | |
|---|---|
| **baby** ['beɪbɪ] *n m/f* | das **Baby** |
| ▪ Peter is seven years old, Anne is still a **baby**. | ▪ Peter ist sieben Jahre alt, Anne ist noch ein **Baby**. |
| **child** [tʃaɪld] *n m/f; pl* **children** | das **Kind** |
| ▪ We're expecting our third **child** in June. | ▪ Im Juni erwarten wir unser drittes **Kind**. |
| **boy** [bɔɪ] *n* | der **Junge** |
| ▪ There are only three **boys** in our class. | ▪ In unserer Klasse sind nur drei **Jungen**. |
| **girl** [gɜːl] *n* | das **Mädchen** |
| ▪ Both my **girls** play in the same baseball team. | ▪ Meine beiden **Mädchen** spielen im selben Baseballteam. |
| **to call** [tə 'kɔːl] *v* | **nennen** |
| ▪ His name is Robert, but we **call** him Rob. | ▪ Sein Name ist Robert, aber wir **nennen** ihn Rob. |

| | |
|---|---|
| **to be called** [tə biː 'kɔːld] *phrase;* ▸ **v irr** S. 439 **be** ▪ He**'s called** Mario. | **heißen** ▪ Er **heißt** Mario. |
| **name** [neɪm] *n* ▪ Could you spell your **name**, please? | der **Name** ▪ Könnten Sie bitte Ihren **Namen** buchstabieren? |
| **surname** ['sɜːneɪm] *n* ▪ What's your mother's **surname**? | der **Familienname** ▪ Wie ist der **Familienname** deiner Mutter? |
| **last name** [*BE:* ˌlɑːst 'neɪm, *AE:* ˌlæst 'neɪm] *n* ▪ What's your mother's **last name**? | der **Nachname** ▪ Wie ist der **Nachname** deiner Mutter? |
| **first name** [ˌfɜːst 'neɪm] *n* ▪ My **first name** is Swedish. | der **Vorname** ▪ Mein **Vorname** ist schwedisch. |
| **single** ['sɪŋgl] *adj* ▪ I'm not **single**. My husband lives in Mexico. | **ledig** ▪ Ich bin nicht **ledig**. Mein Mann lebt in Mexiko. |
| **singles** ['sɪŋglz] *n pl* ▪ I was at a party with lots of **singles**. | die **Singles** ▪ Ich war bei einer Party mit lauter **Singles**. |
| **married** ['mærɪd] *adj* ▪ Since when have you been **married**? | **verheiratet** ▪ Seit wann sind Sie **verheiratet**? |
| **divorced** [dɪ'vɔːst] *adj* ▪ James and Carol were married, but now they**'re divorced**. | **geschieden** ▪ James und Carol waren verheiratet, aber jetzt sind sie **geschieden**. |
| **separated** ['sepərəɪtɪd] *adj* ▪ Their parents aren't **separated**. They just live in different flats. | **getrennt** ▪ Ihre Eltern sind nicht **getrennt**. Sie leben nur in verschiedenen Wohnungen. |
| **widower** ['wɪdəʊə] *n* ▪ Peter's wife died very young, and he's been a **widower** for most of his life. | der **Witwer** ▪ Peters Frau starb sehr jung, und er ist fast sein Leben lang **Witwer**. |

| | |
|---|---|
| **widow** ['wɪdəʊ] *n* | die **Witwe** |
| ▪ After the death of her husband she founded an Internet forum for **widows**. | ▪ Nach dem Tod ihres Gatten gründete sie ein Internetforum für **Witwen**. |
| **widowed** ['wɪdəʊd] *adj* | **verwitwet** |
| ▪ He has been **widowed** for many years. | ▪ Er **ist** seit vielen Jahren **verwitwet**. |
| **to come from** [tə 'kʌm frəm] *phrase;* ▸ **v irr** S. 440 come | **herkommen** |
| ▪ Where **do** you **come from**? | ▪ Wo **kommen** Sie **her**? |
| **to be from** [tə 'biː frəm] *phrase;* ▸ **v irr** S. 439 be | **kommen aus** |
| ▪ She**'s from** Toronto, Canada. | ▪ Sie **kommt aus** Toronto, Kanada. |
| **(place of) residence** [('pleɪs əv) 'rezɪdəns] *n* | der **Wohnort**, der **Wohnsitz** |
| ▪ What's your permanent **place of residence**? | ▪ Was ist Ihr ständiger **Wohnort**? |
| **address** [ə'dres] *n* | die **Adresse**, die **Anschrift** |
| ▪ What's your **address**? | ▪ Wie ist Ihre **Adresse**? |
| **street** [striːt] *n* | die **Straße** |
| ▪ She lives at 735 Willard **Street**. | ▪ Sie wohnt in der Willard-**Straße** 735. |
| **house number** ['haʊs ˌnʌmbə] *n* | die **Hausnummer** |
| ▪ No, the **house number** is 24, not 34. | ▪ Nein, die **Hausnummer** ist 24, nicht 34. |

➡ In englischen und amerikanischen Adressen steht die Hausnummer vor dem Straßennamen.

| | |
|---|---|
| **telephone number** ['telɪfəʊn ˌnʌmbə] *n* | die **Telefonnummer** |
| ▪ His office has a new **telephone number**: it's 894-7866. | ▪ Sein Büro hat eine neue **Telefonnummer**: Sie lautet 894-7866. |
| **person** ['pɜːsn] *n m/f; pl* **people** | die **Person** |
| ▪ Tickets for the game are $24 per **person**. | ▪ Die Eintrittskarten für das Spiel kosten 24 Dollar pro **Person**. |
| **marital status** [ˌmærɪtl 'steɪtəs] *n* | der **Familienstand** |
| ▪ Why did they ask for your **marital status**? | ▪ Warum haben sie nach deinem **Familienstand** gefragt? |

| | |
|---|---|
| **gender** ['dʒəndə] *n* | das **Geschlecht** |
| ▪ Nobody should be discriminated against because of their **gender**. | ▪ Niemand sollte wegen seines **Geschlechts** benachteiligt werden. |
| **nationality** [ˌnæʃə'nælətɪ] *n* | die **Staatsangehörigkeit**, die **Staatsbürgerschaft** |
| ▪ In London you can see people of many different **nationalities**. | ▪ In London kann man Menschen mit vielen verschiedenen **Staatsangehörigkeiten** sehen. |
| **citizen** ['sɪtɪzn] *n m/f* | der **Staatsbürger**, die **Staatsbürgerin** |
| ▪ All people born in the US can become American **citizens**. | ▪ Alle Menschen, die in den USA geboren wurden, können amerikanische **Staatsbürger** werden. |
| **of age** [ˌəv 'eɪdʒ] *phrase* | **volljährig** |
| ▪ I look younger but I am **of age**. | ▪ Ich sehe jünger aus, aber ich bin schon **volljährig**. |

➡ Je nach Land oder US-Bundesstaat ist man mit 18, 19 oder 21 Jahren volljährig. Man sagt also häufig, man sei **over 18**, um auszudrücken, dass man volljährig ist bzw. **under 18**, wenn man das Alter noch nicht erreicht hat.

| | |
|---|---|
| **under age** [ˌʌndər 'eɪdʒ] *phrase* | **minderjährig** |
| ▪ They didn't let her in. She's still **under age**. | ▪ Sie haben sie nicht reingelassen. Sie ist noch **minderjährig**. |
| ➡ of age ▶ S. 16 | |
| **nickname** ['nɪkneɪm] *n* | der **Spitzname** |
| ▪ My **nickname** is Speedy. | ▪ Mein **Spitzname** ist Speedy. |

# Charaktereigenschaften

| | |
|---|---|
| **good** [gʊd] *adj* | **gut**, **lieb**, **brav** |
| ▪ Greg's a really **good** cook. | ▪ Greg ist ein wirklich **guter** Koch. |
| ▪ Be a **good** boy and play outside in the garden. | ▪ Sei ein **braver** Junge und spiele draußen im Garten. |
| **kind** [kaɪnd] *adj* | **nett** |
| ▪ It was very **kind** of you to help me. | ▪ Es war sehr **nett** von dir, mir zu helfen. |

| | |
|---|---|
| **friendly** ['frendlɪ] *adj* | **freundlich** |
| ▪ Amanda greeted us with a **friendly** smile. | ▪ Amanda begrüßte uns mit einem **freundlichen** Lächeln. |
| **unfriendly** [ʌn'frendlɪ] *adj* | **unfreundlich** |
| ▪ The receptionist was quite **unfriendly**. | ▪ Die Empfangsdame war ziemlich **unfreundlich**. |
| **patience** ['peɪʃns] *n* | die **Geduld** |
| ▪ And then he lost his **patience** and became angry. | ▪ Und dann hat er die **Geduld** verloren und wurde böse. |
| **patient** ['peɪʃnt] *adj* | **geduldig** |
| ▪ You should be more **patient** with your children. | ▪ Du solltest **geduldiger** mit deinen Kindern sein. |
| **impatient** [ɪm'peɪʃnt] *adj* | **ungeduldig** |
| ▪ I get **impatient** when people don't listen to me. | ▪ Ich werde **ungeduldig**, wenn mir Leute nicht zuhören. |
| **careful** ['keəfl] *adj* | **vorsichtig** |
| ▪ Be **careful** crossing the street. | ▪ Sei **vorsichtig**, wenn du die Straße überquerst! |
| **carefully** ['keəfəlɪ] *adv* | **aufmerksam** |
| ▪ Mum always reads the recipe **carefully** before starting to cook. | ▪ Mutti liest das Rezept immer **aufmerksam** durch, bevor sie anfängt zu kochen. |
| **careless** ['keələs] *adj* | **unvorsichtig** |
| ▪ It was very **careless** of you to leave the bag on the table. | ▪ Es war sehr **unvorsichtig** von dir, die Tasche auf dem Tisch liegen zu lassen. |
| **serious** ['sɪərɪəs] *adj* | **ernst**, **ernsthaft** |
| ▪ Mrs Rawlson doesn't laugh much, she's a very **serious** person. | ▪ Mrs. Rawlson lacht nicht viel, sie ist ein sehr **ernsthafter** Mensch. |
| **polite** [pə'laɪt] *adj* | **höflich** |
| ▪ It wasn't very **polite** of Tony to keep us waiting so long. | ▪ Es war nicht sehr **höflich** von Tony, uns so lange warten zu lassen. |
| **impolite** [ˌɪmpə'laɪt] *adj* | **unhöflich** |
| ▪ Would it be very **impolite** to leave now? | ▪ Wäre es sehr **unhöflich**, jetzt zu gehen? |

| | |
|---|---|
| **rough** [rʌf] *adj*<br>▪ Jodi's boyfriend can be quite **rough**. | **grob**<br>▪ Jodis Freund kann ziemlich **grob** sein. |
| **pleasant** ['pleznt] *adj*<br>▪ Her boss seems a very **pleasant** woman. | **sympathisch**<br>▪ Ihre Chefin scheint eine sehr **sympathische** Frau zu sein. |
| **unpleasant** [ʌn'pleznt] *adj*<br>▪ He sounded somewhat **unpleasant** on the phone. | **unsympathisch**<br>▪ Er klang etwas **unsympathisch** am Telefon. |
| **lazy** ['leɪzɪ] *adj*<br>▪ You wouldn't believe how **lazy** I can be. | **faul**<br>▪ Du würdest nicht glauben, wie **faul** ich sein kann. |
| **cheerful** ['tʃɪəfl] *adj*<br>▪ I'm always **cheerful** in the mornings. | **fröhlich, heiter**<br>▪ Ich bin morgens immer **fröhlich**. |
| **funny** ['fʌnɪ] *adj*<br>▪ My new boyfriend is so **funny**. He knows hundreds of jokes. | **lustig, komisch**<br>▪ Mein neuer Freund ist so **lustig**. Er kennt Hunderte von Witzen. |
| **entertaining** [ˌentə'teɪnɪŋ] *adj*<br>▪ His performance as Harry Potter was really **entertaining**. | **unterhaltsam**<br>▪ Seine Darbietung als Harry Potter war wirklich **unterhaltsam**. |
| **calm** [kɑːm] *adj*<br>▪ Even though Jack hadn't passed the test, his father stayed **calm**. | **ruhig**<br>▪ Obwohl Jack den Test nicht bestanden hatte, blieb sein Vater **ruhig**. |
| **clever** ['klevə] *adj*<br>▪ What a **clever** girl you are. | **schlau**<br>▪ Was für ein **schlaues** Mädchen du doch bist. |
| **stupidity** [stjuː'pɪdətɪ] *n*<br>▪ His **stupidity** is incredible: today he asked me if chickens lay eggs. | die **Dummheit**<br>▪ Seine **Dummheit** ist unglaublich: Heute hat er mich gefragt, ob Hühner Eier legen. |
| **stupid** ['stjuːpɪd] *adj*<br>▪ There are no **stupid** questions, only **stupid** answers. | **dumm**<br>▪ Es gibt keine **dummen** Fragen, sondern nur **dumme** Antworten. |
| **courage** ['kʌrɪdʒ] *n*<br>▪ Don't lose **courage**! | der **Mut**<br>▪ Verlier den **Mut** nicht! |

| | |
|---|---|
| **brave** [breɪv] *adj* | **mutig** |
| ▪ It was **brave** of Kyle to jump into the ice-cold water to save the little girl. | ▪ Es war **mutig** von Kyle, in das eiskalte Wasser zu springen, um das kleine Mädchen zu retten. |
| **cowardly** ['kaʊədlɪ] *adj* | **feige** |
| ▪ That was a **cowardly** lie. | ▪ Das war eine **feige** Lüge. |
| **to be used to** [tə biː 'juːst tə] *phrase;* ▸ **v irr** S. 439 be | **gewöhnt sein an** |
| ▪ I'**m used to** getting up early. | ▪ Ich **bin daran gewöhnt**, früh aufzustehen. |

➡ **to be used to doing sth.** – **daran gewöhnt sein, etw. zu tun** verwendet man, um auszudrücken, dass man etwas regelmäßig tut; man kann die Phrase in allen Zeitstufen verwenden. Die ähnlich klingende Wendung **used to do sth.** bedeutet, dass man in der Vergangenheit etwas häufig getan hat, aber heute nicht mehr tut. Es wird meist mit **früher** übersetzt.

| | |
|---|---|
| **personality** [ˌpɜːsə'nælətɪ] *n* | die **Persönlichkeit** |
| ▪ You need a strong **personality** to work for this company. | ▪ Um bei dieser Firma zu arbeiten, braucht man eine starke **Persönlichkeit**. |
| **character** ['kærəktə] *n* | der **Charakter** |
| ▪ He's a man of **character**. | ▪ Er ist ein Mann von **Charakter**. |
| **honesty** ['ɒnəstɪ] *n* | die **Ehrlichkeit** |
| ▪ Tyler's **honesty** is not in question. | ▪ Tylers **Ehrlichkeit** steht nicht infrage. |
| **honest** ['ɒnɪst] *adj* | **ehrlich** |
| ▪ I'm glad she was **honest** with me. | ▪ Ich bin froh, dass sie **ehrlich** zu mir war. |
| **sincerely** [sɪn'sɪəlɪ] *adv* | **wirklich, aufrichtig** |
| ▪ I **sincerely** hope he's not ill again. | ▪ Ich hoffe **aufrichtig**, dass er nicht wieder krank ist. |
| **open** ['əʊpən] *adj* | **offen** |
| ▪ The new manager is **open** and friendly. | ▪ Der neue Manager ist **offen** und freundlich. |
| **generous** ['dʒenrəs] *adj* | **großzügig** |
| ▪ It was very **generous** of Matthew to pay for the dinner. | ▪ Es war sehr **großzügig** von Matthew, das Abendessen zu bezahlen. |

| | |
|---|---|
| **stingy** ['stɪndʒɪ] *adj*<br>▪ Some people are so **stingy** that they rather prefer to freeze in winter than turn on the heating. | **geizig**<br>▪ Manche Menschen sind so **geizig**, dass sie im Winter lieber frieren als die Heizung anzustellen. |
| **sense of humour** *BE* [ˌsens əv 'hjuːmə], **sense of humor** *AE* [ˌsens əv 'hjuːmər] *n*<br>▪ Angela has a wonderful **sense of humour**. You should meet her. | der **Humor**<br>▪ Angela hat einen wundervollen **Humor**. Du solltest sie kennenlernen. |
| **mood** [muːd] *n*<br>▪ Don't talk to Sam, he's in a bad **mood**. | die **Laune**<br>▪ Sprich Sam nicht an, er hat schlechte **Laune**. |
| **curiosity** [ˌkjʊərɪ'ɒsətɪ] *n*<br>▪ Danny read the letter out of **curiosity**. | die **Neugierde**<br>▪ Danny hat den Brief aus **Neugierde** gelesen. |
| **curious** ['kjʊərɪəs] *adj*<br>▪ I'm **curious** to know what he did. | **neugierig**<br>▪ Ich bin **neugierig** zu erfahren, was er getan hat. |
| **ambitious** [æm'bɪʃəs] *adj*<br>▪ Annabel is an **ambitious** young woman with clear career objectives. | **ehrgeizig**<br>▪ Annabel ist eine **ehrgeizige** junge Frau mit klaren Karrierezielen. |
| **passion** ['pæʃn] *n*<br>▪ My brother has a **passion** for good food. | die **Leidenschaft**<br>▪ Mein Bruder hat eine **Leidenschaft** für gutes Essen. |
| **passionate** ['pæʃnət] *adj*<br>▪ They had a short but **passionate** affair. | **leidenschaftlich**<br>▪ Sie hatten eine kurze, aber **leidenschaftliche** Affäre. |
| **naughty** ['nɔːtɪ] *adj*<br>▪ Her children are so **naughty** at times. | **ungezogen**<br>▪ Ihre Kinder sind manchmal so **ungezogen**. |

**sensitive** ['sensətɪv] *adj* — **empfindlich, sensibel**
- He should stop making fun of Katie. He knows she's very **sensitive**.
- Er sollte aufhören, sich über Katie lustig zu machen. Er weiß, dass sie sehr **sensibel** ist.

➡ Das deutsche **sensibel** heißt **sensitive**; das englische **sensible** bedeutet **vernünftig**.

**nervous** ['nɜːvəs] *adj* — **nervös**
- Go away! You're making me **nervous**.
- Geh weg! Du machst mich **nervös**.

**shy** [ʃaɪ] *adj* — **schüchtern**
- I'd love to go out with Jenny but I'm too **shy** to ask her.
- Ich würde gern mit Jenny ausgehen, aber ich bin zu **schüchtern**, sie zu fragen.

**modest** ['mɒdəst] *adj* — **bescheiden**
- Although he is very successful he's always remained **modest**.
- Obwohl er sehr erfolgreich ist, ist er immer **bescheiden** geblieben.

**mad** [mæd] *adj* — **verrückt, wütend**
- Hannah must be **mad** to spend so much money on CDs.
- Hannah muss **verrückt** sein, so viel Geld für CDs auszugeben.
- Margret is **mad** because I lost her necklace.
- Margret ist **wütend**, weil ich ihr Halsband verloren habe.

**ridiculous** [rɪ'dɪkjələs] *adj* — **lächerlich**
- Don't be **ridiculous**!
- Mach dich nicht **lächerlich**!

**reason** ['riːzn] *n* — die **Vernunft**
- **Reason** is the ability to think in an intelligent way.
- Die **Vernunft** ist die Fähigkeit, auf intelligente Weise zu denken.

**reasonable** ['riːznəbl] *adj* — **vernünftig**
- Be **reasonable**! It's too expensive.
- Sei **vernünftig**! Es ist zu teuer.

**pride** [praɪd] *n* — der **Stolz**
- Rachel hurt my **pride** when she said I was ugly.
- Rachel hat meinen **Stolz** verletzt, als sie sagte, ich sei hässlich.

**proud** [praʊd] *adj* — **stolz**
- The little girl was so **proud** of her new doll.
- Das kleine Mädchen war so **stolz** auf ihre neue Puppe.

# Aussehen

## Erscheinungsbild

| | |
|---|---|
| **face** [feɪs] *n* | das **Gesicht** |
| ▪ Albert had a big smile on his **face** when he saw me. | ▪ Albert lachte übers ganze **Gesicht**, als er mich sah. |
| **hair** [heə] *n* | das **Haar** |
| ▪ Susanna's got long black **hair**. | ▪ Susanna hat langes, schwarzes **Haar**. |

➡ **hair** (nur Singular) bezeichnet das Kopfhaar oder die Haare insgesamt; **a hair** ist ein einzelnes Haar; **hairs** sind einzelne Haare.

| | |
|---|---|
| **look** [lʊk] *n* | das **Aussehen** |
| ▪ We want to give the room a new **look**. | ▪ Wir wollen dem Zimmer ein neues **Aussehen** verleihen. |
| **to look** [tə 'lʊk] *v* | **aussehen** |
| ▪ My neighbour is over 50 but he **looks** at least ten years younger. | ▪ Mein Nachbar ist über 50, **sieht** aber mindestens zehn Jahre jünger **aus**. |
| **pretty** ['prɪtɪ] *adj* | **hübsch** |
| ▪ Do you really think she's **pretty**? | ▪ Denkst du wirklich, sie ist **hübsch**? |
| **beauty** ['bjuːtɪ] *n* | die **Schönheit** |
| ▪ Everybody admires her **beauty**. | ▪ Jeder bewundert ihre **Schönheit**. |
| **beautiful** ['bjuːtəfl] *adj* | **schön** |
| ▪ Mr MacDonald has got two **beautiful** children. | ▪ Mr. MacDonald hat zwei **schöne** Kinder. |
| **to be beautiful** [tə biː 'bjuːtəfl] *phrase* | **schön sein** |
| ▪ Her new dress **is** really **beautiful**. | ▪ Ihr neues Kleid **ist** wirklich **schön**. |
| **attractive** [ə'træktɪv] *adj* | **attraktiv** |
| ▪ Megan's the most **attractive** girl in our class. | ▪ Megan ist das **attraktivste** Mädchen in unserer Klasse. |
| **good-looking** [ˌgʊd'lʊkɪŋ] *adj* | **gut aussehend** |
| ▪ The new head teacher is a **good-looking** and very attractive man. | ▪ Der neue Rektor ist ein **gut aussehender** und sehr attraktiver Mann. |

**bad-looking** [ˌbæd'lʊkɪŋ] *adj*
- She's not a **bad-looking** woman.

**schlecht aussehend**
- Sie ist keine **schlecht aussehende** Frau.

**ugly** ['ʌglɪ] *adj*
- Some people say Tony's **ugly** but he's got a wonderful personality.

**hässlich**
- Manche Leute sagen, Tony sei **hässlich**, aber er hat eine wundervolle Persönlichkeit.

**figure** ['fɪgə] *n*
- No sugar for me, I have to watch my **figure**.

die **Figur**
- Kein Zucker für mich, ich muss auf meine **Figur** achten.

**tall** [tɔːl] *adj*
- Monica is quite **tall** for her age.

**groß**
- Monica ist ziemlich **groß** für ihr Alter.

➡ **tall** (Gegenteil: **short**) bezieht sich nur auf die Körpergröße eines Menschen.

**big** [bɪg] *adj*
- A couple of really **big** guys were standing next to the owner of the nightclub.

**groß und schwer**
- Ein paar wirklich **große und schwere** Kerle standen neben dem Besitzer des Nachtclubs.

➡ **big** (Gegenteil: **small/short**) ist ein Mensch, der groß, schwer und stark oder auch mächtig ist.

**strong** [strɒŋ] *adj*
- I'm moving next Saturday, so I need a few **strong** guys to help me.

**kräftig**
- Ich ziehe nächsten Samstag um und brauche deshalb ein paar **kräftige** Kerle, die mir helfen.

**fat** [fæt] *adj*
- Sam never gets **fat** no matter how much chocolate he eats.

**dick**
- Sam wird nie **dick**, ganz gleich, wie viel Schokolade er isst.

➡ Bei Personen verwendet man nicht **thick**, sondern **fat**, was weniger **fett** als eher **dick** bedeutet. In der Umgangssprache bedeutet **thick** auch **doof**.

**short** [ʃɔːt] *adj*
- The **short**, fat man behind the bar didn't look very friendly.

➡ tall ▶ S. 23

**klein**
- Der **kleine**, dicke Mann hinter dem Tresen sah nicht sehr freundlich aus.

**small** [smɔːl] *adj*
- When I was a teenager I was rather **small** for my age.

➡ big ▸ S. 23

**klein**
- Als Teenager war ich eher **klein** für mein Alter.

---

**thin** [θɪn] *adj*
- The doctor told me I was too **thin** and should put on some weight.

**dünn**
- Der Arzt sagte mir, ich sei zu **dünn** und sollte etwas zunehmen.

---

**slim** [slɪm] *adj*
- Andy doesn't eat much because he wants to stay **slim**.

**schlank**
- Andy isst nicht viel, weil er **schlank** bleiben möchte.

---

**like** [laɪk] *prep*
- Carrie's a bit taller but she looks exactly **like** her mother.

**so wie**
- Carrie ist etwas größer, sieht aber genau **so** aus **wie** ihre Mutter.

---

**to be alike** [tə biː ə'laɪk] *phrase;* ▸ **v irr** S. 439 be
- Father and son **are** very much **alike**.

**sich ähnlich sein**
- Vater und Sohn **sind sich** sehr **ähnlich**.

---

**to look like** [tə 'lʊk laɪk] *phrase*
- Pamela **looks** very much **like** her brother.

**ähneln**
- Pamela **ähnelt** ihrem Bruder sehr.

---

**haircut** ['heəkʌt] *n*
- You need a new **haircut**.

die **Frisur**
- Du brauchst eine neue **Frisur**.

---

**to do sb.'s hair** [tə ˌduː ... 'heə] *phrase;* ▸ **v irr** S. 440 do
- I like the way you look. Who **did** your **hair**?

**j-n frisieren**
- Mir gefällt, wie du aussiehst. Wer **hat** dich **frisiert**?

---

**fair** [feə] *adj*
- Although Carlos is from Spain he's got **fair** hair.

**blond, hell**
- Obwohl Carlos aus Spanien stammt, hat er **blondes** Haar.

---

**brown** [braʊn] *adj*
- Hannah's hair used to be **brown**.

**braun**
- Früher war Hannahs Haar **braun**.

---

**dark** [dɑːk] *adj*
- The manager was wearing a **dark** suit and yellow tie.

**dunkel**
- Der Manager trug einen **dunklen** Anzug und eine gelbe Krawatte.

---

**dark-haired** [ˌdɑːk'heəd] *adj*
- Are all Japanese **dark-haired**?

**dunkelhaarig**
- Sind alle Japaner **dunkelhaarig**?

| | |
|---|---|
| **grey-haired** *BE* [ˌgreɪˈheəd], **gray-haired** *AE* [ˌgreɪˈherd] *adj*<br>▪ The **grey-haired** woman over there is my grandmother. | **grauhaarig**<br>▪ Die **grauhaarige** Frau dort drüben ist meine Großmutter. |
| **red-haired** [ˌredˈheəd] *adj*<br>▪ I just love **red-haired** men. | **rothaarig**<br>▪ Ich liebe **rothaarige** Männer. |
| **to put on weight** [tə ˌpʊt ɒn ˈweɪt] *phrase;* ▸ **v irr** S. 443 put<br>▪ My sister has **put on** a lot of **weight** recently. | **zunehmen**<br>▪ Meine Schwester hat in letzter Zeit ziemlich **zugenommen**. |
| **to lose weight** [tə ˌluːz ˈweɪt] *phrase;* ▸ **v irr** S. 443 lose<br>▪ Did you **lose weight** after the operation? | **abnehmen**<br>▪ **Hast** du nach der Operation **abgenommen**? |
| **bald head** [ˌbɔːld ˈhed] *n*<br>▪ Our new physics teacher has a **bald head**. | die **Glatze**<br>▪ Unser neuer Physiklehrer hat eine **Glatze**. |
| **bald** [bɔːld] *adj*<br>▪ Although he was **bald** he was handsome. | **kahl**<br>▪ Obwohl er **kahl** war, war er gut aussehend. |
| **to go bald** [tə ˌgəʊ ˈbɔːld] *phrase*<br>▪ He started **going bald** in his early thirties. | **die Haare verlieren**<br>▪ Er begann mit Anfang 30 **die Haare** zu **verlieren**. |
| **expression** [ɪkˈspreʃn] *n*<br>▪ Catherine had a strange **expression** on her face. | der **Gesichtsausdruck**<br>▪ Katharina hatte einen merkwürdigen **Gesichtsausdruck**. |
| **complexion** [kəmˈplekʃn] *n*<br>▪ She's got a darker **complexion** than her brother. | die **Gesichtsfarbe**, der **Teint**<br>▪ Sie hat eine dunklere **Gesichtsfarbe** als ihr Bruder. |
| **dark-skinned** [ˌdɑːkˈskɪnd] *adj*<br>▪ He's **dark-skinned** but he's got blue eyes. | **dunkelhäutig**<br>▪ Er ist **dunkelhäutig**, aber er hat blaue Augen. |
| **light-skinned** [ˌlaɪtˈskɪnd] *adj*<br>▪ Sonia should put on some suntan lotion. She is very **light-skinned**. | **hellhäutig**<br>▪ Sonia sollte etwas Sonnencreme auftragen. Sie ist sehr **hellhäutig**. |

| | |
|---|---|
| **neat** [niːt] *adj*<br>▪ Though Danny's hair is quite long it's always **neat**. | **gepflegt**<br>▪ Obwohl Dannys Haare ziemlich lang sind, sind sie immer **gepflegt**. |
| **untidy** [ʌn'taɪdɪ] *adj*<br>▪ His hair and clothes were **untidy**. | **ungepflegt**<br>▪ Seine Haare und seine Kleidung waren **ungepflegt**. |
| **beard** [bɪəd] *n*<br>▪ Mr Chambers has grown a **beard**. | der **Bart**<br>▪ Mr. Chambers hat sich einen **Bart** wachsen lassen. |

## Bekleidung und Schuhe

| | |
|---|---|
| **clothes** [kləʊðz] *n pl*<br>▪ They sell jeans, sweaters, jackets and other **clothes**. | die **Kleidung**<br>▪ Sie verkaufen Jeans, Pullover, Jacken und andere **Kleidung**. |
| **men's clothing** [ˌmenz 'kləʊðɪŋ] *n*<br>▪ Is there a **men's clothing** store around here? | die **Herrenbekleidung**<br>▪ Gibt es hier in der Nähe einen Laden für **Herrenbekleidung**? |
| **women's clothing** [ˌwɪmɪnz 'kləʊðɪŋ] *n*<br>▪ **Women's clothing** is on the 2nd floor. | die **Damenbekleidung**<br>▪ **Damenbekleidung** finden Sie im 2. Stock. |
| **fashion** ['fæʃn] *n*<br>▪ Are you interested in Italian **fashion**? | die **Mode**<br>▪ Interessieren Sie sich für italienische **Mode**? |
| **elegant** ['elɪgənt] *adj*<br>▪ Lisa looks extremely **elegant** in that dress. | **elegant**<br>▪ In diesem Kleid sieht Lisa ungemein **elegant** aus. |
| **to put on** [tə ˌpʊt 'ɒn] *phrase;*<br>▸ **v irr** S. 443 put<br>▪ **Put** your coat **on**. It's getting cold. | **anziehen**<br>▪ **Zieh** deinen Mantel **an**! Es wird kalt. |
| **to dress** [tə 'dres] *v*<br>▪ I normally **dress** before breakfast. | **sich anziehen**, **anziehen**<br>▪ Normalerweise **ziehe** ich **mich** vor dem Frühstück **an**. |

**to take off** [tə ˌteɪk ˈɒf] *phrase;* ▸ **v irr** S. 446 take | **ausziehen**
- Do you mind if I **take off** my jacket? It's hot in here. | Haben Sie etwas dagegen, wenn ich mein Jackett **ausziehe**? Es ist heiß hier drinnen.

**to take off one's clothes** [tə ˌteɪk ɒf wʌnz ˈkləʊðz] *phrase;* ▸ **v irr** S. 446 take | **sich ausziehen**
- David brushed his teeth, **took off his clothes** and went to bed. | David putzte sich die Zähne, **zog sich aus** und ging zu Bett.

**to wear** [tə ˈweə] *v;* ▸ **v irr** S. 446 wear | **tragen**, **anhaben**
- You should **wear** a hat and sunglasses on the beach. | Du solltest am Strand Hut und Sonnenbrille **tragen**.

**to try on** [tə ˌtraɪ ˈɒn] *phrase* | **anprobieren**
- Can I **try** these trousers **on**? | Darf ich diese Hose **anprobieren**?

**to change** [tə ˈtʃeɪndʒ] *v* | **sich umziehen**
- Where can I **change**? | Wo kann ich **mich umziehen**?

**to suit sb.** [tə ˈsuːt] *v* | **j-m stehen**
- Dark colours **suit** you best. | Dunkle Farben **stehen** dir am besten.

**to fit** [tə ˈfɪt] *v;* ▸ **v irr** S. 441 fit | **passen**
- This dress doesn't **fit** at all. | Dieses Kleid **passt** überhaupt nicht.

**to go well** [tə ˌgəʊ ˈwel] *phrase;* ▸ **v irr** S. 442 go | **gut zu etw. passen**
- This tie **goes** really **well** with your shirt. | Diese Krawatte **passt** wirklich **gut zu** Ihrem Hemd.

**coat** [kəʊt] *n* | der **Mantel**
- I want to try this **coat** on. | Ich möchte diesen **Mantel** anprobieren.

**jacket** [ˈdʒækɪt] *n* | die **Jacke**, das **Jackett**, das **Sakko**
- For cool evenings you should take a **jacket** or light sweater. | Man sollte sich für kühle Abende eine **Jacke** oder einen leichten Pullover mitnehmen.
- Why don't you wear your dark blue **jacket**? | Warum trägst du nicht dein dunkelblaues **Jackett**?

**rain jacket** ['reɪn ˌdʒækɪt] *n* — die **Regenjacke**
- I need a waterproof **rain jacket** for the hike. — Für die Wanderung brauche ich eine wasserdichte **Regenjacke**.

**(pair of) trousers** *BE* [(ˌpeər əv) 'traʊzəz], **(pair of) pants** *AE* [(ˌper əv) 'pænts] *n* — die **Hose**
- The dog attacked me and tore my **trousers**. — Der Hund griff mich an und zerriss mir die **Hose**.
- Mom, could you iron my **pants**, please? — Mama, könntest du mir bitte die **Hose** bügeln?

**(pair of) jeans** [(ˌpeər əv) 'dʒiːnz] *n* — die **Jeans**
- I bought a nice **pair of jeans** yesterday. — Gestern habe ich mir eine schöne **Jeans** gekauft.

**T-shirt** ['tiːʃɜːt] *n* — das **T-Shirt**
- Kevin got a **T-shirt** for his 29th birthday saying "still under 30". — Kevin hat ein **T-Shirt** zum 29. Geburtstag bekommen, auf dem „noch unter 30" steht.

**pullover** ['pʊlˌəʊvə] *n* — der **Pullover**
- You don't need to put on your **pullover** today. It's quite warm outside. — Du brauchst heute deinen **Pullover** nicht anzuziehen. Es ist recht warm draußen.

**sweater** ['swetə] *n* — der **Pullover**
- My daughter doesn't like the **sweater** that I gave her for her birthday. — Meine Tochter mag den **Pullover** nicht, den ich ihr zum Geburtstag geschenkt habe.

**jumper** ['dʒʌmpə] *n* — der **Pullover**
- Put on a **jumper**. It's getting colder outside. — Zieh einen **Pullover** an! Es wird kälter draußen.

**dress** [dres] *n* — das **Kleid**
- The woman in the grey **dress** is my sister. — Die Frau im grauen **Kleid** ist meine Schwester.

**suit** [suːt] *n* — der **Anzug**, das **Kostüm**
- Mr Johnson always wears a **suit** and a tie at the office. — Im Büro trägt Mr. Johnson immer **Anzug** und Krawatte.
- Our secretaries are supposed to wear a dress or a **suit**. — Unsere Sekretärinnen sollen ein Kleid oder **Kostüm** tragen.

➡ Für Damenkostüm und Herrenanzug wird der gleiche Begriff verwendet: **suit**.

| | |
|---|---|
| **skirt** [skɜːt] *n* | der **Rock** |
| ▪ A lady's suit consists of a jacket and a matching **skirt**. | ▪ Ein Damenkostüm besteht aus Jacke und passendem **Rock**. |
| **(pair of) shorts** [(ˌpeər əv) ˈʃɔːts] *n* | die **kurze Hose**, die **Shorts** |
| ▪ Almost everybody was wearing **shorts** on the beach. | ▪ Fast jeder trug **kurze Hosen** am Strand. |
| **blouse** [blaʊz] *n* | die **Bluse** |
| ▪ Holly got a sleeveless **blouse** from her sister. | ▪ Holly hat von ihrer Schwester eine ärmellose **Bluse** bekommen. |
| **shirt** [ʃɜːt] *n* | das **Hemd** |
| ▪ A banker usually wears a dark suit, a white **shirt** and a tie. | ▪ Ein Bankkaufmann trägt meist einen dunklen Anzug, ein weißes **Hemd** und eine Krawatte. |
| **sock** [sɒk] *n* | der **Strumpf**, die **Socke** |
| ▪ I put on shorts, **socks** and jogging shoes. | ▪ Ich habe Shorts, **Strümpfe** und Joggingschuhe angezogen. |
| **shoe** [ʃuː] *n* | der **Schuh** |
| ▪ Caroline was wearing her new red **shoes**. | ▪ Caroline trug ihre neuen roten **Schuhe**. |
| **size** [saɪz] *n* | die **Größe**, die **Kleidergröße** |
| ▪ This coat is too big. I need a smaller **size**. | ▪ Dieser Mantel ist zu groß. Ich brauche eine kleinere **Größe**. |
| ▪ What **size** do you take? | ▪ Welche **Kleidergröße** tragen Sie? |
| **(pair of) pyjamas** *BE* [(ˌpeər əv) pəˈdʒɑːməz], **(pair of) pajamas** *AE* [(ˌper əv) pəˈdʒæməz] *n* | der **Schlafanzug** |
| ▪ Fiona was still in her **pair of pyjamas** when I called. | ▪ Fiona war immer noch im **Schlafanzug**, als ich anrief. |
| **nightdress** [ˈnaɪtdres] *n* | das **Nachthemd** |
| ▪ She put on her **nightdress** and went to bed. | ▪ Sie zog ihr **Nachthemd** an und ging zu Bett. |

➡ Als **nightdress** (oder umgangssprachlich **nightie**) bezeichnet man vor allem ein Nachthemd für Frauen; geschlechtsneutraler (also auch für Männer) ist **nightshirt**.

| | |
|---|---|
| **(pair of) briefs** [(ˌpeər əv) ˈbriːfs] *n* | der **Slip**, die **Unterhose** |
| ▪ I like the red **pair of briefs** you bought. | ▪ Ich mag den roten **Slip**, den du gekauft hast. |
| **swimsuit** [ˈswɪmsuːt] *n* | der **Badeanzug** |
| ▪ Our women's swim team wore dark green **swimsuits**. | ▪ Unser Frauenschwimmteam trug dunkelgrüne **Badeanzüge**. |
| **swimming trunks** [ˈswɪmɪŋ ˌtrʌŋks] *n* | die **Badehose** |
| ▪ Have you left your **swimming trunks** at the pool again? | ▪ Hast du deine **Badehose** schon wieder im Schwimmbad vergessen? |
| **bikini** [bɪˈkiːnɪ] *n* | der **Bikini** |
| ▪ Victoria wore her **bikini** on the beach. | ▪ Victoria trug ihren **Bikini** am Strand. |
| **tight** [taɪt] *adj* | **eng** |
| ▪ This skirt is too **tight**. | ▪ Dieser Rock ist zu **eng**. |
| **wide** [waɪd] *adj* | **weit** |
| ▪ This jacket is too **wide** for me. | ▪ Dieses Jackett ist mir zu **weit**. |
| **loose** [luːs] *adj* | **weit** |
| ▪ I love wearing **loose** shirts and trousers. | ▪ Ich liebe es, **weite** Hemden und Hosen zu tragen. |
| **short** [ʃɔːt] *adj* | **kurz** |
| ▪ Karen would never wear a **short** skirt. | ▪ Karen würde nie einen **kurzen** Rock tragen. |
| **long** [lɒŋ] *adj* | **lang** |
| ▪ Sophie went out in a **long** red dress. | ▪ Sophie ging in einem **langen** roten Kleid aus. |
| **bra** [brɑː] *n* | der **Büstenhalter**, der **BH** |
| ▪ Briony put on her **bra**. | ▪ Briony zog ihren **BH** an. |
| **vest** *BE* [vest], **undershirt** *AE* [ˈʌndərʃɜːrt] *n* | das **Unterhemd** |
| ▪ Charlie was only wearing a **vest** and briefs. | ▪ Charlie trug nur **Unterhemd** und Unterhose. |
| ▪ I washed your **undershirt** because it was dirty. | ▪ Ich habe dein **Unterhemd** mitgewaschen, weil es schmutzig war. |

| | |
|---|---|
| **(pair of) tights** *BE* [(ˌpeər əv) 'taɪts], **pantyhose** *AE* ['pæntɪhəʊz] *n* | die **Strumpfhose** |
| ▪ Why don't you wear your new **pair of tights** under your skirt? | ▪ Warum trägst du nicht deine neue **Strumpfhose** unter dem Rock? |
| ▪ I don't like wearing **pantyhose** even in winter. | ▪ Ich trage nicht gern **Strumpfhosen**, nicht mal im Winter. |
| **trainer** *BE* ['treɪnə], **sneaker** *AE* ['sniːkər] *n* | der **Turnschuh** |
| ▪ All members of the rock band were wearing white **trainers** with black suits. | ▪ Alle Mitglieder der Rockband trugen weiße **Turnschuhe** zum schwarzen Anzug. |
| ▪ I left my **sneakers** at the gym again. | ▪ Ich habe meine **Turnschuhe** schon wieder im Fitnesscenter vergessen. |
| **boot** [buːt] *n* | der **Stiefel** |
| ▪ Where can I find men's **boots**, please? | ▪ Wo bitte kann ich **Stiefel** für Männer finden? |
| **sandal** ['sændl] *n* | die **Sandale** |
| ▪ Connor bought some new **sandals** for the summer. | ▪ Connor hat neue **Sandalen** für den Sommer gekauft. |
| **fashionable** ['fæʃnəbl] *adj* | **modisch** |
| ▪ I wish I had more **fashionable** clothes. | ▪ Ich wünschte, ich hätte **modischere** Kleidung. |
| **old-fashioned** [ˌəʊld'fæʃnd] *adj* | **altmodisch** |
| ▪ This hat looks **old-fashioned**. | ▪ Dieser Hut sieht **altmodisch** aus. |
| **collar** ['kɒlə] *n* | der **Kragen** |
| ▪ The **collar** of this shirt is too tight. | ▪ Der **Kragen** von diesem Hemd ist zu eng. |
| **sleeve** [sliːv] *n* | der **Ärmel** |
| ▪ There's a stain on the right **sleeve** of your shirt. | ▪ Auf dem rechten **Ärmel** deines Hemdes ist ein Fleck. |
| **button** ['bʌtn] *n* | der **Knopf** |
| ▪ Why don't you undo the top **button** of your shirt? | ▪ Warum öffnest du nicht den oberen **Knopf** deines Hemdes? |
| **hole** [həʊl] *n* | das **Loch** |
| ▪ There's a **hole** in my right sock. | ▪ Meine rechte Socke hat ein **Loch**. |

| | |
|---|---|
| **trouser pocket** *BE* ['traʊzə ˌpɒkɪt], **pants pocket** *AE* ['pænts ˌpɒkɪt] *n* | die **Hosentasche** |
| ▪ I've lost my car key because there's a hole in my **trouser pocket**. | ▪ Ich habe meinen Autoschlüssel verloren, weil ich ein Loch in meiner **Hosentasche** habe. |
| ▪ I found a few coins in the **pants pockets** of my old jeans. | ▪ Ich fand ein paar Münzen in den **Hosentaschen** meiner alten Jeans. |
| **zip** *BE* [zɪp], **zipper** *AE* ['zɪpər] *n* | der **Reißverschluss** |
| ▪ Jeans with buttons instead of **zips** are popular again. | ▪ Jeans mit Knöpfen statt **Reißverschluss** sind wieder beliebt. |
| ▪ I like jeans with **zippers** better than jeans with buttons. | ▪ Ich mag Jeans mit **Reißverschluss** lieber als Jeans mit Knöpfen. |
| **pattern** ['pætn] *n* | das **Muster** |
| ▪ I don't mind the **pattern**, but the colours are too loud. | ▪ Ich habe nichts gegen das **Muster**, aber die Farben sind zu schrill. |
| **plain** [pleɪn] *adj* | **einfarbig** |
| ▪ James was wearing a **plain** red scarf. | ▪ James trug ein **einfarbiges** rotes Halstuch. |
| **striped** ['straɪpt] *adj* | **gestreift** |
| ▪ I got a red and white **striped** blouse for Christmas. | ▪ Zu Weihnachten habe ich eine rot-weiß **gestreifte** Bluse bekommen. |
| **checked** [tʃekt] *adj* | **kariert** |
| ▪ My friend Jane is very proud of her **checked** skirt. She wears it every day. | ▪ Meine Freundin Jane ist sehr stolz auf ihren **karierten** Rock. Sie trägt ihn jeden Tag. |
| **spotted** ['spɒtɪd] *adj* | **gepunktet** |
| ▪ We gave our boss a **spotted** tie for his anniversary. | ▪ Wir haben unserem Chef eine **gepunktete** Krawatte zum Jahrestag geschenkt. |
| **naked** ['neɪkɪd] *adj* | **nackt** |
| ▪ Gavin stood **naked** in front of the mirror and looked at himself. | ▪ Gavin stand **nackt** vor dem Spiegel und schaute sich an. |
| **dressed** [drest] *adj* | **angezogen** |
| ▪ I didn't open the door when the bell rang because I wasn't **dressed**. | ▪ Ich habe die Tür nicht geöffnet, als es klingelte, weil ich nicht **angezogen** war. |

| | |
|---|---|
| **to dry-clean** [*BE:* tə ˌdraɪˈkliːn, *AE:* tə ˈdraɪkliːn] *v* | **reinigen** |
| ▪ You mustn't wash these trousers. They must **be dry-cleaned**. | ▪ Man darf diese Hose nicht waschen. Sie muss **gereinigt werden**. |

## Accessoires und Make-up

| | |
|---|---|
| **purse** *BE* [pɜːs] *n* | das **Portemonnaie**, der **Geldbeutel** |
| **purse** *AE* [pɜːrs] *n* | die **Handtasche** |
| **hat** [hæt] *n* | der **Hut**, die **Kopfbedeckung** |
| **cap** [kæp] *n* | die **Mütze**, die **Kappe** |
| **glove** [glʌv] *n* | der **Handschuh** |
| **umbrella** [ʌmˈbrelə] *n* | der **Regenschirm** |
| **ring** [rɪŋ] *n* | der **Ring** |
| **(wrist)watch** [(ˈrɪst)wɒtʃ] *n* | die **Armbanduhr** |
| **glasses** [*BE:* ˈglɑːsɪz, *AE:* ˈglæsɪz] *n pl* | die **Brille** |
| **sunglasses** [*BE:* ˈsʌnglɑːsɪz, *AE:* ˈsʌnglæsɪz] *n pl* | die **Sonnenbrille** |
| **earring** [ˈɪərɪŋ] *n* | der **Ohrring** |
| **necklace** [ˈnekləs] *n* | die **Halskette** |
| **bracelet** [ˈbreɪslɪt] *n* | das **Armband** |
| **bag** [bæg] *n* | die **Tasche** |
| **stick** [stɪk] *n* | der **Stock** |
| **wallet** [ˈwɒlɪt] *n* | die **Brieftasche**, das **Portemonnaie** |
| **tie** [taɪ] *n* | die **Krawatte** |
| **scarf** [skɑːf] *n; pl* **scarves** | das **Halstuch**, der **Schal** |
| **headscarf** [ˈhedskɑːf] *n; pl* **headscarves** | das **Kopftuch** |
| **belt** [belt] *n* | der **Gürtel** |

| | |
|---|---|
| **jewellery** *BE*, **jewelry** *AE* ['dʒuːəlrɪ] *n* | der **Schmuck** |
| **costume jewellery** *BE*, **costume jewelry** *AE* [ˌkɒstjuːm 'dʒuːəlrɪ] *n* | der **Modeschmuck** |
| **contact lens** ['kɒntækt ˌlenz] *n* | die **Kontaktlinse** |
| **hair slide** *BE* ['heə slaɪd], **barrette** *AE* [bə'ret] *n* | die **Haarspange** |

# Soziale Beziehungen

## Familie

**family** ['fæmlɪ] *n* — die **Familie**, **Familien-**
- The whole **family** are coming to visit us at Christmas. — Die ganze **Familie** kommt uns Weihnachten besuchen.
- No, he's not a **family** member. — Nein, er ist kein **Familien**mitglied.

**familiar** [fə'mɪlɪə] *adj* — **familiär**
- The wedding was held in the **familiar** atmosphere of a small country guesthouse. — Die Hochzeit fand in der **familiären** Atmosphäre einer kleinen Landpension statt.

**parents** ['peərənts] *n pl* — die **Eltern**
- My **parents** have been divorced for three years. — Meine **Eltern** sind seit drei Jahren geschieden.

**parent** ['peərənt] *n m/f* — der **Elternteil**
- Children under twelve must be accompanied by a **parent**. — Kinder unter zwölf müssen von einem **Elternteil** begleitet werden.

**mother** ['mʌðə] *n* — die **Mutter**
- Carol's father is an actor and her **mother** an opera singer. — Carols Vater ist Schauspieler und ihre **Mutter** Opernsängerin.

**father** ['fɑːðə] *n* — der **Vater**
- Uncle Tim's **father** died at the age of 96. — Onkel Tims **Vater** starb im Alter von 96 Jahren.

**mum** *BE* [mʌm] *n* — die **Mama**, die **Mutti**
- My **mum** lives in Birmingham. — Meine **Mama** wohnt in Birmingham.

| | |
|---|---|
| **mom** *AE* [mɒm] *n* | die **Mama** |
| ▪ My **mom** has moved to Chicago. | ▪ Meine **Mama** ist nach Chicago gezogen. |
| **dad** [dæd] *n* | der **Papa**, der **Vati** |
| ▪ My **dad** is an engineer. | ▪ Mein **Papa** ist Ingenieur. |
| **son** [sʌn] *n* | der **Sohn** |
| ▪ His oldest **son** is working for a large bank. | ▪ Sein ältester **Sohn** arbeitet für eine große Bank. |
| **daughter** ['dɔːtə] *n* | die **Tochter** |
| ▪ Joe and Sarah have two children: a son and a **daughter**. | ▪ Joe und Sarah haben zwei Kinder: einen Sohn und eine **Tochter**. |
| **brother** ['brʌðə] *n* | der **Bruder** |
| ▪ My **brother** is six years older than me. | ▪ Mein **Bruder** ist sechs Jahre älter als ich. |
| **sister** ['sɪstə] *n* | die **Schwester** |
| ▪ I share a room with my **sister**. | ▪ Ich teile mit meiner **Schwester** ein Zimmer. |
| **uncle** ['ʌŋkl] *n* | der **Onkel** |
| ▪ Maria's **uncle** is married to an Australian woman. | ▪ Marias **Onkel** ist mit einer Australierin verheiratet. |
| **aunt** [*BE:* ɑːnt, *AE:* ænt] *n* | die **Tante** |
| ▪ Christopher's **aunt** died of cancer when he was 13. | ▪ Christophers **Tante** starb an Krebs, als er 13 war. |
| **cousin** ['kʌzn] *n m/f* | der **Cousin**, die **Cousine** |
| ▪ I have three **cousins**, none of whom is married yet. | ▪ Ich habe drei **Cousins**, von denen noch keiner verheiratet ist. |
| **grandparents** ['græn,peərənts] *n pl* | die **Großeltern** |
| ▪ **Grandparents** often spoil their grandchildren. | ▪ **Großeltern** verwöhnen oft ihre Enkelkinder. |
| **grandfather** ['grænd,fɑːðə] *n* | der **Großvater** |
| ▪ My **grandfather** served more than 20 years in the Navy. | ▪ Mein **Großvater** diente über 20 Jahre bei der Marine. |
| **grandpa** ['grænpɑː] *n* | der **Opa** |
| ▪ There's a man on the phone who wants to speak to **grandpa**. | ▪ Da ist ein Mann am Telefon, der mit **Opa** sprechen will. |

| | |
|---|---|
| **grandmother** ['græn,mʌðə] *n*<br>▪ Mark's **grandmother** was a feminist in the sixties. | die **Großmutter**<br>▪ In den Sechzigern war Marks **Großmutter** eine Feministin. |
| **grandma** ['grænmɑː] *n*<br>▪ **Grandma** makes the most wonderful apple pie. | die **Oma**<br>▪ **Oma** macht den wunderbarsten Apfelkuchen. |
| **brothers and sisters** [,brʌðəz ənd 'sɪstəz] *n pl*<br>▪ I've got three **brothers and sisters**. | die **Geschwister**<br>▪ Ich habe drei **Geschwister**. |
| **siblings** ['sɪblɪŋz] *n pl*<br>▪ Do you have any **siblings**? | die **Geschwister**<br>▪ Hast du **Geschwister**? |
| **offspring** ['ɒfsprɪŋ] *n*<br>▪ Look, here comes Mrs Weasley with all her **offspring**. | der **Nachwuchs**<br>▪ Schau, hier kommt Mrs. Weasley mit ihrem ganzen **Nachwuchs**. |

➡ Der Begriff **offspring** kann für Menschen und Tiere verwendet werden; beim Menschen ist er häufig witzig gemeint.

| | |
|---|---|
| **to live together** [tə ,lɪv tə'geðə] *phrase*<br>▪ They all **live together** under one roof. | **zusammen leben, zusammen wohnen**<br>▪ Sie **wohnen** alle **zusammen** unter einem Dach. |
| **to care about** [tə 'keə ə,baʊt] *phrase*<br>▪ Nobody **cares about** the old man next door because he has no family. | **sich kümmern um**<br>▪ Niemand **kümmert sich um** den alten Mann nebenan, weil er keine Familie hat. |
| **nephew** ['nefjuː] *n*<br>▪ My **nephew** Robert is the son of my oldest sister. | der **Neffe**<br>▪ Mein **Neffe** Robert ist der Sohn meiner ältesten Schwester. |
| **niece** [niːs] *n*<br>▪ Linda's **niece** is the daughter of her sister. | die **Nichte**<br>▪ Lindas **Nichte** ist die Tochter ihrer Schwester. |
| **grandchild** ['græntʃaɪld] *n m/f; pl* **grandchildren**<br>▪ They've got no **grandchildren** yet to look after. | das **Enkelkind**<br>▪ Sie haben noch keine **Enkelkinder**, auf die sie aufpassen könnten. |

| | |
|---|---|
| **grandson** ['grænsʌn] *n*<br>▪ Their **grandson** is a Broadway dancer. | der **Enkel**<br>▪ Ihr **Enkel** ist Tänzer am Broadway. |
| **granddaughter** ['græn,dɔːtə] *n*<br>▪ Her **granddaughter** won the first prize. | die **Enkelin**<br>▪ Ihre **Enkelin** gewann den ersten Preis. |
| **parents-in-law** ['peərəntsɪnlɔː] *n pl*<br>▪ Jonathan moved in with his **parents-in-law**. | die **Schwiegereltern**<br>▪ Jonathan ist bei seinen **Schwiegereltern** eingezogen. |
| **in-laws** ['ɪnlɔːz] *n pl (coll.)*<br>▪ They're going to live with the **in-laws** until they've found a flat of their own. | die **Schwiegereltern**<br>▪ Sie werden bei den **Schwiegereltern** wohnen, bis sie eine eigene Wohnung gefunden haben. |
| **father-in-law** ['fɑːðərɪnlɔː] *n*<br>▪ Matt's **father-in-law** is a well-known painter. | der **Schwiegervater**<br>▪ Matts **Schwiegervater** ist ein bekannter Maler. |
| **mother-in-law** ['mʌðərɪnlɔː] *n*<br>▪ His **mother-in-law** phones every day. | die **Schwiegermutter**<br>▪ Seine **Schwiegermutter** ruft jeden Tag an. |
| **brother-in-law** ['brʌðərɪnlɔː] *n*<br>▪ My **brother-in-law** is such a snob. | der **Schwager**<br>▪ Mein **Schwager** ist so ein Wichtigtuer. |
| **sister-in-law** ['sɪstərɪnlɔː] *n*<br>▪ We're going to spend Christmas with my **sister-in-law**. | die **Schwägerin**<br>▪ Wir werden Weihnachten mit meiner **Schwägerin** verbringen. |
| **son-in-law** ['sʌnɪnlɔː] *n*<br>▪ My **son-in-law** takes care of the children. | der **Schwiegersohn**<br>▪ Mein **Schwiegersohn** kümmert sich um die Kinder. |
| **daughter-in-law** ['dɔːtərɪnlɔː] *n*<br>▪ My **daugher-in-law** is studying chemistry at Oxford University. | die **Schwiegertochter**<br>▪ Meine **Schwiegertochter** studiert Chemie an der Oxford University. |
| **relative** ['relətɪv] *n m/f*<br>▪ Is he a **relative** of yours? | der **Verwandte**, die **Verwandte**<br>▪ Ist er ein **Verwandter** von dir? |
| **related** [rɪ'leɪtɪd] *adj*<br>▪ Amy looks like your younger sister. Are you **related**? | **verwandt**<br>▪ Amy sieht aus wie deine jüngere Schwester. Seid ihr **verwandt**? |

| | |
|---|---|
| **to bring up** [tə ˌbrɪŋ ˈʌp] *phrase;* ▸ **v irr** S. 439 bring | **großziehen, aufziehen** |
| ▪ The kids **were brought up** by their aunt. | ▪ Die Kinder **wurden** von ihrer Tante **großgezogen**. |
| **large family** [ˌlɑːdʒ ˈfæmlɪ] *n* | die **Großfamilie** |
| ▪ My mother grew up in a **large family**. I have eight uncles and aunts. | ▪ Meine Mutter wuchs in einer **Großfamilie** auf. Ich habe acht Onkel und Tanten. |
| **twin** [twɪn] *n m/f* | der **Zwilling** |
| ▪ We don't look alike but we're actually **twins**. | ▪ Wir sehen uns zwar nicht ähnlich, sind aber tatsächlich **Zwillinge**. |
| **ancestor** [ˈænsestə] *n m/f* | der **Vorfahre**, die **Vorfahrin** |
| ▪ Louise's **ancestors** are from Bulgaria. | ▪ Louises **Vorfahren** sind aus Bulgarien. |
| **adopted child** [əˌdɒptɪd ˈtʃaɪld] *n m/f* | das **Adoptivkind** |
| ▪ I didn't know Harold was an **adopted child**. He looks a lot like his father. | ▪ Ich wusste nicht, dass Harold ein **Adoptivkind** ist. Er sieht seinem Vater sehr ähnlich. |
| **to adopt** [tʊ əˈdɒpt] *v* | **adoptieren** |
| ▪ **Did** they **adopt** all their children? | ▪ **Haben** sie alle ihre Kinder **adoptiert**? |

## Partnerschaft und Ehe

| | |
|---|---|
| **love** [lʌv] *n* | die **Liebe** |
| ▪ Do you believe in true **love**? | ▪ Glaubst du an die wahre **Liebe**? |
| **to love** [tə ˈlʌv] *v* | **lieben** |
| ▪ I've **loved** her from the moment I met her. | ▪ Ich **liebe** sie, seit ich sie kennengelernt habe. |
| **to love each other** [tə ˈlʌv iːtʃ ˌʌðə] *phrase* | **sich lieben** |
| ▪ After 30 years of marriage they still **love each other** very much. | ▪ Nach 30 Jahren Ehe **lieben** sie **sich** immer noch sehr. |
| **to fall in love** [tə ˌfɔːl ɪn ˈlʌv] *phrase;* ▸ **v irr** S. 441 fall | **sich verlieben** |
| ▪ **I've** never **fallen in love** with one of my teachers. | ▪ Ich **habe mich** noch nie in einen meiner Lehrer **verliebt**. |

| | |
|---|---|
| **to be in love** [tə biː ɪn 'lʌv] *phrase;* ▸ **v irr** S. 439 be<br>▪ Stewart and Ella **are** hopelessly **in love**. | **verliebt sein**<br>▪ Stewart und Ella **sind** hoffnungslos **verliebt**. |
| **to like** [tə 'laɪk] *v*<br>▪ What I really **like** about him is his sense of humour. | **mögen**<br>▪ Was ich wirklich an ihm **mag**, ist sein Sinn für Humor. |
| **hatred** ['heɪtrɪd] *n*<br>▪ I don't understand her **hatred** of men. | der **Hass**<br>▪ Ich kann ihren **Hass** auf Männer nicht verstehen. |
| **to hate** [tə 'heɪt] *v*<br>▪ I **hate** it when he's going out with his secretary. | **hassen**<br>▪ Ich **hasse** es, wenn er mit seiner Sekretärin ausgeht. |
| **kiss** [kɪs] *n*<br>▪ Rachel gave the children a **kiss** and closed the bedroom door. | der **Kuss**<br>▪ Rachel gab den Kindern einen **Kuss** und schloss die Schlafzimmertür. |
| **to kiss** [tə 'kɪs] *v*<br>▪ I **kissed** her only once on the cheek. | **küssen**, **sich küssen**<br>▪ Ich **habe** sie nur einmal auf die Wange **geküsst**. |
| **hug** [hʌg] *n*<br>▪ A **hug** is an affectionate greeting. | die **Umarmung**<br>▪ Eine **Umarmung** ist eine herzliche Begrüßung. |
| **to hug** [tə 'hʌg] *v*<br>▪ And then we **hugged** and kissed. | **sich umarmen**<br>▪ Und dann **umarmten** und küssten wir **uns**. |
| **wedding** ['wedɪŋ] *n*<br>▪ Nicole's going to wear a white dress for her **wedding**. | die **Hochzeit**, die **Trauung**<br>▪ Nicole wird zur **Hochzeit** ein weißes Kleid tragen. |
| **marriage** ['mærɪdʒ] *n*<br>▪ It's Jennifer's second **marriage**. | die **Ehe**<br>▪ Es ist Jennifers zweite **Ehe**. |
| **to get married** [tə ˌget 'mærɪd] *phrase;* ▸ **v irr** S. 441 get<br>▪ My parents **got married** in London 13 years ago. | **heiraten**<br>▪ Meine Eltern **heirateten** vor 13 Jahren in London. |

| | |
|---|---|
| **husband** ['hʌzbənd] *n*<br>▪ Josh would make an ideal **husband** for her. | der **Ehemann**<br>▪ Josh würde den idealen **Ehemann** für sie abgeben. |
| **wife** [waɪf] *n*<br>▪ Tom is a teacher and his **wife** is a successful architect. | die **Ehefrau**<br>▪ Tom ist Lehrer und seine **Ehefrau** ist eine erfolgreiche Architektin. |
| **spouse** [spaʊs] *n m/f*<br>▪ You're welcome to bring your **spouse**. | der **Gatte**, die **Gattin**<br>▪ Sie können gern ihren **Gatten** mitbringen. |
| **couple** ['kʌpl] *n*<br>▪ In the US lots of newly wed **couples** go to Las Vegas for their honeymoon. | das **Ehepaar**, das **Paar**<br>▪ In den USA fahren viele frisch verheiratete **Ehepaare** in den Flitterwochen nach Las Vegas. |
| **honeymoon** ['hʌnɪmuːn] *n*<br>▪ They spent their **honeymoon** in Hawaii. | die **Flitterwochen**<br>▪ Sie haben ihre **Flitterwochen** auf Hawaii verbracht. |
| **newly wed** ['njuːlɪ wed] *adj*<br>▪ The **newly wed** couples threw a huge party at a hotel. | **frisch verheiratet**<br>▪ Die **frisch verheirateten** Paare veranstalteten eine Riesenparty in einem Hotel. |
| **faithful** ['feɪθfl] *adj*<br>▪ Do you think Hayley's always been **faithful** to you? | **treu**<br>▪ Glaubst du, Hayley ist dir immer **treu** gewesen? |
| **unfaithful** [ʌn'feɪθfl] *adj*<br>▪ I've never been **unfaithful** to my wife. | **untreu**<br>▪ Ich bin meiner Frau noch nie **untreu** gewesen. |
| **engagement** [ən'geɪdʒmənt] *n*<br>▪ Mary has broken off her **engagement**. | die **Verlobung**<br>▪ Mary hat ihre **Verlobung** gelöst. |
| **to be engaged** [tə biː ən'geɪdʒd]<br>*phrase;* ▸ **v irr** S. 439 be<br>▪ Look, my new ring! Frank and I **are engaged** now. | **verlobt sein**<br><br>▪ Schau, mein neuer Ring! Frank und ich **sind** jetzt **verlobt**. |
| **separation** [ˌsepə'reɪʃn] *n*<br>▪ After the **separation** Lauren began to feel better. | die **Trennung**<br>▪ Nach der **Trennung** begann sich Lauren besser zu fühlen. |

| | |
|---|---|
| **to separate** [tə 'sepəreɪt] *v* | **sich trennen** |
| ▪ They **have separated** and are getting divorced. | ▪ Sie **haben sich getrennt** und lassen sich scheiden. |
| **groom** [gru:m] *n* | der **Bräutigam** |
| ▪ The wedding ring is put on the bride's finger by the **groom**. | ▪ Der Ehering wird der Braut vom **Bräutigam** an den Finger gesteckt. |
| **bride** [braɪd] *n* | die **Braut** |
| ▪ The **bride** was so excited, she could hardly breathe. | ▪ Die **Braut** war so aufgeregt, dass sie kaum atmen konnte. |
| **jealous** ['dʒeləs] *adj* | **eifersüchtig** |
| ▪ Oscar was quite **jealous** of me. | ▪ Oscar war ziemlich **eifersüchtig** auf mich. |
| **sex** [seks] *n* | der **Sex** |
| ▪ You should never have unprotected **sex**. | ▪ Man sollte nie ungeschützten **Sex** haben. |
| **to have sex** [tə ˌhæv 'seks] *phrase;* ▸ **v irr** S. 442 have | **miteinander schlafen** |
| ▪ We never **had sex** when we were together. | ▪ Wir haben nie **miteinander geschlafen**, als wir zusammen waren. |
| **tender** ['tendə] *adj* | **zärtlich** |
| ▪ Lilly gave him a **tender** kiss. | ▪ Lilly gab ihm einen **zärtlichen** Kuss. |
| **homosexual** [ˌhəʊmə'sekʃʊəl] *adj* | **homosexuell** |
| ▪ In some countries **homosexual** relationships are still illegal. | ▪ In einigen Ländern sind **homosexuelle** Partnerschaften immer noch illegal. |
| **lesbian** ['lezbɪən] *adj* | **lesbisch** |
| ▪ Britain introduced registered partnerships for gay and **lesbian** couples many years ago. | ▪ Großbritannien hat eingetragene Partnerschaften für schwule und **lesbische** Paare vor vielen Jahren eingeführt. |
| **boyfriend** ['bɔɪfrend] *n* | der **(feste) Freund** |
| ▪ On Friday night I'm going out with my **boyfriend**. | ▪ Freitagabend gehe ich mit meinem **Freund** aus. |
| **girlfriend** ['gɜ:lfrend] *n* | die **(feste) Freundin** |
| ▪ Jessica was my **girlfriend** at school and now she's my wife. | ▪ In der Schule war Jessica meine **Freundin** und jetzt ist sie meine Frau. |

**affection** [ə'fekʃn] *n* — die **Zuneigung**
- She had a deep **affection** for her adopted child.
- Sie hatte eine tiefe **Zuneigung** zu ihrem Adoptivkind.

**partner** ['pɑːtnə] *n m/f* — der **Lebensgefährte**, die **Lebensgefährtin**, der **Partner**, die **Partnerin**
- After the divorce Trisha soon found a new **partner**.
- Nach der Scheidung fand Trisha bald einen neuen **Lebensgefährten**.

**relationship** [rɪ'leɪʃnʃɪp] *n* — die **Beziehung**
- My last **relationship** lasted for only half a year.
- Meine letzte **Beziehung** dauerte nur ein halbes Jahr.

**divorce** [dɪ'vɔːs] *n* — die **Scheidung**
- And then she told me she wanted a **divorce**.
- Und dann sagte sie mir, sie wolle die **Scheidung**.

**to get divorced** [tə ˌget dɪ'vɔːst] *phrase;* ▸ **v irr** S. 441 get — **sich scheiden lassen**
- Ben and Camilla **got divorced** after ten years of marriage.
- Ben und Camilla **haben sich** nach zehn Jahren Ehe **scheiden lassen**.

**single parent** [ˌsɪŋgl 'peərənt] *n m/f* — der **Alleinerziehende**, die **Alleinerziehende**
- She joined a club for **single parents**.
- Sie ist einem Verein für **Alleinerziehende** beigetreten.

## Freundschaft und weitere soziale Kontakte

**friend** [frend] *n m/f* — der **Freund**, die **Freundin**
- At first we didn't like each other but now Gareth's my best **friend**.
- Zunächst mochten wir uns nicht, aber jetzt ist Gareth mein bester **Freund**.

**friends** [frendz] *n pl* — der **Freundeskreis**
- Anton has a lot of **friends**.
- Anton hat einen großen **Freundeskreis**.

**friendship** ['frendʃɪp] *n* — die **Freundschaft**
- There is no real **friendship** without trust.
- Es gibt keine wahre **Freundschaft** ohne Vertrauen.

| | |
|---|---|
| **friendly** ['frendlɪ] *adj*<br>▪ As a doctor he shouldn't get too **friendly** with his patients. | **freundschaftlich**<br>▪ Als Arzt sollte er nicht zu **freundschaftlich** mit seinen Patienten umgehen. |
| **to be friends with** [tə biː 'frendz wɪð] *phrase;* ▸ **v irr** S. 439 be<br>▪ I only want **to be friends with** her. | **befreundet sein mit j-m**<br>▪ Ich will nur **mit** ihr **befreundet sein**. |
| **personal** ['pɜːsnəl] *adj*<br>▪ Father's accident was a **personal** tragedy for our whole family. | **persönlich**<br>▪ Vaters Unfall war eine **persönliche** Tragödie für unsere ganze Familie. |
| **people** ['piːpl] *n*<br>▪ I love having young **people** around me, that's why I became a teacher.<br>▪ There are only 200 **people** living on the island. | die **Menschen**, die **Leute**, die **Einwohner**<br>▪ Ich habe gern junge **Menschen** um mich, deshalb bin ich Lehrerin geworden.<br>▪ Auf der Insel leben nur 200 **Einwohner**. |
| **people** ['piːpl] *n*<br>▪ **People** say that children who play outside all day are more intelligent than those who watch a lot of TV. | **man**<br>▪ **Man** sagt, dass Kinder, die den ganzen Tag draußen spielen, intelligenter sind als jene, die viel fernsehen. |
| **in common** [ɪn 'kɒmən] *adv*<br>▪ Do you have anything **in common**? | **gemeinsam**<br>▪ Habt ihr irgendetwas **gemeinsam**? |
| **neighbour** *BE* ['neɪbə], **neighbor** *AE* ['neɪbər] *n m/f*<br>▪ I've never had any trouble with my next-door **neighbour**. | der **Nachbar**, die **Nachbarin**<br>▪ Ich hatte noch nie Ärger mit meinem unmittelbaren **Nachbarn**. |
| **guy** [gaɪ] *n*<br>▪ Simon looks like a nice **guy**. | der **Typ**, der **Kerl**<br>▪ Simon sieht wie ein netter **Typ** aus. |
| **meeting** ['miːtɪŋ] *n*<br>▪ Greg has a **meeting** with his clients next week.<br>▪ The **meeting** took place in our school hall. | das **Treffen**, die **Versammlung**, die **Begegnung**<br>▪ Greg hat nächste Woche ein **Treffen** mit seinen Kunden.<br>▪ Die **Versammlung** fand in der Aula unserer Schule statt. |

| | |
|---|---|
| **to meet** [tə 'miːt] *v;* ▸ **v irr** S. 443 meet | **treffen, sich treffen, (sich) kennenlernen** |
| ▪ I **met** an old friend I hadn't seen for ten years. | ▪ Ich **habe** einen alten Freund **getroffen**, den ich zehn Jahre nicht gesehen hatte. |
| ▪ You can **meet** a lot of interesting people at parties. | ▪ Auf Partys kann man viele interessante Leute **kennenlernen**. |
| **gathering** ['gæðərɪŋ] *n* | die **Versammlung** |
| ▪ Next year our **gathering** will be held in March. | ▪ Im nächsten Jahr wird unsere **Versammlung** im März abgehalten werden. |
| **date** [deɪt] *n* | die **Verabredung** |
| ▪ Were you very nervous on your first **date**? | ▪ Warst du bei deiner ersten **Verabredung** sehr nervös? |
| **to go out** [tə ˌgəʊ 'aʊt] *phrase;* ▸ **v irr** S. 442 go | **sich verabreden** |
| ▪ I'm **going out** with my boyfriend tonight. | ▪ Ich habe **mich** heute Abend mit meinem Freund **verabredet**. |
| **to participate** [tə pɑː'tɪsɪpeɪt] *v* | **teilnehmen** |
| ▪ Paul wants to **participate** in the run. | ▪ Paul will am Lauf **teilnehmen**. |
| **to invite** [tʊ ɪn'vaɪt] *v* | **einladen** |
| ▪ They **invited** all their friends to the engagement party. | ▪ Sie **haben** alle ihre Freunde zur Verlobungsfeier **eingeladen**. |
| **to visit** [tə 'vɪzɪt] *v* | **besuchen** |
| ▪ We **visit** her in hospital every other day. | ▪ Wir **besuchen** sie jeden zweiten Tag im Krankenhaus. |
| **guest** [gest] *n* | der **Gast** |
| ▪ We use it as an extra bedroom when we have **guests**. | ▪ Wir benutzen es als zusätzliches Schlafzimmer, wenn wir **Gäste** haben. |
| **to drop by sb.** [tə ˌdrɒp 'baɪ] *phrase* | **bei j-m vorbeikommen** |
| ▪ Can I just **drop by** for a cup of tea some time? | ▪ Kann ich **bei dir** einfach mal auf eine Tasse Tee **vorbeikommen**? |
| **to pop in** [tə ˌpɒp 'ɪn] *phrase (coll.)* | **bei j-m vorbeikommen** |
| ▪ Susie just **popped in** for a coffee. | ▪ Susie ist nur schnell auf einen Kaffee **bei mir vorbeigekommen**. |

| | |
|---|---|
| **acquaintance** [ə'kweɪntəns] *n m/f, n* | der **Bekannte**, die **Bekannte**; die **Bekanntschaft** |
| ▪ Mr Broad is just an **acquaintance** of mine. | ▪ Mr. Broad ist nur ein **Bekannter** von mir. |
| ▪ I'm really looking forward to making her **acquaintance**. | ▪ Ich freue mich wirklich darauf, ihre **Bekanntschaft** zu machen. |
| **contact** ['kɒntækt] *n* | der **Kontakt** |
| ▪ We used to be good friends but we've lost **contact**. | ▪ Wir waren früher gute Freunde, aber wir haben den **Kontakt** verloren. |
| **connection** [kə'nekʃn] *n* | die **Verbindung** |
| ▪ They say she has **connections** with the Mafia. | ▪ Man sagt, sie habe **Verbindungen** zur Mafia. |
| **to get in touch** [tə ˌget ɪn 'tʌtʃ] *phrase;* ▸ **v irr** S. 441 get | **Kontakt aufnehmen** |
| ▪ She didn't give me her phone number so I don't know how to **get in touch** with her. | ▪ Sie hat mir ihre Telefonnummer nicht gegeben, also weiß ich nicht, wie ich mit ihr **Kontakt aufnehmen** soll. |
| **to join** [tə 'dʒɔɪn] *v* | **sich anschließen** |
| ▪ Can I **join** you? | ▪ Kann ich **mich** euch **anschließen**? |
| **club** [klʌb] *n* | der **Klub**, der **Verein** |
| ▪ You do like playing chess. Have you ever thought about joining a **club**? | ▪ Du spielst doch gern Schach. Hast du schon mal darüber nachgedacht, einem **Klub** beizutreten? |
| **member** ['membə] *n m/f* | das **Mitglied** |
| ▪ He's a **member** of the local tennis club. | ▪ Er ist **Mitglied** des hiesigen Tennisklubs. |
| **to accompany** [tʊ ə'kʌmpənɪ] *v* | **begleiten** |
| ▪ The gentlemen **accompanied** the ladies to their seats. | ▪ Die Herren **begleiteten** die Damen zu ihren Plätzen. |
| **to get along with sb.** [tə ˌget ə'lɒŋ wɪð] *phrase;* ▸ **v irr** S. 441 get | **sich mit j-m verstehen** |
| ▪ Gail never **got along with** her boss. | ▪ Gail **hat sich** nie **mit** ihrer Chefin **verstanden**. |

| | |
|---|---|
| **to take advantage of** [*BE:* tə ˌteɪk əd'vɑːntɪdʒ əv, *AE:* tə ˌteɪk əd'væntɪdʒ əv] *phrase;* ▸ **v irr** S. 446 take | **ausnutzen** |
| ▪ The bosses **took advantage** of the situation. | ▪ Die Chefs **nutzten** die Situation **aus**. |
| **to like** [tə 'laɪk] *v* | **gern haben** |
| ▪ I **like** you a lot. | ▪ Ich **habe** dich sehr **gern**. |
| **attitude** ['ætɪtjuːd] *n* | die **Einstellung** |
| ▪ Robert's problem is that he has the wrong **attitude** towards women. | ▪ Roberts Problem ist, dass er Frauen gegenüber die falsche **Einstellung** hat. |
| **communal** ['kɒmjənəl] *n* | **Gemeinschafts-** |
| ▪ And we have a **communal** garden behind the house. | ▪ Und wir haben einen **Gemeinschafts**garten hinter dem Haus. |
| **environment** [ɪn'vaɪrənmənt] *n* | das **Umfeld**, das **Milieu** |
| ▪ That was the **environment** I grew up in. | ▪ Das war das **Milieu**, in dem ich aufwuchs. |
| **to socialize** [tə 'səʊʃəlaɪz] *v* | **unter Leute kommen** |
| ▪ I didn't **socialize** much when I was at college. | ▪ Im College **kam** ich nicht sehr häufig **unter Leute**. |
| **companion** [kəm'pænjən] *n m/f* | der **Gefährte**, die **Gefährtin**, der **Begleiter**, die **Begleiterin** |
| ▪ He's always been the president's most faithful **companion**. | ▪ Er war schon immer der treueste **Gefährte** des Präsidenten. |
| **to shake hands** [tə ʃeɪk 'hændz] *phrase;* ▸ **v irr** S. 444 shake | **die Hände schütteln** |
| ▪ When you meet somebody for the first time it is considered impolite if you don't **shake hands**. | ▪ Wenn Sie jemanden zum ersten Mal treffen, sieht man es als unhöflich an, wenn Sie **sich** nicht **die Hände schütteln**. |

# Lebenszyklus

| | |
|---|---|
| **man** [mæn] *n; pl* **men**<br>▪ All **men** are created equal. | der **Mensch**<br>▪ Alle **Menschen** sind gleich erschaffen. |
| **human** ['hjuːmən] *n, adj*<br>▪ Modern **humans** originate in east Africa.<br>▪ The disaster was caused by **human** error. | der **Mensch**; **menschlich**<br>▪ Der moderne **Mensch** stammt aus Ostafrika.<br>▪ Das Unglück wurde durch **menschliches** Versagen verursacht. |
| **life** [laɪf] *n*<br>▪ Is there **life** on Mars? | das **Leben**<br>▪ Gibt es **Leben** auf dem Mars? |
| **alive** [ə'laɪv] *adv*<br>▪ The poster said, "Wanted! Dead or **Alive**".<br>▪ After swimming he felt **alive** and full of energy. | **lebend**, **lebendig**<br>▪ Auf dem Plakat stand: „Gesucht! Tot oder **lebend**".<br>▪ Nach dem Schwimmen fühlte er sich **lebendig** und voller Energie. |
| **to live** [tə 'lɪv] *v*<br>▪ Neil was born in New Zealand but **has been living** in England for nearly 15 years. | **leben**<br>▪ Neil wurde in Neuseeland geboren, **lebt** aber schon seit 15 Jahren in England. |
| **birth** [bɜːθ] *n*<br>▪ We all celebrated the **birth** of her third child. | die **Geburt**<br>▪ Wir feierten alle die **Geburt** ihres dritten Kindes. |
| **to be born** [tə biː 'bɔːn] *phrase;*<br>▸ **v irr** S. 439 be<br>▪ Margaret **was born** in 1877 and died 67 years later. | **geboren werden**<br><br>▪ Margaret **wurde** 1877 **geboren** und starb 67 Jahre später. |
| **young** [jʌŋ] *adj*<br>▪ Are you sure he's our new teacher? He looks too **young**. | **jung**<br>▪ Bist du sicher, dass er unser neuer Lehrer ist? Er sieht zu **jung** aus. |
| **juvenile** ['dʒuːvənaɪl] *adj*<br>▪ **Juvenile** offenders cause a lot of trouble for the police. | **jugendlich**<br>▪ **Jugendliche** Straftäter bereiten der Polizei große Schwierigkeiten. |
| **old** [əʊld] *adj*<br>▪ I saw a lot of **old** people playing with small children in the park. | **alt**<br>▪ Im Park sah ich viele **alte** Menschen, die mit kleinen Kindern spielten. |

| | |
|---|---|
| **adult** ['ædʌlt] *n m/f* | der **Erwachsene**, die **Erwachsene** |
| ▪ All children must be accompanied by a paying **adult**. | ▪ Alle Kinder müssen von einem zahlenden **Erwachsenen** begleitet werden. |
| **grown-up** ['grəʊnʌp] *adj* | **erwachsen** |
| ▪ Jackie has a **grown-up** sister. | ▪ Jackie hat eine **erwachsene** Schwester. |
| **age** [eɪdʒ] *n* | das **Alter** |
| ▪ He doesn't behave his **age**. | ▪ Er verhält sich nicht seinem **Alter** entsprechend. |

➡ Die Begriffe für Alter und Lebensalter sind identisch: age.

| | |
|---|---|
| **childhood** ['tʃaɪldhʊd] *n* | die **Kindheit** |
| ▪ Did you have a happy **childhood**? | ▪ Hatten Sie eine glückliche **Kindheit**? |
| **youth** [juːθ] *n* | die **Jugend** |
| ▪ Mel spent his childhood and **youth** in India. | ▪ Mel verbrachte seine Kindheit und **Jugend** in Indien. |
| **to be … years old** [tə biː … 'jɪəz əʊld] *phrase;* ▸ **v irr** S. 439 be | **… Jahre alt sein** |
| ▪ Virginia **was** only twelve **years old** when she moved to Canada. | ▪ Virginia **war** erst zwölf **Jahre alt**, als sie nach Kanada zog. |
| **to grow** [tə 'grəʊ] *v;* ▸ **v irr** S. 442 grow | **wachsen** |
| ▪ **I've grown** an inch since we last met. | ▪ Ich **bin** zweieinhalb Zentimeter **gewachsen**, seitdem wir uns das letzte Mal getroffen haben. |
| **to grow up** [tə ˌgrəʊ 'ʌp] *phrase;* ▸ **v irr** S. 442 grow | **aufwachsen** |
| ▪ Douglas **grew up** in a small town outside of Sheffield. | ▪ Douglas **ist** in einer kleinen Stadt außerhalb von Sheffield **aufgewachsen**. |
| **death** [deθ] *n* | der **Tod** |
| ▪ I'm not scared of **death**. | ▪ Ich habe keine Angst vor dem **Tod**. |
| **dead** [ded] *adj* | **tot** |
| ▪ I think this plant is **dead**, George. Did you ever water it? | ▪ Ich glaube, diese Pflanze ist **tot**, George. Hast du sie jemals gegossen? |

| | |
|---|---|
| **deadly** ['dedlɪ] *adj* | **tödlich** |
| ▪ A bee sting can be **deadly** if you're allergic to it. | ▪ Ein Bienenstich kann **tödlich** sein, wenn man dagegen allergisch ist. |
| **to die** [tə 'daɪ] *v* | **sterben** |
| ▪ He **died** of a heart attack at the age of 42. | ▪ Er **starb** mit 42 Jahren an einem Herzinfarkt. |
| **to lose one's life** [tə ˌluːz wʌnz 'laɪf] *phrase;* ▸ **v irr** S. 443 lose | **ums Leben kommen** |
| ▪ He **lost his life** in a plane crash. | ▪ Er ist bei einem Flugzeugunglück **ums Leben gekommen**. |
| **funeral** ['fjuːnrəl] *n* | die **Beerdigung** |
| ▪ Many of Jack's friends were at the **funeral**. | ▪ Viele von Jacks Freunden waren auf der **Beerdigung**. |
| **grave** [greɪv] *n* | das **Grab** |
| ▪ At the end of the funeral the coffin was lowered into the **grave**. | ▪ Am Ende der Beerdigung wurde der Sarg ins **Grab** gelassen. |
| **to bury** [tə 'berɪ] *v* | **beerdigen**, **begraben**, **bestatten** |
| ▪ Shakespeare **was buried** in Stratford. | ▪ Shakespeare **wurde** in Stratford **beerdigt**. |
| **to cremate** [tə krə'meɪt] *v* | **einäschern** |
| ▪ Gary told her he wanted **to be cremated** after his death. | ▪ Gary sagte ihr, er wolle nach seinem Tode **eingeäschert werden**. |
| **grief** [griːf] *n* | das **Leid** |
| ▪ She felt unbearable **grief** after the death of her husband. | ▪ Nach dem Tod ihres Ehemanns fühlte sie unerträgliches **Leid**. |
| **mourning** ['mɔːnɪŋ] *n* | die **Trauer** |
| ▪ Patrick was in deep **mourning** for over a year. | ▪ Patrick war über ein Jahr lang in tiefer **Trauer**. |
| **generation** [ˌdʒenə'reɪʃn] *n* | die **Generation** |
| ▪ People today are in better health than previous **generations**. | ▪ Die Menschen heute sind bei besserer Gesundheit als frühere **Generationen**. |
| **pregnancy** ['pregnənsɪ] *n* | die **Schwangerschaft** |
| ▪ It's already my fourth **pregnancy**. | ▪ Es ist schon meine vierte **Schwangerschaft**. |

| | |
|---|---|
| **to get pregnant** [tə ˌget 'pregnənt] *phrase*<br>▪ On the news they said that thousands of underage girls **got pregnant** last year. | **schwanger werden**<br>▪ In den Nachrichten sagten sie, dass Tausende minderjährige Mädchen im letzten Jahr **schwanger wurden**. |
| **puberty** ['pju:bətɪ] *n*<br>▪ Be patient! She's going through **puberty**. | die **Pubertät**<br>▪ Hab Geduld! Sie ist in der **Pubertät**. |
| **midlife crisis** ['mɪdlaɪf ˌkraɪsɪs] *n*<br>▪ Sandra's husband is having a **midlife crisis**. | die **Midlife-Crisis**<br>▪ Sandras Mann befindet sich in der **Midlife-Crisis**. |
| **senior citizen** [ˌsi:nɪə 'sɪtɪzn] *n m/f*<br>▪ Eastbourne is a paradise for **senior citizens**. | der **Senior**, die **Seniorin**<br>▪ Eastbourne ist ein Paradies für **Senioren**. |
| **condolence** [kən'dəʊləns] *n*<br>▪ They offered their **condolences** in a letter. | das **Beileid**<br>▪ Sie brachten ihr **Beileid** in einem Brief zum Ausdruck. |
| **dead body** [ˌded 'bɒdɪ] *n*<br>▪ The police found a **dead body** buried in the garden. | die **Leiche**<br>▪ Die Polizei fand eine **Leiche**, die im Garten verscharrt war. |
| **to inherit** [tʊ ɪn'herɪt] *v*<br>▪ As their only son James **inherited** the entire estate. | **erben**<br>▪ Als einziger Sohn **erbte** James den gesamten Besitz. |
| **will** [wɪl] *n*<br>▪ Her grandfather had changed his **will** only three days before he died. | das **Testament**<br>▪ Nur drei Tage vor seinem Tod hat ihr Großvater sein **Testament** geändert. |

# Wahrnehmungen, Kommunikation und Aktivitäten

## Denken und Fühlen

### Gedanken

| | |
|---|---|
| **thought** [θɔːt] *n* | der **Gedanke** |
| ▪ That's what I wanted to say. Can you read my **thoughts**? | ▪ Das wollte ich gerade sagen. Kannst du **Gedanken** lesen? |
| **to think** [tə 'θɪŋk] *v;* ▸ **v irr** S. 446 think | **denken, glauben, nachdenken** |
| ▪ What **do you think** of when you see a red rose? | ▪ Woran **denkst** du, wenn du eine rote Rose siehst? |
| ▪ I'm not sure but I **think** they've already left. | ▪ Ich bin mir nicht sicher, aber ich **glaube**, sie sind schon abgereist. |
| ▪ We must **think** hard before coming to a conclusion. | ▪ Wir müssen gut **nachdenken**, bevor wir zu einer Entscheidung kommen. |
| **to think of** [tə 'θɪŋk əv] *phrase;* ▸ **v irr** S. 446 think | **halten von** |
| ▪ What **do you think of** Ryan? Isn't he cute! | ▪ Was **hältst** du **von** Ryan? Ist er nicht süß! |
| **memory** ['meməri] *n* | die **Erinnerung** |
| ▪ Dale has pleasant **memories** of his childhood. | ▪ Dale hat schöne **Erinnerungen** an seine Kindheit. |
| **to remember** [tə rɪ'membə] *v* | **(sich) erinnern, daran denken** |
| ▪ I can't **remember** her name. | ▪ Ich kann **mich** nicht an ihren Namen **erinnern**. |
| ▪ Please **remember** to lock the front door. | ▪ Bitte **denke daran**, die Haustür abzuschließen. |
| **to forget** [tə fə'get] *v;* ▸ **v irr** S. 441 forget | **vergessen** |
| ▪ Molly is angry because her husband **forgot** their wedding anniversary. | ▪ Molly ist böse, weil ihr Mann ihren Hochzeitstag **vergessen hat**. |

| | |
|---|---|
| **to seem** [tə 'siːm] *v* | **scheinen** |
| ▪ Sophie is not as calm as she **seems**. | ▪ Sophie ist nicht so ruhig, wie sie **scheint**. |
| **to believe** [tə bɪ'liːv] *v* | **glauben** |
| ▪ Be careful! Don't **believe** every word he says. | ▪ Sei vorsichtig! **Glaube** nicht jedes Wort, das er sagt. |
| **hope** [həʊp] *n* | die **Hoffnung** |
| ▪ Is there any **hope** that the dog will recover? | ▪ Gibt es irgendeine **Hoffnung**, dass der Hund wieder gesund wird? |
| **to hope** [tə 'həʊp] *v* | **hoffen** |
| ▪ I **hope** Tony can come to the party. | ▪ Ich **hoffe**, dass Tony zur Party kommen kann. |
| **to suppose** [tə sə'pəʊz] *v* | **annehmen, vermuten** |
| ▪ Since Rob's not here, I **suppose** he must be ill. | ▪ Da Rob nicht hier ist, **nehme** ich **an**, dass er krank ist. |
| **likely** ['laɪklɪ] *adj* | **wahrscheinlich** |
| ▪ It's very **likely** that they'll win the game. | ▪ Es ist sehr **wahrscheinlich**, dass sie das Spiel gewinnen. |
| **probably** ['prɒbəblɪ] *adv* | **wahrscheinlich** |
| ▪ I'm not sure yet, but we'll **probably** leave on Friday. | ▪ Ich bin noch nicht ganz sicher, aber **wahrscheinlich** fahren wir am Freitag. |
| **possible** ['pɒsəbl] *adj* | **möglich** |
| ▪ Further showers are **possible** but unlikely. | ▪ Weitere Regenschauer sind **möglich**, aber nicht wahrscheinlich. |
| **by any chance** [*BE:* ˌbaɪ enɪ 'tʃɑːns, *AE:* ˌbaɪ enɪ 'tʃæns] *phrase* | **vielleicht** |
| ▪ Have you seen my green T-shirt **by any chance**? | ▪ Hast du **vielleicht** mein grünes T-Shirt gesehen? |
| **maybe** ['meɪbɪ] *adv* | **vielleicht** |
| ▪ **Maybe** Kathryn will help us. Let's ask her. | ▪ **Vielleicht** wird uns Kathryn helfen. Fragen wir sie doch! |
| **perhaps** [pə'hæps] *adv* | **vielleicht** |
| ▪ I haven't seen Carol today; **perhaps** she's taken a day off. | ▪ Ich habe Carol heute noch nicht gesehen; **vielleicht** hat sie einen Tag freigenommen. |

| | |
|---|---|
| **impossible** [ɪm'pɒsəbl] *adj* | **unmöglich** |
| ▪ It's **impossible** to fly faster than the speed of light. | ▪ Es ist **unmöglich**, schneller als Lichtgeschwindigkeit zu fliegen. |
| **impression** [ɪm'preʃn] *n* | der **Eindruck** |
| ▪ My first **impression** of New York was fantastic. | ▪ Mein erster **Eindruck** von New York war fantastisch. |
| **to wonder** [tə 'wʌndə] *v* | **sich fragen** |
| ▪ I **wonder** what they'll do next. | ▪ Ich **frage mich**, was sie als Nächstes tun werden. |
| **to notice** [tə 'nəʊtɪs] *v* | **bemerken** |
| ▪ David didn't **notice** that she smiled at him. | ▪ David **bemerkte** nicht, dass sie ihn anlächelte. |
| **to expect** [tʊ ɪk'spekt] *v* | **erwarten, rechnen mit** |
| ▪ Our visitors arrived much earlier than we **had expected**. | ▪ Unsere Besucher kamen viel früher an, als wir **erwartet hatten**. |
| ▪ I **hadn't expected** you at all. | ▪ **Mit** dir **hatte** ich gar **nicht gerechnet**. |
| **to realize** [tə 'rɪəlaɪz] *v* | **erkennen** |
| ▪ Sam **realized** that he had made a big mistake. | ▪ Sam **erkannte**, dass er einen großen Fehler gemacht hatte. |
| **to recognize** [tə 'rekəgnaɪz] *v* | **wiedererkennen** |
| ▪ You **won't recognize** Alan; he's changed a lot. | ▪ Du **wirst** Alan **nicht wiedererkennen**; er hat sich sehr verändert. |
| **appearance** [ə'pɪərəns] *n* | der **Schein**, der **Anschein** |
| ▪ **Appearances** can be deceptive. Dan's much younger than he looks. | ▪ Der **Schein** trügt. Dan ist viel jünger, als er aussieht. |
| **to think sb. is** [tə 'θɪŋk … ɪz] *phrase;* ▸ **v irr** S. 446 think | **j-n halten für** |
| ▪ Kevin always **thought** he **was** American. | ▪ Kevin **hielt** ihn immer **für** einen Amerikaner. |
| **imagination** [ɪˌmædʒɪ'neɪʃn] *n* | die **Vorstellungskraft** |
| ▪ Picasso had a vivid **imagination**. | ▪ Picasso hatte eine lebhafte **Vorstellungskraft**. |
| **to imagine** [tʊ ɪ'mædʒɪn] *v* | **sich vorstellen** |
| ▪ I can't **imagine** living here. | ▪ Ich kann es **mir** nicht **vorstellen**, hier zu wohnen. |

| | |
|---|---|
| **to consider** [tə kən'sɪdə] *v* | **überlegen, erwägen, berücksichtigen, bedenken** |
| ▪ My parents **are considering** buying a house. | ▪ Meine Eltern **überlegen**, ob sie sich ein Haus kaufen sollen. |
| ▪ They told him they **would consider** his request. | ▪ Sie sagten, dass sie seine Bitte **berücksichtigen würden**. |
| **thoughtless** ['θɔːtləs] *adj* | **gedankenlos** |
| ▪ I'm sorry about what I said. It was very **thoughtless**. | ▪ Es tut mir leid, was ich gesagt habe. Es war sehr **gedankenlos**. |
| **to be surprised** [tə biː sə'praɪzd] *phrase;* ▸ **v irr** S. 439 be | **sich wundern, überrascht sein** |
| ▪ Tina **was** not in the least **surprised** that Brian passed his driving test. | ▪ Tina **wunderte sich** gar nicht, dass Brian die Fahrprüfung bestanden hatte. |
| **awareness** [ə'weənəs] *n* | das **Bewusstsein** |
| ▪ We are trying to raise **awareness** of the situation. | ▪ Wir versuchen, ein **Bewusstsein** für die Situation zu schaffen. |
| **aware** [ə'weə] *adj* | **bewusst** |
| ▪ I wasn't **aware** of the fact that he's in love with her. | ▪ Ich war mir der Tatsache nicht **bewusst**, dass er in sie verliebt ist. |
| **to anticipate** [tʊ æn'tɪsɪpeɪt] *v* | **vorhersehen** |
| ▪ We **hadn't anticipated** that the film would be so great. | ▪ Wir **hatten nicht vorhergesehen**, dass der Film so toll sein würde. |
| **sense** [sens] *n* | der **Sinn** |
| ▪ What does that mean? It doesn't make any **sense**. | ▪ Was bedeutet das? Es hat keinen **Sinn**. |
| **nonsense** ['nɒnsəns] *n* | der **Unsinn** |
| ▪ Don't listen to him. He's just talking **nonsense**. | ▪ Hör nicht auf ihn. Er erzählt nur **Unsinn**. |

## Gefühle

**feeling** ['fiːlɪŋ] *n* — das **Gefühl**
- I have the **feeling** we are being watched. — Ich habe das **Gefühl**, wir werden beobachtet.

**pleasure** ['pleʒə] *n* — die **Freude**, der **Gefallen**
- I get a lot of **pleasure** out of playing with children. — Es macht mir sehr viel **Freude**, mit Kindern zu spielen.
- Gary doesn't get any **pleasure** out of sunbathing. — Gary findet keinen **Gefallen** am Sonnenbaden.

**pleased** [pliːzd] *adj* — **erfreut**
- **Pleased** to meet you! — **Erfreut**, Sie kennenzulernen!

**pleasant** ['pleznt] *adj* — **angenehm**
- These roses have a very **pleasant** smell. — Diese Rosen haben einen sehr **an-genehmen** Duft.

**unpleasant** [ʌn'pleznt] *adj* — **unangenehm**
- There was an **unpleasant** smell in the room. — Ein **unangenehmer** Geruch war im Zimmer.

**to be pleased** [tə biː 'pliːzd] *phrase;* — **sich freuen**
▸ **v irr** S. 439 be
- Amanda **was** very **pleased** with her presents. — Amanda **hat sich** sehr über ihre Geschenke **gefreut**.

**luck** [lʌk] *n* — das **Glück**
- With a little bit of **luck** you'll pass the test. — Mit ein bisschen **Glück** wirst du den Test bestehen.

**happy** ['hæpɪ] *adj* — **glücklich**
- We wish you a long and **happy** life. — Wir wünschen dir ein langes und **glückliches** Leben.

**unhappy** [ʌn'hæpɪ] *adj* — **unglücklich**
- The children were very **unhappy** when our dog died. — Die Kinder waren sehr **unglücklich**, als unser Hund starb.

**cheerfulness** ['tʃɪəflnəs] *n* — die **Fröhlichkeit**
- Robin seems to have an inborn **cheerfulness**. — Robin scheint eine angeborene **Fröhlichkeit** zu besitzen.

**glad** [glæd] *adj* — **froh**
- I'm **glad** to hear that you've found a new job. — Ich bin **froh** zu hören, dass du eine neue Arbeit gefunden hast.

**smile** [smaɪl] *n* — das **Lächeln**
- The landlady welcomed us with a friendly **smile**. — Die Wirtin begrüßte uns mit einem freundlichen **Lächeln**.

**to smile** [tə 'smaɪl] *v* — **lächeln**
- Gloria **smiled** at the baby and it **smiled** back. — Gloria **lächelte** das Baby an und es **lächelte** zurück.

**laughter** [*BE:* 'lɑːftə, *AE:* 'læftər] *n* — das **Lachen**
- The clowns were hilarious. We roared with **laughter**. — Die Clowns waren irrsinnig komisch. Wir brüllten vor **Lachen**.

**to laugh** [*BE:* tə 'lɑːf, *AE:* tə 'læf] *v* — **lachen**
- It was so funny that we had to **laugh**. — Es war so komisch, dass wir **lachen** mussten.

**to like** [tə 'laɪk] *v* — **mögen**
- Callum **likes** driving around in his car listening to loud music. — Callum **mag** es, in seinem Auto bei lauter Musik herumzufahren.

**to like doing sth.** [tə ˌlaɪk 'duːɪŋ] *phrase* — **etw. gern tun**
- Callum **likes driving around** in his car listening to loud music. — Callum **fährt gern** bei lauter Musik mit seinem Auto **herum**.

**favourite** *BE* ['feɪvrət], **favorite** *AE* ['feɪvərət] *adj* — **Lieblings-**
- What's your **favourite** pop group? — Was ist deine **Lieblings**popgruppe?

**can't stand** [*BE:* ˌkɑːnt 'stænd, *AE:* ˌkænt 'stænd] *phrase* — **nicht leiden können**
- I **can't stand** it when people are arrogant. — Ich **kann** es **nicht leiden**, wenn Menschen arrogant sind.

**surprise** [sə'praɪz] *n* — die **Überraschung**
- To my **surprise** my best friend had organized a birthday party for me. — Zu meiner **Überraschung** hatte mein bester Freund eine Geburtstagsfeier für mich organisiert.

**surprised** [sə'praɪzd] *adj* — **überrascht**
- Simon was **surprised** to learn that he had won the tombola. — Simon war **überrascht**, als er erfuhr, dass er die Tombola gewonnen hatte.

**satisfied** ['sætɪsfaɪd] *adj*
- Mr Jenkins owns half the town but he still isn't **satisfied**.

**zufrieden**
- Mr. Jenkins gehört zwar die halbe Stadt, doch **zufrieden** ist er immer noch nicht.

**dissatisfied** [dɪs'sætɪsfaɪd] *adj*
- Dad's been very **dissatisfied** with the poor performance of his team.

**unzufrieden**
- Papa ist sehr **unzufrieden** mit der schlechten Leistung seines Teams.

**fear** [fɪə] *n*
- Amy has a **fear** of insects of all kinds.

die **Angst**
- Amy hat **Angst** vor Insekten aller Art.

**to be afraid** [tə biː ə'freɪd] *phrase;*
▸ v irr S. 439 be
- There's no need to **be afraid** of spiders in this old house.

**sich fürchten**
- Es gibt keinen Grund, **sich** in diesem alten Haus vor Spinnen zu **fürchten**.

**worried** [*BE:* 'wʌrɪd, *AE:* 'wɜːrɪd] *adj*
- Everyone was **worried** when they heard about the accident.
- A lot of people are **worried** about their jobs these days.

**beunruhigt, besorgt**
- Alle waren **beunruhigt**, als sie von dem Unfall erfuhren.
- Viele Menschen sind heutzutage **besorgt** um ihren Arbeitsplatz.

**to worry** [tə 'wʌrɪ] *v*
- **Don't worry**! Everything will be all right.

**sich Sorgen machen**
- **Mach dir keine Sorgen**! Alles wird gut.

**sadness** ['sædnəs] *n*
- Debra experienced great **sadness** after the death of her husband.

die **Trauer**, die **Traurigkeit**
- Nach dem Tod ihres Mannes empfand Debra tiefe **Trauer**.

**sad** [sæd] *adj*
- Watching "Titanic" made us all a bit **sad**.

**traurig**
- Als wir „Titanic“ sahen, wurden wir alle ein wenig **traurig**.

**lonely** ['ləʊnlɪ] *adj*
- Miriam's been very **lonely** since her children left home.

**einsam**
- Miriam ist sehr **einsam**, seit ihre Kinder aus dem Haus sind.

**alone** [ə'ləʊn] *adj*
- Suddenly Sarah was all **alone** in that huge castle.

**allein**
- Plötzlich war Sarah ganz **allein** in diesem riesigen Schloss.

| | |
|---|---|
| **terrible** ['terəbl] *adj*<br>▪ After playing in the rain the children looked **terrible**. | **schrecklich, furchtbar, scheußlich**<br>▪ Nachdem die Kinder im Regen gespielt hatten, sahen sie **schrecklich** aus. |
| **without doubt** [wɪðˌaʊt 'daʊt] *phrase*<br>▪ Caroline is **without doubt** a very smart student. | **zweifellos**<br>▪ Caroline ist **zweifellos** eine sehr schlaue Studentin. |
| **admiration** [ˌædmə'reɪʃn] *n*<br>▪ His work has always filled me with **admiration**. | die **Bewunderung**<br>▪ Sein Werk hat mich schon immer mit **Bewunderung** erfüllt. |
| **to admire** [tʊ əd'maɪə] *v*<br>▪ Many people **admire** her for her courage. | **bewundern**<br>▪ Viele Menschen **bewundern** sie für ihren Mut. |
| **enthusiasm** [ɪn'θjuːzɪæzm] *n*<br>▪ The suggestion to have a party was met with great **enthusiasm**. | die **Begeisterung**, der **Enthusiasmus**<br>▪ Der Vorschlag, eine Party zu feiern, wurde mit großer **Begeisterung** aufgenommen. |
| **enthusiastic** [ˌɪnθjuːzɪ'æstɪk] *adj*<br>▪ Sam was very **enthusiastic** when I suggested going out tonight. | **begeistert**<br>▪ Sam war sehr **begeistert** von meinem Vorschlag, heute Abend auszugehen. |
| **excited** [ɪk'saɪtɪd] *adj*<br>▪ When the film started the children were all very **excited**. | **gespannt, aufgeregt**<br>▪ Als der Film anfing, waren alle Kinder sehr **gespannt**. |
| **exciting** [ɪk'saɪtɪŋ] *adj*<br>▪ Watching the first man walk on the moon was an **exciting** moment. | **aufregend**<br>▪ Den ersten Menschen auf dem Mond spazierengehen zu sehen, war ein **aufregender** Moment. |
| **aggressive** [ə'gresɪv] *adj*<br>▪ Some people get **aggressive** when they are stressed. | **aggressiv**<br>▪ Manche Menschen werden **aggressiv**, wenn sie gestresst sind. |
| **boredom** ['bɔːdəm] *n*<br>▪ There's nothing to do. I'm dying of **boredom**. | die **Langeweile**<br>▪ Es gibt nichts zu tun. Ich sterbe vor **Langeweile**. |

| | |
|---|---|
| **boring** ['bɔːrɪŋ] *adj*<br>▪ Nothing much happens in this town, it's so **boring**. | **langweilig**<br>▪ In dieser Stadt ist nicht viel los, es ist so **langweilig**. |
| **to be bored** [tə biː 'bɔːd] *phrase;*<br>▸ **v irr** S. 439 be<br>▪ I had to spend Sunday afternoon with my parents. I **was bored** stiff. | **sich langweilen**<br>▪ Ich musste den Sonntagnachmittag mit meinen Eltern verbringen. Ich **habe mich** fürchterlich **gelangweilt**. |
| **dull** [dʌl] *adj*<br>▪ Linda watched a really **dull** film on TV last night. | **langweilig**<br>▪ Gestern Abend hat Linda einen wirklich **langweiligen** Film im Fernsehen gesehen. |
| **disappointment** [ˌdɪsə'pɔɪntmənt] *n*<br>▪ You could see the **disappointment** in her face. | die **Enttäuschung**<br>▪ Man konnte ihr die **Enttäuschung** am Gesicht ablesen. |
| **disappointed** [ˌdɪsə'pɔɪntɪd] *adj*<br>▪ We were somewhat **disappointed** to learn that he had only come second. | **enttäuscht**<br>▪ Wir waren ein wenig **enttäuscht**, als wir erfuhren, dass er nur Zweiter geworden war. |
| **grateful** ['greɪtfl] *adj*<br>▪ I'd be **grateful** if you could send me your catalogue. | **dankbar**<br>▪ Ich wäre Ihnen **dankbar**, wenn Sie mir Ihren Katalog schicken würden. |
| **to be astonished** [tə biː ə'stɒnɪʃt] *phrase;* ▸ **v irr** S. 439 be<br>▪ Jake **was astonished** to hear that she had got married. | **erstaunt sein**<br>▪ Jake **war erstaunt** zu erfahren, dass sie geheiratet hatte. |
| **surprising** [sə'praɪzɪŋ] *adj*<br>▪ It's **surprising** what you can buy with ten dollars. | **erstaunlich**<br>▪ Es ist **erstaunlich**, was man alles mit zehn Dollar kaufen kann. |
| **fright** [fraɪt] *n*<br>▪ It took me several minutes to recover from the **fright**. | der **Schreck**<br>▪ Ich brauchte mehrere Minuten, um mich von dem **Schreck** zu erholen. |

| | |
|---|---|
| **to frighten** [tə 'fraɪtn] *v* | **erschrecken** |
| ▪ Dominic **frightened** me to death when he stepped out from behind the door. | ▪ Dominik **erschreckte** mich zu Tode, als er hinter der Tür hervortrat. |

➡ Wird to frighten aktivisch verwendet, so bedeutet es **Angst machen** oder **jdn. erschrecken** (**He frightened me.**); passivisch verwendet, bedeutet es entweder **Angst haben** (**I was frightened of him**) oder **erschreckt werden** (**I was frightened by him**).

| | |
|---|---|
| **to be frightened** [tə biː 'fraɪtnd] *phrase* | **Angst haben, sich erschrecken** |
| ▪ Jenny **is frightened** of snakes. | ▪ Jenny **hat Angst** vor Schlangen. |
| ▪ I **was frightened** by the loud noise. | ▪ Das laute Geräusch **erschreckte mich**. |
| ➡ to frighten ▸ S. 60 | |
| **pity** ['pɪtɪ] *n* | das **Mitleid** |
| ▪ She felt **pity** for the hard-working children. | ▪ Sie fühlte **Mitleid** für die hart arbeitenden Kinder. |
| **to feel sorry** [tə ˌfiːl 'sɒrɪ] *phrase*; ▸ **v irr** S. 441 feel | **leid tun** |
| ▪ I **felt sorry** for John when I learned that he had broken his leg. | ▪ John **tat** mir **leid**, als ich erfuhr, dass er sein Bein gebrochen hatte. |
| **to regret** [tə rɪ'gret] *v* | **bedauern** |
| ▪ We **regret** to inform you that we are going to have to raise your rent. | ▪ Wir **bedauern**, Ihnen mitteilen zu müssen, dass wir Ihre Miete erhöhen werden. |
| **I'm afraid** [ˌaɪm ə'freɪd] *phrase*; ▸ **v irr** S. 439 be | **leider** |
| ▪ **I'm afraid** I won't be able to attend the meeting. | ▪ **Leider** werde ich an dem Treffen nicht teilnehmen können. |
| **strange** [streɪndʒ] *adj* | **seltsam, eigenartig, merkwürdig, sonderbar** |
| ▪ I can't explain Ben's **strange** behaviour; he's never done that before. | ▪ Ich kann mir Bens **seltsames** Benehmen nicht erklären. Er hat das noch nie getan. |
| **shame** [ʃeɪm] *n* | die **Scham** |
| ▪ Martin blushed with **shame** when his father caught him lying. | ▪ Martin errötete vor **Scham**, als sein Vater ihn beim Lügen ertappte. |

| | |
|---|---|
| **to be ashamed** [tə biː ə'ʃeɪmd] *phrase;* ▸ **v irr** S. 439 be | **sich schämen** |
| ▪ How rude! You ought to **be ashamed.** | ▪ Wie unhöflich! Du solltest **dich schämen.** |
| **doubt** [daʊt] *n* | der **Zweifel** |
| ▪ Everybody says he'll win but I have my **doubts.** | ▪ Jeder sagt, dass er gewinnen wird, aber ich habe da meine **Zweifel.** |
| **to doubt** [tə 'daʊt] *v* | **bezweifeln, anzweifeln** |
| ▪ Tess may get the job but I **doubt** it. | ▪ Vielleicht bekommt Tess die Stelle, aber ich **bezweifle** es. |
| ▪ Suzanne still **doubts** his loyalty. | ▪ Suzanne **zweifelt** immer noch seine Loyalität **an.** |
| **longing** ['lɒŋɪŋ] *n* | die **Sehnsucht** |
| ▪ After she left me my **longing** for her became almost unbearable. | ▪ Nachdem sie mich verlassen hatte, wurde meine **Sehnsucht** nach ihr fast unerträglich. |
| **to miss** [tə 'mɪs] *v* | **vermissen** |
| ▪ My daughter has gone to Canada and I **miss** her very much. | ▪ Meine Tochter ist nach Kanada gegangen und ich **vermisse** sie sehr. |
| **to feel homesick** [tə ˌfiːl 'həʊmsɪk] *phrase* | **Heimweh haben** |
| ▪ After a few days the children **felt homesick.** | ▪ Nach ein paar Tagen **hatten** die Kinder **Heimweh.** |
| **to move** [tə 'muːv] *v* | **bewegen, ergreifen** |
| ▪ I **was** very **moved** by what I saw in that documentary. | ▪ Ich **war** sehr **bewegt** von dem, was ich in dieser Dokumentation gesehen hatte. |
| **to touch** [tə 'tʌtʃ] *v* | **rühren** |
| ▪ Joe's kindness **touched** me deeply. | ▪ Joes Liebenswürdigkeit **hat** mich sehr **gerührt.** |
| **pain** [peɪn] *n* | der **Kummer,** das **Leid** |
| ▪ Since he became a member of this gang my youngest son has caused me a lot of **pain.** | ▪ Seit er Mitglied in dieser Gang ist, macht mir mein jüngster Sohn viel **Kummer.** |
| **to cry** [tə 'kraɪ] *v* | **weinen** |
| ▪ Davina **cried** when her favourite film star died. | ▪ Davina **weinte,** als ihr Lieblingsschauspieler starb. |

| | |
|---|---|
| **tear** [tɪə] *n*<br>▪ There were **tears** in their eyes when they said goodbye. | die **Träne**<br>▪ Sie hatten **Tränen** in den Augen, als sie sich verabschiedeten. |
| **desperate** ['despərət] *adj*<br>▪ Although we were in a **desperate** situation we never lost hope. | **verzweifelt**<br>▪ Obwohl wir in einer **verzweifelten** Lage waren, verloren wir nie die Hoffnung. |
| **hopeless** ['həʊpləs] *adj*<br>▪ The situation was **hopeless**, there seemed to be no way out. | **hoffnungslos**<br>▪ Die Situation war **hoffnungslos**, es schien keinen Ausweg zu geben. |
| **destiny** ['destənɪ] *n*<br>▪ Is it my **destiny** to be unhappy? | das **Schicksal**<br>▪ Ist es mein **Schicksal**, unglücklich zu sein? |
| **disgust** [dɪs'gʌst] *n*<br>▪ Nina turned away in **disgust** when he started eating spinach. | der **Ekel**<br>▪ Nina drehte sich weg vor **Ekel**, als er anfing, Spinat zu essen. |
| **to envy** [tʊ 'envɪ] *v*<br>▪ Carol **envies** her for her good looks. | **beneiden**<br>▪ Carol **beneidet** sie wegen ihres guten Aussehens. |
| **scary** ['skeərɪ] *adj*<br>▪ Walking home at night through a dark park can be **scary**. | **unheimlich**<br>▪ Nachts allein durch einen dunklen Park nach Hause zu gehen, kann sehr **unheimlich** sein. |

# Sinneseindrücke

**to see** [tə 'siː] *v;* ▸ **v irr** S. 444 see — **sehen**
- It was so dark that we couldn't **see** anything. — Es war so dunkel, dass wir nichts **sehen** konnten.

**look** [lʊk] *n* — der **Blick**
- She gave me an angry **look** when I kissed Steve. — Sie warf mir einen wütenden **Blick** zu, als ich Steve küsste.

**to look** [tə 'lʊk] *v* — **schauen**
- We didn't want to buy anything. We **were** just **looking**. — Wir wollten nichts kaufen. Wir **schauten** nur.

**to look at** [tə 'lʊk ət] *phrase* — **anschauen**
- We went to the newsstand to **look at** some magazines. — Wir gingen zum Zeitungskiosk, um uns ein paar Zeitschriften **anzuschauen**.

**to have a look** [tə ˌhæv ə 'lʊk] *phrase;* ▸ **v irr** S. 442 have — **einen Blick werfen**
- Could I **have a look** at your map, please? — Könnte ich bitte **einen Blick** auf Ihre Karte **werfen**?

**to go and check** [tə 'gəʊ ənd 'tʃek] *phrase;* ▸ **v irr** S. 442 go — **nachsehen**
- I'm not sure if I turned off the cooker. Could you **go and check**? — Ich bin nicht sicher, ob ich den Herd ausgeschaltet habe. Könntest du **nachsehen**?

**to hear** [tə 'hɪə] *v;* ▸ **v irr** S. 442 hear — **hören**
- There was so much noise that Mike couldn't **hear** anything. — Es war so laut, dass Mike nichts **hören** konnte.

➡ **to hear** bezeichnet **hören** im Sinne von **wahrnehmen**, **verstehen** oder auch **erfahren**; **to listen** verweist auf ein absichtliches Hin- und Zuhören.

**to listen** [tə 'lɪsn] *v* — **hören**
- I always **listen** to the radio when I'm having breakfast. — Ich **höre** immer Radio, wenn ich frühstücke.

➡ to hear ▸ S. 63

**sound** [saʊnd] *n* — das **Geräusch**
- Gavin heard a **sound** in the room but he didn't see anything. — Gavin hörte ein **Geräusch** im Zimmer, sah aber nichts.

| | |
|---|---|
| **noise** [nɔɪz] *n*<br>▪ I can't sleep with all that **noise** coming from the street. | der **Lärm**, der **Krach**<br>▪ Ich kann nicht schlafen bei all dem **Lärm**, der von der Straße herein-dringt. |
| **feeling** ['fiːlɪŋ] *n*<br>▪ Can you express the **feelings** you have for him? | die **Empfindung**<br>▪ Kannst du die **Empfindungen** aus-drücken, die du für ihn hegst? |
| **to feel** [tə 'fiːl] *v*; ▸ **v irr** S. 441 feel<br>▪ How **are** you **feeling**? | **sich fühlen**<br>▪ Wie **fühlst** du dich? |
| **to touch** [tə 'tʌtʃ] *v*<br>▪ Do not **touch** anything before the police arrive. | **berühren**<br>▪ Bitte **berühren** Sie nichts, bevor die Polizei kommt. |
| **smell** [smel] *n*<br>▪ Some kinds of roses have a very pleasant **smell**. | der **Duft**, der **Geruch**<br>▪ Manche Rosenarten haben einen angenehmen **Duft**. |
| **to smell** [tə 'smel] *v*<br>▪ When fish **smells** bad, it's no longer fresh. | **riechen**<br>▪ Wenn Fisch schlecht **riecht**, dann ist er nicht mehr frisch. |
| **to stink** [tə 'stɪŋk] *v*;<br>▸ **v irr** S. 445 stink<br>▪ After the party the whole flat **stank** of cigarettes. | **stinken**<br>▪ Nach der Party **stank** die ganze Wohnung nach Zigaretten. |
| **sense** [sens] *n*<br>▪ She always knows what I'm thinking; she must have a sixth **sense**. | der **Sinn**<br>▪ Sie weiß immer, was ich denke; sie muss einen sechsten **Sinn** haben. |
| **to observe** [tʊ əb'zɜːv] *v*<br>▪ Diana **observed** the monkeys in their cage for almost 15 minutes. | **beobachten**, **betrachten**<br>▪ Fast 15 Minuten lang **betrachtete** Diana die Affen in ihrem Käfig. |

# Sprechsituationen

## Gespräche

| | |
|---|---|
| **conversation** [ˌkɒnvəˈseɪʃn] *n* | das **Gespräch** |
| ▪ The conference should allow enough time for private **conversations**. | ▪ Die Tagung sollte genug Zeit für private **Gespräche** einräumen. |
| **speech** [spiːtʃ] *n* | die **Rede** |
| ▪ The new president gave an impressive **speech** last night. | ▪ Gestern Abend hielt der neue Präsident eine eindrucksvolle **Rede**. |
| **to speak** [tə ˈspiːk] *v*; ▸ **v irr** S. 445 speak | **sprechen** |
| ▪ I'd like to **speak** to the manager, please. | ▪ Ich möchte bitte mit dem Manager **sprechen**. |
| **to talk** [tə ˈtɔːk] *v* | **sprechen, reden** |
| ▪ Gordon**'s** always **talking** about paying me back but he never does. | ▪ Gordon **spricht** immer davon, mir das Geld zurückzuzahlen, aber er tut es nie. |
| **to say** [tə ˈseɪ] *v*; ▸ **v irr** S. 444 say | **sagen** |
| ▪ **Did** he really **say** that? | ▪ **Hat** er das wirklich **gesagt**? |
| **to tell** [tə ˈtel] *v*; ▸ **v irr** S. 446 tell | **sagen, mitteilen, erzählen** |
| ▪ I can't **tell** you how glad I am to see you. | ▪ Ich kann dir nicht **sagen**, wie froh ich bin, dich zu sehen. |
| ▪ They never **told** me they were getting divorced. | ▪ Sie **haben** mir nie **mitgeteilt**, dass sie sich scheiden lassen würden. |
| ▪ Mandy always **tells** her children a story before they go to bed. | ▪ Mandy **erzählt** ihren Kindern immer eine Geschichte, bevor sie zu Bett gehen. |
| **to call** [tə ˈkɔːl] *v* | **rufen** |
| ▪ Martin **called** his name but he didn't hear him. | ▪ Martin **rief** ihn, aber er hörte ihn nicht. |

| | |
|---|---|
| **silence** ['saɪləns] *n*<br>▪ After the party I enjoyed the **silence** of my flat.<br>▪ I didn't dare break the **silence**. | die **Stille**, das **Schweigen**<br>▪ Nach der Party genoss ich die **Stille** in meiner Wohnung.<br>▪ Ich traute mich nicht, das **Schweigen** zu brechen. |
| **to remain silent** [tə rɪˌmeɪn 'saɪlənt] *phrase*<br>▪ You have the right **to remain silent**. | **schweigen**<br>▪ Sie haben das Recht zu **schweigen**. |
| **in peace** [ɪn 'piːs] *phrase*<br>▪ Leave him **in peace**, he hasn't done anything to you. | **in Ruhe**<br>▪ Lass ihn **in Ruhe**, er hat dir nichts getan! |
| **quiet** ['kwaɪət] *adj*<br>▪ Be **quiet**! I'm trying to concentrate. | **still**<br>▪ Seid **still**! Ich versuche mich zu konzentrieren. |
| **explanation** [ˌeksplə'neɪʃn] *n*<br>▪ The police know the murderer but have no **explanation** for his motives. | die **Erklärung**<br>▪ Die Polizei kennt den Mörder, hat aber keine **Erklärung** für seine Motive. |
| **to explain** [tʊ ɪk'spleɪn] *v*<br>▪ Can you **explain** to me what this word means? | **erklären**<br>▪ Kannst du mir **erklären**, was dieses Wort bedeutet? |
| **message** ['mesɪdʒ] *n*<br>▪ I left a **message** on his answerphone. | die **Nachricht**, die **Mitteilung**<br>▪ Ich habe eine **Nachricht** auf seinem Anrufbeantworter hinterlassen. |
| **to inform** [tʊ ɪn'fɔːm] *v*<br>▪ I'm glad to **inform** you that you've passed the test. | **mitteilen**, **benachrichtigen**<br>▪ Ich freue mich, Ihnen **mitteilen** zu dürfen, dass Sie den Test bestanden haben. |
| **to let sb. know** [tə ˌlet ... 'nəʊ] *phrase;* ▸ **v irr** S. 443 let<br>▪ Please **let** me **know** if you're coming to my party. | **Bescheid sagen**<br>▪ Bitte **sag** mir **Bescheid**, ob du zu meiner Feier kommst. |
| **to learn** [tə 'lɜːn] *v;* ▸ **v irr** S. 442 learn<br>▪ Where **did** you **learn** about the good news? | **erfahren**<br>▪ Wo **haben Sie** von den guten Nachrichten **erfahren**? |

| | |
|---|---|
| **remark** [rɪˈmɑːk] *n* | die **Bemerkung** |
| ▪ Tom can't stop making nasty **remarks**. | ▪ Tom kann es nicht lassen, gehässige **Bemerkungen** zu machen. |
| **to mention** [tə ˈmenʃn] *v* | **erwähnen** |
| ▪ Sue got married last week but didn't **mention** it to anybody. | ▪ Sue hat letzte Woche geheiratet, es aber niemandem gegenüber **erwähnt**. |
| **expression** [ɪkˈspreʃn] *n* | der **Ausdruck** |
| ▪ What does that **expression** mean? | ▪ Was bedeutet dieser **Ausdruck**? |
| **to express** [tʊ ɪkˈspres] *v* | **ausdrücken** |
| ▪ Don't copy from the text. Try to **express** it in your own words. | ▪ Übernehmt nichts wörtlich aus dem Text. Versucht es mit euren eigenen Worten **auszudrücken**. |
| **to express oneself** [tə ɪkˈspres wʌnˌself] *phrase* | **sich ausdrücken** |
| ▪ Amir can't really **express himself** in English. | ▪ Amir kann **sich** auf Englisch nicht richtig **ausdrücken**. |
| **to emphasize** [tʊ ˈemfəsaɪz] *v* | **hervorheben** |
| ▪ The tour guide **emphasized** that we be punctual. | ▪ Der Reiseleiter **hob hervor**, dass wir pünktlich sein sollten. |
| **to talk** [tə ˈtɔːk] *v* | **sich unterhalten** |
| ▪ We **talked** for hours on our first date. | ▪ Wir **unterhielten uns** bei unserem ersten Rendezvous stundenlang. |
| **to chat** [tə ˈtʃæt] *v* | **plaudern** |
| ▪ I love to **chat** with my friends on the phone. | ▪ Ich **plaudere** gern am Telefon mit meinen Freundinnen. |
| **to whisper** [tə ˈwɪspə] *v* | **flüstern** |
| ▪ Victoria **whispered** in my ear so the others couldn't hear her. | ▪ Victoria **flüsterte** mir ins Ohr, damit die anderen sie nicht hören konnten. |
| **gossip** [ˈgɒsɪp] *n* | der **Klatsch** |
| ▪ The papers are full of **gossip** about the royal family. | ▪ Die Zeitungen sind voll von **Klatsch** über die königliche Familie. |

# Fragen, Bitten und Antworten

| | |
|---|---|
| **to ask** [*BE:* tʊ ˈɑːsk, *AE:* tʊ ˈæsk] *v* | **fragen, bitten** |
| ▪ Stewart **asked** me if I wanted to go for a walk after lunch. | ▪ Stewart **fragte** mich, ob ich nach dem Mittagessen einen Spaziergang machen wolle. |
| ▪ Liam **asked** him to return his CDs. | ▪ Liam **bat** ihn, seine CDs zurückzugeben. |
| **question** [ˈkwestʃn] *n* | die **Frage** |
| ▪ I asked him but he didn't answer my **question**. | ▪ Ich habe ihn gefragt, aber er hat meine **Frage** nicht beantwortet. |
| **answer** [*BE:* ˈɑːnsə, *AE:* ˈænsər] *n* | die **Antwort** |
| ▪ If you're asking me, the **answer** is yes. | ▪ Wenn Sie mich fragen, ist die **Antwort** Ja. |
| **to answer** [*BE:* tʊ ˈɑːnsə, *AE:* tʊ ˈænsər] *v* | **beantworten, antworten** |
| ▪ Did you **answer** all the questions on the form? | ▪ **Haben** Sie alle Fragen auf dem Formular **beantwortet**? |
| ▪ The policeman asked him twice but he didn't **answer**. | ▪ Der Polizist hat ihn zweimal gefragt, aber er **hat** nicht **geantwortet**. |
| **reply** [rɪˈplaɪ] *n* | die **Antwort** |
| ▪ James wrote to the school and got a **reply** from the head teacher herself. | ▪ James hatte der Schule geschrieben und von der Schulleiterin persönlich eine **Antwort** erhalten. |
| **to reply** [tə rɪˈplaɪ] *v* | **antworten** |
| ▪ Donald sent them a fax and they **replied** immediately. | ▪ Donald hat ihnen ein Fax geschickt und sie **haben** sofort **geantwortet**. |
| **yes** [jes] *adv* | **ja, doch** |
| ▪ Are you Australian? – **Yes**, I am. | ▪ Sind Sie Australier? – **Ja**. |
| ▪ I'm sure she's not 80 years old. – Oh **yes**, she is. | ▪ Ich bin mir sicher, sie ist nicht 80 Jahre alt. – Oh **doch**, sie ist 80. |

➡ Es wirkt oft unhöflich, Fragen nur mit yes oder no zu beantworten. Auf Angebote antwortet man am besten mit **yes, please** oder **no, thank you**; auf andere Fragen mit den entsprechenden Kurzantworten, z. B. **Are you enjoying your visit? – Yes, we are.**

**no** [nəʊ] *adv* — **nein**
- Do you live here? – **No**, I don't. — Wohnen Sie hier? – **Nein**.

➡ yes ▸ S. 68

---

**not** [nɒt] *adv* — **nicht**
- You are **not** old enough to drive a car. — Du bist **nicht** alt genug, um ein Auto zu fahren.

---

**Pardon?** ['pɑːdn] *interj* — **Wie bitte?**

---

**Sorry?** ['sɒrɪ] *interj* — **Wie bitte?**

---

**Here you are.** ['hɪə jʊ 'ɑː] *phrase;* ▸ **v irr** S. 439 be — **Hier, bitte schön.**

---

**please** [pliːz] *interj* — **bitte**
- Could you pass me the butter, **please**? — Könntest du mir **bitte** die Butter herüberreichen?

---

**Would you ..., please?** ['wʊd jə ... pliːz] *phrase* — **Würden Sie bitte ...?; Würdest du bitte ...?**

---

**to thank** [tə 'θæŋk] *v* — **danken**
- Richard **thanked** them for their hospitality. — Richard **dankte** ihnen für ihre Gastfreundschaft.

---

**to say thank you** [tə ˌseɪ 'θæŋk jʊ] *phrase;* ▸ **v irr** S. 444 say — **sich bedanken**
- I would like to **say thank you** for everything you've done for me. — Ich möchte **mich** bei dir **bedanken** für alles, was du für mich getan hast.

---

**Thank you!** ['θæŋk jʊ] *interj* — **Danke (schön)!**

➡ Möchte man auf ein **Thank you** seinerseits mit **Keine Ursache!** antworten, tut man das am besten mit **You're welcome!**

---

**You're welcome!** [ˌjər 'welkəm] *interj;* ▸ **v irr** S. 439 be — **Keine Ursache!**

---

**My pleasure!** [maɪ 'pleʒə] *interj* — **Bitte, gern geschehen.**

---

**promise** ['prɒmɪs] *n* — das **Versprechen**
- I kept my **promise**. — Ich hielt mein **Versprechen**.

---

**to promise** [tə 'prɒmɪs] *v* — **versprechen**
- Her parents have **promised** her a car if she passes the exam. — Ihre Eltern **haben** ihr ein Auto **versprochen**, wenn sie das Examen besteht.

| | |
|---|---|
| **to want** [tə 'wɒnt] *v*<br>▪ Graham **wanted** to leave but they asked him to stay. | **wollen**<br>▪ Graham **wollte** gehen, aber sie baten ihn zu bleiben. |
| **to mean** [tə 'miːn] *v;*<br>▸ **v irr** S. 443 mean<br>▪ Sorry, I didn't **mean** to hurt you. | **wollen**<br><br>▪ Tut mir leid, ich **wollte** dir nicht wehtun. |
| **will** [wɪl] *n*<br>▪ Ruby has always had an iron **will**. | der **Wille**<br>▪ Ruby hat schon immer einen eisernen **Willen** gehabt. |
| **wish** [wɪʃ] *n*<br>▪ She's only got one **wish**: to live a healthy and fulfilled life. | der **Wunsch**<br>▪ Sie hat nur einen **Wunsch**: ein gesundes und erfülltes Leben zu leben. |
| **to wish** [tə 'wɪʃ] *v*<br>▪ I **wish** you a pleasant journey.<br>▪ Sometimes Anthony **wishes** he were born rich. | **wünschen, sich wünschen**<br>▪ Ich **wünsche** dir eine angenehme Reise.<br>▪ Manchmal **wünscht sich** Anthony, er wäre reich geboren worden. |
| **to realize** [tə 'rɪəlaɪz] *v*<br>▪ I'm sure **I'll realize** my dreams one day. | **verwirklichen**<br>▪ Ich bin sicher, dass ich eines Tages meine Träume **verwirklichen werde**. |
| **feasible** ['fiːzəbl, 'fiːsəbl] *adj*<br>▪ We need a **feasible** alternative. | **durchführbar, realisierbar**<br>▪ Wir brauchen eine **realisierbare** Alternative. |
| **apology** [ə'pɒlədʒɪ] *n*<br>▪ Please accept our **apologies**. | die **Entschuldigung**<br>▪ Wir bitten vielmals um **Entschuldigung**. |
| **to apologize** [tʊ ə'pɒlədʒaɪz] *v*<br>▪ Maria is still angry even though I **apologized** for my behaviour. | **sich entschuldigen**<br>▪ Maria ist immer noch böse, obwohl ich **mich** für mein Benehmen **entschuldigt habe**. |
| **to forgive** [tə fə'gɪv] *v;*<br>▸ **v irr** S. 441 forgive<br>▪ Briony **will** never **forgive** you for your rude remarks. | **verzeihen**<br><br>▪ Briony **wird** dir deine frechen Bemerkungen nie **verzeihen**. |

| | |
|---|---|
| **excuse** [ɪk'skjuːs] *n*<br>▪ There's no **excuse** for hurting a child. | die **Entschuldigung**<br>▪ Es gibt keine **Entschuldigung** dafür, einem Kind wehzutun. |
| **to excuse** [tʊ ɪk'skjuːz] *v*<br>▪ Please **excuse** his inconsiderate behaviour. | **entschuldigen**<br>▪ Bitte **entschuldigen** Sie sein rücksichtsloses Verhalten. |
| **Excuse me.** [ɪk'skjuːz ˌmiː] *interj* | **Entschuldigung.** |
| **Sorry!** ['sɒrɪ] *interj* | **Verzeihung!**; **Entschuldigung!** |
| **I'm sorry.** [ˌaɪm 'sɒrɪ] *phrase;*<br>▸ **v irr** S. 439 **be** | **Es tut mir leid.** |
| **to do without** [tə duː wɪð'aʊt] *phrase;* ▸ **v irr** S. 440 **do**<br>▪ You'll have to **do without** the car today, I need it. | **verzichten**<br>▪ Du wirst heute auf das Auto **verzichten** müssen, ich brauche es. |
| **to assure** [tʊ ə'ʃɔː] *v*<br>▪ The hotel manager **assured** me that the room had a balcony. | **zusichern**<br>▪ Der Hoteldirektor **sicherte** mir **zu**, dass das Zimmer einen Balkon hat. |
| **request** [rɪ'kwest] *n*<br>▪ The company sent me a catalogue at my **request**.<br>▪ This is not a **request**, it's an order. | die **Bitte**, die **Aufforderung**<br>▪ Auf meine **Bitte** hin schickte mir die Firma einen Katalog.<br>▪ Das ist keine **Aufforderung**, das ist ein Befehl. |

## Befehl und Verbot

| | |
|---|---|
| **instructions** [ɪn'strʌkʃnz] *n pl*<br>▪ Read the **instructions** carefully before you use this device. | die **Anweisung**<br>▪ Lesen Sie die **Anweisungen** sorgfältig durch, bevor Sie dieses Gerät verwenden. |
| **order** ['ɔːdə] *n*<br>▪ Ron is used to receiving **orders**. | der **Befehl**<br>▪ Ron ist daran gewöhnt, **Befehle** zu empfangen. |
| **to order** [tʊ 'ɔːdə] *v*<br>▪ The police **ordered** an investigation. | **befehlen, anordnen**<br>▪ Die Polizei **ordnete** eine Untersuchung **an**. |

| | |
|---|---|
| **permit** ['pɜːmɪt] *n*<br>▪ The official told us we'd need a **permit** to enter the park. | die **Erlaubnis**<br>▪ Der Beamte sagte uns, wir würden eine **Erlaubnis** brauchen, um in den Park zu fahren. |
| **to allow** [tʊ ə'laʊ] *v*<br>▪ The landlord doesn't **allow** pets in the flat. | **erlauben**, **gestatten**, **zulassen**<br>▪ Der Vermieter **erlaubt** keine Haustiere in der Wohnung. |
| **to be allowed to** [tə biː ə'laʊd tə] *phrase*; ▸ **v irr** S. 439 be<br>▪ You**'re** not **allowed** to smoke in here. | **dürfen**<br>▪ Sie **dürfen** hier drinnen nicht rauchen. |
| **all right** [ˌɔːl 'raɪt] *phrase*<br>▪ Everything is **all right**. We can go home now. | **in Ordnung**<br>▪ Alles ist **in Ordnung**. Wir können jetzt nach Hause gehen. |
| **to prohibit** [tə prə'hɪbɪt] *v*<br>▪ Dropping litter **is** strictly **prohibited** in this country. | **verbieten**, **untersagen**<br>▪ Abfall herumliegen zu lassen **ist** in diesem Land strengstens **verboten**. |
| **ban** [bæn] *n*<br>▪ Several activists demanded a total **ban** on the use of motor vehicles on the island. | das **Verbot**<br>▪ Mehrere Aktivisten forderten ein totales **Verbot** der Benutzung von Motorfahrzeugen auf der Insel. |
| **to prevent** [tə prɪ'vent] *v*<br>▪ Due to the race riots we **were prevented** from continuing our journey. | **hindern**<br>▪ Wegen der Rassenunruhen **wurden** wir daran **gehindert**, unsere Reise fortzusetzen. |
| **permission** [pə'mɪʃn] *n*<br>▪ Before landing the pilot has to ask for **permission**. | die **Genehmigung**, die **Erlaubnis**<br>▪ Vor der Landung muss der Pilot die **Genehmigung** einholen. |
| **to authorize** [tʊ 'ɔːθəraɪz] *v*<br>▪ The police **authorized** him to lead the investigation. | **befugen**, **autorisieren**<br>▪ Die Polizei **hat** ihn dazu **autorisiert**, die Untersuchung zu leiten. |
| **to insist on** [tə ɪn'sɪst ɒn] *phrase*<br>▪ Jimmy thanked me for my help and **insisted on** paying for my dinner. | **bestehen auf**, **beharren auf**<br>▪ Jimmy dankte mir für meine Hilfe und **bestand darauf**, mein Essen zu bezahlen. |

| | |
|---|---|
| **to instruct** [tʊ ɪn'strʌkt] *v*<br>▪ The director **instructed** him to write a report. | **beauftragen**<br>▪ Der Direktor **beauftragte** ihn, einen Bericht zu schreiben. |
| **to obey** [tʊ ə'beɪ] *v*<br>▪ Soldiers have to **obey** the orders without question. | **gehorchen, folgen**<br>▪ Soldaten müssen den Befehlen bedingungslos **gehorchen**. |
| **to grant** [*BE:* tə 'grɑːnt, *AE:* tə 'grænt] *v*<br>▪ My parents **have granted** me my wish. | **gewähren**<br>▪ Meine Eltern **haben** mir meinen Wunsch **gewährt**. |
| **to demand** [*BE:* tə dɪ'mɑːnd, *AE:* tə dɪ'mænd] *v*<br>▪ After the incident they **demanded** an explanation. | **verlangen**<br>▪ Nach dem Zwischenfall **verlangten** sie eine Erklärung. |
| **to force** [tə 'fɔːs] *v*<br>▪ Bad weather **forced** us to interrupt the game. | **zwingen**<br>▪ Das schlechte Wetter **zwang** uns, das Spiel zu unterbrechen. |

## Diskussion und Einigung

| | |
|---|---|
| **opinion** [ə'pɪnjən] *n*<br>▪ In my **opinion** her books are boring. | die **Meinung**, die **Ansicht**<br>▪ Meiner **Meinung** nach sind ihre Bücher langweilig. |
| **to mean** [tə 'miːn] *v;*<br>▸ **v irr** S. 443 mean<br>▪ Do you **mean** me? – Yes, I **mean** you. | **meinen**<br><br>▪ **Meinen** Sie mich? – Ja, ich **meine** Sie. |
| **advice** [əd'vaɪs] *n*<br>▪ Let me give you a good piece of **advice**. | der **Rat**, der **Ratschlag**<br>▪ Ich möchte dir einen guten **Rat** geben. |
| **to advise** [tʊ əd'vaɪz] *v*<br>▪ The doctor **advised** me to see a specialist. | **raten**<br>▪ Der Arzt **hat** mir **geraten**, einen Spezialisten aufzusuchen. |
| **recommendation** [ˌrekəmen'deɪʃn] *n*<br>▪ Jack ignored my **recommendation** to stop smoking. | die **Empfehlung**<br>▪ Jack ignorierte meine **Empfehlung**, mit dem Rauchen aufzuhören. |

**to recommend** [tə ˌrekə'mend] *v* — **empfehlen**
- Can you **recommend** a good dentist to me? — Kannst du mir einen guten Zahnarzt **empfehlen**?

**suggestion** [sə'dʒestʃn] *n* — der **Vorschlag**
- Do you have any **suggestions**? — Hast du irgendwelche **Vorschläge**?

**to suggest** [tə sə'dʒest] *v* — **vorschlagen**
- As it was a sunny day, Tom **suggested** going to the beach. — Da es ein sonniger Tag war, **schlug** Tom **vor**, zum Strand zu gehen.

**agreement** [ə'gri:mənt] *n* — die **Einigung**, die **Übereinkunft**, die **Übereinstimmung**
- It's difficult to reach an **agreement** on protecting whales. — Es ist schwierig, zu einer **Einigung** über den Schutz der Wale zu kommen.
- The two sides were unable to reach an **agreement**. — Die beiden Seiten konnten keine **Übereinstimmung** finden.

**to agree** [tʊ ə'gri:] *v* — **zustimmen**, **sich einigen**, **einverstanden sein**
- You said the film was boring. I **agree**. — Du hast gesagt, der Film sei langweilig gewesen. Ich **stimme** dir **zu**.
- My two children are like fire and water. They hardly ever **agree**. — Meine beiden Kinder sind wie Feuer und Wasser. Sie können **sich** fast nie **einigen**.
- I **agree** with you that something must be done. — Ich **bin einverstanden**, dass etwas getan werden muss.

**convinced** [kən'vɪnst] *adj* — **überzeugt**
- I'm not **convinced** that nuclear power is the only solution. — Ich bin nicht davon **überzeugt**, dass Kernkraft die einzige Lösung ist.

**to convince** [tə kən'vɪns] *v* — **überzeugen**
- He didn't **convince** me that he was the right man to do it. — Er **überzeugte** mich nicht, dass er der Richtige dafür sei, es zu tun.

**to tolerate** [tə 'tɒləreɪt] *v* — **hinnehmen**, **tolerieren**
- I **won't tolerate** lying and cheating. — Ich **werde** Lügen und Betrügen **nicht hinnehmen**.

| | |
|---|---|
| **to prefer** [tə prɪ'fɜː] *v* | **bevorzugen, vorziehen** |
| ▪ I'm not a vegetarian, but I **prefer** eating fruit and vegetables. | ▪ Ich bin kein Vegetarier, aber ich **bevorzuge** es, Obst und Gemüse zu essen. |
| **to accept** [tʊ ək'sept] *v* | **akzeptieren** |
| ▪ I told Gavin we**'d accept** his proposal. | ▪ Ich habe Gavin gesagt, wir **würden** seinen Vorschlag **akzeptieren**. |
| **to be right** [tə biː 'raɪt] *phrase;* ▸ **v irr** S. 439 be | **recht haben, stimmen** |
| ▪ Pete's such a know-all. He always has to **be right**. | ▪ Pete ist so ein Besserwisser. Er muss immer **recht haben**. |
| ▪ That**'s right**! He lost the election. | ▪ Das **stimmt**. Er hat die Wahl verloren. |
| **to be wrong** [tə biː 'rɒŋ] *phrase;* ▸ **v irr** S. 439 be | **Unrecht haben** |
| ▪ I think this time you**'re wrong**. Marlowe is older than Shakespeare. | ▪ Ich denke, dieses Mal **hast** du **Unrecht**. Marlowe ist älter als Shakespeare. |
| **Okay!** [əʊ'keɪ] *interj* | **Einverstanden!**; **In Ordnung!** |
| **clear** [klɪə] *adj* | **klar** |
| ▪ One thing is **clear**: he did not die as the result of a fight. | ▪ Eines ist **klar**: Er starb nicht infolge eines Kampfes. |
| **obvious** ['ɒbvɪəs] *adj* | **offensichtlich** |
| ▪ It's **obvious** that they are in love with each other. | ▪ Es ist **offensichtlich**, dass sie ineinander verliebt sind. |
| **exact** [ɪg'zækt] *adj* | **genau** |
| ▪ The boy led the police to the **exact** spot where he had found the money. | ▪ Der Junge führte die Polizei an **genau** die Stelle, wo er das Geld gefunden hatte. |
| **importance** [ɪm'pɔːtns] *n* | die **Wichtigkeit** |
| ▪ It was of the greatest **importance** to the little boy to sleep with his teddy bear. | ▪ Mit seinem Teddy zu schlafen, war für den kleinen Jungen von größter **Wichtigkeit**. |

| | |
|---|---|
| **important** [ɪm'pɔːtnt] *adj* | **wichtig** |
| ▪ A good diet is **important** if you want to stay healthy. | ▪ Eine gute Ernährung ist **wichtig**, wenn man gesund bleiben möchte. |
| **unimportant** [ˌʌnɪm'pɔːtnt] *adj* | **unwichtig** |
| ▪ The opinions of children are often considered **unimportant**. | ▪ Die Meinungen von Kindern werden häufig als **unwichtig** erachtet. |
| **criticism** ['krɪtɪsɪzm] *n* | die **Kritik** |
| ▪ A politician must be open to **criticism**. | ▪ Ein Politiker muss offen für **Kritik** sein. |
| **to criticize** [tə 'krɪtɪsaɪz] *v* | **kritisieren** |
| ▪ In a democracy anybody has the right to **criticize** the government. | ▪ In einer Demokratie hat jeder das Recht, die Regierung zu **kritisieren**. |
| **well** [wel] *interj* | **also** |
| ▪ **Well**, let me put it this way. | ▪ **Also**, lassen Sie mich es so ausdrücken. |
| **that is to say** ['ðæt ɪz tə ˌseɪ] *phrase* | **das heißt** |
| ▪ We need to save money. **That is to say**, we need to spend less. | ▪ Wir müssen Geld sparen. **Das heißt**, dass wir weniger ausgeben dürfen. |
| **for example** [*BE:* fər ɪg'zɑːml, *AE:* fər ɪg'zæml] *phrase* | **zum Beispiel** |
| ▪ There are many strange animals living in Australia, **for example** the kangaroo. | ▪ In Australien gibt es viele merkwürdige Tiere, **zum Beispiel** das Känguru. |
| **point-blank** [ˌpɔɪnt'blæŋk] *adv* | **klipp und klar** |
| ▪ I told George **point-blank** that I was disappointed with him. | ▪ Ich habe George **klipp und klar** gesagt, dass ich von ihm enttäuscht sei. |
| **against** [ə'genst] *prep* | **gegen** |
| ▪ Kyle is **against** violence of any kind. | ▪ Kyle ist **gegen** jede Art von Gewalt. |
| **discussion** [dɪ'skʌʃn] *n* | die **Diskussion** |
| ▪ I watched an interesting **discussion** about new immigration laws. | ▪ Ich habe eine interessante **Diskussion** über neue Einwanderungsgesetze gesehen. |
| **to discuss** [tə dɪ'skʌs] *v* | **diskutieren, besprechen** |
| ▪ In tonight's talk show the guests **will discuss** the problems of drug addiction. | ▪ In der Talkshow heute Abend **werden** die Gäste über das Problem der Drogensucht **diskutieren**. |

| | |
|---|---|
| **to claim** [tə 'kleɪm] *v* | **behaupten** |
| ▪ Robert **claims** to know everything about the French Revolution. | ▪ Robert **behauptet**, alles über die Französische Revolution zu wissen. |
| **to concern** [tə kən'sɜːn] *v* | **betreffen, angehen** |
| ▪ Environmental problems **concern** all of us. | ▪ Umweltprobleme **betreffen** uns alle. |
| **point of view** [ˌpɔɪnt əv 'vjuː] *n* | der **Standpunkt**, der **Gesichtspunkt** |
| ▪ From her **point of view** the decision is very unfair. | ▪ Von ihrem **Standpunkt** aus gesehen ist die Entscheidung sehr unfair. |
| **advantage** [*BE:* əd'vɑːntɪdʒ, *AE:* əd'væntɪdʒ] *n* | der **Vorteil** |
| ▪ Among the **advantages** of my job are flexible working hours. | ▪ Zu den **Vorteilen** meines Berufs gehören flexible Arbeitszeiten. |
| **disadvantage** [*BE:* ˌdɪsəd'vɑːntɪdʒ, *AE:* ˌdɪsəd'væntɪdʒ] *n* | der **Nachteil** |
| ▪ The terms of the contract proved to be to my **disadvantage**. | ▪ Die Vertragsbedingungen stellten sich zu meinem **Nachteil** heraus. |
| **to persuade** [tə pə'sweɪd] *v* | **überreden** |
| ▪ Neil couldn't **persuade** her to go climbing. She was too afraid. | ▪ Neil konnte sie nicht **überreden**, Bergsteigen zu gehen. Sie war zu ängstlich. |
| **concession** [kən'seʃn] *n* | das **Zugeständnis** |
| ▪ Dave's a strict vegetarian, he makes no **concessions**. | ▪ Dave ist ein strikter Vegetarier, er macht keine **Zugeständnisse**. |
| **to concede** [tə kən'siːd] *v* | **zugestehen** |
| ▪ The company had to **concede** that some of their products were faulty. | ▪ Die Firma musste **zugestehen**, dass einige ihrer Produkte fehlerhaft waren. |
| **exaggeration** [ɪgˌzædʒə'reɪʃn] *n* | die **Übertreibung** |
| ▪ It's no **exaggeration** to say that she is the best student in her class. | ▪ Es ist keine **Übertreibung** zu sagen, dass sie die Beste ihrer Klasse ist. |
| **to exaggerate** [tʊ ɪg'zædʒəreɪt] *v* | **übertreiben** |
| ▪ Believe only half of what Jane says. She always **exaggerates**. | ▪ Glaube nur die Hälfte von dem, was Jane sagt. Sie **übertreibt** immer. |

# Konflikte

| | |
|---|---|
| **argument** ['ɑːgjʊmənt] *n*<br>▪ They got into an **argument** about his constantly two-timing her. | der **Streit**, die **Auseinandersetzung**<br>▪ Sie hatten einen **Streit** über sein ständiges Fremdgehen. |
| **to argue** [tʊ 'ɑːgjuː] *v*<br>▪ The kids **are arguing** over which TV programme they should watch. | **streiten**<br>▪ Die Kinder **streiten** darüber, welches Fernsehprogramm sie anschauen wollen. |
| **trouble** ['trʌbl] *n*<br>▪ In winter I often have **trouble** with my car. | der **Ärger**<br>▪ Im Winter habe ich oft **Ärger** mit meinem Wagen. |
| **rage** [reɪdʒ] *n*<br>▪ My dad flew into a **rage** when he saw the broken window. | die **Wut**<br>▪ Mein Vater geriet in heftige **Wut**, als er das zerbrochene Fenster sah. |
| **wrath** [rɒθ] *n*<br>▪ He feared the **wrath** of his brother. | der **Zorn**<br>▪ Er fürchtete sich vor dem **Zorn** seines Bruders. |
| **upset** [ʌp'set] *adj*<br>▪ Gina was really **upset** about the decision of the jury. | **verärgert**<br>▪ Gina war wirklich **verärgert** über die Entscheidung der Jury. |
| **to get upset** [tə ˌget ʌp'set] *phrase;*<br>▸ **v irr** S. 441 get<br>▪ Paula **got** very **upset** when she heard the bad news. | **sich aufregen**<br>▪ Paula **hat sich** sehr **aufgeregt**, als sie die schlechte Nachricht erfuhr. |
| **annoying** [ə'nɔɪɪŋ] *adj*<br>▪ It's really **annoying** that you've lost your mobile again. | **ärgerlich**<br>▪ Es ist wirklich **ärgerlich**, dass du schon wieder dein Handy verloren hast. |
| **annoyed** [ə'nɔɪd] *adj*<br>▪ We got really **annoyed** with him when he told us he had left the tickets at home. | **sauer**<br>▪ Wir waren wirklich **sauer** auf ihn, als er uns sagte, dass er die Eintritts-karten zu Hause vergessen habe. |

| | |
|---|---|
| **angry** ['æŋgrɪ] *adj*<br>▪ My driving instructor will be very **angry** if I'm late again. | **zornig, wütend**<br>▪ Mein Fahrlehrer wird sehr **zornig**, wenn ich wieder zu spät komme. |
| **to bother** [tə 'bɒðə] *v*<br>▪ It really **bothers** me that the neighbours always park their car in front of our house. | **stören**<br>▪ Es **stört** mich wirklich, dass die Nachbarn ihren Wagen immer vor unserem Haus parken. |
| **to disturb** [tə dɪ'stɜːb] *v*<br>▪ Don't **disturb** her when she's working. | **stören**<br>▪ **Störe** sie nicht, wenn sie arbeitet. |
| **to complain** [tə kəm'pleɪn] *v*<br>▪ Our neighbours are often very noisy but we don't **complain**. | **sich beschweren**<br>▪ Unsere Nachbarn sind häufig sehr laut, aber wir **beschweren uns** nicht. |
| **to hold sth. against sb.** [tə ˌhəʊld … ə'genst] *phrase;* ▸ **v irr** S. 442 hold<br>▪ I can't **hold** it **against** him. He's young and inexperienced. | **j-m etw. übel nehmen**<br>▪ Ich kann es ihm nicht **übel nehmen**. Er ist jung und unerfahren. |
| **taken aback** [ˌteɪkən ə'bæk] *phrase*<br>▪ Simon was pretty **taken aback** when he heard the news of her death. | **betroffen**<br>▪ Simon war ziemlich **betroffen**, als er von ihrem Tod erfuhr. |
| **shout** [ʃaʊt] *n*<br>▪ We heard angry **shouts** from next door. | der **Schrei**<br>▪ Wir hörten wütende **Schreie** von nebenan. |
| **to shout** [tə 'ʃaʊt] *v*<br>▪ There's no need to **shout**. I'm not deaf. | **schreien**<br>▪ Es gibt keinen Grund zu **schreien**. Ich bin nicht taub. |
| **protest** ['prəʊtest] *n*<br>▪ The students held a demonstration in **protest** at the government's decision. | der **Protest**<br>▪ Die Studenten demonstrierten aus **Protest** gegen die Entscheidung der Regierung. |
| **to protest** [tə prəʊ'test] *v*<br>▪ Students organized a demonstration to **protest** against a further increase in tuition fees. | **protestieren**<br>▪ Studenten organisierten eine Demonstration, um gegen eine weitere Erhöhung der Studiengebühren zu **protestieren**. |

| | |
|---|---|
| **to complain about** [tə kəm'pleɪn əˌbaʊt] *phrase* | **klagen über** |
| ▪ Emma's always **complaining about** the weather. | ▪ Emma **klagt** immer **über** das Wetter. |
| **refusal** [rɪ'fjuːzl] *n* | die **Weigerung**, die **Ablehnung** |
| ▪ Dan's **refusal** to listen to her arguments annoyed her. | ▪ Dans **Weigerung**, ihren Argumenten zuzuhören, ärgerte sie. |
| **to refuse** [tə rɪ'fjuːz] *v* | **sich weigern, ablehnen** |
| ▪ When the demonstrators **refused** to leave the place, the police carried them off. | ▪ Als die Demonstranten **sich weigerten** den Platz zu verlassen, trug die Polizei sie weg. |
| **to reject** [tə rɪ'dʒekt] *v* | **zurückweisen** |
| ▪ I told Joe that my car was available but he **rejected** my offer. | ▪ Ich sagte Joe, dass mein Wagen zur Verfügung stünde, doch er **wies** mein Angebot **zurück**. |
| **secret** ['siːkrət] *n* | das **Geheimnis** |
| ▪ The **secret** of our success is precision and perfect timing. | ▪ Das **Geheimnis** unseres Erfolges ist Präzision und perfektes Timing. |
| **lie** [laɪ] *n* | die **Lüge** |
| ▪ Barbara said she was busy, but I knew it was a **lie.** | ▪ Barbara sagte, sie sei beschäftigt, aber ich wusste, dass es eine **Lüge** war. |
| **to lie to sb.** [tə 'laɪ tə] *phrase* | **j-n anlügen** |
| ▪ He **lied to** the police when he said he'd been at home all night. | ▪ Er **hat** die Polizei **angelogen,** als er sagte, er sei die ganze Nacht zu Hause gewesen. |
| **excuse** [ɪk'skjuːs] *n* | die **Ausrede** |
| ▪ Anna stopped making **excuses** and started telling the truth. | ▪ Anna hörte auf, **Ausreden** vorzubringen, und fing an, die Wahrheit zu sagen. |
| **to insult** [tʊ ɪn'sʌlt] *v* | **beleidigen** |
| ▪ Mr Cameron **was insulted** by your refusal to shake hands with him. | ▪ Mr. Cameron **war beleidigt,** als du dich weigertest, ihm die Hand zu geben. |
| **mean** [miːn] *adj* | **gemein** |
| ▪ It was **mean** of you to take the toy away from the little girl. | ▪ Es war **gemein** von dir, dem kleinen Mädchen das Spielzeug wegzunehmen. |

## Begrüßen und Verabschieden

| | |
|---|---|
| **Good afternoon!** [gʊd ˌɑːftəˈnuːn] *interj* | **Guten Tag!** |
| **Hello!** [həˈləʊ] *interj* | **Hallo!** |
| **Hi!** [haɪ] *interj* | **Hallo!** |
| **Good morning!** [ˌgʊd ˈmɔːnɪŋ] *interj* | **Guten Morgen!** |
| **Good evening!** [ˌgʊd ˈiːvnɪŋ] *interj* | **Guten Abend!** |
| **Good night!** [ˌgʊd ˈnaɪt] *interj* | **Gute Nacht!** |
| **Goodbye!** [ˌgʊdˈbaɪ] *interj* | **Auf Wiedersehen!** |
| **Bye!** [baɪ] *interj* | **Tschüss!** |
| **See you!** [ˈsiː jə] *interj* | **Bis dann!** |
| **See you later!** [ˌsiː jə ˈleɪtə] *interj* | **Bis später!** |
| **See you soon!** [ˌsiː jə ˈsuːn] *interj* | **Bis bald!** |
| **Till tomorrow!** [ˌtɪl təˈmɒrəʊ] *interj* | **Bis morgen!** |
| **Welcome!** [ˈwelkəm] *interj* | **Willkommen!** |
| **Nice to meet you.** [ˌnaɪs tə ˈmiːt jʊ] *phrase* | **Sehr erfreut!** |
| **Farewell!** [ˌfeəˈwel] *interj* | **Leb wohl!** |
| **Have a nice day!** [ˈhæv ə ˌnaɪs ˈdeɪ] *interj* | **Schönen Tag!** |

## Häufige Redewendungen

| | |
|---|---|
| **How are you?** [ˌhaʊ ˈɑː jʊ, ˈhaʊ ˈə jʊ] *phrase* | **Wie geht es Ihnen?; Wie geht es dir?** |
| **How are you doing?** *AE* [ˈhaʊ ˈɑːr jə ˈduːɪŋ] *phrase* | **Wie geht's?** |
| **Fine, thank you.** [ˈfaɪn ˈθæŋk jʊ] *phrase* | **Danke, gut.** |

| | |
|---|---|
| **Come in!** [ˌkʌm ˈɪn] *interj* | **Herein!** |
| **Have a seat, please.** [ˌhæv ə ˈsiːt pliːz] *interj* | **Nehmen Sie doch bitte Platz!** |
| **Would you like to ...?** [ˌwʊd jə ˈlaɪk tə] *phrase*<br>▪ **Would you like** to go to the concert this evening? | **Möchten Sie ...?; Möchtest du ...?**<br>▪ **Möchtest du** heute Abend zum Konzert gehen? |
| **Could you ... ?** [ˈkʊd jə] *phrase*<br>▪ **Could you** show me this pair in size 10? | **Könnten Sie ... ?; Könntest du ... ?**<br>▪ **Könnten Sie** mir dieses Paar in Größe 10 zeigen? |
| **Please, help yourself.** [ˈpliːz help jəˈself] *phrase* | **Bedienen Sie sich!; Bedien dich!** |
| **Yes, please.** [ˈjes ˌpliːz] *phrase* | **Ja, gern.** |
| **I hope so.** [aɪ ˈhəʊp səʊ] *phrase* | **Ich hoffe (es).** |
| **I hope not.** [aɪ ˌhəʊp ˈnɒt] *phrase* | **Ich hoffe, nicht.** |
| **Hopefully!** [ˈhəʊpflɪ] *interj* | **Hoffentlich!** |
| **What's the matter?** [ˌwɒts ðə ˈmætə] *phrase* | **Was ist los?** |
| **All right.** [ˌɔːl ˈraɪt] *phrase* | **Alles klar!** |
| **Finished!** [ˈfɪnɪʃt] *interj* | **Geschafft!** |
| **That doesn't matter.** [ˌθæt dʌznt ˈmætə] *phrase* | **Das macht nichts.** |
| **Don't worry!** [*BE:* ˈdəʊnt ˈwʌrɪ, *AE:* ˈdəʊnt ˈwɜːrɪ] *phrase* | **Machen Sie sich nichts draus!; Mach dir nichts draus!** |
| **Can I help you?** [ˌkən aɪ ˈhelp jʊ, ˈkən aɪ ˈhelp jʊ] *phrase* | **Kann ich Ihnen helfen?; Kann ich dir helfen?** |
| **That's it.** [ˌθæts ˈɪt] *phrase* | **Das wär's!** |
| **That's done.** [ˌθæts ˈdʌn] *phrase* | **Das hätten wir!** |
| **That's enough, thank you.** [ˌθæts ɪˈnʌf ˈθæŋk jʊ] *phrase* | **Das ist genug, danke.; Das reicht, danke.; Das genügt, danke.** |

| | |
|---|---|
| **Lucky you!** [ˌlʌkɪ ˈjuː] *interj* | **Zum Glück!, Glück für dich!** |
| **Even better.** [ˌiːvn ˈbetə] *interj* | **Umso besser!** |
| **in case** [ɪn ˈkeɪs] *phrase*<br>▪ Take this first-aid kit with you – just **in case.** | **für alle Fälle**<br>▪ Nehmt diesen Erste-Hilfe-Koffer mit – nur **für alle Fälle.** |
| **Never mind.** [ˈnevə ˌmaɪnd] *phrase* | **Macht nichts!** |
| **What do you know!** [ˈwɒt dʊ jə ˈnəʊ] *interj* | **Na so was!** |
| **Oh my God!** [ˈəʊ maɪ ˈgɒd] *interj* | **Oh Gott!** |
| **For heaven's sake!** [fə ˈhevns ˌseɪk] *interj* | **Um Himmels willen!** |
| **My goodness!** [maɪ ˈgʊdnəs] *interj* | **Ach du meine Güte!** |
| **What a pity!** [ˈwɒt ə ˌpɪtɪ] *interj* | **Wie schade!** |
| **Some hope!** [ˌsʌm ˈhəʊp] *interj* | **Schön wär's!** |
| **You bet!** [ˌjʊ ˈbet] *interj* | **Und ob!** |
| **Come on!** [ˌkʌm ˈɒn] *interj* | **Komm!** |
| **Leave me alone!** [ˈliːv mɪ əˈləʊn] *phrase* | **Lass mich in Ruhe!** |
| **Get out!** [ˌget ˈaʊt] *interj* | **Raus!** |

# Handlungen und Verhalten

## Allgemeine Tätigkeiten

| | |
|---|---|
| **activity** [ækˈtɪvətɪ] *n*<br>▪ Many people in retirement homes are bored when they don't get any kind of **activity**. | die **Tätigkeit**<br>▪ Viele Menschen in Altersheimen langweilen sich, wenn man ihnen keine **Tätigkeiten** gibt. |
| **to act** [tʊ ˈækt] *v*<br>▪ You**'re** always **acting** so selfishly. | **handeln**<br>▪ Du **handelst** immer so egoistisch. |

**action** ['ækʃn] *n* — die **Tat**, die **Handlung**

- David's a man of **action**. He only needs a goal and he'll go for it. — David ist ein Mann der **Tat**. Er braucht nur ein Ziel und schon verfolgt er es.
- The **action** takes place in a rundown pub in the West End. — Die **Handlung** spielt in einer heruntergekommenen Bar im Westend.

**to do** [tə 'du:] *v;* ▸ **v irr** S. 440 do — **tun**, **machen**

- I've got a lot of things to **do** this morning. — Ich habe heute Morgen viel zu **tun**.
- What **are** you **doing**? – I'm making breakfast. — Was **machst** du gerade? – Ich mache das Frühstück.

➡ Eine Faustregel dafür, wann man **to do** und wann man **to make** verwendet, lautet: **to make** bedeutet so viel wie **herstellen, zubereiten** oder **erzeugen**; **to do** gebraucht man eher im Sinne von **erledigen**, z.B. **to do one's homework – die Hausaufgaben machen** oder **to do the dishes/washing-up – den Abwasch machen**.

**to make** [tə 'meɪk] *v;* ▸ **v irr** S. 443 make — **machen**

- **Did** you **make** that dress yourself? — **Hast** du dieses Kleid selbst **gemacht**?

➡ to do ▸ S. 84

**to leave** [tə 'li:v] *v;* ▸ **v irr** S. 443 leave — **lassen**

- Jimmy often **leaves** his car in the garage and takes his bike. — Jimmy **lässt** seinen Wagen oft in der Garage und nimmt das Fahrrad.

➡ **to leave** verwendet man, um auszudrücken, dass man etwas **an einem Ort lässt** oder **in einem Zustand belässt**, während **to let** eher im Sinne von **erlauben** benutzt wird.

**to let** [tə 'let] *v;* ▸ **v irr** S. 443 let — **lassen**

- Don't **let** the dog out! — **Lass** den Hund nicht raus!

➡ to leave ▸ S. 84

**matter** ['mætə] *n* — die **Angelegenheit**, die **Sache**

- Could you give me any advice on this **matter**? — Könntest du mir in dieser **Angelegenheit** irgendeinen Rat geben?

**object** ['ɒbdʒekt] *n* — der **Gegenstand**

- Most of the **objects** that are missing are worthless. — Der größte Teil der fehlenden **Gegenstände** ist wertlos.

**thing** [θɪŋ] *n* — die **Sache**, das **Ding**
- Leah gathered up her **things** and left the room. — Leah sammelte ihre **Sachen** auf und verließ das Zimmer.
- I went into the department store to buy a few **things** I needed. — Ich betrat das Kaufhaus, um ein paar **Dinge** zu kaufen, die ich brauchte.

**stuff** [stʌf] *n* — das **Zeug**
- Grandma has bought a lot of **stuff** at the flea market. — Oma hat auf dem Flohmarkt eine Menge **Zeug** gekauft.

**use** [juːs] *n* — der **Gebrauch**
- The **use** of any kind of electrical device is prohibited. — Der **Gebrauch** von elektrischen Geräten aller Art ist verboten.

**usually** ['juːʒʊəlɪ] *adv* — **gewöhnlich**
- We **usually** go to bed around midnight. — Wir gehen **gewöhnlich** gegen Mitternacht zu Bett.

**to use** [tə 'juːz] *v* — **benutzen**, **verwenden**
- Katrina **uses** a computer for all her correspondence. — Katrina **benutzt** einen Computer für ihre gesamte Korrespondenz.

**to be of use** [tə biː əv 'juːs] *phrase*; ▸ **v irr** S. 439 be — **nützen**
- This tool **is of** no **use** to me; I need a spanner. — Dieses Werkzeug **nützt** mir nichts; ich brauche einen Schraubenschlüssel.

**to put** [tə 'pʊt] *v*; ▸ **v irr** S. 443 put — **stellen**, **legen**, **setzen**
- **Put** the books back in the bookcase. — **Stell** die Bücher zurück in den Bücherschrank!
- Will **put** the scarf round his neck. — Will **legte** sich den Schal um den Hals.
- **Put** it on the bill, please. — **Setzen** Sie es bitte auf die Rechnung!

**to pull** [tə 'pʊl] *v* — **ziehen**
- The suitcase has wheels so you can **pull** it. — Dieser Koffer hat Räder, damit du ihn **ziehen** kannst.

**to push** [tə 'pʊʃ] *v* — **schieben**
- The car broke down and we had to get out and **push**. — Der Wagen hatte eine Panne und wir mussten aussteigen und **schieben**.

**to carry** [tə ˈkærɪ] *v*
- You have to **carry** your luggage yourself.

**tragen**
- Sie müssen ihr Gepäck selbst **tragen**.

---

**to hold** [tə ˈhəʊld] *v*;
▸ v irr S. 442 hold
- Could you **hold** my bag for a moment, please?

**halten**
- Könntest du bitte meine Tasche einen Moment lang **halten**?

---

**to press** [tə ˈpres] *v*
- You **press** the red button to stop it.
- In the wine-making process the grapes **are pressed** first.

**drücken, ausdrücken**
- Zum Anhalten **drückt** man auf den roten Knopf.
- Bei der Weinherstellung **werden** zuerst die Trauben **ausgedrückt**.

---

**to turn** [tə ˈtɜːn] *v*
- To lock the door securely, **turn** the key twice.

**drehen**
- Um die Tür fest zu verschließen, **drehen** Sie den Schlüssel zweimal um.

---

**to need** [tə ˈniːd] *v*
- To paint the house you **need** paint, a brush and a ladder.

**brauchen, benötigen**
- Um das Haus zu streichen, **brauchst** du Farbe, einen Pinsel und eine Leiter.

---

**to look for** [tə ˈlʊk fə] *phrase*
- Kelly **looked for** a phone box but didn't find one.

**suchen**
- Kelly **suchte** eine Telefonzelle, fand aber keine.

---

**to find** [tə ˈfaɪnd] *v*; ▸ v irr S. 441 find
- Someone **found** the watch you lost.

**finden**
- Jemand hat die Uhr gefunden, die du **verloren hast**.

---

**to recover** [tə rɪˈkʌvə] *v*
- Some of the paintings stolen from the museum **have** never **been recovered**.

**wiederfinden**
- Einige der aus dem Museum gestohlenen Gemälde **sind** nie **wiedergefunden worden**.

---

**to remove** [tə rɪˈmuːv] *v*
- It isn't easy to **remove** graffiti from the walls.

**entfernen**
- Es ist nicht leicht, Graffiti von den Wänden zu **entfernen**.

**to separate** [tə 'sepəreɪt] *v* — **trennen**

- The two country estates **were** only **separated** by a small hedge.
- Die beiden Landgüter **waren** nur durch eine kleine Hecke **getrennt**.

---

**to fill (up)** [tə ˌfɪl ('ʌp)] *phrase* — **(auf)füllen**

- The waiter **filled** my glass after each sip.
- Der Kellner **füllte** mein Glas nach jedem Schluck.

---

**to get ready** [tə ˌget 'redɪ] *phrase;* ▸ v irr S. 441 get — **sich fertig machen**

- We should **get ready**. The train is leaving in half an hour.
- Wir sollten **uns fertig machen**. Der Zug fährt in einer halben Stunde ab.

---

**to sleep** [tə 'sliːp] *v;* ▸ v irr S. 445 sleep — **schlafen**

- After a long day at work I only wanted to **sleep**.
- Nach einem langen Arbeitstag wollte ich nur noch **schlafen**.

---

**to go to sleep** [tə ˌgəʊ tə 'sliːp] *phrase;* ▸ v irr S. 442 go — **einschlafen**

- What time did you **go to sleep** last night?
- Wann bist du gestern Abend **eingeschlafen**?

---

**to fall asleep** [tə ˌfɔːl ə'sliːp] *phrase;* ▸ v irr S. 441 fall — **einschlafen**

- I couldn't **fall asleep** after watching the film.
- Ich konnte nach dem Film nicht **einschlafen**.

---

**to go to bed** [tə ˌgəʊ tə 'bed] *phrase;* ▸ v irr S. 442 go — **ins Bett gehen**

- I think the little one should **go to bed** before eight.
- Ich denke, die Kleine sollte vor acht **ins Bett gehen**.

---

**to wake** [tə 'weɪk] *v;* ▸ v irr S. 446 wake — **wecken**

- My dog **woke** me this morning because he was hungry.
- Mein Hund **weckte** mich heute Morgen, weil er Hunger hatte.

---

**to wake (up)** [tə ˌweɪk ('ʌp)] *phrase;* ▸ v irr S. 446 wake — **aufwachen**

- I **woke up** in the middle of the night because I had heard a strange noise.
- Ich **bin** mitten in der Nacht **aufgewacht**, weil ich ein seltsames Geräusch gehört hatte.

| | |
|---|---|
| **to get up** [tə ˌget ˈʌp] *phrase;*<br>▸ **v irr** S. 441 get<br>▪ Even though she had a headache Mandy **got up** to go to work. | **aufstehen**<br>▪ Obwohl sie Kopfschmerzen hatte, **stand** Mandy **auf**, um zur Arbeit zu gehen. |
| **tired** [ˈtaɪəd] *adj*<br>▪ If you let the kids play outside in the snow they're sure to be very **tired** in the evening. | **müde**<br>▪ Wenn du die Kinder draußen im Schnee spielen lässt, werden sie abends bestimmt sehr **müde** sein. |
| **to take a rest** [tə ˌteɪk ə ˈrest] *phrase;*<br>▸ **v irr** S. 446 take<br>▪ After she had put the kids to bed Naomi could finally **take a rest**. | **sich ausruhen**<br>▪ Nachdem sie die Kinder zu Bett gebracht hatte, konnte **sich** Naomi endlich **ausruhen**. |
| **measure** [ˈmeʒə] *n*<br>▪ We must take more drastic **measures** to reduce air pollution. | die **Maßnahme**<br>▪ Wir müssen drastischere **Maßnahmen** ergreifen, um die Luftverschmutzung zu reduzieren. |
| **to treat** [tə ˈtriːt] *v*<br>▪ Val's nice but she **treats** us like children. | **behandeln**<br>▪ Val ist nett, aber sie **behandelt** uns wie Kinder. |
| **ready** [ˈredɪ] *adj*<br>▪ After the speech the workers were **ready** to fight for their interests. | **bereit**<br>▪ Nach der Rede waren die Arbeiter **bereit**, für ihre Interessen zu kämpfen. |
| **finished** [ˈfɪnɪʃt] *adj*<br>▪ My essay on climate change is almost **finished**. | **fertig**<br>▪ Mein Aufsatz über den Klimawandel ist fast **fertig**. |
| **to finish** [tə ˈfɪnɪʃ] *v*<br>▪ I **finished** my work an hour ago. | **beenden**<br>▪ Ich **habe** meine Arbeit vor einer Stunde **beendet**. |
| **conclusion** [kənˈkluːʒn] *n*<br>▪ The negotiations were finally brought to a satisfactory **conclusion**. | der **Abschluss**, der **Schluss**<br>▪ Die Verhandlungen wurden schließlich zu einem zufriedenstellenden **Abschluss** gebracht. |

| | |
|---|---|
| **to conclude** [tə kən'klu:d] *v*<br>▪ He **concluded** his talk by looking optimistically to the future. | **(ab)schließen**<br>▪ Er **schloss** seine Rede mit einem optimistischen Ausblick in die Zukunft. |
| **situation** [ˌsɪtjʊ'eɪʃn] *n*<br>▪ The company is in a difficult **situation** just now. | die **Lage**, die **Situation**<br>▪ Die Firma ist derzeit in einer schwierigen **Lage**. |
| **to handle** [tə 'hændl] *v*<br>▪ Please **handle** this box with care. | **handhaben, umgehen mit**<br>▪ Bitte **gehen** Sie **mit** dieser Kiste vorsichtig **um**. |
| **to change** [tə 'tʃeɪndʒ] *v*<br>▪ Roger **hasn't changed** at all since I last saw him. | **(sich) verändern**<br>▪ Roger **hat sich** überhaupt **nicht verändert**, seit ich ihn das letzte Mal gesehen habe. |
| **to connect** [tə kə'nekt] *v*<br>▪ This cable **connects** the video to the TV set. | **verbinden**<br>▪ Dieses Kabel **verbindet** den Videorekorder mit dem Fernsehgerät. |
| **to fix** [tə 'fɪks] *v*<br>▪ I **fixed** the book shelf to the wall. | **festmachen, fixieren**<br>▪ Ich **habe** das Bücherregal an der Wand **festgemacht**. |
| **to knock** [tə 'nɒk] *v*<br>▪ Please **knock** before entering. | **(an)klopfen**<br>▪ Bitte **klopfen** Sie **an**, bevor Sie eintreten. |
| **to lift** [tə 'lɪft] *v*<br>▪ Can you help me **lift** this bag? It's quite heavy. | **hochheben**<br>▪ Kannst du mir helfen, diesen Sack **hochzuheben**? Er ist ziemlich schwer. |
| **to raise** [tə 'reɪz] *v*<br>▪ I'm afraid the government has to **raise** taxes again.<br>▪ Please **raise** your hand if you accept the proposal. | **erhöhen, (hoch)heben**<br>▪ Leider muss die Regierung schon wieder die Steuern **erhöhen**.<br>▪ Bitte **heben** Sie die Hand, wenn Sie den Vorschlag annehmen. |

**to lower** [tə 'ləʊə] *v* — **senken, herunterlassen**
- The big oil companies were forced to **lower** the price of oil. — Die großen Ölkonzerne waren gezwungen, den Ölpreis zu **senken**.
- Please **lower** the blinds to keep the sunlight out. — Bitte **lasse** die Jalousien **herunter**, damit das Sonnenlicht nicht hineinkommt.

**to pick up** [tə ˌpɪk 'ʌp] *phrase* — **aufheben**
- Please **pick up** the litter you've dropped. — Bitte **heb** den Abfall **auf**, den du hast fallen lassen!

**to drop** [tə 'drɒp] *v* — **fallen lassen**
- Careful! It will break if you **drop** it. — Vorsicht! Es geht kaputt, wenn du es **fallen lässt**.

**to break** [tə 'breɪk] *v;* ▸ **v irr** S. 439 break — **zerbrechen**
- Be careful! Don't drop the glass or it'll **break**. — Sei vorsichtig! Lass das Glas nicht fallen oder es **wird zerbrechen**!

**to tear up** [tə ˌteər 'ʌp] *phrase;* ▸ **v irr** S. 446 tear — **zerreißen**
- The boy threw a fit and **tore up** the drawing. — Der Junge bekam einen Wutanfall und **zerriss** die Zeichnung.

**to throw away** [tə ˌθrəʊ ə'weɪ] *phrase;* ▸ **v irr** S. 446 throw — **wegwerfen**
- Please don't **throw away** today's paper. — Bitte **wirf** die heutige Zeitung nicht **weg**.

**to leave** [tə 'liːv] *v;* ▸ **v irr** S. 443 leave — **verlassen**
- The train **left** the station 15 minutes ago. — Der Zug **hat** den Bahnhof vor 15 Minuten **verlassen**.

**to give up** [tə ˌgɪv 'ʌp] *phrase;* ▸ **v irr** S. 441 give — **aufgeben**
- They **gave up** all resistance when they saw that the situation was hopeless. — Sie **gaben** jeglichen Widerstand **auf**, als sie sahen, dass die Situation hoffnungslos war.

**dream** [driːm] *n* — der **Traum**
- Fortunately it was just a bad **dream** and not real life. — Zum Glück war es nur ein schlechter **Traum** und keine Wirklichkeit.

| | |
|---|---|
| **to dream** [tə 'driːm] *v*; ▸ **v irr** S. 440 **dream** ▪ Was it real or did I **dream** it? | **träumen** ▪ War es Wirklichkeit oder **habe** ich es **geträumt**? |
| **to relax** [tə rɪ'læks] *v* ▪ On Sundays I just **relax** and do nothing. | **sich entspannen** ▪ Sonntags **entspanne** ich **mich** und tue gar nichts. |

## Bemühung und Vorhaben

| | |
|---|---|
| **plan** [plæn] *n* ▪ I tried to talk Bernard out of his **plan**. | das **Vorhaben**, der **Plan** ▪ Ich habe versucht, Bernard von seinem **Vorhaben** abzubringen. |
| **to plan** [tə 'plæn] *v* ▪ Lucas **plans** to spend his next holiday in Spain. | **vorhaben, planen** ▪ Lucas **plant**, seinen nächsten Urlaub in Spanien zu verbringen. |
| **attempt** [ə'tempt] *n* ▪ This is my last **attempt**. If it doesn't work I'll give up. | der **Versuch** ▪ Dies ist mein letzter **Versuch**. Wenn das nicht geht, gebe ich auf. |
| **to try** [tə 'traɪ] *v* ▪ I don't think you'll make it, but you can **try**. | **versuchen, probieren** ▪ Ich glaube nicht, dass du es schaffst, aber du kannst es **versuchen**. |
| **to try hard** [tə ˌtraɪ 'hɑːd, tə 'traɪ 'hɑːd] *phrase* ▪ Jonas **tried** really **hard** to tidy up his room. | **sich Mühe geben, sich bemühen** ▪ Jonas **hat sich** wirklich **Mühe gegeben**, sein Zimmer aufzuräumen. |
| **preparation** [ˌprepə'reɪʃn] *n* ▪ School should be a **preparation** for life. | die **Vorbereitung** ▪ Die Schule sollte eine **Vorbereitung** auf das Leben sein. |
| **to prepare** [tə prɪ'peə] *v* ▪ Sarah is going to help him **prepare** the party. | **vorbereiten** ▪ Sarah wird ihm dabei helfen, die Party **vorzubereiten**. |
| **effort** ['efət] *n* ▪ I'll make every **effort** to get you there on time. | die **Mühe**, die **Anstrengung** ▪ Ich werde mir alle **Mühe** geben, Sie dort pünklich hinzubringen. |

| | |
|---|---|
| **tiring** ['taɪərɪŋ] *adj* | **anstrengend** |
| ▪ My job as a cashier in a department store can be very **tiring** at times. | ▪ Mein Beruf als Kassiererin in einem Kaufhaus kann manchmal sehr **anstrengend** sein. |
| **decision** [dɪ'sɪʒn] *n* | die **Entscheidung** |
| ▪ Let's come to a **decision**. | ▪ Kommen wir zu einer **Entscheidung**. |
| **to decide** [tə dɪ'saɪd] *v* | **entscheiden**, **sich entscheiden** |
| ▪ Helen **decided** to phone her mum. | ▪ Helen **entschied sich**, ihre Mutter anzurufen. |
| **certainty** ['sɜːtntɪ] *n* | die **Sicherheit**, die **Gewissheit** |
| ▪ I can't tell you with absolute **certainty** what time they will arrive. | ▪ Ich kann dir nicht mit absoluter **Sicherheit** sagen, wann sie ankommen werden. |
| **certain** ['sɜːtn] *adj* | **sicher** |
| ▪ I think they are open, but I'm not absolutely **certain**. | ▪ Ich glaube, sie haben geöffnet, aber ich bin nicht absolut **sicher**. |
| **uncertain** [ʌn'sɜːtn] *adj* | **unsicher**, **ungewiss** |
| ▪ The whereabouts of the stolen jewels remains **uncertain**. | ▪ Der Verbleib der gestohlenen Juwelen bleibt **ungewiss**. |
| **opportunity** [ˌɒpə'tjuːnətɪ] *n* | die **Gelegenheit**, die **Möglichkeit** |
| ▪ You must seize this **opportunity**. | ▪ Du musst diese **Gelegenheit** ergreifen. |
| **purpose** ['pɜːpəs] *n* | das **Ziel**, der **Zweck**, die **Absicht**, der **Vorsatz** |
| ▪ The **purpose** of this organization is to help elderly people. | ▪ Das **Ziel** dieser Organisation ist es, alten Menschen zu helfen. |
| **on purpose** [ɒn 'pɜːpəs] *phrase* | **absichtlich** |
| ▪ It wasn't an accident; he did it **on purpose**. | ▪ Es war kein Zufall; er hat es **absichtlich** getan. |
| **to manage** [tə 'mænɪdʒ] *v* | **gelingen**, **schaffen**, **erreichen** |
| ▪ I wonder how he **managed** to become the managing director of this firm. | ▪ Ich frage mich, wie es ihm **gelungen ist**, der Geschäftsführer dieser Firma zu werden. |

## Hilfe, Verpflichtung und Zuverlässigkeit

| | |
|---|---|
| **help** [help] *n*<br>▪ I need your **help** in this matter. | die **Hilfe**<br>▪ Ich brauche deine **Hilfe** in dieser Angelegenheit. |
| **to help** [tə 'help] *v*<br>▪ Some students **help** old people who live alone. | **helfen**<br>▪ Einige Studenten **helfen** alten Menschen, die allein leben. |
| **to help sb. (to) do sth.** [tə ˌhelp … (tə) 'duː] *phrase*<br>▪ Can you **help** your sister put the rubbish out? | **j-m helfen, etw. zu tun**<br>▪ Kannst du deiner Schwester **helfen**, den Müll hinauszutragen? |
| **favour** *BE* ['feɪvə], **favor** *AE* ['feɪvər] *n*<br>▪ Can I ask a **favour** of you? | der **Gefallen**<br>▪ Dürfte ich dich um einen **Gefallen** bitten? |
| **to do sb. a favour** *BE* [tə duː … ə 'feɪvə], **to do sb. a favor** *AE* [tə duː … ə 'feɪvər] *phrase;*<br>▸ **v irr** S. 440 do<br>▪ Would you **do** me **a favour** and lend me your bike? | **j-m einen Gefallen tun**<br>▪ Würdest du mir **einen Gefallen tun** und mir dein Rad leihen? |
| **to agree to do sth.** [tə əˌgriː tə 'duː] *phrase*<br>▪ Abi's parents **agreed to** pay for her driving lessons. | **sich bereit erklären**<br>▪ Abis Eltern **erklärten sich bereit**, ihre Fahrstunden zu bezahlen. |
| **support** [sə'pɔːt] *n*<br>▪ This charity needs your financial **support**. | die **Unterstützung**<br>▪ Diese Wohlfahrtsorganisation braucht Ihre finanzielle **Unterstützung**. |
| **to support** [tə sə'pɔːt] *v*<br>▪ The newspaper openly **supported** one candidate's campaign. | **unterstützen, fördern**<br>▪ Die Zeitung **unterstützte** offen den Wahlkampf eines Kandidaten. |

| | |
|---|---|
| **duty** ['dju:tɪ] *n*<br>▪ I only did my **duty**. | die **Pflicht**<br>▪ Ich habe nur meine **Pflicht** getan. |
| **conscientious** [ˌkɒnʃɪ'enʃəs] *adj*<br>▪ Monica's always been **conscientious**. | **pflichtbewusst**<br>▪ Monica war schon immer **pflichtbewusst**. |
| **to neglect** [tə nɪ'glekt] *v*<br>▪ Paul was away most of the time and **neglected** his wife and children. | **vernachlässigen**<br>▪ Paul war fast immer fort und **vernachlässigte** seine Frau und Kinder. |
| **to count on** [tə 'kaʊnt ɒn] *phrase*<br>▪ You can **count on** me. I'll help you. | **zählen auf, sich verlassen auf**<br>▪ Du kannst **auf** mich **zählen**. Ich werde dir helfen. |
| **trust** [trʌst] *n*<br>▪ His daughter would do anything he says. She has perfect **trust** in him. | das **Vertrauen**<br>▪ Seine Tochter würde alles tun, was er sagt. Sie hat absolutes **Vertrauen** zu ihm. |
| **to trust** [tə 'trʌst] *v*<br>▪ I **trusted** my mother with my bank details. | **anvertrauen**<br>▪ Ich **vertraute** meiner Mutter die Einzelheiten meines Bankkontos **an**. |
| **mistrust** [mɪs'trʌst] *n*<br>▪ I have a great **mistrust** of politicians. | das **Misstrauen**<br>▪ Ich hege ein tiefes **Misstrauen** gegen Politiker. |
| **to encourage** [tʊ ɪn'kʌrɪdʒ] *v*<br>▪ Cathy **encouraged** me to apply for the job. | **ermutigen**<br>▪ Cathy **ermutigte** mich, mich zu bewerben. |
| **to watch out for** [tə ˌwɒtʃ 'aʊt fə] *phrase*<br>▪ The police **were watching out** for pickpockets. | **achten auf, Ausschau halten nach**<br>▪ Die Polizei **hielt Ausschau nach** Taschendieben. |
| **helpful** ['helpfl] *adj*<br>▪ The hints have been very **helpful**. | **hilfreich**<br>▪ Die Hinweise sind sehr **hilfreich** gewesen. |
| **respect** [rɪ'spekt] *n*<br>▪ Isn't it about time that mankind showed more **respect** for nature? | der **Respekt**, die **Achtung**<br>▪ Ist es nicht an der Zeit, dass die Menschheit der Natur mehr **Achtung** entgegenbringt? |

| | |
|---|---|
| **respected** [rɪ'spektɪd] *adj* | **respektiert, geachtet, angesehen** |
| ▪ Mr Jones is highly **respected** as a doctor. | ▪ Mr. Jones ist als Arzt hoch **angesehen**. |
| **to respect** [tə rɪ'spekt] *v* | **respektieren, achten** |
| ▪ I always **respected** my teachers. | ▪ Ich **habe** meine Lehrer immer **respektiert**. |
| **guarantee** [ˌgærən'tiː] *n* | die **Garantie** |
| ▪ The company offers a 30-day money-back **guarantee**. | ▪ Die Firma bietet eine 30-tägige Geld-zurück-**Garantie** an. |
| **to guarantee** [tə ˌgærən'tiː] *v* | **garantieren, versichern** |
| ▪ We **guarantee** that this product will last a lifetime. | ▪ Wir **garantieren**, dass dieses Produkt Ihr Leben lang halten wird. |
| **definitely** ['defənətlɪ] *adv* | **bestimmt** |
| ▪ Simon will **definitely** come; he promised. | ▪ Simon wird **bestimmt** kommen; er hat es versprochen. |

## Besitzen, Geben und Nehmen

**to have** [tə 'hæv] *v;* ▸ **v irr** S. 442 have — **haben**

▪ I always **have** hay fever in May. — ▪ Im Mai **habe** ich immer Heuschnupfen.

➡ Die Verben **to have** und **have got** sind in ihrer Bedeutung **haben/besitzen** identisch. **to have** kann in allen Zeiten als Vollverb verwendet werden (Fragen und Negationen mit **do/does** und **did**), **have got** jedoch wird nur im Präsens und wie ein Hilfsverb benutzt (Fragen und Negationen durch Umstellung von Subjekt und Prädikat).

**have got** [ˌhæv 'gɒt] *phrase;* ▸ **v irr** S. 442 have — **haben**

▪ Kevin**'s got** lots of money but no manners. — ▪ Kevin **hat** viel Geld, aber keine Manieren.

➡ to have ▸ S. 95

**own** [əʊn] *adj* — **eigen**

▪ My grandmother bakes her **own** bread. — ▪ Meine Großmutter backt ihr **eigenes** Brot.

➡ **own** kann nicht hinter dem indirekten Artikel **a** stehen. Möchte man sagen, dass man **ein eigenes xyz** besitzt, so muss man z. B. sagen **I have a room of my own.**

**property** ['prɒpətɪ] *n* — der **Besitz**
- Jamie sold all her personal **property** and went to India. — Jamie verkaufte all ihren **Besitz** und fuhr nach Indien.

**to own** [tʊ 'əʊn] *v* — **besitzen**
- They're fairly wealthy. They **own** three houses. — Sie sind ziemlich wohlhabend. Sie **besitzen** drei Häuser.

**to keep** [tə 'kiːp] *v*; ▸ **v irr** S. 442 keep — **behalten**
- You can **keep** the book, I don't need it. — Du kannst das Buch **behalten**, ich brauche es nicht.

**to give** [tə 'gɪv] *v*; ▸ **v irr** S. 441 give — **geben**
- I **gave** Conor five pounds for mowing the lawn. — Ich **habe** Conor fünf Pfund fürs Rasenmähen **gegeben**.

**to bring** [tə 'brɪŋ] *v*; ▸ **v irr** S. 439 bring — **bringen**, **mitbringen**
- The postman **brought** this parcel today. — Der Postbote **brachte** heute dieses Paket.
- Can I **bring** my boyfriend to the party? — Kann ich meinen Freund zur Party **mitbringen**?

➡ **to bring** beschreibt eine Bewegung zum Sprechenden oder Zuhörenden hin (**herbringen, mitbringen**); **to take** beschreibt eine Bewegung vom Sprechenden weg (**hinbringen, mitnehmen**).

**to take** [tə 'teɪk] *v*; ▸ **v irr** S. 446 take — **nehmen**, **mitnehmen**, **wegnehmen**
- We **took** a taxi to the airport. — Wir **nahmen** ein Taxi zum Flughafen.
- Who **took** my CDs? I left them on the table. — Wer **hat** meine CDs **weggenommen**? Ich hatte sie auf dem Tisch liegen lassen.

➡ to bring ▸ S. 96

**to get** [tə 'get] *v*; ▸ **v irr** S. 441 get — **holen**, **bekommen**
- Could you **get** a bottle of water from the kitchen? — Könntest du eine Flasche Wasser aus der Küche **holen**?
- Phil **got** 20 e-mails yesterday for his birthday. — Phil **hat** gestern 20 E-Mails zum Geburtstag **bekommen**.

**to leave** [tə 'liːv] *v*; ▸ **v irr** S. 443 leave — **überlassen**
- **Leave** the repair of your car to a professional mechanic. — **Überlassen** Sie die Reparatur Ihres Wagens einem professionellen Automechaniker.

| | |
|---|---|
| **to pass** [*BE:* tə 'pɑːs, *AE:* tə 'pæs] *v* | **reichen** |
| ■ **Pass** me the sugar, please. | ■ Bitte **reich** mir den Zucker! |
| **to lend** [tə 'lend] *v;* ▸ **v irr** S. 443 lend | **(ver-)leihen** |
| ■ Can you **lend** me your bike till tomorrow? | ■ Kannst du mir bis morgen dein Fahrrad **leihen**? |

➡ **to lend** und **to borrow** bedeuten **leihen, ausleihen** und **borgen**, aber einmal aus der Sicht des Gebenden: **he lent me his bike** und einmal aus der Sicht des Nehmenden: **I borrowed his bike.**

| | |
|---|---|
| **to borrow** [tə 'bɒrəʊ] *v* | **(sich) ausleihen** |
| ■ Can I **borrow** your bike till tomorrow? | ■ Kann ich **mir** bis morgen dein Fahrrad **ausleihen**? |
| ➡ to lend ▸ S. 97 | |
| **to receive** [tə rɪ'siːv] *v* | **erhalten** |
| ■ I sent the letter on Monday and Martin **received** it on Wednesday. | ■ Ich habe den Brief am Montag abgeschickt und Martin **hat** ihn am Mittwoch **erhalten**. |
| **to accept** [tʊ ək'sept] *v* | **annehmen** |
| ■ I gladly **accept** your invitation. | ■ Ich **nehme** Ihre Einladung dankbar **an**. |
| **to return** [tə rɪ'tɜːn] *v* | **zurückgeben** |
| ■ I have to **return** these books to the library by Friday. | ■ Ich muss diese Bücher bis spätestens Freitag **zurückgeben**. |
| **to hand over** [tə ˌhænd 'əʊvə] *phrase* | **übergeben** |
| ■ The minister **handed over** the secret file to his successor. | ■ Der Minister **übergab** die Geheimakte seinem Nachfolger. |
| **to remove** [tə rɪ'muːv] *v* | **entfernen, wegnehmen, abnehmen** |
| ■ You've got to **remove** the plastic top first. | ■ Man muss erst den Plastikverschluss **entfernen**. |
| **to distribute** [tə dɪ'strɪbjuːt] *v* | **verteilen** |
| ■ The demonstrators **distributed** leaflets to the crowd. | ■ Die Demonstranten **verteilten** Flugblätter an die Menge. |

# Gesundheit und Körperpflege

## Körperteile und Organe

| | |
|---|---|
| **body** ['bɒdɪ] *n* | der **Körper** |
| **head** [hed] *n* | der **Kopf** |
| **nose** [nəʊz] *n* | die **Nase** |
| **eye** [aɪ] *n* | das **Auge** |
| **ear** [ɪə] *n* | das **Ohr** |
| **mouth** [maʊθ] *n* | der **Mund** |
| **tooth** [tu:θ] *n*; *pl* **teeth** | der **Zahn** |
| **tongue** [tʌŋ] *n* | die **Zunge** |
| **neck** [nek] *n* | der **Hals**, der **Nacken** |
| **throat** [θrəʊt] *n* | der **Hals**, der **Rachen**, die **Kehle** |
| **lip** [lɪp] *n* | die **Lippe** |
| **forehead** ['fɔ:hed] *n* | die **Stirn** |
| **brain** [breɪn] *n* | das **Gehirn** |
| **breast** [brest] *n* | die **Brust**, der **Busen** |
| **chest** [tʃest] *n* | die **Brust** |
| **belly** ['belɪ] *n* | der **Bauch** |
| **back** [bæk] *n* | der **Rücken** |
| **bottom** ['bɒtəm] *n* | das **Gesäß** |
| **buttocks** ['bʌtəks] *n* | das **Gesäß** |
| **butt** [bʌt] *n (coll.)* | der **Hintern** |
| **shoulder** ['ʃəʊldə] *n* | die **Schulter** |
| **bone** [bəʊn] *n* | der **Knochen** |

| | |
|---|---|
| **arm** [ɑːm] *n* | der **Arm** |
| **hand** [hænd] *n* | die **Hand** |
| **finger** ['fɪŋgə] *n* | der **Finger** |
| **fist** [fɪst] *n* | die **Faust** |
| **leg** [leg] *n* | das **Bein** |
| **knee** [niː] *n* | das **Knie** |
| **foot** [fʊt] *n; pl* **feet** | der **Fuß** |
| **blood** [blʌd] *n* | das **Blut** |
| **heart** [hɑːt] *n* | das **Herz** |
| **sense of touch** [ˌsens əv 'tʌtʃ] *n* | der **Tastsinn** |
| **sense of smell** [ˌsens əv 'smel] *n* | der **Geruchssinn** |
| **sense of taste** [ˌsens əv 'teɪst] *n* | der **Geschmackssinn** |
| **(eye)sight** [('aɪ)saɪt] *n* | das **Sehvermögen** |
| **hearing** ['hɪərɪŋ] *n* | das **Gehör** |
| **chin** [tʃɪn] *n* | das **Kinn** |
| **cheek** [tʃiːk] *n* | die **Wange**, die **Backe** |
| **elbow** ['elbəʊ] *n* | der **Ellbogen** |
| **wrist** [rɪst] *n* | das **Handgelenk** |
| **thumb** [θʌm] *n* | der **Daumen** |
| **index finger** ['ɪndeks ˌfɪŋgə] *n* | der **Zeigefinger** |
| **middle finger** ['mɪdl ˌfɪŋgə] *n* | der **Mittelfinger** |
| **ring finger** ['rɪŋ ˌfɪŋgə] *n* | der **Ringfinger** |
| **little finger** ['lɪtl ˌfɪŋgə] *n* | der **kleine Finger** |
| **toe** [təʊ] *n* | der **Zeh** |
| **stomach** ['stʌmək] *n* | der **Magen** |
| **lungs** [lʌŋz] *n pl* | die **Lunge** |

| | |
|---|---|
| **muscle** ['mʌsl] *n* | der **Muskel** |
| **skin** [skɪn] *n* | die **Haut** |
| **(body) hair** [('bɒdɪ) ˌheə] *n* | das **Körperhaar**, das **Haar** |
| **nerve** [nɜːv] *n* | der **Nerv** |

## Krankheit und körperliche Beeinträchtigung

| | |
|---|---|
| **health** [helθ] *n*<br>▪ My father is in good **health**. | die **Gesundheit**<br>▪ Mein Vater ist bei bester **Gesundheit**. |
| **healthy** ['helθɪ] *adj*<br>▪ The boss looks extremely **healthy** despite his age. | **gesund**<br>▪ Der Chef wirkt äußerst **gesund** trotz seines Alters. |
| **to be well** [tə biː 'wel] *phrase;*<br>▸ **v irr** S. 439 be<br>▪ **I'm** not very **well** today. | **gut gehen**<br><br>▪ Mir **geht** es heute nicht **gut**. |
| **mental** ['mentl] *adj*<br>▪ The old lady was no longer in possession of her **mental** faculties.<br>▪ Her health problems are **mental**, not physical. | **geistig**, **seelisch**<br>▪ Die alte Frau war nicht mehr im Besitz ihrer **geistigen** Kräfte.<br>▪ Ihre Gesundheitsprobleme sind **seelisch** und nicht körperlich bedingt. |
| **mentally** ['mentəlɪ] *adj*<br>▪ He's been **mentally** ill since he was born. | **psychisch**<br>▪ Er ist von Geburt an **psychisch** krank. |
| **psychiatric** [ˌsaɪkɪ'ætrɪk] *adj*<br>▪ The criminal was put in a **psychiatric** hospital. | **psychiatrisch**<br>▪ Der Verbrecher wurde in eine **psychiatrische** Klinik eingeliefert. |
| **physical** ['fɪsɪkl] *adj*<br>▪ Both my mental and **physical** abilities were tested. | **körperlich**<br>▪ Meine geistigen und **körperlichen** Fähigkeiten wurden getestet. |
| **to recover** [tə rɪ'kʌvə] *v*<br>▪ Emma was ill yesterday, but she **recovered** very quickly. | **gesund werden**, **genesen**<br>▪ Emma war gestern krank, **ist** aber sehr schnell wieder **gesund geworden**. |

**to get better** [tə ˌget ˈbetə] *phrase;* ▸ **v irr** S. 441 get — **sich erholen**
- It took Hannah a long time to **get better** after her accident.
- Nach ihrem Unfall brauchte Hannah ziemlich lange, um **sich** zu **erholen**.

**strength** [streŋθ] *n* — die **Kraft**
- Julia's been working on building up her **strength** for years.
- Seit Jahren arbeitet Julia daran, ihre **Kraft** aufzubauen.

**strong** [strɒŋ] *adj* — **stark**, **kräftig**
- I'm not **strong** enough to lift this suitcase.
- Ich bin nicht **stark** genug, diesen Koffer zu heben.

**weak** [wiːk] *adj* — **schwach**
- I felt **weak** and tired when I came home after the hike.
- Ich fühlte mich **schwach** und müde, als ich nach der Wanderung nach Hause kam.

**illness** [ˈɪlnəs] *n* — die **Krankheit**
- My aunt died after a long **illness**.
- Meine Tante starb nach langer **Krankheit**.

**ill** [ɪl] *adj* — **krank**
- I was **ill** and had to stay in bed for a couple of weeks.
- Ich war **krank** und musste zwei Wochen im Bett bleiben.

**to become ill** [tə bɪˌkʌm ˈɪl] *phrase;* ▸ **v irr** S. 439 become — **erkranken**
- They **became ill** about a week after their trip to Uganda.
- Sie **erkrankten** etwa eine Woche nach ihrer Reise nach Uganda.

**to get ill** [tə ˌget ˈɪl] *phrase;* ▸ **v irr** S. 441 get — **krank werden**
- I'm very healthy and hardly ever **get ill**.
- Ich bin sehr gesund und **werde** fast nie **krank**.

**pain** [peɪn] *n* — der **Schmerz**
- Joe felt a sudden **pain** in his back when he lifted the heavy bag.
- Joe spürte einen plötzlichen **Schmerz** in seinem Rücken, als er den schweren Koffer hob.

| | |
|---|---|
| **to hurt** [tə 'hɜːt] *v;* ▸ **v irr** S. 442 hurt | **wehtun, schmerzen, (sich) verletzen** |
| ▪ My back **hurts** from working in the garden all day. | ▪ Mein Rücken **tut weh**, weil ich den ganzen Tag im Garten gearbeitet habe. |
| ▪ Tom fell off the ladder and **hurt** his leg. | ▪ Tom fiel von der Leiter und **verletzte sich** am Bein. |
| **to suffer** [tə 'sʌfə] *v* | **leiden** |
| ▪ Mike **suffers** from multiple sclerosis. | ▪ Mike **leidet** an Multipler Sklerose. |
| **to bleed** [tə 'bliːd] *v;* ▸ **v irr** S. 439 bleed | **bluten** |
| ▪ My finger **bled** heavily when I cut it. | ▪ Mein Finger **blutete** ziemlich stark, nachdem ich mich geschnitten hatte. |
| **cold** [kəʊld] *n* | die **Erkältung** |
| ▪ I've got a bad **cold**. My nose is running and I'm coughing a lot. | ▪ Ich habe eine starke **Erkältung**. Meine Nase läuft und ich huste viel. |
| **to catch a cold** [təˌkætʃ ə 'kəʊld] *phrase;* ▸ **v irr** S. 440 catch | **sich erkälten** |
| ▪ Stuart **caught a cold** standing in the cold rain for hours. | ▪ Stuart **erkältete sich**, weil er stundenlang im kalten Regen stand. |
| **to have a cold** [tə ˌhæv ə 'kəʊld] *phrase;* ▸ **v irr** S. 442 have | **erkältet sein** |
| ▪ Jenny **has a cold** and is staying in bed today. | ▪ Jenny **ist erkältet** und bleibt heute im Bett. |
| **cough** [kɒf] *n* | der **Husten** |
| ▪ If your **cough** doesn't get better you should see a doctor. | ▪ Wenn dein **Husten** nicht besser wird, solltest du zum Arzt gehen. |
| **to cough** [tə 'kɒf] *v* | **husten** |
| ▪ The exhaust fumes made me **cough**. | ▪ Wegen der Autoabgase musste ich **husten**. |
| **temperature** ['temprətʃə] *n* | das **Fieber** |
| ▪ Kim only has a slight **temperature**, nothing to worry about. | ▪ Kim hat nur leichtes **Fieber**, kein Grund zur Beunruhigung. |
| **sickness** ['sɪknəs] *n* | die **Übelkeit** |
| ▪ The virus causes **sickness** and diarrhoea. | ▪ Der Virus verursacht **Übelkeit** und Durchfall. |

**sick** [sɪk] *adj* — **schlecht, übel**
- I feel **sick** after a while when I sit in the back of a car. — Mir wird nach einer Weile **schlecht**, wenn ich hinten im Auto sitze.

**headache** ['hedeɪk] *n* — die **Kopfschmerzen**
- I've had a **headache** since I woke up this morning. — Seit ich heute früh aufwachte, habe ich **Kopfschmerzen**.

**sweat** [swet] *n* — der **Schweiß**
- I got into a **sweat** when I saw her in that tiny dress. — Mir brach fast der **Schweiß** aus, als ich sie in diesem winzigen Kleid sah.

**to sweat** [tə 'swet] *v* — **schwitzen**
- We **were** all **sweating** a lot after the run. — Nach dem Lauf **schwitzten** wir alle sehr.

**disabled person** [dɪsˌeɪbld 'pɜːsn] *n m/f* — der **Behinderte**, die **Behinderte**
- The toilet is designed to be used by a **disabled person**. — Die Toilette ist für **Behinderte** konzipiert.

**disabled** [dɪs'eɪbld] *adj* — **behindert**
- Molly has been **disabled** since she was in a car accident ten years ago. — Seit einem Autounfall vor zehn Jahren ist Molly **behindert**.

**wound** [wuːnd] *n* — die **Wunde**
- It's only a small **wound**. No reason to panic. — Es ist nur eine kleine **Wunde**. Kein Grund zur Panik.

**to hurt oneself** [tə 'hɜːt wʌnˌself] *phrase*; ▸ **v irr** S. 442 hurt — **sich verwunden, sich verletzen**
- Did you **hurt yourself** when you fell down the stairs? — **Hast** du **dich verletzt**, als du die Treppe heruntergefallen bist?

**to break** [tə 'breɪk] *v*; ▸ **v irr** S. 439 break — **sich brechen**
- I **broke** my arm playing handball. — Ich **habe mir** beim Handballspielen den Arm **gebrochen**.

**breath** [breθ] *n* — der **Atem**
- How long can you hold your **breath** under water? — Wie lange kannst du unter Wasser den **Atem** anhalten?

**to breathe** [tə 'briːð] *v* — **atmen**
- The air was so full of smoke that I could hardly **breathe**. — Die Luft war so voller Rauch, dass ich kaum **atmen** konnte.

| | |
|---|---|
| **unconscious** [ʌnˈkɒnʃəs] *adj*<br>▪ How long was Timothy **unconscious**? | **bewusstlos**<br>▪ Wie lange war Timothy **bewusstlos**? |
| **to faint** [tə ˈfeɪnt] *v*<br>▪ Barbara **fainted** when they broke the news to her. | **in Ohnmacht fallen**<br>▪ Barbara **fiel in Ohnmacht**, als man ihr die Nachricht überbrachte. |
| **shock** [ʃɒk] *n*<br>▪ It was a **shock** to see him lying there. | der **Schock**<br>▪ Es war ein **Schock**, ihn dort liegen zu sehen. |
| **to smoke** [tə ˈsməʊk] *v*<br>▪ Brandon stopped **smoking** two weeks ago. | **rauchen**<br>▪ Brandon hat vor zwei Wochen aufgehört zu **rauchen**. |
| **smoker** [ˈsməʊkə] *n m/f*<br>▪ **Smokers** risk dying of lung cancer. | der **Raucher**, die **Raucherin**<br>▪ **Raucher** riskieren es, an Lungenkrebs zu sterben. |
| **non-smoker** [ˌnɒnˈsməʊkə] *n m/f*<br>▪ I've been a **non-smoker** all my life. | der **Nichtraucher**, die **Nichtraucherin**<br>▪ Ich bin mein Leben lang **Nichtraucher** gewesen. |
| **drunk** [drʌŋk] *adj*; ▸ **v irr** S. 440 drink<br>▪ Michael was very **drunk** when he came home last night. | **betrunken**<br>▪ Michael war sehr **betrunken**, als er gestern Abend nach Hause kam. |

➡ Vor einigen Substantiven verwendet man das Adjektiv **drunk**, wie in **a drunk driver – ein betrunkener Autofahrer**, vor anderen die Form **drunken**, wie in **a drunken party – eine feuchtfröhliche Party**.

| | |
|---|---|
| **to heal** [tə ˈhiːl] *v*<br>▪ The wound in my leg took a long time to **heal**. | **verheilen**<br>▪ Die Wunde an meinem Bein brauchte lange, um zu **verheilen**. |
| **to cure** [tə ˈkjʊə] *v*<br>▪ Nothing seems to **cure** me of my stage fright. | **heilen**<br>▪ Nichts scheint mein Lampenfieber **heilen** zu können. |
| **to bear** [tə ˈbeə] *v*; ▸ **v irr** S. 439 bear<br>▪ I can't **bear** the thought of having to write this article again. | **ertragen**<br>▪ Ich kann den Gedanken nicht **ertragen**, diesen Artikel noch einmal schreiben zu müssen. |

| | |
|---|---|
| **unbearable** [ʌn'beərəbl] *adj*<br>▪ The pain in my leg was **unbearable**. | **unerträglich**<br>▪ Der Schmerz in meinem Bein war **unerträglich**. |
| **blind** [blaɪnd] *adj*<br>▪ There is a **blind** old man sitting in the park playing the guitar. | **blind**<br>▪ Da sitzt ein **blinder** alter Mann im Park und spielt Gitarre. |
| **deaf** [def] *adj*<br>▪ Grandpa only pretends to be **deaf**. | **taub**<br>▪ Opa tut nur so, als sei er **taub**. |
| **hard of hearing** [ˌhɑːd əv 'hɪərɪŋ] *phrase*<br>▪ You'll have to shout. My father is **hard of hearing**. | **schwerhörig**<br>▪ Du wirst schreien müssen. Mein Vater ist **schwerhörig**. |
| **to tremble** [tə 'trembl] *v*<br>▪ Nicola **trembled** with excitement. | **zittern**<br>▪ Nicola **zitterte** vor Aufregung. |
| **to shake** [tə 'ʃeɪk] *v;*<br>▸ **v irr** S. 444 shake<br>▪ Andrea **shook** with rage. | **zittern**<br>▪ Andrea **zitterte** vor Wut. |
| **to swell** [tə 'swel] *v;*<br>▸ **v irr** S. 445 swell<br>▪ My feet always **swell** when I have to stand for a long time. | **(an)schwellen**<br>▪ Meine Füße **schwellen** immer **an**, wenn ich lange stehen muss. |
| **infection** [ɪn'fekʃn] *n*<br>▪ The AIDS virus weakens the body's natural defences against **infection**. | die **Infektion**<br>▪ Das Aids-Virus schwächt die natürlichen Abwehrkräfte des Körpers gegen **Infektionen**. |
| **infectious** [ɪn'fekʃəs] *adj*<br>▪ This disease is not **infectious**. | **ansteckend**<br>▪ Diese Krankheit ist nicht **ansteckend**. |
| **contagious** [kən'teɪdʒəs] *adj*<br>▪ This disease is highly **contagious**. | **ansteckend**<br>▪ Diese Krankheit ist hoch **ansteckend**. |
| **bacteria** [bæk'tɪərɪə] *n*<br>▪ The infection was caused by **bacteria**. | die **Bakterie**<br>▪ Die Infektion wurde durch **Bakterien** verursacht. |
| **virus** ['vaɪrəs] *n*<br>▪ Can this **virus** be transmitted by cats? | der **Virus**<br>▪ Kann dieses **Virus** von Katzen übertragen werden? |

| | |
|---|---|
| **inflammation** [ˌɪnflə'meɪʃn] *n* | die **Entzündung** |
| ▪ The **inflammation** is going down. My eyes are not so red and swollen. | ▪ Die **Entzündung** ist zurückgegangen. Meine Augen sind nicht mehr so rot und geschwollen. |
| **to be sore** [tə biː 'sɔː] *phrase* | **entzündet sein, wund sein, wehtun** |
| ▪ The baby's eyes **were sore** when it woke up this morning. | ▪ Die Augen des Babys **waren entzündet**, als es heute Morgen aufwachte. |
| ▪ My feet **were sore** from walking too much. | ▪ Meine Füße **waren** vom vielen Gehen ganz **wund**. |
| **flu** [fluː] *n (Kurzf. von influenza)* | die **Grippe** |
| ▪ The **flu** is an infectious disease like a cold. | ▪ **Grippe** ist eine ansteckende Krankheit wie eine Erkältung. |
| **cancer** ['kænsə] *n* | der **Krebs** |
| ▪ Her mother died of **cancer** last year. | ▪ Ihre Mutter starb letztes Jahr an **Krebs**. |
| **heart attack** ['hɑːt əˌtæk] *n* | der **Herzinfarkt** |
| ▪ Mr Cairns suffered a massive **heart attack**. | ▪ Mr. Cairns erlitt einen schweren **Herzinfarkt**. |
| **dizziness** ['dɪzɪnəs] *n* | der **Schwindel** |
| ▪ This medicine may cause vomiting and **dizziness**. | ▪ Dieses Medikament kann Brechreiz und **Schwindel** verursachen. |
| **to feel dizzy** [tə ˌfiːl 'dɪzɪ] *phrase;* ▸ v irr S. 441 feel | **schwindelig sein** |
| ▪ Standing up too quickly makes me **feel dizzy**. | ▪ Wenn ich zu schnell aufstehe, **wird** mir **schwindelig**. |
| **diarrhoea** *BE*, **diarrhea** *AE* [ˌdaɪə'rɪːə] *n* | der **Durchfall** |
| ▪ I'm going to ask at the chemist's for a remedy for **diarrhoea**. | ▪ Ich werde in der Apotheke nach einem Mittel gegen **Durchfall** fragen. |
| **seizure** ['siːʒə] *n* | der **Anfall** |
| ▪ Briony had a **seizure** after taking the wrong pill. | ▪ Briony hatte einen **Anfall**, nachdem sie die falsche Tablette geschluckt hatte. |

| | |
|---|---|
| **AIDS** [eɪdz] *n*<br>▪ You should protect yourself against **AIDS**. | **Aids**<br>▪ Man sollte sich gegen **Aids** schützen. |
| **allergy** ['ælədʒɪ] *n*<br>▪ I have an **allergy** to eggs. | die **Allergie**<br>▪ Ich habe eine **Allergie** gegen Eier. |
| **diabetes** [ˌdaɪə'biːtiːz] *n*<br>▪ Jill's been suffering from **diabetes** since she was 20. | der **Diabetes**<br>▪ Jill leidet unter **Diabetes**, seit sie 20 ist. |
| **abortion** [ə'bɔːʃn] *n*<br>▪ It must be hard for a woman to have an **abortion**. | die **Abtreibung**<br>▪ Es muss schwer für eine Frau sein, eine **Abtreibung** vornehmen zu lassen. |
| **caries** ['keəriːz] *n*<br>▪ The dentist said I had **caries**. | die **Karies**<br>▪ Der Zahnarzt sagte, ich hätte **Karies**. |
| **tooth decay** ['tuːθ dɪˌkeɪ] *n*<br>▪ If you don't brush your teeth regularly you'll get **tooth decay**. | die **Karies**<br>▪ Wenn du deine Zähne nicht regelmäßig putzt, bekommst du **Karies**. |
| **stress** [stres] *n*<br>▪ I've been under a lot of **stress** lately. | der **Stress**<br>▪ Ich stehe in letzter Zeit sehr unter **Stress**. |
| **to get sunburn** [tə ˌget 'sʌnbɜːn] *phrase*; ▸ **v irr** S. 441 get<br>▪ Would you **get sunburn** on Mars? | **einen Sonnenbrand bekommen**<br>▪ Würde man auf dem Mars **einen Sonnenbrand bekommen**? |
| **to get used to** [tə ˌget 'juːst tə] *phrase*<br>▪ I'm afraid you'll have to **get used to** these freezing temperatures – it's January and this is Canada. | **sich gewöhnen an**<br>▪ Du wirst **dich** wohl **an** diese eisigen Temperaturen **gewöhnen** müssen; es ist Januar und wir sind in Kanada. |
| **alcoholic** [ˌælkə'hɒlɪk] *n m/f*<br>▪ His father was an **alcoholic** and died young. | der **Alkoholiker**, die **Alkoholikerin**<br>▪ Sein Vater war **Alkoholiker** und starb jung. |
| **drug** [drʌg] *n*<br>▪ Heroin and cocaine are so-called hard **drugs**. | die **Droge**, das **Rauschgift**<br>▪ Heroin und Kokain sind sogenannte harte **Drogen**. |

| | |
|---|---|
| **to take drugs** [tə ˌteɪk 'drʌgz] *phrase;* ▸ **v irr** S. 446 take | **Drogen nehmen** |
| ▪ Karl used to **take drugs** but he's been clean since he was in rehab. | ▪ Früher **nahm** Karl **Drogen**, doch seit seiner Entziehungskur ist er clean. |
| **(drug) addict** [('drʌg) ˌædɪkt] *n m/f* | der **Drogenabhängige**, die **Drogenabhängige** |
| ▪ Shona's brother was a **drug addict** and has been treated at a clinic. | ▪ Shonas Bruder war ein **Drogenabhängiger** und wurde in einer Klinik behandelt. |
| **addicted to drugs** [əˌdɪktɪd tə 'drʌgz] *adj* | **drogensüchtig** |
| ▪ Melanie died of an overdose; she had been **addicted to drugs** for years. | ▪ Melanie starb an einer Überdosis; sie war jahrelang **drogensüchtig** gewesen. |

# Ärztliche Untersuchung und Krankenhaus

| | |
|---|---|
| **examination** [ɪgˌzæmɪ'neɪʃn] *n* | die **Untersuchung** |
| ▪ I had to undergo a complete medical **examination**. | ▪ Ich musste mich einer kompletten medizinischen **Untersuchung** unterziehen. |
| **to examine** [tʊ ɪg'zæmɪn] *v* | **untersuchen** |
| ▪ Jake **was examined** by a woman doctor. | ▪ Jake **wurde** von einer Ärztin **untersucht**. |
| **treatment** ['triːtmənt] *n* | die **Behandlung** |
| ▪ I received **treatment** for my dizzy spells. | ▪ Ich erhielt eine **Behandlung** gegen meine Schwindelanfälle. |
| **to treat** [tə 'triːt] *v* | **behandeln** |
| ▪ Gail's symptoms **were treated** by a specialist. | ▪ Gails Symptome **wurden** von einem Spezialisten **behandelt**. |
| **medicine** ['medsn] *n* | die **Medizin** |
| ▪ Mum poured the **medicine** onto the spoon. | ▪ Mama goss die **Medizin** auf einen Löffel. |
| **medication** [ˌmedɪ'keɪʃn] *n* | das **Medikament** |
| ▪ Jason felt ill because he'd forgotten to take his **medication**. | ▪ Jason wurde übel, weil er vergessen hatte, sein **Medikament** zu nehmen. |

**medical** ['medɪkl] *adj* — **medizinisch**
- Pat can't drink alcohol for **medical** reasons. — Pat darf aus **medizinischen** Gründen keinen Alkohol trinken.

---

**to be on medication** [tə biː ɒn ˌmedɪ'keɪʃn] *phrase;* ▸ **v irr** S. 439 be — **Medikamente (ein)nehmen**
- I'm not going to drink any alcohol tonight, because **I'm on medication**. — Ich werde heute Abend keinen Alkohol trinken, da ich **Medikamente nehme**.

---

**surgery** ['sɜːdʒərɪ] *n* — die **Praxis**
- The **surgery** is closed on Friday afternoons. — Die **Praxis** ist freitagnachmittags geschlossen.

---

**doctor's office** *AE* [ˌdɒktərz 'ɒfɪs] *n* — die **Praxis**
- Today I had to wait for two hours at the **doctor's office**. — Heute musste ich zwei Stunden in der **Praxis** warten.

---

**surgery hours** *BE* ['sɜːdʒərɪ ˌaʊəz], **office hours** *AE* ['ɒfɪs ˌaʊrz] *n pl* — die **Sprechstunde**
- **Surgery hours** are from 8 am to 1 pm. — Die **Sprechstunde** ist von 8 bis 13 Uhr.
- There are no **office hours** today because the doctor's ill. — Heute gibt es keine **Sprechstunde**, weil der Arzt krank ist.

---

**prescription** [prɪ'skrɪpʃn] *n* — das **Rezept**
- The doctor gave Barry a **prescription** for his cough. — Der Arzt gab Barry ein **Rezept** gegen seinen Husten.

---

**to prescribe** [tə prɪ'skraɪb] *v* — **verschreiben**
- This drug **was prescribed** by her doctor. — Dieses Medikament **wurde** ihr von ihrem Arzt **verschrieben**.

---

**pill** [pɪl] *n* — die **Tablette**, die **Pille**
- I took a **pill** and I didn't get seasick. — Ich habe eine **Tablette** genommen und wurde nicht seekrank.

---

**hospital** ['hɒspɪtl] *n* — das **Krankenhaus**
- Sue works as a nurse in a **hospital** on the outskirts of town. — Sue arbeitet als Krankenschwester in einem **Krankenhaus** am Stadtrand.

---

**clinic** ['klɪnɪk] *n* — die **Klinik**
- The **clinic** is just around the corner. — Die **Klinik** ist gleich um die Ecke.

| | |
|---|---|
| **operation** [ˌɒpəˈreɪʃn] *n*<br>▪ I had an **operation** on my leg. | die **Operation**<br>▪ Ich hatte eine **Operation** am Bein. |
| **to operate** [tʊ ˈɒpəreɪt] *v*<br>▪ I'm afraid we'll have to **operate** on your stomach. | **operieren**<br>▪ Wir müssen Sie leider am Magen **operieren**. |
| **patient** [ˈpeɪʃnt] *n m/f*<br>▪ The next **patient** was brought into the operating theatre. | der **Patient**, die **Patientin**<br>▪ Der nächste **Patient** wurde in den Operationssaal gebracht. |
| **to prevent** [tə prɪˈvent] *v*<br>▪ What can I do to **prevent** colds? | **vorbeugen**<br>▪ Was kann ich machen, um gegen Erkältungen **vorzubeugen**? |
| **check-up** [ˈtʃekʌp] *n*<br>▪ It's just a **check-up**. | die **Vorsorgeuntersuchung**<br>▪ Es ist nur eine **Vorsorgeuntersuchung**. |
| **to X-ray** [tʊ ˈeksreɪ] *v*<br>▪ My elbow was **X-rayed**. | **röntgen**<br>▪ Mein Ellenbogen wurde **geröntgt**. |
| **ointment** [ˈɔɪntmənt] *n*<br>▪ He prescribed me an **ointment** for dry skin. | die **Salbe**<br>▪ Er hat mir eine **Salbe** gegen trockene Haut verschrieben. |
| **shot** [ʃɒt] *n*<br>▪ Have you had your **shot** yet? | die **Spritze**<br>▪ Haben Sie schon Ihre **Spritze** bekommen? |
| **injection** [ɪnˈdʒekʃn] *n*<br>▪ The vet gave the dog a couple of **injections**. | die **Injektion**<br>▪ Der Tierarzt hat dem Hund zwei **Injektionen** gegeben. |
| **plaster** [*BE:* ˈplɑːstə, *AE:* ˈplæstə] *n*<br>▪ I need a **plaster** quick. My finger is bleeding. | das **Pflaster**<br>▪ Ich brauche schnell ein **Pflaster**. Mein Finger blutet. |
| **Band-Aid®** *AE* [ˈbændeɪd] *n*<br>▪ Could you get me a **Band-Aid**? | das **Pflaster**<br>▪ Könntest du mir ein **Pflaster** holen? |
| **bandage** [ˈbændɪdʒ] *n*<br>▪ The nurse put a **bandage** on my burned hand. | der **Verband**, die **Binde**<br>▪ Die Krankenschwester hat einen **Verband** um meine verbrannte Hand gelegt. |

| | |
|---|---|
| **hygienic** [haɪ'dʒiːnɪk] *adj*<br>▪ The toilets didn't look very **hygienic**. | **hygienisch**<br>▪ Die Toiletten sahen nicht sehr **hygienisch** aus. |
| **wheelchair** ['wiːltʃeə] *n*<br>▪ Gavin's been confined to a **wheelchair** since the accident. | der **Rollstuhl**<br>▪ Seit seinem Unfall ist Gavin an den **Rollstuhl** gefesselt. |
| **contraceptive** [ˌkɒntrə'septɪv] *n*<br>▪ They were giving out free **contraceptives** at the disco last night. | das **Verhütungsmittel**<br>▪ In der Disko verteilten sie gestern Abend kostenlose **Verhütungsmittel**. |
| **to be on the pill** [tə ˌbiː ɒn ðə 'pɪl] *phrase;* ▸ **v irr** S. 439 be<br>▪ **Are** you **on the pill**? | **die Pille nehmen**<br>▪ **Nimmst** du **die Pille**? |
| **package insert** ['pækɪdʒ ɪnˌsɜːt] *n*<br>▪ Please read the **package insert** carefully before using this product. | die **Packungsbeilage**<br>▪ Bitte lesen Sie die **Packungsbeilage** sorgfältig durch, bevor Sie dieses Produkt anwenden. |
| **massage** [*BE:* 'mæsɑːʒ, *AE:* mə'sɑːʒ] *n*<br>▪ Can you prescribe me a **massage** to ease the pain? | die **Massage**<br>▪ Können Sie mir eine **Massage** verschreiben, um den Schmerz zu lindern? |
| **waiting room** ['weɪtɪŋ ˌruːm] *n*<br>▪ Please have a seat in the **waiting room**. | das **Wartezimmer**<br>▪ Bitte nehmen Sie im **Wartezimmer** Platz. |
| **health insurance** ['helθ ɪnˌʃʊərəns] *n*<br>▪ Cosmetic surgery is not usually covered by **health insurance**. | die **Krankenversicherung**<br>▪ Schönheitsoperationen werden normalerweise nicht von der **Krankenversicherung** übernommen. |
| **medical certificate** [ˌmedɪkl sə'tɪfɪkət] *n*<br>▪ We require a **medical certificate** from all students who want to work here. | das **(ärztliche) Attest**<br>▪ Wir verlangen ein **ärztliches Attest** von allen Studenten, die hier arbeiten wollen. |

# Notruf

| | |
|---|---|
| **danger** ['deɪndʒə] *n* | die **Gefahr** |
| ▪ During and after the earthquake they were in great **danger**. | ▪ Während und nach dem Erdbeben schwebten sie in großer **Gefahr**. |
| **accident** ['æksɪdənt] *n* | der **Unfall** |
| ▪ Call an ambulance! There's been an **accident**. | ▪ Ruf einen Krankenwagen! Da hat es einen **Unfall** gegeben. |
| **blaze** [bleɪz] *n* | der **Brand** |
| ▪ Several hundred houses were destroyed in the **blaze**. | ▪ Mehrere Hundert Häuser wurden durch den **Brand** zerstört. |
| **to burn** [tə 'bɜːn] *v;* ▸ **v irr** S. 440 burn | **sich verbrennen** |
| ▪ I almost **burned** my hand when I touched the hot plate. | ▪ Ich habe **mir** fast die Hand **verbrannt**, als ich den heißen Teller anfasste. |
| **collision** [kə'lɪʒn] *n* | der **Zusammenstoß** |
| ▪ There was a **collision** between a commuter train and a freight train. | ▪ Es gab einen **Zusammenstoß** zwischen einem Pendlerzug und einem Güterzug. |
| **to collide** [tə kə'laɪd] *v* | **zusammenstoßen** |
| ▪ Two submarines **collided** in the North Atlantic. | ▪ Zwei U-Boote **stießen** im Nordatlantik **zusammen**. |
| **crash** [kræʃ] *n* | der **Zusammenstoß** |
| ▪ Luckily, nobody was injured in the **crash**. | ▪ Glücklicherweise wurde bei dem **Zusammenstoß** niemand verletzt. |
| **to crash** [tə 'kræʃ] *v* | **zusammenstoßen, abstürzen** |
| ▪ The engineer of the local train that **crashed** into the freight train did not survive. | ▪ Der Lokführer des Personenzuges, der mit dem Güterzug **zusammenstieß**, überlebte nicht. |
| ▪ The plane **crashed** right after take-off. | ▪ Das Flugzeug **stürzte** gleich nach dem Start **ab**. |
| **dangerous** ['deɪndʒərəs] *adj* | **gefährlich** |
| ▪ It's quite **dangerous** to jump off this cliff. | ▪ Es ist ziemlich **gefährlich**, von dieser Klippe herunterzuspringen. |

| | |
|---|---|
| **to save** [tə 'seɪv] *v* | **retten** |
| ▪ Everything imaginable should be done to **save** the mountain gorillas. | ▪ Alles Erdenkliche sollte getan werden, um die Berggorillas zu **retten**. |
| **to rescue** [tə 'reskjuː] *v* | **retten** |
| ▪ The crew **was rescued** minutes before the ship sank. | ▪ Minuten bevor das Schiff sank, **wurde** die Crew **gerettet**. |
| **to survive** [tə sə'vaɪv] *v* | **überleben** |
| ▪ Only three sailors **survived** the collision. | ▪ Nur drei Seeleute **überlebten** den Zusammenstoß. |
| **fire brigade** *BE* ['faɪə brɪˌgeɪd], **fire department** *AE* ['faɪr dɪˌpɑːrtmənt] *n* | die **Feuerwehr** |
| ▪ Sam's been a member of the volunteer **fire brigade** for years. | ▪ Seit Jahren ist Sam Mitglied der freiwilligen **Feuerwehr**. |
| ▪ Call the **fire department**! Just dial 911! | ▪ Ruf die **Feuerwehr**! Wähl einfach 911! |
| **police** [pə'liːs] *n pl* | die **Polizei** |
| ▪ The **police** have not been able to catch the burglar. | ▪ Die **Polizei** hat den Einbrecher nicht fassen können. |
| **ambulance** ['æmbjələns] *n* | der **Krankenwagen**, der **Rettungswagen** |
| ▪ Mrs Benson was taken to hospital in an **ambulance**. | ▪ Mrs. Benson wurde mit einem **Krankenwagen** ins Krankenhaus gebracht. |
| **rescue service** ['reskjuː ˌsɜːvɪs] *n* | der **Rettungsdienst** |
| ▪ Only a few more minutes, the **rescue service** is on its way. | ▪ Nur noch ein paar Minuten, der **Rettungsdienst** ist unterwegs. |
| **alarm** [ə'lɑːm] *n* | der **Alarm** |
| ▪ When the **alarm** went off we all gathered in front of the garages. | ▪ Als der **Alarm** losging, versammelten wir uns alle vor den Garagen. |
| **Help!** [help] *interj* | **Hilfe!** |
| **to call for help** [tə ˌkɔːl fə 'help] *phrase* | **um Hilfe rufen** |
| ▪ The boy fell through the ice and his friends **called for help**. | ▪ Der Junge brach ins Eis ein und seine Freunde **riefen um Hilfe**. |

| | |
|---|---|
| **emergency number** [ɪ'mɜːdʒənsɪ ˌnʌmbə] *n* | die **Notrufnummer** |
| ▪ If your car breaks down, you can ring our **emergency number**. | ▪ Wenn Ihr Auto eine Panne hat, dann können Sie unsere **Notruf-nummer** wählen. |
| **Accident and Emergency Department** *BE*, **A&E** *BE* [ˌæksɪdənt ənd ɪ'mɜːdʒənsɪ dɪˌpɑːtmənt, 'eɪənd'iː] *n* | die **Notaufnahme** |
| ▪ How do I get to **A&E**? | ▪ Wie komme ich zur **Notaufnahme**? |
| **Emergency Room** *AE*, **ER** *AE* [ɪ'mɜːrdʒənsɪ ˌruːm, ˌiː'ɑːr] *n* | die **Notaufnahme** |
| ▪ The **Emergency Room** is on the first floor, right next to the entrance. | ▪ Die **Notaufnahme** ist im Parterre gleich neben dem Eingang. |
| **to apply first aid** [tə əˌplaɪ fɜːst 'eɪd] *phrase* | **Erste Hilfe leisten** |
| ▪ Is there anybody here who can **apply first aid**? | ▪ Ist hier jemand, der **Erste Hilfe leisten** kann? |
| **emergency exit** [ɪ'mɜːdʒənsɪ ˌeksɪt] *n* | der **Notausgang** |
| ▪ Where's the **emergency exit**? | ▪ Wo ist der **Notausgang**? |

# Körperpflege

| | |
|---|---|
| **to wash** [tə 'wɒʃ] *v* | **sich waschen** |
| ▪ Simon got up, **washed** and left the house in a hurry. | ▪ Simon stand auf, **wusch sich** und verließ eilends das Haus. |
| **to have a shower** [tə ˌhæv ə 'ʃaʊə] *phrase;* ▸ **v irr** S. 442 have | **duschen** |
| ▪ Why does the phone always ring when **I'm having a shower**? | ▪ Warum klingelt das Telefon immer dann, wenn ich **dusche**? |

| | |
|---|---|
| **to have a bath** *BE* [tə ˌhæv ə 'bɑːθ], **to take a bath** *AE* [tə ˌteɪk ə 'bæθ] *phrase* | **baden** |
| ▪ I **was** just **having a bath** when the postman knocked at the door. | ▪ Ich **badete** gerade, als der Postbote an der Tür klopfte. |
| ▪ How often do you **take a bath**? Once a week? | ▪ Wie oft **badest** du? Einmal pro Woche? |
| **shampoo** [ʃæm'puː] *n* | das **Shampoo** |
| ▪ Could you get me some new **shampoo** from the supermarket, please? | ▪ Könntest du mir ein neues **Shampoo** aus dem Supermarkt mitbringen? |
| **shower gel** ['ʃaʊə ˌdʒel] *n* | das **Duschgel** |
| ▪ Your new **shower gel** smells very sweet. | ▪ Dein neues **Duschgel** riecht sehr süß. |
| **soap** [səʊp] *n* | die **Seife** |
| ▪ We're out of **soap**, honey. | ▪ Liebling, wir haben keine **Seife** mehr. |
| **cream** [kriːm] *n* | die **Creme** |
| ▪ I need to put on some **cream**. My hands are all dry. | ▪ Ich muss etwas **Creme** auftragen. Meine Hände sind ganz trocken. |
| **to dry** [tə 'draɪ] *v* | **abtrocknen** |
| ▪ Would one of you kids please help me **dry** the dishes? | ▪ Würde eines von euch Kindern mir bitte helfen, das Geschirr **abzutrocknen**? |
| **comb** [kəʊm] *n* | der **Kamm** |
| ▪ You seem to have lost my **comb**. | ▪ Du scheinst wohl meinen **Kamm** verloren zu haben. |
| **to comb** [tə 'kəʊm] *v* | **(sich) kämmen** |
| ▪ Please **comb** your hair before you leave the house. | ▪ Bitte **kämm** deine Haare, bevor du das Haus verlässt. |
| **hairbrush** ['heəbrʌʃ] *n* | die **Haarbürste** |
| ▪ I never use a **hairbrush**. I prefer a comb. | ▪ Ich benutze nie eine **Haarbürste**. Ich bevorzuge einen Kamm. |
| **to brush** [tə 'brʌʃ] *v* | **bürsten** |
| ▪ Could you **brush** your hair at least once a day? | ▪ Könntest du deine Haare nicht wenigstens einmal am Tag **bürsten**? |

| | |
|---|---|
| **toothbrush** ['tu:θbrʌʃ] *n* | die **Zahnbürste** |
| ▪ Colin forgot to take his **toothbrush**. | ▪ Colin hat vergessen, seine **Zahnbürste** mitzunehmen. |
| **to brush one's teeth** [tə ˌbrʌʃ wʌnz 'ti:θ] *phrase* | **Zähne putzen** |
| ▪ Why don't you use the commercial break to **brush your teeth**? | ▪ Warum nutzt du nicht die Werbepause, um dir die **Zähne** zu **putzen**? |
| **toothpaste** ['tu:θpeɪst] *n* | die **Zahnpasta** |
| ▪ Conny put some **toothpaste** on her toothbrush. | ▪ Conny hat etwas **Zahnpasta** auf ihre Zahnbürste getan. |
| **razor** ['reɪzə] *n* | der **Rasierapparat** |
| ▪ My wife gave me a new **razor** for Christmas. | ▪ Meine Frau hat mir einen neuen **Rasierapparat** zu Weihnachten geschenkt. |
| **to shave** [tə 'ʃeɪv] *v* | **sich rasieren** |
| ▪ My beard grows so quickly, I have to **shave** twice a day. | ▪ Mein Bart wächst so schnell, ich muss **mich** zweimal am Tag **rasieren**. |
| **handkerchief** ['hæŋkətʃɪf] *n* | das **Taschentuch** |
| ▪ Could you pass me a **handkerchief**? My nose is running. | ▪ Könntest du mir ein **Taschentuch** reichen? Meine Nase läuft. |
| **tissue** ['tɪʃu:] *n* | das **Taschentuch** |
| ▪ I always keep a box of **tissues** on the bedside table. | ▪ Ich bewahre immer eine Schachtel mit **Taschentüchern** auf den Nachttisch auf. |
| **Kleenex®** *AE* ['kli:neks] *n* | das **Taschentuch** |
| **perfume** ['pɜ:fju:m] *n* | das **Parfum** |
| ▪ This is quite an expensive **perfume**. | ▪ Das ist ein ziemlich teures **Parfüm**. |
| **toilet paper** *BE* ['tɔɪlət ˌpeɪpə], **bathroom tissue** *AE* ['bæθru:m ˌtɪʃu:] *n* | das **Toilettenpapier** |
| ▪ There was no **toilet paper** in the bathroom. | ▪ Im Bad war kein **Toilettenpapier**. |
| ▪ Please get some **bathroom tissue** from the supermarket. It's on special offer this week. | ▪ Bring bitte **Toilettenpapier** aus dem Supermarkt mit. Es ist diese Woche im Angebot. |

| | |
|---|---|
| **nappy** *BE* ['næpɪ], **diaper** *AE* ['daɪpər] *n* | die **Windel** |
| ▪ Mum was changing the baby's **nappy.** | ▪ Mama wechselte die **Windel** des Babys. |
| ▪ And then she asked me to change the **diaper** because she was reading the paper. | ▪ Und dann hat sie mich gebeten, die **Windel** zu wechseln, weil sie gerade die Zeitung las. |
| **make-up** ['meɪkʌp] *n* | das **Make-up**, die **Schminke** |
| ▪ My girlfriend never wears **make-up** because she's a natural beauty. | ▪ Meine Freundin trägt nie **Make-up,** weil sie eine natürliche Schönheit ist. |
| **to put on make-up** [tə ˌpʊt ɒn 'meɪkʌp] *phrase;* ▸ **v irr** S. 443 put | **sich schminken** |
| ▪ I'll be ready in a minute. I just have to **put on** some **make-up**. | ▪ Ich bin in einer Minute fertig. Ich muss **mich** nur noch **schminken**. |
| **to get dressed up** [tə get ˌdrest 'ʌp] *phrase;* ▸ **v irr** S. 441 get | **sich schön machen** |
| ▪ Come on, girls! Let's **get dressed up** and go out. | ▪ Los, Mädels! **Machen** wir **uns schön** und gehen aus. |
| **nail polish** ['neɪl ˌpɒlɪʃ] *n* | der **Nagellack** |
| ▪ How much did you pay for that **nail polish**? | ▪ Wie viel hast du für diesen **Nagel-lack** bezahlt? |
| **nail varnish** *BE* ['neɪl ˌvɑːnɪʃ] *n* | der **Nagellack** |
| ▪ Could you lend me your **nail varnish**? Just for tonight. | ▪ Könntest du mir deinen **Nagellack** leihen? Nur für heute Abend. |
| **sun cream** ['sʌn kriːm] *n* | die **Sonnencreme** |
| ▪ Paul forgot to take **sun cream** to the beach. | ▪ Paul hat vergessen, **Sonnencreme** mit an den Strand zu nehmen. |
| **sunscreen** ['sʌnskriːn] *n* | die **Sonnencreme** |
| ▪ This **sunscreen** should provide sufficient protection. | ▪ Diese **Sonnencreme** sollte genügend Schutz bieten. |

# Bildung

## Lernen

| | |
|---|---|
| **to learn** [tə 'lɜːn] *v*<br>▪ I'd love to **learn** Russian, but I don't have enough time. | **lernen**<br>▪ Ich würde gern Russisch **lernen**, aber ich habe nicht genug Zeit. |

➡ **to learn** heißt **lernen** und man verwendet es z. B. für das Erlernen von Sprachen; **to study** hingegen bezeichnet eher das intensive Lernen vor Prüfungen.

| | |
|---|---|
| **to study** [tə 'stʌdɪ] *v*<br>▪ Tony **studied** English literature at the University of Cambridge.<br>➡ to learn ▸ S. 118 | **lernen**, **studieren**<br>▪ Tony **hat** englische Literatur an der Universität von Cambridge **studiert**. |
| **knowledge** ['nɒlɪdʒ] *n*<br>▪ To my **knowledge**, we don't have a test next Monday. | das **Wissen**<br>▪ Meines **Wissens** schreiben wir keinen Test am nächsten Montag. |
| **to know** [tə 'nəʊ] *v;*<br>▸ **v irr** S. 442 know<br>▪ Do you **know** anything about Indian burial sites? | **wissen**<br><br>▪ **Weißt** du etwas über Indianergrabstätten? |
| **to realize** [tə 'rɪəlaɪz] *v*<br>▪ Steve never **realized** that he had made a big mistake. | **begreifen**<br>▪ Steve **hat** nie **begriffen**, dass er einen großen Fehler begangen hat. |
| **to catch** [tə 'kætʃ] *v;*<br>▸ **v irr** S. 440 catch<br>▪ Sorry, I didn't **catch** what you said. Could you repeat it? | **verstehen**<br><br>▪ Tut mir leid, ich **habe** nicht **verstanden**, was Sie gesagt haben. Könnten Sie es wiederholen? |
| **to understand** [tʊ ˌʌndə'stænd] *v;*<br>▸ **v irr** S. 446 understand<br>▪ **Did** you **understand** what she said? | **verstehen**<br><br>▪ **Hast** du **verstanden**, was sie gesagt hat? |
| **interest** ['ɪntrəst] *n*<br>▪ The students listened to the lecturer with **interest**. | das **Interesse**<br>▪ Die Studenten hörten dem Professor mit **Interesse** zu. |

| | |
|---|---|
| **interested** ['ɪntrəstɪd] *adj*<br>▪ I'd be very **interested** to read your assignment. | **interessiert**<br>▪ Ich wäre sehr daran **interessiert**, deine Hausarbeit zu lesen. |
| **interesting** ['ɪntrəstɪŋ] *adj*<br>▪ Shilpa is taking an **interesting** course. | **interessant**<br>▪ Shilpa belegt einen **interessanten** Kurs. |
| **to be interested in** [tə biː 'ɪntrəstɪd ɪn] *phrase;* ▸ **v irr** S. 439 be<br>▪ **Are** you **interested in** old books? | **interessiert sein an**<br>▪ **Bist** du **an** alten Büchern **interessiert**? |
| **to take an interest in** [tə ˌteɪk ən 'ɪntrəst ɪn] *phrase;* ▸ **v irr** S. 446 take<br>▪ He suddenly **took an interest in** our discussion. | **sich interessieren für**<br>▪ Plötzlich **interessierte** er **sich für** unsere Diskussion. |
| **course** [kɔːs] *n*<br>▪ I'm going to take a **course** in Chinese next year. | der **Kurs**<br>▪ Nächstes Jahr werde ich einen **Kurs** in Chinesisch belegen. |
| **lesson** ['lesn] *n*<br>▪ The first **lesson** is always very easy. | die **Lektion**<br>▪ Die erste **Lektion** ist immer sehr einfach. |
| **example** [*BE:* ɪg'zɑːmpl, *AE:* ɪg'zæmpl] *n*<br>▪ What would you suggest, for **example**? | das **Beispiel**<br>▪ Was würden Sie zum **Beispiel** vorschlagen? |
| **exercise** ['eksəsaɪz] *n*<br>▪ Mr Collins asked us to do **exercise** 14 and 15 for homework. | die **Übung**<br>▪ Mr. Collins bat uns, die **Übungen** 14 und 15 als Hausaufgabe zu machen. |
| **practice** ['præktɪs] *n*<br>▪ I'm totally out of **practice**. | die **Übung**<br>▪ Ich bin völlig außer **Übung**. |
| **to practise** *BE*, **to practice** *AE* [tə 'præktɪs] *v*<br>▪ If you want to win the competition you need to **practise** a lot more. | **üben**<br>▪ Wenn du den Wettkampf gewinnen willst, musst du viel mehr **üben**. |
| **to repeat** [tə rɪ'piːt] *v*<br>▪ If you fail the test you can **repeat** it once. | **wiederholen**<br>▪ Wenn man die Prüfung nicht besteht, kann man sie einmal **wiederholen**. |

| | |
|---|---|
| **exercise book** ['eksəsaɪz ˌbʊk] *n*<br>▪ Did you bring your **exercise book**? | das **Übungsheft**, das **Heft**<br>▪ Hast du dein **Übungsheft** mitgebracht? |
| **page** [peɪdʒ] *n*<br>▪ Please open your books at **page** 125. | die **Seite**<br>▪ Bitte schlagt eure Bücher auf **Seite** 125 auf. |
| **solution** [sə'lu:ʃn] *n*<br>▪ Jane's working hard to find a **solution** to the problem. | die **Lösung**<br>▪ Jane arbeitet angestrengt an der **Lösung** des Problems. |
| **to solve** [tə 'sɒlv] *v*<br>▪ Could you help me to **solve** this problem? | **lösen**<br>▪ Könntest du mir helfen, dieses Problem zu **lösen**? |
| **correct** [kə'rekt] *adj*<br>▪ You did a good job: nine out of ten answers are **correct**. | **richtig**<br>▪ Du hast die Sache gut gemacht: neun von zehn Fragen sind **richtig**. |
| **right** [raɪt] *adj*<br>▪ That's the **right** answer. | **richtig**<br>▪ Das ist die **richtige** Antwort. |
| **wrong** [rɒŋ] *adj*<br>▪ I think I've done it all **wrong**. | **falsch**<br>▪ Ich glaube, ich habe es ganz **falsch** gemacht. |
| **to be wrong** [tə bi: 'rɒŋ] *phrase;* ▸ **v irr** S. 439 be<br>▪ Nick **is wrong**. The answer is 26. | **sich irren**<br>▪ Nick **irrt sich**. Die Antwort ist 26. |
| **mistake** [mɪ'steɪk] *n*<br>▪ The article was full of **mistakes**. | der **Fehler**<br>▪ Der Artikel war voller **Fehler**. |
| **to make a mistake** [tə ˌmeɪk ə mɪ'steɪk] *phrase;* ▸ **v irr** S. 443 make<br>▪ Never **make** the same **mistake** twice. | **einen Fehler machen**<br>▪ **Mach** nie denselben **Fehler** zweimal! |
| **test** [test] *n*<br>▪ What mark did you get in the **test**? | der **Test**, die **Prüfung**<br>▪ Welche Note hast du auf den **Test** bekommen? |
| **to test** [tə 'test] *v*<br>▪ In the examination her reading skills **were** also **tested**. | **testen**<br>▪ Bei der Untersuchung **wurde** auch ihre Lesefähigkeit **getestet**. |

| | |
|---|---|
| **examination** [ɪgˌzæmɪ'neɪʃn] *n* | die **Prüfung** |
| ▪ You'll have to take an **examination** at the end of the term to pass the course. | ▪ Am Ende des Semesters werdet ihr eine **Prüfung** ablegen müssen, um den Kurs zu bestehen. |
| **degree** [dɪ'griː] *n* | der **Abschluss** |
| ▪ To apply you must have a **degree** in computer science. | ▪ Um sich zu bewerben, muss man einen **Abschluss** in Informatik haben. |
| **certificate** [sə'tɪfɪkət] *n* | das **Zeugnis** |
| ▪ You'll get a **certificate** after you've passed the test. | ▪ Sie bekommen ein **Zeugnis**, nachdem Sie den Test bestanden haben. |
| **mark** *BE* [mɑːk], **grade** *AE* [greɪd] *n* | die **Note** |
| ▪ What **mark** did you get in the latest vocabulary test? | ▪ Welche **Note** hast du im letzten Vokabeltest bekommen? |
| ▪ I studied hard and got a better **grade** this term. | ▪ Ich habe fleißig gelernt und in diesem Halbjahr eine bessere **Note** bekommen. |
| **improvement** [ɪm'pruːvmənt] *n* | die **Verbesserung** |
| ▪ Has there been any **improvement** in his English at all? | ▪ Hat es bei seinem Englisch irgendeine **Verbesserung** gegeben? |
| **to improve** [tʊ ɪm'pruːv] *v* | **sich verbessern** |
| ▪ Do you think my English **has improved**? | ▪ Glaubst du, mein Englisch **hat sich verbessert**? |
| **to move up** [tə ˌmuːv 'ʌp] *phrase* | **versetzen** |
| ▪ Phew, I nearly didn't get **moved up** to the next year. | ▪ Uff, ich **wäre** beinahe nicht in die nächste Klasse **versetzt worden**. |
| **to fail** [tə 'feɪl] *v* | **durchfallen** |
| ▪ If you **fail** this exam twice you can't take it again. | ▪ Wenn du bei dieser Prüfung zweimal **durchfällst**, kannst du sie nicht noch einmal machen. |
| **attention** [ə'tenʃn] *n* | die **Aufmerksamkeit** |
| ▪ I waved my hand to attract the teacher's **attention**. | ▪ Ich winkte mit der Hand, um die **Aufmerksamkeit** des Lehrers zu erregen. |

| | |
|---|---|
| **care** [keə] *n*<br>▪ Harry hardly makes any mistakes. He takes the utmost **care** over his work. | die **Sorgfalt**<br>▪ Harry macht kaum Fehler. Er macht seine Arbeit mit größter **Sorgfalt**. |
| **to write down** [tə ˌraɪt 'daʊn] *phrase;* ▸ **v irr** S. 446 write<br>▪ First **write down** your ideas and then work out the details of the essay. | **aufschreiben**<br>▪ **Schreibe** zunächst deine Ideen **auf** und arbeite dann den Aufsatz aus. |
| **well** [wel] *adv*<br>▪ Mohinder speaks English **well** but he can hardly write it. | **gut**<br>▪ Mohinder spricht **gut** Englisch, kann es aber kaum schreiben. |
| **good** [gʊd] *adj*<br>▪ Mario speaks **good** English. | **gut**<br>▪ Mario spricht **gutes** Englisch. |
| **better** ['betə] *adj*<br>▪ Bernhard's English would be even **better** if he went on holiday to an English-speaking country. | **besser**<br>▪ Bernhards Englisch wäre noch **besser**, wenn er in einem englischsprachigen Land Urlaub machen würde. |
| **best** [best] *n*<br>▪ Our chemistry teacher is simply the **best**. | der **Beste**, die **Beste**<br>▪ Unser Chemielehrer ist einfach der **Beste**. |
| **best** [best] *adj*<br>▪ Which of the two books did you like **best**? | **am besten**<br>▪ Welches der beiden Bücher gefiel dir **am besten**? |
| **best-** [best] *adv*<br>▪ Mrs Stevens is by far the **best**-dressed teacher in our school. | **best-**<br>▪ Mrs. Stevens ist mit Abstand die **best**angezogene Lehrerin unserer Schule. |
| **excellent** ['eksələnt] *adj*<br>▪ The school show last night was **excellent**. | **ausgezeichnet**<br>▪ Die Schulvorstellung gestern Abend war **ausgezeichnet**. |
| **brilliant** ['brɪljənt] *adj*<br>▪ Kate's written a **brilliant** paper on "Macbeth". | **hervorragend**<br>▪ Kate hat eine **hervorragende** Arbeit über „Macbeth" geschrieben. |

**bad** [bæd] *adj* — **schlecht**
- Did you get a **bad** mark on your report? — Hast du eine **schlechte** Note für dein Referat bekommen?

**easy** ['iːzɪ] *adj* — **leicht, einfach**
- It was quite an **easy** test. — Es war ein ziemlich **einfacher** Test.

**simple** ['sɪmpl] *adj* — **einfach**
- I thought it was a **simple** question but I couldn't answer it. — Ich hielt es für eine **einfache** Frage, aber ich konnte sie nicht beantworten.

**problem** ['prɒbləm] *n* — das **Problem**
- The driving test didn't pose any **problems** at all. — Die Fahrprüfung stellte keinerlei **Problem** für mich dar.

**trouble** ['trʌbl] *n* — das **Problem**
- That's the **trouble**: Joe doesn't want to go to university. — Das ist das **Problem**: Joe will nicht auf die Universität gehen.

**difficulty** ['dɪfɪkltɪ] *n* — die **Schwierigkeit**
- The final exam didn't cause him any major **difficulties**. — Die Abschlussprüfung verursachte ihm keine größeren **Schwierigkeiten**.

**difficult** ['dɪfɪklt] *adj* — **schwierig**
- Let's begin with some easy questions before we turn to the **difficult** ones. — Fangen wir mit ein paar leichten Fragen an, bevor wir uns den **schwierigen** zuwenden.

**hard** [hɑːd] *adj* — **schwierig, schwer, hart**
- Some of the questions on the exam paper were really **hard**. — Einige der Prüfungsfragen waren wirklich **schwer**.
- You're working much too **hard**. You're going to make yourself ill. — Du arbeitest viel zu **hart**. Du wirst krank werden.

**registration** [ˌredʒɪ'streɪʃn, 'redʒɪ'streɪʃn] *n* — die **Anmeldung**, die **Einschreibung**
- **Registration** for this course is on March 1st. — Die **Anmeldung** für diesen Kurs ist am 1. März.

**to register** [tə 'redʒɪstə] *v* — **sich anmelden**
- Where do you **register** for the course? — Wo **meldet** man **sich** für den Kurs **an**?

| | |
|---|---|
| **to attend** [tʊ ə'tend] *v* | **besuchen, gehen auf** |
| ▪ Which college did you **attend**? | ▪ Welches College **haben** Sie **besucht**? |
| ▪ I **attended** Cavendish School in Eastbourne. | ▪ Ich **bin auf** die Cavendish-Schule in Eastbourne **gegangen**. |
| **present** ['preznt] *adj* | **anwesend** |
| ▪ Only five out of 15 people were **present**. | ▪ Nur fünf von 15 Personen waren **anwesend**. |
| **absent** ['æbsənt] *adj* | **abwesend** |
| ▪ Not a single one of my students was **absent** today. | ▪ Kein einziger meiner Studenten war heute **abwesend**. |
| **to be absent** [tə biː 'æbsənt] *phrase;* ▸ **v irr** S. 439 be | **fehlen** |
| ▪ Alice is one of the students who **are** regularly **absent**. | ▪ Alice ist eine der Studentinnen, die regelmäßig **fehlen**. |
| **education** [ˌedjʊ'keɪʃn] *n* | die **Bildung**, die **Erziehung** |
| ▪ In Britain and the US parents spend a lot of money on their children's **education**. | ▪ In Großbritannien und den USA geben Eltern viel Geld für die **Bildung** ihrer Kinder aus. |
| **to educate** [tʊ 'edjʊkeɪt] *v* | **erziehen** |
| ▪ Amanda **was educated** by her great aunt. | ▪ Amanda **wurde** von ihrer Großtante **erzogen**. |
| **intelligence** [ɪn'telɪdʒəns] *n* | die **Intelligenz** |
| ▪ Sarah's a woman of both beauty and **intelligence**. | ▪ Sarah ist eine Frau mit Schönheit und **Intelligenz**. |
| **intelligent** [ɪn'telɪdʒənt] *adj* | **intelligent** |
| ▪ Donald is **intelligent** but a bit lazy. | ▪ Donald ist **intelligent**, aber ein wenig faul. |
| **memory** ['meməri] *n* | das **Gedächtnis** |
| ▪ His brilliant lecture has remained in my **memory** ever since. | ▪ Sein brillanter Vortrag ist mir seitdem im **Gedächtnis** geblieben. |
| **to memorize** [tə 'meməraɪz] *v* | **sich merken** |
| ▪ I have great difficulty **memorizing** numbers. | ▪ Ich habe große Schwierigkeiten, **mir** Zahlen zu **merken**. |
| **reason** ['riːzn] *n* | der **Verstand** |
| ▪ Human beings are able to apply the power of **reason**. | ▪ Menschen können ihren **Verstand** gebrauchen. |

| | |
|---|---|
| **mind** [maɪnd] *n*<br>▪ Douglas seems to have lost his **mind**. | der **Verstand**<br>▪ Douglas scheint den **Verstand** verloren zu haben. |
| **to think** [tə 'θɪŋk] *v;*<br>▸ **v irr** S. 446 think<br>▪ What **are** you **thinking** about? | **nachdenken**<br><br>▪ Worüber **denkst** du **nach**? |
| **to reflect** [tə rɪ'flekt] *v*<br>▪ The speaker **reflected** for a moment and then continued with his talk. | **überlegen**<br>▪ Der Referent **überlegte** für einen Moment und setzte dann seinen Vortrag fort. |
| **consideration** [kənˌsɪdə'reɪʃn] *n*<br>▪ After careful **consideration** of all the options we decided to go ahead with plan B. | die **Überlegung**<br>▪ Nach reiflicher **Überlegung** aller Möglichkeiten fuhren wir mit Plan B fort. |
| **concentration** [ˌkɒnsn'treɪʃn] *n*<br>▪ Robert lost **concentration** for a moment. | die **Konzentration**<br>▪ Robert verlor für einen Moment die **Konzentration**. |
| **to concentrate** [tə 'kɒnsntreɪt] *v*<br>▪ I can't **concentrate** when you're standing behind me. | **sich konzentrieren**<br>▪ Ich kann **mich** nicht **konzentrieren**, wenn du hinter mir stehst. |
| **skill** [skɪl] *n*<br>▪ I'd love to acquire new **skills** in this area. | die **Kenntnis**<br>▪ Ich würde mir gern neue **Kenntnisse** auf diesem Gebiet aneignen. |
| **understanding** [ˌʌndə'stændɪŋ] *n*<br>▪ Zac had no **understanding** of higher mathematics. | das **Verständnis**<br>▪ Zac hatte kein **Verständnis** für höhere Mathematik. |
| **understandable** [ˌʌndə'stændəbl] *adj*<br>▪ Try to explain it in an **understandable** way. | **verständlich**<br>▪ Versuche es auf **verständliche** Art und Weise zu erklären. |
| **incomprehensible** [ɪnˌkɒmprɪ'hensəbl] *adj*<br>▪ And worst of all: he spoke this **incomprehensible** northern dialect. | **unverständlich**<br>▪ Und was am schlimmsten war: Er sprach diesen **unverständlichen** nördlichen Dialekt. |

| | |
|---|---|
| **logical** ['lɒdʒɪkl] *adj*<br>▪ It seemed to be a perfectly **logical** conclusion. | **logisch**<br>▪ Es schien eine absolut **logische** Schlussfolgerung zu sein. |
| **description** [dɪ'skrɪpʃn] *n*<br>▪ Laura wrote a **description** of her trip for the school magazine. | die **Beschreibung**<br>▪ Laura verfasste eine **Beschreibung** ihres Ausflugs für das Schulmagazin. |
| **to describe** [tə dɪ'skraɪb] *v*<br>▪ Anne **described** the painting to the class. | **beschreiben**<br>▪ Anne **beschrieb** der Klasse das Bild. |
| **to correct** [tə kə'rekt] *v*<br>▪ Please **correct** me if I make a mistake. | **korrigieren**<br>▪ Bitte **korrigiere** mich, wenn ich einen Fehler mache. |
| **encyclopedia** [ɪn'saɪklə'piːdɪə] *n*<br>▪ I wish she had given me the **encyclopedia** on CD instead of 25 thick volumes. | das **Lexikon**<br>▪ Ich wünschte, sie hätte mir das **Lexikon** auf CD anstelle von 25 dicken Bänden geschenkt. |
| **to look up** [tə ˌlʊk 'ʌp] *phrase*<br>▪ Why don't you **look up** the word in a bilingual dictionary? | **nachschlagen**<br>▪ Warum **schlägst** du den Begriff nicht in einem zweisprachigen Wörterbuch **nach**? |
| **talent** ['tælənt] *n*<br>▪ Yes, I admit, Kevin has got a certain **talent** for acting. | das **Talent**, die **Begabung**<br>▪ Ja, ich gebe es zu, Kevin hat ein gewisses schauspielerisches **Talent**. |
| **highly gifted** [ˌhaɪlɪ 'gɪftɪd] *adj*<br>▪ She's a **highly gifted** artist. | **hochbegabt**<br>▪ Sie ist eine **hochbegabte** Künstlerin. |

# Sprache

| | |
|---|---|
| **alphabet** ['ælfəbet] *n* | das **Alphabet** |
| ▪ What's the 17th letter of the **alphabet**? | ▪ Was ist der 17. Buchstabe des **Alphabets**? |
| **letter** ['letə] *n* | der **Buchstabe** |
| ▪ The English alphabet has only 26 **letters**. | ▪ Das englische Alphabet hat nur 26 **Buchstaben**. |
| **to spell** [tə 'spel] *v;* ▸ **v irr** S. 445 spell | **buchstabieren** |
| ▪ How do you **spell** diarrhoea? | ▪ Wie **buchstabiert** man Diarrhö? |
| **word** [wɜːd] *n* | das **Wort** |
| ▪ I couldn't think of the French **word** for it. | ▪ Mir fiel das französische **Wort** dafür nicht ein. |
| **sentence** ['sentəns] *n* | der **Satz** |
| ▪ Please answer the questions using complete **sentences**. | ▪ Bitte beantworten Sie die Fragen in vollständigen **Sätzen**. |
| **grammar** ['græmə] *n* | die **Grammatik** |
| ▪ Martin's written at least three books on English **grammar**. | ▪ Martin hat schon mindestens drei Bücher über englische **Grammatik** geschrieben. |
| **noun** [naʊn] *n* | das **Substantiv** |
| ▪ "Suggestion" is a **noun**, "to suggest" is a verb. | ▪ „Vorschlag" ist ein **Substantiv**, „vorschlagen" ist ein Verb. |
| **adjective** ['ædʒɪktɪv] *n* | das **Adjektiv** |
| ▪ I don't like his style, he uses far too many **adjectives**. | ▪ Ich mag seinen Stil nicht, er benutzt viel zu viele **Adjektive**. |
| **adverb** ['ædvɜːb] *n* | das **Adverb** |
| ▪ "Unnecessarily" is the **adverb** and "unnecessary" is the adjective. | ▪ „Unnötigerweise" ist das **Adverb** und „unnötig" das Adjektiv. |
| **verb** [vɜːb] *n* | das **Verb** |
| ▪ The **verb** is the most important word in a sentence. | ▪ Das **Verb** ist das wichtigste Wort in einem Satz. |
| **singular** ['sɪŋgjʊlə] *n* | der **Singular** |
| ▪ I wonder what the word "media" is in the **singular**. | ▪ Ich frage mich, wie das Wort „Medien" im **Singular** heißt. |

| | |
|---|---|
| **plural** ['plʊərəl] *n*<br>▪ There's no **plural** for the English word "information". | der **Plural**<br>▪ Es gibt keinen **Plural** für das englische Wort „Information". |
| **meaning** ['miːnɪŋ] *n*<br>▪ I don't know if I understand the **meaning** of all this. | die **Bedeutung**<br>▪ Ich weiß nicht, ob ich die **Bedeutung** von all dem verstehe. |
| **to mean** [tə 'miːn] *v;*<br>▸ **v irr** S. 443 mean<br>▪ What does the word "tautology" **mean**? | **bedeuten**<br>▪ Was **bedeutet** das Wort „Tautologie"? |
| **translation** [træns'leɪʃn] *n*<br>▪ The novel is great but the **translation** is lousy. | die **Übersetzung**<br>▪ Der Roman ist toll, aber die **Übersetzung** ist miserabel. |
| **to translate** [tə træns'leɪt] *v*<br>▪ Thomas **translated** the novel into Swedish. | **übersetzen**<br>▪ Thomas **übersetzte** den Roman ins Schwedische. |
| **dictionary** ['dɪkʃənrɪ] *n*<br>▪ Sam wasn't able to understand the article without the help of a **dictionary**. | das **Wörterbuch**<br>▪ Sam konnte den Artikel nicht ohne die Hilfe eines **Wörterbuchs** verstehen. |
| **language** ['læŋgwɪdʒ] *n*<br>▪ Kim speaks five **languages**. | die **Sprache**<br>▪ Kim spricht fünf **Sprachen**. |
| **native language** [ˌneɪtɪv 'læŋgwɪdʒ] *n*<br>▪ My **native language** is Chinese. | die **Muttersprache**<br>▪ Meine **Muttersprache** ist Chinesisch. |
| **mother tongue** [ˌmʌðə 'tʌŋ] *n*<br>▪ For the majority of Americans, English is their **mother tongue**. | die **Muttersprache**<br>▪ Für die Mehrzahl der Amerikaner ist Englisch die **Muttersprache**. |
| **first language** [ˌfɜːst 'læŋgwɪdʒ] *n*<br>▪ Although Carl's from Canada his **first language** is not English. It's French. | die **Muttersprache**<br>▪ Obwohl Carl aus Kanada kommt, ist seine **Muttersprache** nicht Englisch. Es ist Französisch. |
| **foreign language** [ˌfɒrən 'læŋgwɪdʒ] *n*<br>▪ Ute teaches German as a **foreign language**. | die **Fremdsprache**<br>▪ Ute unterrichtet Deutsch als **Fremdsprache**. |

| | |
|---|---|
| **pronunciation** [prəˌnʌnsɪ'eɪʃn] *n* | die **Aussprache** |
| ▪ Your English is quite good, even your **pronunciation** hardly needs improving. | ▪ Ihr Englisch ist recht gut, sogar Ihre **Aussprache** muss kaum verbessert werden. |
| **to pronounce** [tə prə'naʊns] *v* | **aussprechen** |
| ▪ How do you **pronounce** this word? | ▪ Wie **spricht** man dieses Wort **aus**? |
| **idiom** ['ɪdɪəm] *n* | die **Redewendung** |
| ▪ It's not easy to use foreign-language **idioms** in the right way. | ▪ Es ist nicht einfach, fremdsprachige **Redewendungen** richtig zu verwenden. |
| **jargon** ['dʒɑːgən] *n* | die **Fachsprache** |
| ▪ He used too much **jargon** in his talk. | ▪ Er verwendete zu viel **Fachsprache** in seinem Vortrag. |
| **vocabulary** [vəʊ'kæbjʊlərɪ] *n* | der **Wortschatz** |
| ▪ Is reading a good way to improve your **vocabulary**? | ▪ Ist Lesen ein guter Weg, um seinen **Wortschatz** zu verbessern? |
| **character** ['kærəktə] *n* | das **Zeichen** |
| ▪ The password should have at least eight **characters**. | ▪ Das Passwort sollte mindestens acht **Zeichen** lang sein. |
| **proverb** ['prɒvɜːb] *n* | das **Sprichwort** |
| ▪ "The early bird catches the worm" is one of the most famous English **proverbs**. | ▪ „Der frühe Vogel fängt den Wurm" ist eines der berühmtesten englischen **Sprichwörter**. |
| **saying** ['seɪɪŋ] *n* | die **Redensart** |
| ▪ "Lies have short wings," as the **saying** goes. | ▪ „Lügen haben kurze Beine", wie es in der **Redensart** heißt. |
| **masculine** ['mæskjʊlɪn] *adj* | **männlich** |
| ▪ Is the gender of this word **masculine** or feminine? | ▪ Ist das Geschlecht dieses Wortes **männlich** oder weiblich? |
| **feminine** ['femənɪn] *adj* | **weiblich** |
| ▪ In many languages the word sun is **feminine**. | ▪ In vielen Sprachen ist das Wort Sonne **weiblich**. |
| **neuter** ['njuːtə] *adj* | **sächlich** |
| ▪ **Neuter** nouns are neither masculine nor feminine. | ▪ **Sächliche** Substantive sind weder maskulin noch feminin. |

| | |
|---|---|
| **accent** ['æksnt] *n*<br>▪ Boris has got a strong German **accent**. | der **Akzent**<br>▪ Boris hat einen starken deutschen **Akzent**. |
| **full stop** *BE* [ˌfʊl 'stɒp], **period** *AE* ['pɪrɪəd] *n*<br>▪ There's a **full stop** missing at the end of the first sentence.<br>▪ You put a **period** at the end of a sentence and a question mark at the end of a question. | der **Punkt**<br>▪ Hinter dem ersten Satz fehlt der **Punkt**.<br>▪ Man setzt einen **Punkt** ans Ende eines Satzes und ein Fragezeichen ans Ende einer Frage. |
| **comma** ['kɒmə] *n*<br>▪ I think there should be a **comma** here. | das **Komma**<br>▪ Ich denke, hier sollte ein **Komma** hin. |
| **essay** ['eseɪ] *n*<br>▪ Please write an **essay** on the pros and cons of using mobile phones in cars. | der **Aufsatz**<br>▪ Bitte schreibt einen **Aufsatz** über die Vor- und Nachteile der Benutzung von Handys im Auto. |
| **dictation** [dɪk'teɪʃn] *n*<br>▪ I failed the **dictation** we wrote yesterday. | das **Diktat**<br>▪ Ich bin beim **Diktat** gestern durchgefallen. |
| **spelling** ['spelɪŋ] *n*<br>▪ You absolutely must work on your **spelling**. | die **Rechtschreibung**<br>▪ Du musst unbedingt an deiner **Rechtschreibung** arbeiten. |

# Schule, Universität und Ausbildung

**school** [skuːl] *n* — die **Schule**, **Schul-**
- The children are at **school** at the moment. — Die Kinder sind momentan in der **Schule**.
- I've known Barbara for over 20 years. She's an old **school**friend. — Ich kenne Barbara seit über 20 Jahren. Sie ist eine alte **Schul**freundin.

**to teach** [tə ˈtiːtʃ] *v;* — **lehren**, **unterrichten**
▸ v irr S. 446 teach
- Mr Clarkson **taught** at the local college. — Mr. Clarkson **lehrte** an der hiesigen Fachhochschule.

**pupil** *BE* [ˈpjuːpl], **student** *AE* [ˈstuːdənt] *n m/f* — der **Schüler**, die **Schülerin**
- All the **pupils** were sent home early today because of the hot weather. — Wegen des warmen Wetters wurden heute alle **Schüler** vorzeitig nach Hause geschickt.
- I was a **student** in the 80s. — Ich war in den 80ern **Schüler**.

➡ Ein **pupil** ist ein Schüler einer bestimmten Schule. Die Begriffe **schoolboy**, **schoolgirl**, **schoolchild** und **schoolchildren** verwendet man, wenn man nicht von einer bestimmten Schule redet. Im BE sagt man **students** nur, wenn man von **Studenten** spricht; im AE gilt der Begriff auch für **Schüler**.

**lesson** [ˈlesn] *n* — die **Unterrichtsstunde**
- At our school a **lesson** lasts for 60 minutes. — An unserer Schule dauert eine **Unterrichtsstunde** 60 Minuten.

**classes** [*BE:* ˈklɑːsɪz, *AE:* ˈklæsɪz] *n pl* — der **Unterricht**
- **Classes** begin at 8:30 in the morning. — Der **Unterricht** beginnt um 8.30 Uhr.

**class** [*BE:* klɑːs, *AE:* klæs] *n* — die **Klasse**
- We've got only seven girls in our **class**. — Wir haben nur sieben Mädchen in unserer **Klasse**.

**classroom** [*BE:* ˈklɑːsruːm, *AE:* ˈklæsruːm] *n* — das **Klassenzimmer**
- My **classroom** is on the second floor. — Mein **Klassenzimmer** ist im zweiten Stock.

**subject** [ˈsʌbdʒekt] *n* — das **Fach**, das **Unterrichtsfach**
- Which **subjects** do you teach? — Welche **Fächer** unterrichten Sie?

| | |
|---|---|
| **timetable** *BE* ['taɪmteɪbl], **schedule** *AE* ['skedʒuːl] *n* | der **Stundenplan** |
| ▪ Geography is the first lesson on our **timetable**. | ▪ Geografie ist die erste Stunde auf unserem **Stundenplan**. |
| ▪ We'll get a new **schedule** next Monday. | ▪ Nächsten Montag bekommen wir einen neuen **Stundenplan**. |
| **break** *BE* [breɪk], **recess** *AE* ['riːses] *n* | die **Pause** |
| ▪ We use the **break** to play. | ▪ Wir nutzen die **Pause** zum Spielen. |
| ▪ We have a 30 minute **recess** between 12 and 12:30. | ▪ Wir haben eine 30-minütige **Pause** zwischen 12 und 12.30 Uhr. |
| **homework** ['həʊmwɜːk] *n* | die **Hausaufgaben** |
| ▪ Tony never does any **homework** but he's top of his class. | ▪ Tony macht nie **Hausaufgaben**, aber ist der Klassenbeste. |
| **university** [ˌjuːnɪ'vɜːsətɪ] *n* | die **Universität** |
| ▪ Martin has a degree in biology from the **university** of Exeter. | ▪ Martin hat einen Abschluss in Biologie der **Universität** von Exeter. |
| **college** ['kɒlɪdʒ] *n* | die **Hochschule** |
| ▪ When I grow up I want to go to **college** too. | ▪ Wenn ich erwachsen bin, will ich auch zur **Hochschule** gehen. |
| **studies** ['stʌdɪz] *n* | das **Studium** |
| ▪ She did all her **studies** in Canada. | ▪ Sie hat ihr gesamtes **Studium** in Kanada absolviert. |
| **student** [*BE:* 'stjuːdnt, *AE:* 'stuːdənt] *n m/f* | der **Student**, die **Studentin** |
| ▪ I've got 32 **students** in my geography course. | ▪ Ich habe 32 **Studenten** in meinem Geografiekurs. |
| ➡ pupil ▶ S. 131 | |
| **education** [ˌedjʊ'keɪʃn] *n* | die **Ausbildung** |
| ▪ His **education** cost $40,000. | ▪ Seine **Ausbildung** kostete 40.000 Dollar. |
| **to educate** [tʊ 'edjʊkeɪt] *v* | **ausbilden** |
| ▪ Melanie **was educated** at an American university. | ▪ Melanie **wurde** an einer amerikanischen Universität **ausgebildet**. |

| | |
|---|---|
| **classmate** [*BE:* 'klɑːsmeɪt, *AE:* 'klæsmeɪt] *n m/f* | der **Mitschüler**, die **Mitschülerin**, der **Klassenkamerad**, die **Klassenkameradin** |
| ▪ We got two new **classmates** today. | ▪ Wir haben heute zwei neue **Mitschüler** bekommen. |
| **head teacher** *BE* [ˌhed 'tiːtʃə], **principal** *AE* ['prɪnsəpl] *n m/f* | der **Schulleiter**, die **Schulleiterin** |
| ▪ The **head teacher** welcomed the new classes. | ▪ Die **Schulleiterin** begrüßte die neuen Klassen. |
| ▪ The new **principal** teaches biology. | ▪ Der neue **Schulleiter** unterrichtet Biologie. |
| **headmaster** *BE*, **headmistress** *BE* [ˌhed'mɑːstə, ˌhed'mɪstrəs] *n* | der **Schulleiter**, die **Schulleiterin** |
| ▪ The old **headmaster** retired last year. | ▪ Der alte **Schulleiter** ist letztes Jahr in Rente gegangen. |
| **blackboard** ['blækbɔːd] *n* | die **Tafel** |
| ▪ Mr Barnes wrote his name and the title of the course on the **blackboard**. | ▪ Mr. Barnes schrieb seinen Namen und den Kurstitel an die **Tafel**. |
| **chalkboard** *AE* ['tʃɔːkbɔːrd] *n* | die **Tafel** |
| ▪ Helena copied the agenda from the **chalkboard**. | ▪ Helena schrieb die Tagesordnung von der **Tafel** ab. |
| **chalk** [tʃɔːk] *n* | die **Kreide** |
| ▪ My English teacher doesn't like writing with boardmarkers; he prefers **chalk**. | ▪ Mein Englischlehrer schreibt nicht gern mit Tafelstiften; er bevorzugt **Kreide**. |
| **nursery (school)** [ˌnɜːsərɪ ('skuːl)] *n* | der **Kindergarten** |
| ▪ I've got a sister who is still at **nursery school**. | ▪ Ich habe eine Schwester, die noch in den **Kindergarten** geht. |
| **infant school** *BE* ['ɪnfənt ˌskuːl], **kindergarten** *AE* ['kɪndərˌgɑːrtn] *n* | die **Vorschule** |
| ▪ My aunt Jane is a teacher at an **infant school**. | ▪ Meine Tante Jane ist Lehrerin an einer **Vorschule**. |
| ▪ My daughter is five and goes to **kindergarten**. | ▪ Meine Tochter ist fünf und geht in die **Vorschule**. |

**primary school** *BE* ['praɪmərɪ ˌskuːl], **elementary school** *AE* [elɪ'mentərɪ ˌskuːl] *n* — die **Grundschule**

- Our local **primary school** is in an 19th century building. — Unsere hiesige **Grundschule** befindet sich in einem Gebäude aus dem 19. Jahrhundert.
- The US-President paid a visit to our **elementary school** yesterday. — Der US-Präsident stattete gestern unserer **Grundschule** einen Besuch ab.

**school** [skuːl] *n* — die **Hauptschule**

- I left **school** after four years and got a job as a mechanic. — Ich bin nach vier Jahren von der **Hauptschule** abgegangen und habe einen Job als Mechaniker bekommen.

➡ Sowohl das englische als auch das US-amerikanische Schulsystem unterscheidet sich deutlich vom deutschen. Eine geeignete Übersetzung für die Begriffe **Realschule** und **Hauptschule** zu finden, ist schwierig bis unmöglich. **Gymnasium** allerdings lässt sich am besten mit **grammar school** im britischen und **high school** im amerikanischen Englisch erfassen.
Zusätzlich verwirrend ist, dass sich die Begriffe zwischen Großbritannien und den USA unterscheiden: So wird z. B. **grammar school** in den USA auch regional für die **Grundschule** verwendet.

**secondary school** ['sekəndərɪ ˌskuːl] *n* — die **Realschule**

- There's no **secondary school** in our village. — In unserem Dorf gibt es keine **Realschule**.

**junior high school** *AE* [ˌdʒuːnɪər 'haɪ skuːl] *n* — die **Realschule**

- I started learning French in **junior high school**. — Ich habe in der **Realschule** angefangen, Französisch zu lernen.

➡ school ▶ S. 134

**grammar school** *BE* ['græmə ˌskuːl], **high school** *AE* ['haɪ skuːl] *n* — das **Gymnasium**

- This is my second year at **grammar school**. — Das ist mein zweites Jahr im **Gymnasium**.
- I take the train to Chicago every morning to go to **high school**. — Ich nehme jeden Morgen die Bahn nach Chicago, um zum **Gymnasium** zu fahren.

➡ school ▶ S. 134

| | |
|---|---|
| **state school** *BE* ['steɪt ˌskuːl], **public school** *AE* [ˌpʌblɪk 'skuːl] *n* | die **öffentliche Schule** |
| ▪ My dad works at a **state school** – as a caretaker. | ▪ Mein Vater arbeitet an einer **öffentlichen Schule** – als Hausmeister. |
| ▪ My cousin Mike goes to **public school** in Bath. | ▪ Mein Cousin Mike ist an einer **öffentlichen Schule** in Bath. |
| **public school** *BE* [ˌpʌblɪk 'skuːl] *n* | die **Privatschule** |
| ▪ My cousin Mike goes to **public school** in Bath. | ▪ Mein Cousin Mike ist an einer **Privatschule** in Bath. |

➡ Es ist tatsächlich so, dass eine **public school** im BE eine private und im AE eine öffentliche Einrichtung ist. **private schools** sind in beiden Ländern privat.

| | |
|---|---|
| **private school** [ˌpraɪvət 'skuːl] *n* | die **Privatschule** |
| ▪ **Private schools** are often very expensive. | ▪ **Privatschulen** sind häufig sehr teuer. |
| ➡ public school ▸ S. 135 | |
| **A-levels** *BE* ['eɪˌlevlz] *n pl* | das **Abitur** |
| ▪ I'll be taking my **A-levels** in spring next year. | ▪ Im Frühjahr nächsten Jahres mache ich mein **Abitur**. |
| **college of further education** [ˌkɒlɪdʒ əv ˌfɜːðə edjʊ'keɪʃn] *n* | die **Fachoberschule** |
| ▪ Our **college of further education** has a very good reputation. | ▪ Unsere **Fachoberschule** hat einen sehr guten Ruf. |

➡ Ein **college of further education** besucht man, wenn man bereits einen Schulabschluss hat und sich weiter qualifizieren möchte. Daneben gibt es auch noch die **technical secondary school** (der Schwerpunkt der Ausbildung liegt auf den technischen Fächern) und die **specialized secondary school** (hier werden andere Fächer wie z. B. Sprachen oder Musik schwerpunktmäßig unterrichtet).

| | |
|---|---|
| **all-day school** [ˌɔːldeɪ 'skuːl] *n* | die **Ganztagsschule** |
| ▪ St Martin's is a modern **all-day school**. | ▪ St. Martin's ist eine moderne **Ganztagsschule**. |

➡ Eine Ganztagsschule wird auch als **full-time school** bezeichnet. In Großbritannien und den USA gehen die meisten Schüler in eine Ganztagsschule, unabhängig von der Schulart.

| | |
|---|---|
| **comprehensive school** *BE* [kɒmprɪ'hensɪv ˌskuːl] *n* | die **Gesamtschule** |
| ▪ All my children went to a **comprehensive school**. | ▪ Alle meine Kinder gingen auf eine **Gesamtschule**. |

| | |
|---|---|
| **faculty** ['fækltɪ] *n*<br>▪ There's a meeting of the **faculty** at 3 pm in room 117. | die **Fakultät**<br>▪ Die **Fakultät** trifft sich um 15 Uhr in Raum 117. |
| **to do a diploma** [tə duː ə dɪ'pləʊmə] *phrase;* ▸ v irr S. 440 do<br>▪ Karen **is doing a diploma** in astrophysics. | **sein Diplom machen**<br>▪ Karen **macht ihr Diplom** in Astrophysik. |
| **doctorate** ['dɒktərət] *n*<br>▪ John was awarded a **doctorate** in business management. | der **Doktortitel**<br>▪ John wurde der **Doktortitel** in Betriebswirtschaftslehre verliehen. |
| **to do one's doctorate** [tə duː wʌnz 'dɒktərət] *phrase;* ▸ v irr S. 440 do<br>▪ I **did my doctorate** back in 1993. | **seinen Doktor machen, promovieren**<br>▪ Ich **habe meinen Doktor** bereits 1993 **gemacht**. |
| **PhD** [ˌpiːeɪdʒ'diː] *n*<br>▪ I have a **PhD** in English from the University of Illinois. | der **Doktor**<br>▪ Ich habe einen **Doktor** in Englisch von der Universität von Illinois. |
| **to have a PhD** [tə hæv ə ˌpiːeɪdʒ'diː] *phrase;* ▸ v irr S. 442 have<br>▪ Do you **have a PhD**? | **promoviert sein**<br>▪ **Sind** Sie **promoviert**? |
| **thesis** ['θiːsɪs] *n; pl* **theses**<br>▪ Brenton wrote his **thesis** on the political system of Cuba. | die **Doktorarbeit**, die **Dissertation**<br>▪ Brenton hat seine **Doktorarbeit** über das politische System Kubas geschrieben. |

➡ Der Begriff **dissertation** wird im Englischen für **Magister-** und **Diplomarbeiten** verwendet; für **Dissertation** sagt man **thesis**.

| | |
|---|---|
| **to write a thesis** [tə ˌraɪt ə 'θiːsɪs] *phrase; pl* **theses** ▸ v irr S. 446 write<br>▪ Roy **is writing a thesis** on modern Russian art. | **promovieren**<br>▪ Roy **promoviert** gerade über moderne russische Kunst. |
| **topic** ['tɒpɪk] *n*<br>▪ What's the **topic** of your essay? | das **Thema**<br>▪ Wie heißt das **Thema** deines Aufsatzes? |

| | |
|---|---|
| **assignment** [ə'saɪnmənt] *n*<br>▪ We're supposed to hand in our **assignments** by the end of the week. | die **Hausarbeit**<br>▪ Wir sollen unsere **Hausarbeiten** bis Ende der Woche abgeben. |
| ➡ Eine Hausarbeit wird im AE auch als **term paper** bezeichnet. | |
| **dissertation** [ˌdɪsə'teɪʃn] *n*<br>▪ Have you started writing your **dissertation** yet?<br>➡ thesis ▶ S. 136 | die **Diplomarbeit**<br>▪ Hast du schon angefangen, deine **Diplomarbeit** zu schreiben? |
| **academy** [ə'kædəmɪ] *n*<br>▪ Plato's **academy** was closed after almost 1,000 years in 529 AD. | die **Akademie**<br>▪ Platons **Akademie** wurde nach fast 1.000 Jahren im Jahr 529 n. Chr. geschlossen. |
| **major (subject)** [ˌmeɪdʒə ('sʌbdʒekt)] *n*<br>▪ What's your **major**? | das **Hauptfach**<br>▪ Was ist dein **Hauptfach**? |
| **main subject** [ˌmeɪn 'sʌbdʒekt] *n*<br>▪ My **main subject** is Philosophy. | das **Hauptfach**<br>▪ Mein **Hauptfach** ist Philosophie. |
| **minor (subject)** [ˌmaɪnə ('sʌbdʒekt)] *n*<br>▪ Spanish was just a **minor**. | das **Nebenfach**<br>▪ Spanisch war nur **Nebenfach**. |
| **semester** [sə'mestə] *n*<br>▪ Are you taking calculus next **semester**? | das **Semester**<br>▪ Belegst du Differenzialrechnung im nächsten **Semester**? |
| **term** [tɜːm] *n*<br>▪ When does the second **term** start? | das **Semester**<br>▪ Wann fängt das zweite **Semester** an? |
| **trimester** [trɪ'mestə] *n*<br>▪ We've got **trimesters** at our university. | das **Trimester**<br>▪ In unserer Universität haben wir **Trimester**. |
| **lecture** ['lektʃə] *n*<br>▪ I wonder why so many **lectures** are just plain boring. | die **Vorlesung**<br>▪ Ich frage mich, warum so viele **Vorlesungen** einfach nur langweilig sind. |
| **scholarship** ['skɒləʃɪp] *n*<br>▪ Tom's going to apply for a **scholarship** next term. | das **Stipendium**<br>▪ Im nächsten Semester wird sich Tom für ein **Stipendium** bewerben. |

| | |
|---|---|
| **seminar** ['semɪnɑː] *n* | das **Seminar** |
| ▪ The **seminar** was completely packed. | ▪ Das **Seminar** war total überfüllt. |
| **to enrol** *BE*, **to enroll** *AE* [tʊ ɪn'rəʊl] *v* | **sich einschreiben** |
| ▪ **I've enrolled** on an ethics course. | ▪ Ich **habe mich** für einen Ethikkurs **eingeschrieben**. |
| **practical experience** [ˌpræktɪkl ɪk'spɪərɪəns] *n* | die **praktische Erfahrung**, die **Praxis** |
| ▪ Richard got the job because he had a lot of **practical experience**. | ▪ Richard hat den Job bekommen, weil er viel **praktische Erfahrung** hatte. |
| **work placement** *BE* ['wɜːk ˌpleɪsmənt], **internship** *AE* ['ɪntɜːrnʃɪp] *n* | das **Praktikum** |
| ▪ They're looking for people for a **work placement** at a fashion magazine. | ▪ Sie suchen nach Leuten für ein **Praktikum** bei einem Modemagazin. |
| ▪ I'm looking for an **internship** at a bank in New York. | ▪ Ich suche nach einem **Praktikum** bei einer Bank in New York. |
| **trainee** [treɪ'niː] *n m/f* | der **Auszubildende**, die **Auszubildende** |
| ▪ The new **trainee** is called Maggie. | ▪ Die neue **Auszubildende** heißt Maggie. |
| **traineeship** [treɪ'niːʃɪp] *n* | das **Volontariat** |
| ▪ How do you get a **traineeship** at a newspaper? | ▪ Wie bekommt man ein **Volontariat** bei einer Tageszeitung? |
| **to train to be sb.** [tə 'treɪn tə biː] *phrase* | **eine Ausbildung zum ... machen** |
| ▪ **I'm training to be** a cameraman. | ▪ Ich **mache eine Ausbildung zum** Kameramann. |
| **apprentice** [ə'prentɪs] *n m/f* | der **Auszubildende**, die **Auszubildende** |
| ▪ Sandra works in the chemist's as an **apprentice**. | ▪ Sandra arbeitet in der Apotheke als **Auszubildende**. |
| **apprenticeship** [ə'prentɪsʃɪp] *n* | die **Lehrstelle** |
| ▪ I haven't found an **apprenticeship** yet. | ▪ Ich habe noch keine **Lehrstelle** gefunden. |

# Schul- und Hochschulfächer

| | |
|---|---|
| **history** ['hɪstrɪ] *n* | die **Geschichte** |
| **geography** [dʒi'ɒgrəfɪ] *n* | die **Erdkunde**, die **Geografie** |
| **(natural) science** [(ˌnætʃrəl) 'saɪəns] *n* | die **Naturwissenschaft** |
| **biology** [baɪ'ɒlədʒɪ] *n* | die **Biologie** |
| **mathematics** [ˌmæθə'mætɪks] *n pl* | die **Mathematik** |
| **physics** ['fɪzɪks] *n pl* | die **Physik** |
| **chemistry** ['kemɪstrɪ] *n* | die **Chemie** |
| **computer science** [kəmˌpju:tə 'saɪəns] *n* | die **Informatik** |
| **electrical engineering** [ɪˌlektrɪkl endʒɪ'nɪərɪŋ] *n* | die **Elektrotechnik** |
| **mechanical engineering** [mɪˌkænɪkl endʒɪ'nɪərɪŋ] *n* | der **Maschinenbau** |
| **literary studies** ['lɪtərərɪ ˌstʌdɪz] *n pl* | die **Literaturwissenschaft** |
| **German studies** ['dʒɜ:mən ˌstʌdɪz] *n pl* | die **Germanistik** |
| **English** ['ɪŋglɪʃ] *n* | die **Anglistik** |
| **Romance studies** ['rəʊmæns ˌstʌdɪz] *n pl* | die **Romanistik** |
| **Spanish** ['spænɪʃ] *n* | die **Hispanistik** |
| **Latin** ['lætɪn] *n* | das **Latein** |
| **art** [ɑ:t] *n* | die **Kunst**, die **Kunsterziehung** |
| **art history** [ɑ:t 'hɪstrɪ] *n* | die **Kunstgeschichte** |
| **architecture** ['ɑ:kɪtektʃə] *n* | die **Architektur** |
| **law** [lɑ:] *n* | das **Jura** |
| **economics** ['i:kə'nɒmɪks] *n pl* | die **Volkswirtschaft** |

| | |
|---|---|
| **business management** ['bɪznɪs ˌmænɪdʒmənt] *n* | die **Betriebswirtschaft** |
| **medicine** ['medsn] *n* | die **Medizin** |
| **psychology** [saɪ'kɒlədʒɪ] *n* | die **Psychologie** |
| **social science** [ˌsəʊʃl 'saɪəns] *n* | die **Sozialwissenschaft** |
| **education** [edjʊ'keɪʃn] *n* | die **Pädagogik** |
| **theology** [θiː'ɒlədʒɪ] *n* | die **Theologie** |
| **philosophy** [fɪ'lɒsəfɪ] *n* | die **Philosophie** |
| **political science** [pəˌlɪtɪkl 'saɪəns] *n* | die **Politikwissenschaft** |

# Beruf

## Berufsleben

| | |
|---|---|
| **profession** [prəˈfeʃn] *n*<br>▪ I'm bored at work. It's about time I changed my **profession**. | der **Beruf**<br>▪ Ich langweile mich bei der Arbeit. Es ist an der Zeit, dass ich den **Beruf** wechsele. |
| **to practise a profession** [tə ˌpræktɪs ə prəˈfeʃn] *phrase*<br>▪ I don't **practise a profession** at the moment. | **einen Beruf ausüben**<br>▪ Ich **übe** im Moment keinen **Beruf aus**. |
| **work** [wɜːk] *n*<br>▪ I've got so much **work** to do at the moment. | die **Arbeit**<br>▪ Ich habe im Moment so viel **Arbeit**. |
| **to work** [tə ˈwɜːk] *v*<br>▪ Connor **works** in a night club at the weekend. | **arbeiten**<br>▪ Am Wochenende **arbeitet** Connor in einem Nachtclub. |
| **to go to work** [tə ˌgəʊ tə ˈwɜːk] *phrase;* ▸ **v irr** S. 442 go<br>▪ I usually **go to work** at 8 in the morning. | **zur Arbeit gehen**, **zur Arbeit fahren**<br>▪ Normalerweise **gehe** ich um 8 Uhr morgens **zur Arbeit**. |
| **job** [dʒɒb] *n*<br>▪ Why don't you find yourself a new **job**? | die **Arbeit**, die **Stelle**, die **Arbeitsstelle**<br>▪ Warum suchst du dir keine neue **Arbeit**? |
| **post** [pəʊst] *n*<br>▪ I'm going to take up my new **post** as a mechanic next week. | der **Arbeitsplatz**<br>▪ Ich werde nächste Woche meinen neuen **Arbeitsplatz** als Mechaniker antreten. |
| **staff** [*BE:* stɑːf, *AE:* stæf] *n pl*<br>▪ Hospital **staff** should be friendly. | das **Personal**<br>▪ Das **Personal** eines Krankenhauses sollte freundlich sein. |

| | |
|---|---|
| **colleague** ['kɒliːg] *n m/f*<br>▪ I got a wristwatch from my **colleagues** when I retired last year. | der **Kollege**, die **Kollegin**<br>▪ Als ich letztes Jahr in den Ruhestand ging, bekam ich von meinen **Kolle-gen** eine Armbanduhr geschenkt. |
| **co-worker** ['kəʊˌwɜːkə] *n m/f*<br>▪ My **co-worker** has been ill for several days. | der **Kollege**, die **Kollegin**<br>▪ Mein **Kollege** ist seit mehreren Ta-gen krank. |
| **collaborator** [kə'læbəreɪtə] *n*<br>▪ Ed was a **collaborator** on this project. | der **Mitarbeiter**, die **Mitarbeiterin**<br>▪ Ed war **Mitarbeiter** bei diesem Pro-jekt. |
| **management** ['mænɪdʒmənt] *n*<br>▪ There have to be more talks between the workers and the **management**. | die **Geschäftsleitung**<br>▪ Es muss weitere Gespräche zwischen den Arbeitern und der **Geschäfts-leitung** geben. |
| **department** [dɪ'pɑːtmənt] *n*<br>▪ Ms Cauley doesn't work in this **department** anymore. | die **Abteilung**<br>▪ Ms. Cauley arbeitet nicht mehr in dieser **Abteilung**. |
| **team** [tiːm] *n*<br>▪ I prefer working in a **team** to working all by myself. | das **Team**<br>▪ Ich ziehe es vor, in einem **Team** zu arbeiten als ganz allein. |
| **to lead** [tə 'liːd] *v;* ▸ **v irr** S. 442 lead<br>▪ Two women **were leading** the strike. | **(an)führen**<br>▪ Zwei Frauen **führten** den Streik **an**. |
| **to run** [tə 'rʌn] *v;* ▸ **v irr** S. 444 run<br>▪ Mr Peters **is running** this department. | **leiten**<br>▪ Mr. Peters **leitet** diese Abteilung. |
| **responsible** [rɪ'spɒnsəbl] *adj*<br>▪ Gary's **responsible** for the maintenance of the machines. | **zuständig**, **verantwortlich**<br>▪ Gary ist für die Instandhaltung der Maschinen **zuständig**. |
| **busy** ['bɪzɪ] *adj*<br>▪ I'm very **busy** and won't be able to see you tonight. | **beschäftigt**<br>▪ Ich bin sehr **beschäftigt** und kann mich heute Abend nicht mit dir treffen. |
| **to qualify** [tə 'kwɒlɪfaɪ] *v*<br>▪ Claudia**'s qualified** as a computer specialist. | **sich qualifizieren**<br>▪ Claudia **hat sich** als Computerspe-zialistin **qualifiziert**. |

| | |
|---|---|
| **further training** [ˌfɜːðə 'treɪnɪŋ] *n* | die **Weiterbildung**, die **Fortbildung** |
| ▪ My employer is offering **further training** in computer programming. | ▪ Mein Arbeitgeber bietet eine **Weiterbildung** in Computerprogrammierung an. |
| **to take up a profession** [tə teɪk ˌʌp ə prə'feʃn] *phrase;* ▸ **v irr** S. 446 take | **einen Beruf ergreifen** |
| ▪ In some countries girls are not allowed to **take up a profession** of their own choice. | ▪ In manchen Ländern ist es Mädchen nicht erlaubt, **einen Beruf** ihrer Wahl zu **ergreifen**. |
| **professional** [prə'feʃnl] *adj* | **Berufs-** |
| ▪ Did they ask you about your **professional** experience? | ▪ Haben Sie dich nach deiner **Berufs**erfahrung gefragt? |
| **to pursue a career** [tə pəˌsjuː ə kə'rɪə] *phrase* | **einen Beruf ausüben** |
| ▪ I'd like to **pursue a career** as an engineer. | ▪ Ich möchte **einen Beruf** als Ingenieur **ausüben**. |
| **self-employed** [ˌselfɪm'plɔɪd] *adj* | **selbstständig** |
| ▪ What prevents you from becoming **self-employed**? | ▪ Was hindert dich daran, dich **selbstständig** zu machen? |
| **freelance** [*BE:* 'friːlɑːns, *AE:* 'friːlæns] *adj* | **freiberuflich** |
| ▪ Paul enjoys working as a **freelance** editor. | ▪ Paul genießt es, als **freiberuflicher** Lektor zu arbeiten. |
| **boss** [bɒs] *n m/f* | der **Chef**, die **Chefin** |
| ▪ She's my new **boss**. | ▪ Sie ist meine neue **Chefin**. |
| **superior** [sə'pɪərɪə] *n m/f* | der **Vorgesetzte**, die **Vorgesetzte** |
| ▪ Who's your immediate **superior**? | ▪ Wer ist dein unmittelbarer **Vorgesetzter**? |
| **executive** [ɪg'zekjətɪv] *n m/f* | der **leitende Angestellte**, die **leitende Angestellte** |
| ▪ I had a few drinks with a couple of our **executives**. | ▪ Ich war mit ein paar unserer **leitenden Angestellten** etwas trinken. |
| **clerk** [*BE:* klɑːk, *AE:* klɜːk] *n m/f* | der **Büroangestellte**, die **Büroangestellte** |
| ▪ I work as a **clerk** in a solicitor's office. | ▪ Ich arbeite als **Büroangestellte** in einer Rechtsanwaltskanzlei. |

| | |
|---|---|
| **worker** ['wɜːkə] *n m/f*<br>▪ The **workers** are demanding higher wages. | der **Arbeiter**, die **Arbeiterin**<br>▪ Die **Arbeiter** verlangen höhere Löhne. |
| **managerial position** [mænəˌdʒɪərɪəl pə'sɪʃn] *n*<br>▪ I wouldn't mind promotion to one of the **managerial positions**. | die **Führungsposition**<br>▪ Ich hätte nichts gegen eine Beförderung in eine **Führungsposition** einzuwenden. |
| **subordinate** [sə'bɔːdɪnət] *n m/f*<br>▪ Jeff's on good terms with all his **subordinates**. | der **Untergebene**, die **Untergebene**<br>▪ Jeff kommt mit allen seinen **Untergebenen** gut aus. |
| **cooperation** [kəʊˌɒpə'reɪʃn] *n*<br>▪ Thank you for your **cooperation**. | die **Mitarbeit**<br>▪ Danke für Ihre **Mitarbeit**. |
| **responsibility** [ˌrɪspɒnsə'bɪlətɪ] *n*<br>▪ I'm looking for a job with more **responsibility**. | die **Verantwortung**<br>▪ Ich suche nach einem Job mit mehr **Verantwortung**. |
| **to stand in for** [tə ˌstænd 'ɪn fə] *phrase;* ▸ **v irr** S. 445 stand<br>▪ Who**'ll be standing in for** me while I'm on holiday? | **vertreten**<br>▪ Wer **wird** mich **vertreten**, während ich im Urlaub bin? |
| **to put off** [tə ˌpʊt 'ɒf] *phrase;* ▸ **v irr** S. 443 put<br>▪ We'll have to **put off** the meeting until our CEO is back from China. | **verschieben**<br>▪ Wir **werden** das Treffen **verschieben** müssen, bis unser Geschäftsführer aus China zurück ist. |
| **human resources (department)** [ˌhjuːmən rɪ'sɔːsɪz (dɪˌpɑːtmənt)] *n*<br>▪ I got a letter from the **human resources department** inviting me for an interview. | die **Personalabteilung**<br>▪ Ich habe einen Brief von der **Personalabteilung** mit einer Einladung zum Vorstellungsgespräch bekommen. |
| **cost control** ['kɒst kənˌtrəʊl] *n*<br>▪ My boss has offered me a new job in our **cost control** department. | das **Controlling**<br>▪ Mein Boss hat mir einen neuen Job in unserer Abteilung für **Controlling** angeboten. |

| | |
|---|---|
| **sales department** ['seɪlz dɪˌpɑːtmənt] *n*<br>▪ The **sales department** has reported that sales have dropped in the last quarter. | der **Vertrieb**<br>▪ Der **Vertrieb** hat gemeldet, dass der Absatz im letzten Quartal zurückgegangen ist. |
| **conference** ['kɒnfrəns] *n*<br>▪ The CEO called a **conference**. | die **Konferenz**<br>▪ Der Geschäftsführer berief eine **Konferenz** ein. |
| **convention** [kən'venʃn] *n*<br>▪ The **convention** took place in Nottingham in October 1993. | die **Tagung**<br>▪ Die **Tagung** fand im Oktober 1993 in Nottingham statt. |
| **to get ahead** [tə ˌget ə'hed] *phrase;*<br>▸ v irr S. 441 get<br>▪ Without further training **I'll** never **get ahead**. | **weiterkommen**<br>▪ Ohne Fortbildung werde ich nie **weiterkommen**. |
| **talk** [tɔːk] *n*<br>▪ I have to give a **talk** on administration matters next week. | der **Vortrag**<br>▪ Nächste Woche muss ich einen **Vortrag** über Verwaltungsangelegenheiten halten. |
| **lecture** ['lektʃə] *n*<br>▪ His **lecture** on Bulgarian foreign affairs was quite interesting. | der **Vortrag**<br>▪ Sein **Vortrag** über die Außenpolitik Bulgariens war recht interessant. |
| **paper** ['peɪpə] *n*<br>▪ Have you presented your **paper** yet? | das **Referat**<br>▪ Hast du dein **Referat** schon gehalten? |
| **adult education centre** *BE* [ˌædʌlt edjʊ'keɪʃn ˌsentə], **adult education center** *AE* [ˌædʌlt edjʊ'keɪʃn ˌsentər] *n*<br>▪ Why don't you take an English course at our local **adult education centre**? | die **Volkshochschule**<br>▪ Warum belegst du keinen Englischkurs an unserer hiesigen **Volkshochschule**? |
| **night school** ['naɪt skuːl] *n*<br>▪ Our **night school** offers several courses in mechanical engineering. | die **Abendschule**<br>▪ Unsere **Abendschule** bietet mehrere Kurse in Maschinenbau an. |
| **subject area** ['sʌbdʒekt ˌeərɪə] *n*<br>▪ Which **subject area** are you going to specialize in? | die **Fachrichtung**<br>▪ In welcher **Fachrichtung** wirst du dich spezialisieren? |

| | |
|---|---|
| **to specialize in** [tə 'speʃəlaɪz ɪn] *phrase*<br>▪ Graham has decided to **specialize in** banner advertising. | **sich spezialisieren auf**<br>▪ Graham hat sich entschieden, **sich auf** Bannerwerbung zu **spezialisieren.** |
| **skill** [skɪl] *n*<br>▪ I'm afraid I don't have any manual **skills.**<br>▪ The task demanded great **skill.** | die **Fähigkeit**, das **Geschick**<br>▪ Ich habe leider keine handwerklichen **Fähigkeiten.**<br>▪ Die Aufgabe erforderte großes **Geschick.** |
| **skilful** ['skɪlfl] *adj*<br>▪ She's a **skilful** seamstress. | **geschickt**<br>▪ Sie ist eine **geschickte** Näherin. |
| **suitable** ['suːtəbl] *adj*<br>▪ Gary is very **suitable** for this job. | **geeignet**<br>▪ Gary ist für diese Arbeit sehr **geeignet.** |
| **unsuitable** [ʌn'suːtəbl] *adj*<br>▪ They told me I was **unsuitable** for this kind of job. | **ungeeignet**<br>▪ Sie sagten mir, ich sei **ungeeignet** für diese Art von Arbeit. |
| **capable** ['keɪpəbl] *adj*<br>▪ Thomas is a **capable** manager. | **fähig**<br>▪ Thomas ist ein **fähiger** Manager. |
| **incapable** [ɪn'keɪpəbl] *adj*<br>▪ The boss thinks she's **incapable** of organizing a meeting. | **unfähig**<br>▪ Der Chef glaubt, sie sei **unfähig,** eine Sitzung zu organisieren. |
| **practical** ['præktɪkl] *adj*<br>▪ Gaby knows a lot about children from her **practical** experience as a nursery school teacher. | **praktisch**<br>▪ Gaby weiß eine Menge über Kinder aufgrund ihrer **praktischen** Erfahrung als Erzieherin. |
| **practical knowledge** [ˌpræktɪkl 'nɒlɪdʒ] *n*<br>▪ I don't have any **practical knowlegde** in this area. | **praktische Kenntnisse**<br>▪ Auf diesem Gebiet habe ich keine **praktischen Kenntnisse.** |

# Berufe

| | |
|---|---|
| **secretary** ['sekrətrɪ] *n m/f* | der **Sekretär**, die **Sekretärin** |
| **shop assistant** *BE* ['ʃɒp əˌsɪstənt] *n m/f* | der **Verkäufer**, die **Verkäuferin** |
| **manager** ['mænɪdʒə] *n m/f* | der **Geschäftsführer**, die **Geschäftsführerin** |
| **housewife** ['haʊswaɪf] *n; pl* **housewives** | die **Hausfrau** |
| **hairdresser** ['heədresə] *n m/f* | der **Friseur**, die **Friseurin** |
| **policeman** [pə'li:smən] *n; pl* **policemen** | der **Polizist** |
| **policewoman** [pə'li:sˌwʊmən] *n; pl* **policewomen** | die **Polizistin** |
| **teacher** ['ti:tʃə] *n m/f* | der **Lehrer**, die **Lehrerin** |
| **professor** [prə'fesə] *n m/f* | der **Professor**, die **Professorin** |
| **lawyer** ['lɔ:jə] *n m/f* | der **Anwalt**, die **Anwältin** |
| **doctor** ['dɒktə] *n m/f* | der **Arzt**, die **Ärztin** |
| **dentist** ['dentɪst] *n m/f* | der **Zahnarzt**, die **Zahnärztin** |
| **pharmacist** ['fɑ:məsɪst] *n m/f* | der **Apotheker**, die **Apothekerin** |
| **chemist** *BE* ['kemɪst] *n m/f* | der **Apotheker**, die **Apothekerin** |
| **nurse** [nɜ:s] *n* | die **Krankenschwester** |
| **male nurse** [ˌmeɪl 'nɜ:s] *n* | der **Krankenpfleger** |
| **waiter** ['weɪtə] *n* | der **Kellner**, der **Ober** |
| **waitress** ['weɪtrəs] *n* | die **Kellnerin**, die **Bedienung** |
| **assistant** [ə'sɪstənt] *n m/f* | der **Assistent**, die **Assistentin** |
| **skilled worker** [ˌskɪld 'wɜ:kə] *n m/f* | der **Facharbeiter**, die **Facharbeiterin** |
| **mechanic** [mə'kænɪk] *n m/f* | der **Mechaniker**, die **Mechanikerin** |
| **electrician** [ˌɪlek'trɪʃn] *n m/f* | der **Elektriker**, die **Elektrikerin** |

| | |
|---|---|
| **tradesman** ['treɪdzmən] *n; pl* **tradesmen** | der **Handwerker** |
| **baker** ['beɪkə] *n m/f* | der **Bäcker**, die **Bäckerin** |
| **butcher** ['bʊtʃə] *n m/f* | der **Metzger**, die **Metzgerin** |
| **gardener** ['gɑːdnə] *n m/f* | der **Gärtner**, die **Gärtnerin** |
| **cook** [kʊk] *n m/f* | der **Koch**, die **Köchin** |
| **chef** [ʃef] *n m/f* | der **Koch**, die **Köchin** |
| **farmer** ['fɑːmə] *n m/f* | der **Bauer**, die **Bäuerin** |
| **fisherman** ['fɪʃəmən] *n; pl* **fishermen** | der **Fischer** |
| **postman** *BE* ['pəʊstmən], **mailman** *AE* ['meɪlmən] *n; pl* **postmen**, *pl* **mailmen** | der **Briefträger** |
| **postwoman** *BE* ['pəʊstˌwʊmən], **mailwoman** *AE* ['meɪlˌwʊmən] *n; pl* **postwomen**, *pl* **mailwomen** | die **Briefträgerin** |
| **porter** ['pɔːtə] *n* | der **Portier** |
| **architect** ['ɑːkɪtekt] *n m/f* | der **Architekt**, die **Architektin** |
| **photographer** [fə'tɒgrəfə] *n m/f* | der **Fotograf**, die **Fotografin** |
| **vet** [vet] *n m/f* | der **Tierarzt**, die **Tierärztin** |
| **scientist** ['saɪəntɪst] *n m/f* | der **Wissenschaftler**, die **Wissenschaftlerin** |
| **technician** [tek'nɪʃn] *n m/f* | der **Techniker**, die **Technikerin** |
| **engineer** [ˌendʒɪ'nɪə] *n m/f* | der **Ingenieur**, die **Ingenieurin** |
| **computer programmer** [kəm'pjuːtə ˌprəʊgræmə] *n m/f* | der **Programmierer**, die **Programmiererin** |
| **physiotherapist** [ˌfɪzɪəʊ'θerəpɪst] *n m/f* | der **Physiotherapeut**, die **Physiotherapeutin** |
| **masseur** [mə'sɜː] *n* | der **Masseur** |
| **masseuse** [mə'sɜːz] *n* | die **Masseurin** |

| | |
|---|---|
| **social worker** [ˌsəʊʃl 'wɜːkə] *n m/f* | der **Sozialarbeiter**, die **Sozialarbeiterin** |
| **nursery nurse** *BE* ['nɜːsərɪ ˌnɜːs], **preschool teacher** *AE* ['priːskuːl ˌtiːtʃər] *n m/f* | der **Erzieher**, die **Erzieherin** |
| **lecturer** *BE* ['lektʃərə] *n m/f* | der **Dozent**, die **Dozentin** |
| **interpreter** [ɪn'tɜːprətə] *n m/f* | der **Dolmetscher**, die **Dolmetscherin** |
| **journalist** ['dʒɜːnəlɪst] *n m/f* | der **Journalist**, die **Journalistin** |
| **reporter** [rɪ'pɔːtə] *n m/f* | der **Reporter**, die **Reporterin** |
| **writer** ['raɪtə] *n m/f* | der **Schriftsteller**, die **Schriftstellerin** |
| **author** ['ɔːθə] *n m/f* | der **Autor**, die **Autorin** |
| **musician** [mjuː'zɪʃn] *n m/f* | der **Musiker**, die **Musikerin** |
| **singer** ['sɪŋə] *n m/f* | der **Sänger**, die **Sängerin** |
| **conductor** [kən'dʌktə] *n m/f* | der **Dirigent**, die **Dirigentin** |
| **composer** [kəm'pəʊzə] *n m/f* | der **Komponist**, die **Komponistin** |
| **painter** ['peɪntə] *n m/f* | der **Maler**, die **Malerin** |
| **artist** ['ɑːtɪst] *n m/f* | der **Künstler**, die **Künstlerin** |
| **sculptor** ['skʌlptə] *n m/f* | der **Bildhauer**, die **Bildhauerin** |
| **actor** ['æktə] *n* | der **Schauspieler** |
| **actress** ['æktrəs] *n* | die **Schauspielerin** |
| **ballet dancer** [*BE:* 'bæleɪ ˌdɑːnsə, *AE:* bæ'leɪ ˌdænsə] *n m/f* | der **Balletttänzer**, die **Balletttänzerin** |
| **director** [dɪ'rektə] *n m/f* | der **Regisseur**, die **Regisseurin** |
| **guide** [gaɪd] *n m/f* | der **Reiseführer**, die **Reiseführerin**, der **Fremdenführer**, die **Fremdenführerin**, der **Reiseleiter**, die **Reiseleiterin** |
| **pilot** ['paɪlət] *n m/f* | der **Pilot**, die **Pilotin** |

| | |
|---|---|
| **flight attendant** ['flaɪt əˌtendənt] *n m/f* | der **Flugbegleiter**, die **Flugbegleiterin**, der **Steward**, die **Stewardess** |
| **captain** ['kæptɪn] *n m/f* | der **Kapitän**, die **Kapitänin** |
| **sailor** ['seɪlə] *n* | der **Seemann** |
| **representative** [ˌreprɪ'zentətɪv] *n m/f* | der **Vertreter**, die **Vertreterin** |
| **trader** ['treɪdə] *n m/f* | der **Händler**, die **Händlerin** |
| **shopkeeper** *BE* ['ʃɒpkiːpə], **store owner** *AE* ['stɔːr ˌəʊnər] *n m/f* | der **Händler**, die **Händlerin** |
| **businessman** ['bɪznɪsmən] *n; pl* **businessmen** | der **Geschäftsmann** |
| **businesswoman** ['bɪznɪsˌwʊmən] *n; pl* **businesswomen** | die **Geschäftsfrau** |
| **entrepreneur** [ˌɒntrəprə'nɜː] *n m/f* | der **Unternehmer**, die **Unternehmerin** |
| **counsellor** *BE* ['kaʊnsələ], **counselor** *AE* ['kaʊnsələr] *n m/f* | der **Berater**, die **Beraterin** |
| **head** [hed] *n m/f* | der **Leiter**, die **Leiterin** |
| **director** [dɪ'rektə] *n m/f* | der **Direktor**, die **Direktorin** |
| **judge** [dʒʌdʒ] *n m/f* | der **Richter**, die **Richterin** |
| **politician** [ˌpɒlə'tɪʃn] *n m/f* | der **Politiker**, die **Politikerin** |
| **ambassador** [æm'bæsədə] *n m/f* | der **Botschafter**, die **Botschafterin** |
| **diplomat** ['dɪpləmæt] *n m/f* | der **Diplomat**, die **Diplomatin** |
| **soldier** ['səʊldʒə] *n m/f* | der **Soldat**, die **Soldatin** |
| **officer** ['ɒfɪsə] *n m/f* | der **Offizier**, die **Offizierin** |
| **general** ['dʒenrəl] *n m/f* | der **General**, die **Generalin** |
| **(public) official** [(ˌpʌblɪk) ə'fɪʃl] *n m/f* | der **Beamte**, die **Beamtin** |

# Büroalltag und -ausstattung

| | |
|---|---|
| **office** ['ɒfɪs] *n*<br>▪ I'm afraid Ms Twain is not in the **office**. | das **Büro**<br>▪ Es tut mir leid, aber Ms. Twain ist nicht im **Büro**. |
| **office chair** ['ɒfɪs ˌtʃeə] *n*<br>▪ The department has bought half a dozen new **office chairs**. | der **Bürostuhl**<br>▪ Die Abteilung hat ein halbes Dutzend neue **Bürostühle** gekauft. |
| **desk** [desk] *n*<br>▪ My back hurts from sitting at my **desk** all day. | der **Schreibtisch**<br>▪ Mein Rücken tut mir weh, weil ich den ganzen Tag am **Schreibtisch** gesessen habe. |
| **photocopier** ['fəʊtəʊˌkɒpɪə] *n*<br>▪ The **photocopier** has broken down again. | der **Kopierer**<br>▪ Der **Kopierer** ist schon wieder kaputt. |
| **photocopy** ['fəʊtəʊ'kɒpɪ] *n*<br>▪ Could you make a **photocopy** of the document, please? | die **Fotokopie**<br>▪ Könnten Sie bitte eine **Fotokopie** dieses Schriftstücks anfertigen? |
| **to copy** [tə 'kɒpɪ] *v*<br>▪ Why don't you just **copy** the letter? | **abschreiben**, **kopieren**<br>▪ Warum **kopierst** du nicht einfach den Brief? |
| **calendar** ['kæləndə] *n*<br>▪ Donald hung the **calendar** on the wall of his office. | der **Kalender**<br>▪ Donald hängte den **Kalender** an eine Wand in seinem Büro. |
| **diary** ['daɪərɪ] *n*<br>▪ Let me check his **diary** to see if he's available that day. | der **Kalender**<br>▪ Lassen Sie mich kurz in seinem **Kalender** nachschauen, ob er an diesem Tag zur Verfügung steht. |
| **business card** ['bɪznɪz ˌkɑːd] *n*<br>▪ Here's my **business card**. | die **Visitenkarte**<br>▪ Hier ist meine **Visitenkarte**. |
| **documents** ['dɒkjʊmənts] *n pl*<br>▪ Please be careful with these confidential **documents**. | die **Unterlagen**<br>▪ Gehen Sie mit diesen vertraulichen **Unterlagen** bitte vorsichtig um. |

| | |
|---|---|
| **note** [nəʊt] *n* | die **Notiz** |
| ▪ Could you write them a **note** and tell them where we are? | ▪ Könntest du ihnen eine **Notiz** schreiben und ihnen mitteilen, wo wir sind? |
| **to note down** [tə ˌnəʊt 'daʊn] *phrase* | **notieren** |
| ▪ Cathy **noted down** the arrival and departure times in a small notebook. | ▪ Cathy **notierte** die An- und Abfahrtszeiten in ein kleines Notizbuch. |
| **paper** ['peɪpə] *n* | das **Papier** |
| ▪ We're out of **paper**. Could you buy some? | ▪ Wir haben kein **Papier** mehr. Könntest du welches kaufen? |
| **piece of paper** [ˌpiːs əv 'peɪpə] *n* | der **Zettel** |
| ▪ The boss handed me a **piece of paper** with a to-do list. | ▪ Der Chef reichte mir einen **Zettel** mit einer Aufgabenliste. |
| **sheet** [ʃiːt] *n* | das **Blatt** |
| ▪ The last **sheet** got stuck in the printer. | ▪ Das letzte **Blatt** ist im Drucker stecken geblieben. |
| **to write** [tə 'raɪt] *v;* ▸ **v irr** S. 446 write | **schreiben** |
| ▪ Mrs Williams **wrote** an e-mail to all her colleagues. | ▪ Mrs. Williams **schrieb** eine E-Mail an alle ihre Kollegen. |
| **pen** [pen] *n* | der **Stift**, der **Kugelschreiber**, der **Füller** |
| ▪ I need a **pen** and some paper. | ▪ Ich brauche einen **Stift** und etwas Papier. |
| **meeting** ['miːtɪŋ] *n* | die **Besprechung** |
| ▪ The next **meeting** will be in my office at the end of next week. | ▪ Die nächste **Besprechung** wird Ende kommender Woche in meinem Büro sein. |
| **appointment** [ə'pɔɪntmənt] *n* | der **Termin** |
| ▪ Could you please make an **appointment** with Ms Tassie? | ▪ Könnten Sie bitte einen **Termin** mit Ms. Tassie vereinbaren? |
| **file** [faɪl] *n* | die **Akte** |
| ▪ All personal **files** are kept in Mr Higgin's office on the second floor. | ▪ Alle persönlichen **Akten** werden im Büro von Mr. Higgins im zweiten Stock aufbewahrt. |

| | |
|---|---|
| **list** [lɪst] *n*<br>▪ If you're interested, put your name and address on this **list**. | die **Liste**<br>▪ Wenn Sie Interesse haben, tragen Sie sich mit Namen und Adresse in diese **Liste** ein. |
| **table** ['teɪbl] *n*<br>▪ This **table** shows you the sales figures for the last quarter. | die **Tabelle**<br>▪ Diese **Tabelle** zeigt Ihnen die Verkaufszahlen des vergangenen Quartals. |
| **to type** [tə 'taɪp] *v*<br>▪ Mike learned how to **type** when he was in the Navy. | **tippen**<br>▪ Mike hat **tippen** gelernt, als er in der Marine war. |
| **presentation** [ˌprezn'teɪʃn] *n*<br>▪ Mr Carpenter gave a **presentation** on different types of software. | die **Präsentation**<br>▪ Mr. Carpenter gab eine **Präsentation** über verschiedene Arten von Software. |
| **to present** [tə prɪ'zent] *v*<br>▪ They **presented** their new products at the trade fair. | **vorführen, präsentieren**<br>▪ Sie **führten** auf der Messe ihre neuen Produkte **vor**. |
| **to show** [tə 'ʃəʊ] *v*; ▸ **v irr** S. 444 show<br>▪ You have to **show** your ID to get into the building. | **vorzeigen**<br>▪ Man muss seinen Ausweis **vorzeigen**, um in das Gebäude zu gelangen. |
| **video projector** ['vɪdɪəʊ prəˌdʒektə] *n*<br>▪ Is the room equipped with a **video projector**? | der **Beamer**<br>▪ Ist der Raum mit einem **Beamer** ausgestattet? |
| **calculator** ['kælkjʊleɪtə] *n*<br>▪ Does your mobile have a **calculator**? | der **Taschenrechner**<br>▪ Hat dein Handy einen **Taschenrechner**? |
| **(pair of) scissors** [(ˌpeər əv) 'sɪzəz] *n*<br>▪ Have you got a pair of **scissors**? I need to cut this article out. | die **Schere**<br>▪ Haben Sie eine **Schere**? Ich muss diesen Artikel ausschneiden. |
| **ruler** ['ru:lə] *n*<br>▪ You can't draw a straight line without a **ruler**. | das **Lineal**<br>▪ Man kann ohne **Lineal** keine gerade Linie ziehen. |

| | |
|---|---|
| **stamp** [stæmp] *n* | der **Stempel** |
| ▪ The secretary has a **stamp** with the company name on it. | ▪ Die Sekretärin hat einen **Stempel** mit dem Firmennamen. |
| **rubber** *BE* ['rʌbə], **eraser** *AE* [ɪ'reɪzər] *n* | der **Radiergummi** |
| ▪ A **rubber** is used to remove pencil marks. | ▪ Man verwendet einen **Radiergummi**, um Bleistiftmarkierungen zu entfernen. |
| ▪ I need an **eraser**, I put in the wrong word. | ▪ Ich brauche einen **Radiergummi**, ich habe das falsche Wort eingesetzt. |
| **glue** [gluː] *n* | der **Klebstoff** |
| ▪ I need some **glue** to stick this picture on. | ▪ Ich brauche etwas **Klebstoff**, um dieses Bild aufzukleben. |
| **paper clip** ['peɪpə ˌklɪp] *n* | die **Büroklammer** |
| ▪ Could you get a box of **paper clips** from the stationer's? | ▪ Könntest du eine Schachtel **Büroklammern** vom Schreibwarenhändler mitbringen? |
| **notepad** ['nəʊtpæd] *n* | der **Notizblock** |
| ▪ Have you seen my **notepad**? I can't find it anywhere. | ▪ Hast du meinen **Notizblock** gesehen? Ich kann ihn nirgends finden. |
| **wastepaper basket** *BE* [weɪst'peɪpə ˌbɑːskɪt], **waste basket** *AE* ['weɪst ˌbæskɪt] *n* | der **Abfallkorb** |
| ▪ Why don't you empty your **wastepaper basket**, it's full. | ▪ Warum leerst du nicht deinen **Abfallkorb**, er ist voll. |
| ▪ The secretary empties her **waste basket** every afternoon. | ▪ Die Sekretärin leert ihren **Abfallkorb** jeden Nachmittag. |
| **hole punch** ['həʊl pʌntʃ] *n* | der **Locher** |
| ▪ Where's the **hole punch**? It's not in the drawer where it should be. | ▪ Wo ist der **Locher**? Er ist nicht in der Schublade, wo er sein sollte. |
| **stapler** ['steɪplə] *n* | der **Hefter** |
| ▪ Could you pass me the **stapler**, please? I need to staple these sheets together. | ▪ Könntest du mir bitte den **Hefter** reichen? Ich muss diese Blätter zusammenheften. |

# Bewerbung, Einstellung und Kündigung

| | |
|---|---|
| **employment** [ɪm'plɔɪmənt] *n* | die **Anstellung**, die **Beschäftigung** |
| ▪ The **employment** of children under 14 is against the law. | ▪ Die **Anstellung** von Kindern unter 14 Jahren ist gegen das Gesetz. |
| **unemployment** [ˌʌnɪm'plɔɪmənt] *n* | die **Arbeitslosigkeit** |
| ▪ **Unemployment** is a serious problem. | ▪ **Arbeitslosigkeit** ist ein ernstes Problem. |
| **employer** [ɪm'plɔɪə] *n m/f* | der **Arbeitgeber**, die **Arbeitgeberin** |
| ▪ The film industry is one of America's biggest **employers**. | ▪ Die Filmindustrie gehört zu den größten **Arbeitgebern** Amerikas. |
| **employee** [ɪm'plɔɪiː] *n m/f* | der **Arbeitnehmer**, die **Arbeitnehmerin**, der **Angestellte**, die **Angestellte**, der **Mitarbeiter**, die **Mitarbeiterin** |
| ▪ I'd rather be an employer than an **employee**. I love taking responsibility. | ▪ Ich wäre lieber Arbeitgeber als **Arbeitnehmer**. Ich liebe es, Verantwortung zu übernehmen. |
| ▪ The **employees** are worried about their jobs. | ▪ Die **Angestellten** machen sich Sorgen um ihre Arbeitsplätze. |
| **employed** [ɪm'plɔɪd] *adj* | **angestellt** |
| ▪ It's a small firm. Only 20 people are **employed** there. | ▪ Es ist eine kleine Fima. Nur 20 Personen sind dort **angestellt**. |
| **unemployed** [ˌʌnɪm'plɔɪd] *adj* | **arbeitslos** |
| ▪ Jack found a new job after being **unemployed** for six months. | ▪ Jack hat eine neue Stelle gefunden, nachdem er sechs Monate **arbeitslos** gewesen war. |
| **to employ** [tʊ ɪm'plɔɪ] *v* | **einstellen**, **beschäftigen** |
| ▪ They **employed** a new product manager. | ▪ Sie **haben** einen neuen Produktmanager **eingestellt**. |
| ▪ They **employ** a cook and a gardener. | ▪ Sie **beschäftigen** einen Koch und einen Gärtner. |
| **to hire** [tə 'haɪə] *v* | **einstellen** |
| ▪ The public relations department **hired** a new secretary. | ▪ Die Presseabteilung **hat** eine neue Sekretärin **eingestellt**. |

| | |
|---|---|
| **job** [dʒɒb] *n*<br>▪ I'm looking for a new **job** because my factory is closing down. | der **Job**, die **Anstellung**<br>▪ Ich suche einen neuen **Job**, weil meine Fabrik schließt. |
| **application** [ˌæplɪˈkeɪʃn] *n*<br>▪ Please send your **application** by e-mail. | die **Bewerbung**<br>▪ Bitte schicken Sie Ihre **Bewerbung** per E-Mail. |
| **to apply** [tʊ əˈplaɪ] *v*<br>▪ Dave **has applied** for five jobs so far. | **sich bewerben**<br>▪ Dave **hat sich** schon auf fünf Stellen **beworben**. |
| **professional** [prəˈfeʃnəl] *adj*<br>▪ **Professional** football players make a lot of money.<br>▪ Our relationship is purely **professional** – we've never met outside of work. | **professionell**, **beruflich**<br>▪ **Professionelle** Fußballspieler verdienen einen Menge Geld.<br>▪ Unsere Beziehung ist nur **beruflich**; wir haben uns noch nicht privat getroffen. |
| **career** [kəˈrɪə] *n*<br>▪ I think I'm going to pursue a **career** in politics. | die **Karriere**<br>▪ Ich denke, ich werde eine politische **Karriere** anstreben. |
| **professional career** [prəˌfeʃnəl kəˈrɪə] *n*<br>▪ Your **professional career** should not prevent you from having children. | die **berufliche Laufbahn**<br>▪ Deine **berufliche Laufbahn** sollte dich nicht daran hindern, Kinder zu bekommen. |
| **professional experience** [prəˌfeʃnəl ɪkˈspɪərɪəns] *n*<br>▪ How much **professional experience** have you got? | die **Berufserfahrung**<br>▪ Wie viel **Berufserfahrung** hast du? |
| **notice** [ˈnəʊtɪs] *n*<br>▪ Jeff handed in his **notice** after only eight months. | die **Kündigung**<br>▪ Nach nur acht Monaten reichte Jeff seine **Kündigung** ein. |
| **to hand in one's notice** [tə ˌhænd ɪn wʌnz ˈnəʊtɪs] *phrase*<br>▪ I **handed in** my **notice** yesterday because I've found a better paid job. | **kündigen**<br>▪ Weil ich einen besser bezahlten Job gefunden habe, **habe** ich gestern **gekündigt**. |

| | |
|---|---|
| **to lay off** [tə ˌleɪ ˈɒf] *phrase;*<br>▸ **v irr** S. 442 lay<br>▪ During the financial crisis the company **laid off** half of its staff. | **entlassen**<br>▪ Während der Finanzkrise **entließ** die Firma die Hälfte ihrer Belegschaft. |
| **to dismiss** [tə dɪsˈmɪs] *v*<br>▪ The publishing house **dismissed** 20 people last year. | **entlassen**<br>▪ Das Verlagshaus **entließ** letztes Jahr 20 Personen. |
| **to fire** [tə ˈfaɪə] *v*<br>▪ **I've** just **been fired** from my job. | **feuern**<br>▪ Ich **bin** gerade **gefeuert worden**. |
| **to sack** *BE* [tə ˈsæk] *v*<br>▪ Andrew **was sacked** from his latest job. | **feuern**<br>▪ Andrew **ist** aus seinem letzten Job **gefeuert worden**. |
| **(job) vacancy** [(ˈdʒɒb) ˌveɪkənsɪ] *n*<br>▪ I didn't find a single **job vacancy** that I liked in the paper. | die **offene Stelle**<br>▪ Ich habe in der Zeitung keine einzige **offene Stelle** gefunden, die mir gefiel. |
| **interview** [ˈɪntəvjuː] *n*<br>▪ I've got an **interview** with an advertising agency later today. | das **Vorstellungsgespräch**, das **Bewerbungsgespräch**<br>▪ Ich habe nachher ein **Bewerbungsgespräch** bei einer Werbeagentur. |
| **chance** [*BE:* tʃɑːns, *AE:* tʃæns] *n*<br>▪ Give him a **chance**! | die **Chance**<br>▪ Gib ihm eine **Chance**! |
| **covering letter** [ˈkʌvərɪŋ ˌletə] *n*<br>▪ The **covering letter** is the most important document in an application. | das **Anschreiben**<br>▪ Das **Anschreiben** ist das wichtigste Dokument bei einer Bewerbung. |
| **CV** *BE* [ˌsiːˈviː], **résumé** *AE* [ˈrezʊmeɪ] *n*<br>▪ Many employers require a **CV** (curriculum vitae) in English and German.<br>▪ Please hand in your **résumé** by Friday next week. | der **Lebenslauf**<br>▪ Viele Arbeitgeber verlangen einen **Lebenslauf** auf Englisch und Deutsch.<br>▪ Bitte geben Sie Ihren **Lebenslauf** bis spätestens Freitag nächster Woche ab. |

| | |
|---|---|
| **job advert** *BE* ['dʒɒb ˌædvɜːt], **job ad** *AE* ['dʒɒb æd] *n* | die **Stellenanzeige** |
| ▪ The Guardian is full of **job adverts.** | ▪ Der Guardian ist voll mit **Stellenanzeigen.** |
| ▪ Why don't you check the New York Times for **job ads**? | ▪ Warum schaust du nicht in der New York Times nach **Stellenanzeigen**? |
| **job advertisement** ['dʒɒb ədˌvɜːtɪzmənt] *n* | die **Stellenausschreibung** |
| ▪ I saw interesting **job advertisements** in the Sunday paper. | ▪ In der Sonntagszeitung habe ich interessante **Stellenausschreibungen** gesehen. |
| **skill** [skɪl] *n* | die **Kompetenz** |
| ▪ It's important to emphasize your **skills** in your CV. | ▪ Es ist wichtig, im Lebenslauf seine **Kompetenzen** hervorzuheben. |
| **beginner** [bɪ'gɪnə] *n m/f* | der **Anfänger**, die **Anfängerin** |
| ▪ He is just a **beginner.** | ▪ Er ist noch **Anfänger.** |
| **expert** ['ekspɜːt] *n m/f* | der **Experte**, die **Expertin** |
| ▪ It will take you hours to do what an **expert** can do in minutes. | ▪ Du wirst Stunden für das brauchen, was ein **Experte** in Minuten erledigt. |
| **to know all about sth.** [tə ˌnəʊ 'ɔːl əˌbaʊt] *phrase;* ▸ **v irr** S. 442 know | **sich auskennen mit** |
| ▪ Mark claims to **know all about** whisky. | ▪ Mark behauptet, **sich mit** Whisky **auszukennen.** |
| **employment agency** [ɪm'plɔɪmənt 'eɪdʒənsɪ] *n* | die **Personalagentur** |
| ▪ There's an **employment agency** on Lincoln Road where you can ask about vacancies. | ▪ Auf der Lincoln Road ist eine **Personalagentur**, wo du nach freien Stellen fragen kannst. |
| **job centre** *BE* ['dʒɒb ˌsentə] *n* | die **Agentur für Arbeit** |
| ▪ Charlotte has found a new job at the **job centre.** | ▪ Charlotte hat einen neuen Job bei der **Agentur für Arbeit** gefunden. |
| **temp(ing) agency** ['temp(ɪŋ) ˌeɪdʒənsɪ] *n* | die **Zeitarbeitsfirma** |
| ▪ Do you think it's a good idea to ask at a **temping agency** about a job? | ▪ Hältst du es für eine gute Idee, bei einer **Zeitarbeitsfirma** nach einem Job zu fragen? |

# Arbeitsbedingungen

| | |
|---|---|
| **trade union** *BE* ['treɪd ˌjuːnɪən], **labor union** *AE* ['leɪbər ˌjuːnɪən] *n*<br>▪ There are going to be talks between **trade unions** and employers. | die **Gewerkschaft**<br>▪ Es werden Gespräche zwischen den **Gewerkschaften** und den Arbeitgebern stattfinden. |
| **strike** [straɪk] *n*<br>▪ The steelworkers' union has called a **strike**. | der **Streik**<br>▪ Die Gewerkschaft der Stahlarbeiter hat einen **Streik** ausgerufen. |
| **to be on strike** [tə ˌbiː ɒn 'straɪk] *phrase;* ▸ **v irr** S. 439 be<br>▪ Half the country **will be on strike** next Monday. | **streiken**<br>▪ Das halbe Land **wird** nächsten Montag **streiken**. |
| **wage** [weɪdʒ] *n*<br>▪ Most clothes are made in Asia because **wages** there are much lower. | der **Lohn**<br>▪ Die meiste Kleidung wird in Asien gefertigt, weil die **Löhne** dort viel niedriger sind. |
| **salary** ['sæləri] *n*<br>▪ Starting next year I'll be on a **salary** of £42,000. | das **Gehalt**<br>▪ Vom Beginn des nächsten Jahres an werde ich ein **Gehalt** von 42.000 Pfund bekommen. |
| **pay** [peɪ] *n*<br>▪ I like my work although the **pay** is bad. | die **Bezahlung**<br>▪ Ich mag meine Arbeit, obwohl die **Bezahlung** schlecht ist. |
| **pay rise** *BE* ['peɪ raɪz], **pay raise** *AE* ['peɪ reɪz] *n*<br>▪ I've been awarded a **pay rise**. | die **Gehaltserhöhung**<br>▪ Ich habe eine **Gehaltserhöhung** bekommen. |
| **to earn** [tʊ 'ɜːn] *v*<br>▪ It's hard to believe but he **was earning** more ten years ago than he does today. | **verdienen**<br>▪ Kaum zu glauben, aber vor zehn Jahren **verdiente** er mehr als heute. |
| **to do sth. for a living** [tə duː … fər ə 'lɪvɪŋ] *phrase;* ▸ **v irr** S. 440 do<br>▪ What **does** she **do for a living**? | **seinen Lebensunterhalt verdienen**<br>▪ Wie **verdient** sie **ihren Lebensunterhalt**? |

| | |
|---|---|
| **to make a living** [tə ˌmeɪk ə ˈlɪvɪŋ] *phrase;* ▸ **v irr** S. 443 make | **seinen Lebensunterhalt verdienen** |
| ▪ Chris **makes a living** as a language teacher and private tutor. | ▪ Chris **verdient seinen Lebensunterhalt** als Sprachen- und Nachhilfelehrer. |
| **rest** [rest] *n* | die **Pause**, die **Ruhepause** |
| ▪ I think we should stop for a moment. I need a **rest**. | ▪ Ich denke, wir sollten einen Moment anhalten. Ich brauche eine **Pause**. |
| **pension** [ˈpenʃn] *n* | die **Rente** |
| ▪ Dad's **pension** is equivalent to 70 percent of his final income. | ▪ Vaters **Rente** entspricht 70 Prozent seines letzten Einkommens. |
| **retirement** [rɪˈtaɪəmənt] *n* | die **Rente**, der **Ruhestand** |
| ▪ Mr Davies isn't planning to take **retirement** before he turns seventy. | ▪ Mr. Davies plant, nicht vor seinem 70. Geburtstag in **Rente** zu gehen. |
| **to retire** [tə rɪˈtaɪə] *v* | **in Ruhestand gehen** |
| ▪ Sandra **is going to retire** at the end of the year. | ▪ Sandra **wird** Ende des Jahres **in Ruhestand gehen**. |
| **contract** [ˈkɒntrækt] *n* | der **Vertrag** |
| ▪ Before you can sign the **contract** you'll have to provide a medical certificate. | ▪ Bevor du den **Vertrag** unterscheiben kannst, musst du ein ärztliches Attest einreichen. |
| **demand** [*BE:* dɪˈmɑːnd, *AE:* dɪˈmænd] *n* | die **Forderung** |
| ▪ The boss told me I was not in the position to make **demands**. | ▪ Der Chef sagte mir, ich sei nicht in der Position, **Forderungen** zu stellen. |
| **to demand** [*BE:* tə dɪˈmɑːnd, *AE:* tə dɪˈmænd] *v* | **fordern** |
| ▪ I think I should **demand** a pay rise. | ▪ Ich denke, ich sollte eine Gehaltserhöhung **fordern**. |
| **works council** *BE* [ˈwɜːks ˌkaʊnsl] *n* | der **Betriebsrat** |
| ▪ How long have you been a member of the **works council**? | ▪ Wie lange bist du schon Mitglied des **Betriebsrats**? |
| **arrangement** [əˈreɪndʒmənt] *n* | die **Vereinbarung** |
| ▪ The unions have come to an **arrangement** with the employers. | ▪ Die Gewerkschaften sind mit den Arbeitgebern zu einer **Vereinbarung** gelangt. |

| | |
|---|---|
| **to arrange** [tʊ əˈreɪndʒ] *v*<br>▪ We **arranged** a meeting for next Tuesday. | **vereinbaren**<br>▪ Wir **vereinbarten** ein Treffen für den nächsten Dienstag. |
| **agreement** [əˈgriːmənt] *n*<br>▪ In view of this new development we need to change our **agreement**. | die **Abmachung**<br>▪ Angesichts der neuen Entwicklung müssen wir unsere **Abmachung** ändern. |
| **collective agreement** [kəˌlektɪv əˈgriːmənt] *n*<br>▪ The blue-collar union and the employers' association have formed a **collective agreement**. | der **Tarifvertrag**<br>▪ Die Arbeitergewerkschaft hat mit dem Arbeitgeberverband einen **Tarifvertrag** vereinbart. |
| **maternity leave** [məˈtɜːnətɪ ˌliːv] *n*<br>▪ Linda's been on **maternity leave** since January. | der **Mutterschutz**<br>▪ Linda ist seit Januar im **Mutterschutz**. |
| **income** [ˈɪnkʌm] *n*<br>▪ What do you think is the average **income** in the UK? | das **Einkommen**<br>▪ Was glaubst du, wie hoch das durchschnittliche **Einkommen** in Großbritannien ist? |
| **earnings** [ˈɜːnɪŋz] *n pl*<br>▪ My future **earnings** depend on the outcome of the wage negotiations. | der **Verdienst**<br>▪ Mein zukünftiger **Verdienst** hängt von den Lohnverhandlungen ab. |
| **bonus** [ˈbəʊnəs] *n*<br>▪ We all got a 100 euros **bonus** because sales were so good last month. | der **Bonus**, die **Prämie**<br>▪ Wir haben alle 100 Euro **Bonus** bekommen, weil der Absatz letzten Monat so gut war. |
| **promotion** [prəˈməʊʃn] *n*<br>▪ My **promotion** to deputy director is now official. | die **Beförderung**<br>▪ Meine **Beförderung** zum stellvertretenden Direktor ist nun offiziell. |
| **to appoint** [tʊ əˈpɔɪnt] *v*<br>▪ She **was appointed** judge for life. | **berufen, ernennen**<br>▪ Sie **wurde** zur Richterin auf Lebenszeit **ernannt**. |
| **aim** [eɪm] *n*<br>▪ The **aim** of this course is to improve your market value. | die **Zielsetzung**<br>▪ Die **Zielsetzung** dieses Kurses ist es, Ihren Markwert zu steigern. |

| | |
|---|---|
| **probationary period** [prəˌbeɪʃnərɪ ˈpɪərɪəd ] *n* | die **Probezeit** |
| ▪ There'll be a six-month **probationary period**. | ▪ Es gibt eine sechsmonatige **Probezeit**. |
| **advantage** [*BE:* ədˈvɑːntɪdʒ, *AE:* ədˈvæntɪdʒ] *n* | der **Vorteil** |
| ▪ Among the **advantages** of my job are flexible working hours. | ▪ Zu den **Vorteilen** meines Jobs gehören flexible Arbeitszeiten. |
| **disadvantage** [*BE:* ˌdɪsədˈvɑːntɪdʒ, *AE:* ˌdɪsədˈvæntɪdʒ] *n* | der **Nachteil** |
| ▪ I don't consider it a **disadvantage** to start work at 6 in the morning. | ▪ Ich sehe es nicht als einen **Nachteil** an, morgens um 6 Uhr mit der Arbeit zu beginnen. |
| **working hours** [ˈwɜːkɪŋ ˌaʊəz] *n pl* | die **Arbeitszeit** |
| ▪ My **working hours** are from 6 am to 3 pm. | ▪ Meine **Arbeitszeit** ist von 6 bis 15 Uhr. |
| **full-time** [ˌfʊlˈtaɪm] *adv* | die **Vollzeit** |
| ▪ Olivia's got three children and works **full-time**. | ▪ Olivia hat drei Kinder und arbeitet **Vollzeit**. |
| **part-time** [ˌpɑːtˈtaɪm] *adv* | die **Teilzeit** |
| ▪ Fiona works **part-time** at a law firm. | ▪ Fiona arbeitet **Teilzeit** in einer Anwaltskanzlei. |
| **flexitime** *BE* [ˈfleksɪtaɪm], **flextime** *AE* [ˈflekstaɪm] *n* | die **Gleitzeit** |
| ▪ I don't think **flexitime** is an option for me. | ▪ Ich finde, **Gleitzeit** ist keine Alternative für mich. |
| **shift** [ʃɪft] *n* | die **Schicht** |
| ▪ Ryan's **shift** starts at 6 in the morning. | ▪ Ryans **Schicht** fängt um 6 Uhr morgens an. |
| **overtime** [ˈəʊvətaɪm] *n* | die **Überstunde** |
| ▪ How much **overtime** do you work each month? | ▪ Wie viele **Überstunden** machst du jeden Monat? |
| **work permit** [ˈwɜːk ˌpɜːmɪt] *n* | die **Arbeitsgenehmigung**, die **Arbeitserlaubnis** |
| ▪ Without a **work permit** you're not allowed to accept a job. | ▪ Ohne eine **Arbeitserlaubnis** darf man keine Arbeit annehmen. |

# Kulturelle Interessen

## Lektüre

| | |
|---|---|
| **reader** ['ri:də] *n m/f*<br>▪ The Harry Potter books have fascinated a whole generation of **readers**. | der **Leser**, die **Leserin**<br>▪ Die Harry-Potter-Bücher fesseln eine ganze Generation von **Lesern**. |
| **to read** [tə 'ri:d] *v;* ▸ **v irr** S. 443 read<br>▪ I don't know the film but **I've read** the book.<br>▪ My mum used to **read** to me every night before I went to bed. | **lesen**, **vorlesen**<br>▪ Ich kenne den Film nicht, aber ich **habe** das Buch **gelesen**.<br>▪ Mein Mutter **las** mir jeden Abend vor dem Zubettgehen **vor**. |
| **to write** [tə 'raɪt] *v;* ▸ **v irr** S. 446 write<br>▪ When **did** Zola **write** the open letter "I accuse"? | **verfassen**<br>▪ Wann **hat** Zola seinen offenen Brief „Ich klage an" **verfasst**? |
| **book** [bʊk] *n*<br>▪ How much do you spend on **books** each year? | das **Buch**<br>▪ Wie viel gibst du jedes Jahr für **Bücher** aus? |
| **story** ['stɔ:rɪ] *n*<br>▪ It's a **story** about pirates on a treasure island.<br>▪ The book consists of three separate **stories**. | die **Geschichte**, die **Erzählung**<br>▪ Es ist eine **Geschichte** von Piraten auf einer Schatzinsel.<br>▪ Das Buch enthält drei unabhängige **Erzählungen**. |
| **short story** [ˌʃɔ:t 'stɔ:rɪ] *n*<br>▪ If you don't know what to read, I can recommend some Australian **short stories** to you. | die **Kurzgeschichte**<br>▪ Wenn du nicht weißt, was du lesen sollst, kann ich dir ein paar austra-lische **Kurzgeschichten** empfehlen. |
| **detective story** [dɪ'tektɪv ˌstɔ:rɪ] *n*<br>▪ Although I'm a policewoman I don't particularly like reading **detective stories**. | der **Kriminalroman**<br>▪ Obwohl ich Polizistin bin, lese ich **Kriminalromane** nicht besonders gern. |
| **novel** ['nɒvl] *n*<br>▪ What's the most successful **novel** ever written? | der **Roman**<br>▪ Was ist der erfolgreichste **Roman**, der je geschrieben wurde? |

| | |
|---|---|
| **fairy tale** ['feərɪ teɪl] *n* | das **Märchen** |
| ▪ A lot of well-known **fairy tales** were collected by the Brothers Grimm. | ▪ Eine ganze Reihe bekannter **Märchen** wurde von den Brüdern Grimm gesammelt. |
| **history** ['hɪstrɪ] *n* | die **Geschichte** |
| ▪ The **history** of the English language is fascinating. | ▪ Die **Geschichte** der englischen Sprache ist faszinierend. |
| **fiction** ['fɪkʃn] *n* | die **Fiktion** |
| ▪ The plot of his new novel is pure **fiction**, every detail is made up. | ▪ Der Inhalt seines neuen Romans ist reine **Fiktion**, jedes Detail ist erfunden. |
| **non-fiction book** [ˌnɒn'fɪkʃn bʊk] *n* | das **Sachbuch** |
| ▪ I've just finished reading a great **non-fiction book** about the orang-utans in Borneo. | ▪ Ich habe gerade ein tolles **Sachbuch** über die Orang-Utans in Borneo zu Ende gelesen. |
| **title** ['taɪtl] *n* | der **Titel** |
| ▪ Do you know the full **title** of Shakespeare's "Hamlet"? | ▪ Kennst du den vollen **Titel** von Shakespeares „Hamlet"? |
| **library** ['laɪbrərɪ] *n* | die **Bücherei**, die **Bibliothek** |
| ▪ Why don't you borrow the book from the **library**? | ▪ Warum leihst du dir das Buch nicht aus der **Bücherei** aus? |
| **literature** ['lɪtrətʃə] *n* | die **Literatur** |
| ▪ Jonathan is especially fond of South African **literature**. | ▪ Vor allem südafrikanische **Literatur** mag Jonathan sehr. |
| **literary** ['lɪtrərɪ] *adj* | **literarisch** |
| ▪ He sells a lot of books although his style is not very **literary**. | ▪ Er verkauft viele Bücher, obwohl sein Stil nicht sehr **literarisch** ist. |
| **text** [tekst] *n* | der **Text** |
| ▪ You were supposed to write a short essay. Your **text** is much too long. | ▪ Du solltest einen kurzen Essay scheiben. Dein **Text** ist viel zu lang. |
| **biography** [baɪ'ɒgrəfɪ] *n* | die **Biografie** |
| ▪ I heard there's a new **biography** out about Charlie Chaplin. | ▪ Ich habe gehört, es gibt eine neue **Biografie** über Charlie Chaplin. |
| **diary** ['daɪərɪ] *n* | das **Tagebuch** |
| ▪ How long have you been keeping a **diary**? | ▪ Wie lange führst du schon **Tagebuch**? |

| | |
|---|---|
| **poem** ['pəʊɪm] *n*<br>▪ "The Raven" is Poe's most famous **poem**. | das **Gedicht**<br>▪ „Der Rabe" ist Poes berühmtestes **Gedicht**. |
| **poet** ['pəʊɪt] *n m/f*<br>▪ Did you know that your grandfather was a **poet** and a writer? | der **Dichter**, die **Dichterin**<br>▪ Hast du gewusst, dass dein Großvater **Dichter** und Schriftsteller war? |
| **comic** ['kɒmɪk] *n*<br>▪ Not only children but a lot of adults read **comics** too. | der **Comic**<br>▪ Nicht nur Kinder, sondern auch viele Erwachsene lesen **Comics**. |
| **imagination** [ɪˌmædʒɪ'neɪʃn] *n*<br>▪ Why don't you use your **imagination** for once? | die **Fantasie**<br>▪ Warum benutzt du nicht einmal deine **Fantasie**? |
| **oral** ['ɒrəl] *adj*<br>▪ These stories were handed down by **oral** tradition for centuries. | **mündlich**<br>▪ Jahrhundertelang wurden diese Geschichten in **mündlicher** Tradition weitergegeben. |
| **written** ['rɪtn] *adj*<br>▪ There are no **written** records from that period. | **schriftlich**<br>▪ Es gibt keine **schriftlichen** Aufzeichnungen aus diesem Zeitalter. |
| **volume** ['vɒljuːm] *n*<br>▪ Lisa gave her a **volume** of Byron's poetry for her birthday. | der **Band**<br>▪ Lisa hat ihr einen **Band** mit Gedichten von Byron zum Geburtstag geschenkt. |
| **chapter** ['tʃæptə] *n*<br>▪ The quote you're looking for is in **chapter** 14. | das **Kapitel**<br>▪ Das Zitat, das du suchst, ist in **Kapitel** 14. |
| **protagonist** [prəʊ'tægənɪst] *n m/f*<br>▪ The **protagonist** is an old fisherman. | die **Hauptfigur**<br>▪ Die **Hauptfigur** ist ein alter Fischer. |
| **narrator** ['næreɪtə] *n m/f*<br>▪ The **narrator** tells the story from his perspective. | der **Erzähler**, die **Erzählerin**<br>▪ Der **Erzähler** erzählt die Geschichte aus seiner Sicht. |
| **topic** ['tɒpɪk] *n*<br>▪ Can we talk about a different **topic**? | das **Thema**<br>▪ Können wir uns über ein anderes **Thema** unterhalten? |

| | |
|---|---|
| **quotation** ['kwəʊteɪʃn] *n*<br>▪ The author starts each chapter with a famous **quotation**. | das **Zitat**<br>▪ Der Autor beginnt jedes Kapitel mit einem berühmten **Zitat**. |
| **quote** [kwəʊt] *n*<br>▪ In which act can I find the famous **quote** "To be or not to be"? | das **Zitat**<br>▪ In welchem Akt finde ich das berühmte **Zitat** „Sein oder nicht sein"? |
| **publisher** ['pʌblɪʃə] *n*<br>▪ I've finished writing the book. Now all I need is to find a **publisher**. | der **Verleger**, die **Verlegerin**, der **Verlag**<br>▪ Ich habe das Buch zu Ende geschrieben. Nun brauche ich nur noch einen **Verlag**. |
| **censorship** ['sensəʃɪp] *n*<br>▪ There are many countries in the world that have not yet abolished **censorship**. | die **Zensur**<br>▪ Es gibt viele Länder auf der Welt, die die **Zensur** noch nicht abgeschafft haben. |

# Musik

| | |
|---|---|
| **music** ['mjuːzɪk] *n*<br>▪ I listen to **music** on my iPod when I go jogging. | die **Musik**<br>▪ Ich höre **Musik** von meinem iPod, wenn ich jogge. |
| **to listen** [tə 'lɪsn] *v*<br>▪ Jill **was listening** to the song. | **(zu)hören**<br>▪ Jill **hörte** dem Lied **zu**. |
| **song** [sɒŋ] *n*<br>▪ The choir sang a few melancholy **songs**. | das **Lied**<br>▪ Der Chor sang ein paar melancholische **Lieder**. |
| **to sing** [tə 'sɪŋ] *v*; ▸ **v irr** S. 444 sing<br>▪ Carla **sings** in the church choir. | **singen**<br>▪ Carla **singt** im Kirchenchor. |
| **voice** [vɔɪs] *n*<br>▪ If she keeps on singing like that she's going to ruin her **voice**. | die **Stimme**<br>▪ Wenn sie so weitersingt, wird sie ihre **Stimme** ruinieren. |
| **to play** [tə 'pleɪ] *v*<br>▪ Christina**'s been playing** the guitar for years. | **spielen**<br>▪ Seit Jahren **spielt** Christina Gitarre. |

| | |
|---|---|
| **instrument** ['ɪnstrəmənt] *n* | das **Instrument** |
| ▪ I like to sing but I don't play any **instrument.** | ▪ Ich singe gern, aber ich spiele kein **Instrument.** |
| **quiet** ['kwaɪət] *adj* | **leise** |
| ▪ This is a **quiet** part of the melody. | ▪ Dies ist ein **leiser** Abschnitt der Melodie. |
| **loud** [laʊd] *adj* | **laut** |
| ▪ Trumpets are very **loud.** | ▪ Trompeten sind sehr **laut.** |
| **high** [haɪ] *adj* | **hoch** |
| ▪ Her voice is really very **high.** | ▪ Ihre Stimme ist wirklich sehr **hoch.** |
| **low** [ləʊ] *adj* | **tief** |
| ▪ The piece ends on a **low** note. | ▪ Das Stück endet auf einer **tiefen** Note. |
| **deep** [diːp] *adj* | **tief** |
| ▪ Johnny Cash had a beautiful **deep** voice. | ▪ Johnny Cash hatte eine schöne **tiefe** Stimme. |
| **concert** ['kɒnsət] *n* | das **Konzert** |
| ▪ The Beatles gave their last **concert** in 1969. | ▪ Die Beatles gaben 1969 ihr letztes **Konzert.** |
| **opera** ['ɒprə] *n* | die **Oper** |
| ▪ Would you like to go to the **opera** with me? | ▪ Möchtest du gern mit mir in die **Oper** gehen? |
| **piano** [pɪ'ænəʊ] *n* | das **Klavier**, das **Piano** |
| ▪ Mark simply sat down at the **piano** and started to play. | ▪ Mark setzte sich einfach ans **Klavier** und fing an zu spielen. |
| **violin** [ˌvaɪə'lɪn] *n* | die **Geige**, die **Violine** |
| ▪ Only the youngest member of our family plays the **violin.** | ▪ Nur das jüngste Mitglied unserer Familie spielt **Geige.** |
| **guitar** [gɪ'tɑː] *n* | die **Gitarre** |
| ▪ Spanish music is unthinkable without the **guitar.** | ▪ Spanische Musik ist ohne die **Gitarre** undenkbar. |
| **electric guitar** [ɪˌlektrɪk gɪ'tɑː] *n* | die **E-Gitarre** |
| ▪ I bought my first **electric guitar** when I was 15. | ▪ Mit 15 habe ich mir meine erste **E-Gitarre** gekauft. |

| | |
|---|---|
| **bass** [beɪs] *n*<br>▪ Brenda started learning to play the **bass** when she was over 40. | der **Bass**<br>▪ Mit über 40 hat Brenda angefangen, **Bass** spielen zu lernen. |
| **drum** [drʌm] *n*<br>▪ With a **drum** you can only beat a rhythm not a melody. | die **Trommel**<br>▪ Mit einer **Trommel** kann man nur Rhythmus schlagen, keine Melodie. |
| **drums** [drʌmz] *n pl*<br>▪ Louise's little brother plays the **drums**. | das **Schlagzeug**<br>▪ Louises kleiner Bruder spielt **Schlagzeug**. |
| **flute** [fluːt] *n*<br>▪ I wish I could play the **flute** like Ian Anderson. | die **Flöte**<br>▪ Ich wünschte, ich könnte **Flöte** spielen wie Ian Anderson. |
| **recorder** [rɪ'kɔːdə] *n*<br>▪ Tony started playing the **recorder** when he was five. | die **Blockflöte**<br>▪ Tony hat mit fünf angefangen, **Blockflöte** zu spielen. |
| **stereo** ['sterɪəʊ] *n*<br>▪ The first thing I turn on when I come home from school is my **stereo**. | die **Stereoanlage**<br>▪ Das Erste, was ich anschalte, wenn ich aus der Schule nach Hause komme, ist meine **Stereoanlage**. |
| **loudspeaker** [ˌlaʊd'spiːkə] *n*<br>▪ **Loudspeakers** used to be much bigger than today. | der **Lautsprecher**<br>▪ **Lautsprecher** waren früher viel größer als heute. |
| **CD** [ˌsiː'diː] *n*<br>▪ Why would I buy a **CD** when I can download every song from the Internet? | die **CD**<br>▪ Warum sollte ich mir eine **CD** kaufen, wenn ich jeden Song aus dem Internet herunterladen kann? |
| **CD player** [ˌsiː'diː ˌpleɪə] *n*<br>▪ I don't need my old **CD player** anymore. I've got all my music on the hard disc of my notebook. | der **CD-Spieler**<br>▪ Ich brauche meinen **CD-Spieler** nicht mehr. Meine ganze Musik ist auf der Festplatte meines Notebooks. |
| **MP3 player** [ˌempiː'θriː ˌpleɪə] *n*<br>▪ Whenever I'm sad I listen to music from my **MP3 player**. | der **MP3-Player**<br>▪ Immer wenn ich traurig bin, höre ich Musik von meinem **MP3-Player**. |

| | |
|---|---|
| **classical** ['klæsɪkl] *adj*<br>▪ Marie grew up with a lot of **classical** music. Her father is an opera singer. | **klassisch**<br>▪ Marie wuchs mit viel **klassischer** Musik auf. Ihr Vater ist Opernsänger. |
| **musical** ['mjuːzɪkl] *n*<br>▪ Have you ever seen the **musical** "Cats"? | das **Musical**<br>▪ Hast du schon mal das **Musical** „Cats" gesehen? |
| **pop music** ['pɒp ˌmjuːzɪk] *n*<br>▪ Milo loves dancing to **pop music**. | die **Popmusik**<br>▪ Milo liebt es, zu **Popmusik** zu tanzen. |
| **popular** ['pɒpjʊlə] *adj*<br>▪ Who is the most **popular** singer of the 40s? | **populär**<br>▪ Wer ist der **populärste** Sänger der 40er? |
| **folk music** ['fəʊk ˌmjuːzɪk] *n*<br>▪ **Folk music** is slowly becoming popular again. | die **Volksmusik**<br>▪ **Volksmusik** wird langsam wieder populär. |
| **melody** ['melədɪ] *n*<br>▪ I don't know the words, but I can hum the **melody**. | die **Melodie**<br>▪ Ich weiß den Text nicht, aber ich kann die **Melodie** summen. |
| **rhythm** ['rɪðəm] *n*<br>▪ Can you clap to the **rhythm**? | der **Rhythmus**<br>▪ Kannst du im **Rhythmus** klatschen? |
| **sound** [saʊnd] *n*<br>▪ The **sound** of his voice is like honey. | der **Klang**<br>▪ Der **Klang** seiner Stimme ist wie Honig. |
| **to sound** [tə 'saʊnd] *v*<br>▪ Your voice **sounds** strange. Are you ill? | **klingen**<br>▪ Deine Stimme **klingt** seltsam. Bist du krank? |
| **musically** ['mjuːzɪklɪ] *adv*<br>▪ This piece is **musically** demanding. | **musikalisch**<br>▪ Dieses Stück ist **musikalisch** anspruchsvoll. |
| **to be musical** [tə biː 'mjuːzɪkl] *phrase;* ▸ **v irr** S. 439 be<br>▪ She**'s** quite **musical** although she's only three years old. | **musikalisch sein**<br>▪ Sie **ist** ziemlich **musikalisch**, obwohl sie erst drei Jahre alt ist. |
| **band** [bænd] *n*<br>▪ The **band** played in a small pub. | die **Band**<br>▪ Die **Band** spielte in einem kleinen Pub. |

| | |
|---|---|
| **orchestra** ['ɔːkɪstrə] *n*<br>▪ The piece was performed by an **orchestra** from Armenia. | das **Orchester**<br>▪ Das Stück wurde von einem **Orchester** aus Armenien aufgeführt. |
| **note** [nəʊt] *n*<br>▪ Can you play this **note** on your recorder? | die **Note**<br>▪ Kannst du diese **Note** auf deiner Blockflöte spielen? |
| **to read music** [tə ˌriːd 'mjuːzɪk] *phrase;* ▸ **v irr** S. 443 read<br>▪ She's never learnt **to read music**. | die **Noten lesen**<br>▪ Sie hat nie gelernt, **Noten** zu **lesen**. |
| **to sight-read** [tə 'saɪtriːd] *v;* ▸ **v irr** S. 444 sight-read<br>▪ Can you **sight-read**? | **vom Blatt spielen**<br>▪ Kannst du **vom Blatt spielen**? |

# Kunst

| | |
|---|---|
| **art** [ɑːt] *n*<br>▪ Do you have to study **art** in order to become a painter? | die **Kunst**<br>▪ Muss man **Kunst** studieren, um Maler zu werden? |
| **picture** ['pɪktʃə] *n*<br>▪ This **picture** is a work of art. | das **Bild**<br>▪ Dieses **Bild** ist ein Kunstwerk. |
| **painting** ['peɪntɪŋ] *n*<br>▪ The "Mona Lisa" is probably the most famous **painting** in the world. | das **Gemälde**, das **Bild**<br>▪ Die „Mona Lisa" ist wahrscheinlich das berühmteste **Gemälde** der Welt. |
| **to paint** [tə 'peɪnt] *v*<br>▪ I wish I could **paint** like Rembrandt.<br>▪ What colour do you want me to **paint** the back wall? | **malen**, **anmalen**<br>▪ Ich wünschte, ich könnte wie Rembrandt **malen**.<br>▪ In welcher Farbe soll ich die hintere Wand **anmalen**? |
| **to draw** [tə 'drɔː] *v;* ▸ **v irr** S. 440 draw<br>▪ Sam can **draw** anybody's portrait in just ten minutes. | **zeichnen**<br>▪ Sam kann innerhalb von nur zehn Minuten jedermanns Porträt **zeichnen**. |
| **work** [wɜːk] *n*<br>▪ This is the first public exhibition of his **works**. | die **Arbeit**, das **Werk**<br>▪ Dies ist die erste öffentliche Ausstellung seiner **Werke**. |

| | |
|---|---|
| **gallery** ['gælərɪ] *n* | die **Galerie** |
| ▪ I went to a **gallery** to see an exhibition. | ▪ Ich habe mir in einer **Galerie** eine Ausstellung angesehen. |
| **to show** [tə 'ʃəʊ] *v;* ▸ **v irr** S. 444 show | **zeigen** |
| ▪ Jenny **showed** me her most recent drawings. | ▪ Jenny **hat** mir ihre neuesten Zeichnungen **gezeigt**. |
| **studio** ['stuːdɪəʊ] *n* | das **Atelier** |
| ▪ I have to go to the **studio** later today to finish my picture. | ▪ Ich muss später noch ins **Atelier** gehen, um mein Bild zu Ende zu malen. |
| **ancient** ['eɪnʃənt] *adj* | **antik** |
| ▪ The Pergamon Museum in Berlin has a lot of **ancient** works of art on display. | ▪ Das Pergamonmuseum in Berlin zeigt viele **antike** Kunstwerke. |
| **modern** ['mɒdn] *adj* | **modern** |
| ▪ Expressionism is much too **modern** for me. | ▪ Der Expressionismus ist mir viel zu **modern**. |
| **artistic** [ɑː'tɪstɪk] *adj* | **künstlerisch** |
| ▪ You call this rubbish heap an expression of **artistic** freedom? | ▪ Diesen Müllhaufen nennst du einen Ausdruck **künstlerischer** Freiheit? |
| **to create** [tə kriː'eɪt] *v* | **schaffen** |
| ▪ The sculptor **has created** a new piece of art. | ▪ Der Bildhauer **hat** ein neues Kunstwerk **geschaffen**. |
| **sculpture** ['skʌlptʃə] *n* | die **Skulptur** |
| ▪ Picasso made **sculptures** from all kinds of objects and materials. | ▪ Picasso fertigte **Skulpturen** aus allen Arten von Gegenständen und Materialien an. |
| **fresco** ['freskəʊ] *n* | das **Fresko** |
| ▪ Michelangelo's famous **frescos** are in the Sistine Chapel. | ▪ Michelangelos berühmte **Fresken** sind in der Sixtinischen Kapelle. |
| **drawing** ['drɔːɪŋ] *n* | die **Zeichnung** |
| ▪ Barbara makes several **drawings** before she starts to paint. | ▪ Barbara macht mehrere **Zeichnungen**, bevor sie zu malen beginnt. |

| | |
|---|---|
| **poster** ['pəʊstə] *n*<br>▪ When I was a teenager I had a number of **posters** of my favourite rock singers hanging on the walls of my room. | das **Poster**<br>▪ Als Teenager hatte ich eine Reihe **Poster** von Rocksängern an den Wänden meines Zimmers hängen. |
| **style** [staɪl] *n*<br>▪ The **style** of this painting reminds me of that of Matisse. | der **Stil**<br>▪ Der **Stil** dieser Malerei erinnert mich an den von Matisse. |
| **original** [ə'rɪdʒnəl] *adj*<br>▪ Nobody knows what the **original** temple looked like. | **ursprünglich**<br>▪ Niemand weiß, wie der **ursprüng-liche** Tempel aussah. |
| **originally** [ə'rɪdʒnəlɪ] *adv*<br>▪ This sculpture was **originally** made in Greece. | **ursprünglich**<br>▪ Diese Skulptur wurde **ursprünglich** in Griechenland angefertigt. |
| **exhibition** [ˌeksɪ'bɪʃn] *n*<br>▪ Millions of people saw the **exhibition** of paintings by Rubens last year. | die **Ausstellung**<br>▪ Millionen von Menschen sahen im letzten Jahr die **Ausstellung** mit Bildern von Rubens. |
| **detail** ['diːteɪl] *n*<br>▪ If you look very closely you can see that the painting is full of **details**. | das **Detail**<br>▪ Wenn man genau hinsieht, kann man erkennen, dass das Bild viele **Details** enthält. |
| **frame** [freɪm] *n*<br>▪ Some of these paintings have very old and valuable **frames**. | der **Rahmen**, der **Bilderrahmen**<br>▪ Einige dieser Gemälde haben sehr alte und wertvolle **Rahmen**. |

# Theater und Film

| | |
|---|---|
| **theatre** *BE* ['θɪətə], **theater** *AE* ['θɪətər] *n* | das **Theater** |
| ▪ You absolutely must see a play at one of the many **theatres** when you're in London. | ▪ In London solltest du dir unbedingt ein Stück in einem der vielen **Theater** ansehen. |
| **play** [pleɪ] *n* | das **Theaterstück**, das **Stück** |
| ▪ "My Fair Lady" was based on a **play** by George Bernard Shaw. | ▪ „My Fair Lady" wurde nach einem **Theaterstück** von George Bernard Shaw geschrieben. |
| **stage** [steɪdʒ] *n* | die **Bühne** |
| ▪ There was applause when the stars came on the **stage**. | ▪ Es gab Applaus, als die Stars die **Bühne** betraten. |
| **to stage** [tə 'steɪdʒ] *v* | **inszenieren** |
| ▪ I don't think they should **have staged** "Tannhäuser" in English. | ▪ Ich finde, sie **hätten** „Tannhäuser" nicht auf Englisch **inszenieren** sollen. |
| **film** *BE* [fɪlm], **movie** *AE* ['muːviː] *n* | der **Film** |
| ▪ She's starring in the new **film** by Coppola. | ▪ Sie spielt die Hauptrolle im neuen **Film** von Coppola. |
| **performance** [pə'fɔːməns] *n* | die **Vorstellung**, die **Aufführung** |
| ▪ In Britain a matinée is a **performance** in the afternoon, not in the morning. | ▪ In Großbritannien ist eine Matinee eine **Vorstellung** am Nachmittag, nicht am Vormittag. |
| **cinema** *BE* ['sɪnəmə], **movie theater** *AE* ['muːviː ˌθɪətər] *n* | das **Kino** |
| ▪ Films are more impressive at the **cinema** than on video. | ▪ Filme sind im **Kino** eindrucksvoller als auf Video. |
| ▪ The film is showing at the new **movie theater** downtown. | ▪ Der Film wird im neuen **Kino** in der Innenstadt gezeigt. |
| **ticket** ['tɪkɪt] *n* | die **Eintrittskarte**, die **Karte** |
| ▪ It's often difficult to get **tickets** for popular plays. | ▪ Es ist oft schwierig, **Eintrittskarten** für beliebte Stücke zu bekommen. |
| **story** ['stɔːrɪ] *n* | die **Handlung** |
| ▪ There was too much violence in the film but the **story** was interesting. | ▪ Es gab zu viel Gewalt im Film, aber die **Handlung** war interessant. |

| | |
|---|---|
| **plot** [plɒt] *n*<br>▪ I don't like the **plot** of her new film. | die **Handlung**<br>▪ Mir gefällt die **Handlung** ihres neuen Films nicht. |
| **to see** [tə 'siː] *v;* ▸ **v irr** S. 444 see<br>▪ I think we should **see** that film tonight. | **sich ansehen**<br>▪ Ich finde, wir sollten **uns** heute Abend diesen Film **ansehen**. |
| **comedy** ['kɒmədɪ] *n*<br>▪ I saw a **comedy** by Aristophanes but I can't remember the title. | die **Komödie**<br>▪ Ich habe eine **Komödie** von Aristophanes gesehen, aber den Titel vergessen. |
| **tragedy** ['trædʒədɪ] *n*<br>▪ Our drama club is going to perform one of Sophocles' **tragedies**. | die **Tragödie**<br>▪ Unsere Theatergruppe wird eine der **Tragödien** von Sophokles aufführen. |
| **drama** [*BE:* 'drɑːmə, *AE:* 'dræmə] *n*<br>▪ I've seen so many **dramas**. I should start writing reviews for the local paper. | das **Drama**<br>▪ Ich habe schon so viele **Dramen** gesehen. Ich sollte anfangen, Kritiken für die Lokalzeitung zu schreiben. |
| **act** [ækt] *n*<br>▪ I wonder why the author had his protagonist killed in the third **act**? | der **Akt**<br>▪ Ich frage mich, warum der Autor seine Hauptperson im dritten **Akt** umbringen lässt. |
| **scene** [siːn] *n*<br>▪ The "gravedigger scene" is in act five, **scene** one. | die **Szene**<br>▪ Die „Totengräberszene" ist in Akt fünf, **Szene** eins. |
| **soliloquy** [sə'lɪləkwɪ] *n*<br>▪ Who delivers the famous **soliloquy** in the third act? | der **Monolog**<br>▪ Wer spricht den berühmten **Monolog** im dritten Akt? |
| **dialogue** *BE*, **dialog** *AE* ['daɪəlɒg] *n*<br>▪ There's hardly any **dialogue** in this play. | der **Dialog**<br>▪ Es gibt kaum **Dialoge** in diesem Stück. |
| **ballet** [*BE:* 'bæleɪ, *AE:* bæ'leɪ] *n*<br>▪ She studied **ballet** and danced in a number of Broadway musicals. | das **Ballett**<br>▪ Sie hat **Ballett** studiert und in einer Reihe Broadwaymusicals getanzt. |

| | |
|---|---|
| **dance** [*BE:* dɑːns, *AE:* dæns] *n*<br>▪ The folk dance group did a traditional Russian **dance**. | der **Tanz**<br>▪ Die Volkstanzgruppe tanzte einen traditionellen russischen **Tanz**. |
| **to direct** [tə də'rekt] *v*<br>▪ The film **was directed** by Fellini. | **Regie führen**<br>▪ Fellini **hat Regie geführt**. |
| **to make a film** [tə ˌmeɪk ə 'fɪlm]<br>*phrase;* ▸ **v irr** S. 443 make<br>▪ Look, they**'re making a film** in your street. | **einen Film drehen**<br>▪ Schau mal, in deiner Straße **wird ein Film gedreht**. |
| **role** [rəʊl] *n*<br>▪ His **role** in "The Silence of the Lambs" won Anthony Hopkins an Oscar. | die **Rolle**<br>▪ Seine **Rolle** in „Das Schweigen der Lämmer" brachte Anthony Hopkins einen Oscar ein. |
| **costume** ['kɒstjuːm] *n*<br>▪ The actor was changing into his **costume**. | das **Kostüm**<br>▪ Der Schauspieler zog sein **Kostüm** an. |
| **screen** [skriːn] *n*<br>▪ For me a real cinema must have a large **screen**. | die **Leinwand**<br>▪ Für mich muss ein richtiges Kino eine große **Leinwand** haben. |
| **audience** ['ɔːdɪəns] *n*<br>▪ At the end of the show there was enthusiastic applause from the **audience**. | das **Publikum**, die **Zuschauer**<br>▪ Am Ende der Show spendete das **Publikum** begeistert Applaus. |
| **applause** [ə'plɔːz] *n*<br>▪ The band was greeted with thunderous **applause**. | der **Applaus**, der **Beifall**<br>▪ Die Band wurde mit tosendem **Beifall** begrüßt. |
| **to applaud** [tʊ ə'plɔːd] *v*<br>▪ The audience **applauded** for over 15 minutes. | **klatschen**<br>▪ Das Publikum **klatschte** über 15 Minuten lang. |
| **star** [stɑː] *n m/f*<br>▪ A large crowd of teenagers gathered around the **star**. | der **Star**<br>▪ Eine große Gruppe Teenager scharte sich um den **Star**. |
| **feature (film)** ['fiːtʃə (ˌfɪlm)] *n*<br>▪ What's the name of David Lynch's first **feature film**? | der **Spielfilm**<br>▪ Wie heißt der erste **Spielfilm** von David Lynch? |

# Freizeit

## Feste

| | |
|---|---|
| **party** ['pɑːtɪ] *n* | das **Fest**, die **Party** |
| ▪ I'm going to throw a big **party** on my 30th birthday. | ▪ An meinem 30. Geburtstag werde ich ein großes **Fest** geben. |
| **to celebrate** [tə 'seləbreɪt] *v* | **feiern** |
| ▪ My mother usually **celebrates** her birthday in January because it is on December 24th. | ▪ Weil der Geburtstag meiner Mutter am 24. Dezember ist, **feiert** sie ihn normalerweise im Januar. |
| **birthday** ['bɜːθdeɪ] *n* | der **Geburtstag** |
| ▪ It's Gemma's **birthday** today. | ▪ Gemma hat heute **Geburtstag**. |
| **anniversary** [ˌænɪ'vɜːsərɪ] *n* | der **Jahrestag** |
| ▪ They celebrated the 50th **anniversary** of the bridge with a huge party. | ▪ Man feierte den 50. **Jahrestag** der Brücke mit einer riesigen Feier. |
| **to congratulate** [tə kən'grætʃʊleɪt] *v* | **gratulieren**, **beglückwünschen** |
| ▪ Tim **congratulated** Kenneth on his wedding anniversary. | ▪ Tim **gratulierte** Kenneth zum Hochzeitstag. |
| **Congratulations!** [kənˌgrætʃʊ'leɪʃnz] *interj* | **Glückwunsch!** |
| **Good luck!** [ˌgʊd 'lʌk] *interj* | **Alles Gute!** |
| **Happy Christmas!** *BE* [ˌhæpɪ 'krɪsməs] *interj* | **Fröhliche Weihnachten!** |
| **Merry Christmas!** [ˌmerɪ 'krɪsməs] *interj* | **Fröhliche Weihnachten!** |
| **Happy Easter!** [ˌhæpɪ 'iːstə] *interj* | **Frohe Ostern!** |
| **present** ['preznt] *n* | das **Geschenk** |
| ▪ In English-speaking countries children get their **presents** on Christmas Day. | ▪ In englischsprachigen Ländern bekommen die Kinder ihre **Geschenke** am ersten Weihnachtstag. |

| | |
|---|---|
| **to give** [tə 'gɪv] *v;* ▸ **v irr** S. 441 give | **schenken** |
| ▪ What **are** you **giving** your brother for his birthday? | ▪ Was **schenkst** du deinem Bruder zum Geburtstag? |
| **wonderful** ['wʌndəfl] *adj* | **wunderbar** |
| ▪ What a **wonderful** present! Thank you very much. | ▪ Was für ein **wundervolles** Geschenk! Vielen herzlichen Dank. |
| **great** [greɪt] *adj* | **toll, großartig** |
| ▪ It was a **great** party. Thanks for inviting me. | ▪ Das war eine **tolle** Party. Danke für die Einladung. |
| **cool** [kuːl] *adj* | **klasse, cool** |
| ▪ What a **cool** party! | ▪ Was für eine **klasse** Party! |
| **host** [həʊst] *n m/f* | der **Gastgeber**, die **Gastgeberin** |
| ▪ We thanked our **host** at the end of the party. | ▪ Wir bedankten uns am Ende der Party bei unserem **Gastgeber**. |
| **to receive** [tə rɪ'siːv] *v* | **empfangen** |
| ▪ Martin **received** his guests with a glass of sparkling wine. | ▪ Martin **empfing** seine Gäste mit einem Glas Sekt. |
| **hearty** ['hɑːtɪ] *adj* | **herzlich** |
| ▪ Our host gave us a **hearty** welcome. | ▪ Unser Gastgeber bereitete uns einen **herzlichen** Empfang. |
| **greeting** ['griːtɪŋ] *n* | der **Willkommensgruß** |
| ▪ His **greeting** was rather reserved. | ▪ Sein **Willkommensgruß** war ziemlich zurückhaltend. |
| **occasion** [ə'keɪʒn] *n* | der **Anlass** |
| ▪ Mum only wears that dress on special **occasions**. | ▪ Mama trägt dieses Kleid nur zu besonderen **Anlässen**. |
| **to celebrate an anniversary** [tə ˌseləbreɪt ən ænɪ'vɜːsərɪ] *phrase* | **ein Jubiläum feiern** |
| ▪ Nobody's working today because the company **is celebrating an anniversary**. | ▪ Keiner arbeitet heute, weil die Firma **ein Jubiäum feiert**. |
| **wedding anniversary** ['wedɪŋ ænɪˌvɜːsərɪ] *n* | der **Hochzeitstag** |
| ▪ Their 50$^{th}$ **wedding anniversary** is next Friday. | ▪ Ihr 50. **Hochzeitstag** ist am nächsten Freitag. |

| | |
|---|---|
| **christening** ['krɪsənɪŋ] *n*<br>▪ The little girl was very brave throughout the whole **christening**. | die **Taufe**<br>▪ Das kleine Mädchen war während der gesamten **Taufe** sehr tapfer. |
| **decoration** [ˌdekəˈreɪʃn] *n*<br>▪ I didn't like the **decorations**, they were too old-fashioned. | die **Dekoration**<br>▪ Ich mochte die **Dekoration** nicht, sie war zu altmodisch. |
| **to decorate** [tə 'dekəreɪt] *v*<br>▪ The children **decorated** the christmas tree. | **schmücken**<br>▪ Die Kinder **schmückten** den Weihnachtsbaum. |
| **to gift-wrap** [tə 'gɪftræp] *v*<br>▪ Could you please **gift-wrap** this vase for me? | **als Geschenk verpacken**<br>▪ Könnten Sie diese Vase bitte **als Geschenk verpacken**? |
| **event** [ɪ'vent] *n*<br>▪ Oliver was so disappointed; the New Year's Eve party was the most boring **event** of the year. | das **Ereignis**, die **Veranstaltung**<br>▪ Oliver war so enttäuscht; die Silvesterparty war das langweiligste **Ereignis** des Jahres. |
| **to take place** [tə ˌteɪk 'pleɪs] *phrase;*<br>▸ v irr S. 446 take<br>▪ In Britain most weddings still **take place** in church. | **stattfinden**<br>▪ In Großbritannien **finden** die meisten Trauungen immer noch in der Kirche **statt**. |
| **fair** [feə] *n*<br>▪ The **fair** was a huge success. It drew thousands of people. | das **Volksfest**<br>▪ Das **Volksfest** war ein Riesenerfolg. Es zog Tausende von Menschen an. |
| **circus** ['sɜːkəs] *n*<br>▪ There's a **circus** in town. I think we should all go and see the show. | der **Zirkus**<br>▪ Ein **Zirkus** ist in der Stadt. Ich finde, wir sollten alle hingehen und uns die Show anschauen. |
| **flea market** ['fliː ˌmɑːkɪt] *n*<br>▪ James bought this beautiful vase at the **flea market** last Saturday. | der **Flohmarkt**<br>▪ Diese wunderschöne Vase hat James letzten Samstag auf dem **Flohmarkt** gekauft. |
| **fireworks** ['faɪəwɜːks] *n pl*<br>▪ The **fireworks** on 4 July were pretty spectacular. | das **Feuerwerk**<br>▪ Das **Feuerwerk** am 4. Juli war ziemlich eindrucksvoll. |

| | |
|---|---|
| **festival** ['festɪvl] *n*<br>▪ The **festival** was a great success. | das **Festival**<br>▪ Das **Festival** war ein großer Erfolg. |
| **crowd** [kraʊd] *n*<br>▪ A huge **crowd** gathered in front of the hotel to greet the band. | die **Menschenmenge**<br>▪ Eine riesige **Menschenmenge** versammelte sich vor dem Hotel, um die Band zu begrüßen. |
| **tradition** [trə'dɪʃn] *n*<br>▪ In Britain it's a **tradition** to wear a paper hat during the Christmas meal. | die **Tradition**<br>▪ In Großbritannien ist es **Tradition**, während des Weihnachtsessens ein Papierhütchen zu tragen. |
| **traditional** [trə'dɪʃnəl] *adj*<br>▪ What does a **traditional** British Christmas dinner consist of? | **traditionell**<br>▪ Was enthält ein **traditionelles** britisches Weihnachtsessen? |
| **custom** ['kʌstəm] *n*<br>▪ It is the **custom** to decorate a tree at Christmas. | der **Brauch**, die **Sitte**<br>▪ Es ist **Brauch**, an Weihnachten einen Baum zu schmücken. |

## Feiertage

| | |
|---|---|
| **New Year's Day** [ˌnjuː jɪəz 'deɪ] *n* | der **Neujahrstag** |
| **carnival** ['kɑːnɪvl] *n* | der **Karneval**, der **Fasching** |
| **Good Friday** [ˌgʊd 'fraɪdeɪ] *n* | der **Karfreitag** |
| **Easter** ['iːstə] *n* | **Ostern** |
| **Easter Sunday** [ˌiːstə 'sʌndeɪ] *n* | der **Ostersonntag** |
| **Easter Monday** [ˌiːstə 'mʌndeɪ] *n* | der **Ostermontag** |
| **Whitsun** ['wɪtsn] *n* | **Pfingsten** |
| **Christmas** ['krɪsməs] *n* | **Weihnachten** |
| **Christmas Eve** [ˌkrɪsməs 'iːv] *n* | der **Heiligabend** |
| **Christmas Day** [ˌkrɪsməs 'deɪ] *n* | der **erste Weihnachtstag** |
| **Boxing Day** *BE* ['bɒksɪŋ ˌdeɪ] *n* | der **zweite Weihnachtstag** |
| **Thanksgiving** *AE* [ˌθæŋks'gɪvɪŋ] *n* | das **Erntedankfest** |

| | |
|---|---|
| **New Year's Eve** [ˌnjuː jɪəz ˈiːv] *n* | **Silvester** |
| **Shrove Tuesday** *BE* [ʃrəʊv ˈtjuːzdeɪ], **Mardi Gras** *AE* [ˈmɑːrdɪ ˌɡrɑː] *n* | der **Faschingsdienstag** |
| **Ash Wednesday** [ˌæʃ ˈwenzdeɪ] *n* | der **Aschermittwoch** |
| **Martin Luther King Day** *AE* [ˌmɑːrtn ˌluːθər ˈkɪŋ deɪ] *n* | der **Martin-Luther-King-Gedenktag** |
| **Independence Day** *AE* [ɪndɪˈpendəns ˌdeɪ] *n* | der **Unabhängigkeitstag** |
| **Memorial Day** *AE* [məˈmɔːrɪəl ˌdeɪ] *n* | der **Gedenktag** |
| **Labour Day** *BE* [ˈleɪbə ˌdeɪ], **Labor Day** *AE* [ˈleɪbər ˌdeɪ] *n* | der **Tag der Arbeit** |
| **May Bank Holiday** *BE* [ˌmeɪ bæŋk ˈhɒlədeɪ] *n* | der **Maifeiertag** |
| **Spring Bank Holiday** *BE* [ˌsprɪŋ bæŋk ˈhɒlədeɪ] *n* | der **Frühlingsfeiertag** |
| **August Bank Holiday** *BE* [ˌɔːɡəst bæŋk ˈhɒlədeɪ] *n* | der **Sommerfeiertag** |

# Ausgehen und Vergnügen

| | |
|---|---|
| **to go out** [tə ˌɡəʊ ˈaʊt] *phrase;* ▸ **v irr** S. 442 go | **ausgehen** |
| ▪ I asked Sarah **to go out** with me on Friday night. | ▪ Ich habe Sarah gebeten, mit mir Freitagabend **auszugehen**. |
| **to go for a drink** [tə ˌɡəʊ fər ə ˈdrɪŋk] *phrase;* ▸ **v irr** S. 442 go | **einen trinken gehen** |
| ▪ I'm thirsty. Let's **go for a drink**. | ▪ Ich habe Durst. Lass uns **einen trinken gehen**. |
| **entertainment** [ˌentəˈteɪnmənt] *n* | die **Unterhaltung** |
| ▪ Sam organized the **entertainment** for the party. | ▪ Sam organisierte die **Unterhaltung** für die Party. |
| **pleasure** [ˈpleʒə] *n* | das **Vergnügen** |
| ▪ Are you here for business or **pleasure**? | ▪ Sind Sie beruflich hier oder zu Ihrem **Vergnügen**? |

| | |
|---|---|
| **fun** [fʌn] *n*<br>▪ Watching TV would be much more **fun** without commercials. | der **Spaß**<br>▪ Ohne Werbung würde das Fernsehen viel mehr **Spaß** machen. |
| **to have fun** [tə ˌhæv ˈfʌn] *phrase;*<br>▸ **v irr** S. 442 have<br>▪ We **had** a lot of **fun** at the party last night. | **Spaß haben**<br><br>▪ Wir **hatten** bei der Party gestern Abend viel **Spaß**. |
| **Have fun!** [hæv ˈfʌn] *interj;*<br>▸ **v irr** S. 442 have | **Viel Spaß!** |
| **to enjoy** [tʊ ɪnˈdʒɔɪ] *v*<br>▪ The weather was great, we really **enjoyed** our holidays. | **genießen**<br>▪ Das Wetter war toll, wir **haben** unsere Ferien richtig **genossen**. |
| **to enjoy oneself** [tə ɪnˈdʒɔɪ wʌnˌself] *phrase*<br>▪ The weather was great, we really **enjoyed ourselves**. | **sich amüsieren**<br><br>▪ Das Wetter war toll, wir **haben uns** richtig **amüsiert**. |
| **Enjoy yourself!** [ɪnˈdʒɔɪ jəˌself] *interj* | **Viel Vergnügen!** |
| **dance** [*BE:* dɑːns, *AE:* dæns] *n*<br>▪ They had hired a traditional dance group for the **dance**. | die **Tanzveranstaltung**<br>▪ Sie hatten für die **Tanzveranstaltung** eine traditionelle Tanzgruppe engagiert. |
| **to dance** [*BE:* tə ˈdɑːns, *AE:* tə ˈdæns] *v*<br>▪ Ian always goes **dancing** when he's in a bad mood. | **tanzen**<br>▪ Ian geht immer **tanzen**, wenn er schlechter Laune ist. |
| **discotheque** [ˈdɪskətek] *n*<br>▪ He doesn't mind living above a **discotheque**. | die **Diskothek**<br>▪ Er hat nichts dagegen, über einer **Diskothek** zu wohnen. |
| **disco** [ˈdɪskəʊ] *n*<br>▪ Why don't we go to the **disco** tonight? | die **Disko**<br>▪ Warum gehen wir heute Abend nicht in die **Disko**? |
| **dinner party** [ˈdɪnə ˌpɑːtɪ] *n*<br>▪ The Johnsons served a delicious meal at their **dinner party**. | die **Abendgesellschaft**<br>▪ Die Johnsons servierten auf ihrer **Abendgesellschaft** ein köstliches Essen. |

| | |
|---|---|
| **show** [ʃəʊ] *n*<br>▪ Don't miss one of the great **shows** in Las Vegas. | die **Show**<br>▪ Versäumen Sie nicht eine der tollen **Shows** in Las Vegas. |
| **amusing** [ə'mjuːzɪŋ] *adj*<br>▪ We watched quite an **amusing** film on TV. | **amüsant**<br>▪ Wir haben einen recht **amüsanten** Film im Fernsehen gesehen. |
| **to make sb. laugh** [*BE:* tə ˌmeɪk ... 'lɑːf, *AE:* tə ˌmeɪk ... 'læf] *phrase;* ▸ **v irr** S. 443 make<br>▪ Tony's my best friend, he always **makes me laugh**. | **j-n zum Lachen bringen**<br>▪ Tony ist mein bester Freund, er **bringt** mich ständig **zum Lachen**. |
| **to make fun of sb.** [tə ˌmeɪk 'fʌn əv] *phrase;* ▸ **v irr** S. 443 make<br>▪ Jane hates it when people **make fun of** her. | **sich über j-n lustig machen**<br>▪ Jane hasst es, wenn **sich** Leute **über sie lustig machen**. |
| **joke** [dʒəʊk] *n*<br>▪ We realized too late that he'd just made a **joke**. | der **Scherz**, der **Witz**<br>▪ Wir merkten zu spät, dass er nur einen **Scherz** gemacht hatte. |
| **to joke** [tə 'dʒəʊk] *v*<br>▪ Don't be offended, he**'s** just **joking**. | **scherzen**<br>▪ Sei nicht beleidigt, er **scherzt** nur. |
| **funny** ['fʌnɪ] *adj*<br>▪ Carrie's so **funny** that she makes everybody laugh. | **witzig**<br>▪ Carrie ist so **witzig**, dass sie jeden zum Lachen bringt. |
| **for fun** [fə 'fʌn] *phrase*<br>▪ We all went in fancy dress just **for fun**. | **zum Spaß**<br>▪ **Zum Spaß** gingen wir alle in Faschingskostümen. |
| **laughter** [*BE:* 'lɑːftə, *AE:* 'læftər] *n*<br>▪ We heard loud **laughter** coming from the flat next door. | das **Gelächter**<br>▪ Wir hörten lautes **Gelächter** aus der Wohnung nebenan. |
| **night club** ['naɪt klʌb] *n*<br>▪ Would you like to check out that new **night club** that has opened around the corner? | der **Nachtklub**<br>▪ Hast du Lust, den neuen **Nachtklub** auszutesten, der um die Ecke aufgemacht hat? |
| **bar** [bɑː] *n*<br>▪ We hung out in that **bar** until 4 in the morning. | die **Bar**<br>▪ Wir hingen bis 4 Uhr morgens in dieser **Bar** ab. |

# Sport

| | |
|---|---|
| **sport** [spɔːt] *n* | der **Sport**, die **Sportart** |
| ▪ Baseball is a **sport** which is not very well known in Europe. | ▪ Baseball ist ein **Sport**, der in Europa nicht sehr bekannt ist. |
| **to do sport** [tə ˌduː ˈspɔːt] *phrase;* ▸ **v irr** S. 440 do | **Sport treiben** |
| ▪ Mick **does** a lot of **sport** to keep fit. | ▪ Mick **treibt** viel **Sport**, um fit zu bleiben. |
| **to train** [tə ˈtreɪn] *v* | **trainieren** |
| ▪ Top athletes **train** for several hours a day. | ▪ Spitzensportler **trainieren** mehrere Stunden am Tag. |
| **to run** [tə ˈrʌn] *v;* ▸ **v irr** S. 444 run | **rennen**, **laufen** |
| ▪ How fast can a world-class sprinter **run**? | ▪ Wie schnell kann ein Weltklasse-sprinter **laufen**? |
| **race** [reɪs] *n* | das **Rennen**, der **Lauf** |
| ▪ I competed in the first **race** but didn't win. | ▪ Ich bin im ersten **Rennen** gestartet, habe aber nicht gewonnen. |
| **slow** [sləʊ] *adj* | **langsam** |
| ▪ Mark thought he would win the race but he was too **slow**. | ▪ Mark dachte, er würde das Rennen gewinnen, aber er war zu **langsam**. |
| **slowly** [sləʊlɪ] *adv* | **langsam** |
| ▪ He won't win the race. He's running too **slowly**. | ▪ Er wird das Rennen nicht gewinnen. Er läuft zu **langsam**. |
| **fast** [*BE:* fɑːst, *AE:* fæst] *adj, adv* | **schnell** |
| ▪ She's a **fast**, but careful driver. | ▪ Sie ist eine **schnelle**, aber vorsichtige Fahrerin. |
| ▪ The racing cars were going **fast**. | ▪ Die Rennwagen fuhren **schnell**. |
| **gym** [dʒɪm] *n* | die **Turnhalle**, die **Sporthalle** |
| ▪ The **gym** is closed due to interior renovations. | ▪ Die **Turnhalle** ist wegen der Renovierung der Innenräume geschlossen. |
| **player** [ˈpleɪə] *n m/f* | der **Spieler**, die **Spielerin** |
| ▪ In rugby there are 13 or 15 **players** on a team. | ▪ Beim Rugby sind 13 oder 15 **Spieler** in einer Mannschaft. |

| | |
|---|---|
| **ball** [bɔːl] *n* | der **Ball** |
| ▪ In American Football the **ball** is not round but oval. | ▪ Beim American Football ist der **Ball** nicht rund, sondern oval. |
| **to throw** [tə 'θrəʊ] *v;* ▸ v irr S. 446 throw | **werfen** |
| ▪ In football the goalkeeper is the only player allowed to pick up the ball and **throw** it. | ▪ Beim Fußball ist der Torwart der einzige Spieler, der den Ball aufnehmen und **werfen** darf. |
| **to catch** [tə 'kætʃ] *v;* ▸ v irr S. 440 catch | **fangen** |
| ▪ In volleyball you are not allowed to **catch** or throw the ball. | ▪ Beim Volleyball ist es nicht gestattet, den Ball zu **fangen** oder zu werfen. |
| **football** *BE* ['fʊtbɔːl], **soccer** *AE* ['sɒkə] *n* | **Fußball** |
| ▪ **Football** is the most popular sport in Europe and South America. | ▪ **Fußball** ist der beliebteste Sport in Europa und Südamerika. |
| ▪ In the US **soccer** is most popular among women. | ▪ In den USA ist **Fußball** vor allem bei Frauen beliebt. |
| **winter sports** [ˌwɪntə 'spɔːts] *n* | der **Wintersport** |
| ▪ My grandmother used to watch all sorts of **winter sports** on TV. | ▪ Meine Großmutter schaute jede Art von **Wintersport** im Fernsehen. |
| **ski** [skiː] *n* | der **Ski** |
| ▪ **Skis** were first used in Norway. | ▪ **Skier** wurden zum ersten Mal in Norwegen benutzt. |
| **to go skiing** [tə ˌgəʊ 'skiːɪŋ] *phrase;* ▸ v irr S. 442 go | **Ski laufen** |
| ▪ We always **go skiing** at Easter. | ▪ Wir gehen immer zu Ostern **Ski laufen**. |
| **to go sledging** *BE* [tə ˌgəʊ 'sledʒɪŋ], **to go sledding** *AE* [tə ˌgəʊ 'sledɪŋ] *phrase;* ▸ v irr S. 442 go | **Schlitten fahren** |
| ▪ We hardly ever get any snow in the city, so I drive into the mountains to **go sledging**. | ▪ Wir bekommen in der Stadt fast nie Schnee; ich fahre deshalb in die Berge, um **Schlitten** zu **fahren**. |

**to swim** [tə 'swɪm] *v;* ▸ **v irr** S. 445 swim — **schwimmen**
- It takes at least nine hours to **swim** across the English Channel.
- Man braucht mindestens neun Stunden, um durch den Ärmelkanal zu **schwimmen**.

**swimming pool** ['swɪmɪŋ ˌpuːl] *n* — das **Schwimmbad**
- Dan works as a lifeguard at the **swimming pool**
- Dan arbeitet als Bademeister im **Schwimmbad**.

**to ride** [tə 'raɪd] *v;* ▸ **v irr** S. 443 ride — **reiten**
- In the Derby, the jockeys **ride** three-year old horses.
- Im Derby **reiten** die Jockeys drei Jahre alte Pferde.

**hike** [haɪk] *n* — die **Wanderung**
- Adam is planning an extended **hike** through the Southern Alps.
- Adam plant eine ausgedehnte **Wanderung** durch die südlichen Alpen.

**ascent** [ə'sent] *n* — der **Aufstieg**
- The **ascent** was exhausting and somewhat dangerous.
- Der **Aufstieg** war anstrengend und ein wenig gefährlich.

**to go climbing** [tə ˌgəʊ 'klaɪmɪŋ] *phrase;* ▸ **v irr** S. 442 go — **bergsteigen gehen**
- Graham **goes climbing** whenever he finds the time.
- Graham **geht bergsteigen**, wann immer er die Zeit dazu findet.

**game** [geɪm] *n* — das **Spiel**
- Their quarterback was injured during the first half of the game.
- Ihr Quarterback wurde in der ersten Hälfte des **Spiels** verletzt.

➡ Für Mannschaftsspiele wird im AE und BE das Wort **game** verwendet; im BE spricht man darüber hinaus auch von einem **match**.

**match** [mætʃ] *n* — das **Spiel**
- We watched the **match** between Manchester United and Arsenal on TV.
- Wir haben uns das **Spiel** zwischen Manchester United und Arsenal London im Fernsehen angesehen.

➡ game ▸ S. 185

**competition** [ˌkɒmpə'tɪʃn, 'kɒmpə'tɪʃn] *n* — der **Wettkampf**, der **Wettbewerb**
- Dev won a **competition** at school and got £50.
- Dev hat in der Schule einen **Wettkampf** gewonnen und 50 Pfund bekommen.

| | |
|---|---|
| **competitor** [kəm'petɪtə] *n m/f* | der **Teilnehmer**, die **Teilnehmerin** |
| ▪ Over 200 **competitors** took part in the competition. | ▪ Über 200 **Teilnehmer** nahmen an dem Wettkampf teil. |
| **victory** ['vɪktərɪ] *n* | der **Sieg** |
| ▪ We celebrated Arsenal's 1–0 **victory** over Manchester with a glass of champagne. | ▪ Wir feierten den 1:0-**Sieg** von Arsenal über Manchester mit einem Glas Sekt. |
| **winner** ['wɪnə] *n m/f* | der **Sieger**, die **Siegerin** |
| ▪ The **winner** received a gold medal. | ▪ Der **Sieger** erhielt eine Goldmedaille. |
| **to win** [tə 'wɪn] *v;* ▸ **v irr** S. 446 win | **siegen, gewinnen** |
| ▪ She **won** in the semi final but only came third in the final. | ▪ Sie **siegte** im Halbfinale, doch wurde im Finale nur Dritte. |
| **defeat** [dɪ'fi:t] *n* | die **Niederlage** |
| ▪ The Canadian hockey team suffered a 5–4 **defeat** against Russia. | ▪ Das kanadische Eishockeyteam erlitt eine 5:4-**Niederlage** gegen Russland. |
| **loser** ['lu:zə] *n m/f* | der **Verlierer**, die **Verliererin** |
| ▪ The **loser** will get a consolation prize. | ▪ Der **Verlierer** wird einen Trostpreis erhalten. |
| **to lose** [tə 'lu:z] *v;* ▸ **v irr** S. 443 lose | **verlieren** |
| ▪ Scotland **lost** 3–4 to Ireland. | ▪ Schottland **hat** 3:4 gegen Irland **verloren**. |
| **start** [stɑ:t] *n* | der **Start** |
| ▪ The American sprinter took the lead right after the **start**. | ▪ Der amerikanische Sprinter übernahm gleich nach dem **Start** die Führung. |
| **finish** ['fɪnɪʃ] *n* | das **Ziel** |
| ▪ The South African runner led the competition from start to **finish**. | ▪ Der südafrikanische Läufer führte die Konkurrenz vom Start bis ins **Ziel** an. |
| **opponent** [ə'pəʊnənt] *n m/f* | der **Gegner**, die **Gegnerin** |
| ▪ Ali won the fight even though his **opponent** looked much stronger. | ▪ Obwohl sein **Gegner** viel stärker aussah, gewann Ali den Kampf. |
| **fair** [feə] *adj* | **fair** |
| ▪ I don't think the referee was very **fair**. | ▪ Ich finde, der Schiedsrichter war nicht allzu **fair**. |

| | |
|---|---|
| **famous** ['feɪməs] *adj*<br>▪ Pele is probably the most **famous** football player in the world. | **berühmt**<br>▪ Pele ist wahrscheinlich der **berühmteste** Fußballer der Welt. |
| **athlete** ['æθliːt] *n m/f*<br>▪ Stuntmen must be good **athletes**. | der **Sportler**, die **Sportlerin**<br>▪ Stuntmen müssen gute **Sportler** sein. |
| **athletic** [æθ'letɪk] *adj*<br>▪ Donald was quite **athletic** in his youth. | **sportlich**<br>▪ In seiner Jugend war Donald ziemlich **sportlich**. |
| **training** ['treɪnɪŋ] *n*<br>▪ Amir won the fight after weeks of hard **training**. | das **Training**<br>▪ Amir gewann den Kampf nach Wochen harten **Trainings**. |
| **practice** ['præktɪs] *n*<br>▪ Only those who show up for **practice** will get a chance to play at the weekend. | das **Training**<br>▪ Nur die, die zum **Training** erscheinen, werden die Möglichkeit bekommen, am Wochenende zu spielen. |
| **stadium** ['steɪdɪəm] *n*<br>▪ The new **stadium** was opened with a ceremony. | das **Stadion**<br>▪ Das neue **Stadion** wurde mit einem Festakt eröffnet. |
| **team** [tiːm] *n*<br>▪ A **team** should be more than the sum of its members. | die **Mannschaft**<br>▪ Eine **Mannschaft** sollte mehr sein als die Summe ihrer Mitglieder. |
| **exercise** ['eksəsaɪz] *n*<br>▪ After ten hours working at the computer I needed some **exercise**. | die **Bewegung**<br>▪ Nach zehn Stunden Arbeit am Computer brauchte ich etwas **Bewegung**. |
| **fitness** ['fɪtnəs] *n*<br>▪ Ryan joined a gym to improve his **fitness**. | die **Fitness**<br>▪ Ryan wurde Mitglied in einem Studio, um seine **Fitness** zu verbessern. |
| **fit** [fɪt] *adj*<br>▪ Molly keeps **fit** by jogging every day. | **fit**<br>▪ Molly hält sich durch tägliches Joggen **fit**. |
| **endurance** [ɪn'djʊərəns] *n*<br>▪ I jog every day to improve my **endurance**. | die **Ausdauer**<br>▪ Ich jogge jeden Tag, um meine **Ausdauer** zu trainieren. |

| | |
|---|---|
| **to jump** [tə 'dʒʌmp] *v*<br>▪ Show jumpers must be able to **jump** over high fences. | **springen**<br>▪ Springpferde müssen über hohe Zäune **springen** können. |
| **to hop** [tə 'hɒp] *v*<br>▪ When there's no match going on the rabbits **hop** across the sports ground. | **hüpfen**<br>▪ Wenn gerade kein Spiel läuft, **hüpfen** die Kaninchen über das Sportfeld. |
| **goal** [gəʊl] *n*<br>▪ Our team won the football match by three **goals** to one. | das **Tor**<br>▪ Unsere Mannschaft gewann das Fußballspiel mit drei zu eins **Toren**. |
| **field** [fi:ld] *n*<br>▪ After their team lost the match some angry fans threw toilet rolls on the **field**. | das **Spielfeld**<br>▪ Nachdem ihre Mannschaft das Spiel verloren hatte, warfen wütende Fans Toilettenpapierrollen aufs **Spielfeld**. |
| **jogging** ['dʒɒgɪŋ] *n*<br>▪ Gail started **jogging** at the age of 40. Today she's fitter than her 20-year old daughter. | das **Joggen**<br>▪ Mit 40 fing Gail mit dem **Joggen** an. Heute ist sie fitter als ihre zwanzigjährige Tochter. |
| **athletics** *BE* [æθ'letɪks], **track and field** *AE* [ˌtræk ənd 'fi:ld] *n*<br>▪ **Athletics** is one of the most popular Olympic disciplines.<br>▪ Randy did **track and field** when he was a child but later joined a baseball team. | **Leichtathletik**<br>▪ **Leichtathletik** ist eine der populärsten olympischen Disziplinen.<br>▪ Als Kind machte Randy **Leichtathletik**, später jedoch schloss er sich einem Baseballteam an. |
| **volleyball** ['vɒlɪbɔ:l] *n*<br>▪ Beth's good at **volleyball** even though she's rather short. | **Volleyball**<br>▪ Beth ist gut in **Volleyball**, obwohl sie eher klein ist. |
| **basketball** [*BE:* 'bɑ:skɪtbɔ:l, *AE:* 'bæskɪtbɔ:l] *n*<br>▪ Mario's been playing **basketball**, since he was 14. | **Basketball**<br>▪ Mario spielt **Basketball** seit er 14 ist. |
| **handball** ['hændbɔ:l] *n*<br>▪ **Handball** is a dangerous sport. | **Handball**<br>▪ **Handball** ist ein gefährlicher Sport. |

| | |
|---|---|
| **golf** [gɒlf] *n* | **Golf** |
| ▪ My husband has gone out to play **golf**. | ▪ Mein Mann ist **Golf** spielen gegangen. |
| **tennis** ['tenɪs] *n* | **Tennis** |
| ▪ You can play **tennis** indoors and outdoors. | ▪ Man kann **Tennis** drinnen und draußen spielen. |
| **racket** ['rækɪt] *n* | der **Schläger** |
| ▪ Matthew used his new **racket** in the match. | ▪ Matthew benutzte seinen neuen **Schläger** im Spiel. |
| **hockey** *BE* ['hɒkɪ], **field hockey** *AE* ['fiːld ˌhɒkɪ] *n* | **Hockey** |
| ▪ Alec plays **hockey** twice a week. | ▪ Alec spielt zweimal in der Woche **Hockey**. |
| ▪ **Field hockey** is quite popular in Pakistan and India. | ▪ **Hockey** ist in Pakistan und Indien recht populär. |
| **ice hockey** *BE* ['aɪs ˌhɒkɪ], **hockey** *AE* ['hɒkɪ] *n* | **Eishockey** |
| ▪ **Ice hockey** is the official national winter sport in Canada. | ▪ **Eishockey** ist der offizielle Nationalsport im Winter in Kanada. |
| ▪ In Canada women started playing **hockey** around 1900. | ▪ In Kanada begannen die Frauen um 1900, **Eishockey** zu spielen. |
| **sailing** ['seɪlɪŋ] *n* | **Segeln** |
| ▪ **Sailing** as a sport was introduced in Britain by King Charles II in 1660. | ▪ In Großbritannien wurde **Segeln** 1660 von König Karl II. als Sportart eingeführt. |
| **diving** ['daɪvɪŋ] *n* | **Tauchen** |
| ▪ Although he's got only one leg **diving** is his favourite pastime. | ▪ Obwohl er nur ein Bein hat, ist **Tauchen** seine liebste Freizeitbeschäftigung. |
| **surfing** ['sɜːfɪŋ] *n* | **Surfen** |
| ▪ When he lived in Australia he used to go **surfing** every day. | ▪ Als er in Australien wohnte, ging er jeden Tag zum **Surfen**. |
| **to climb** [tə 'klaɪm] *v* | **klettern** |
| ▪ Free climbing is much more interesting than **climbing** in a climbing gym. | ▪ Das Freiklettern ist viel interessanter, als in einer Kletterhalle zu **klettern**. |

| | |
|---|---|
| **to score a goal** [tə ˌskɔː ə ˈgəʊl] *phrase* | **ein Tor schießen** |
| ▪ Collins was the best player. He **scored** four **goals**. | ▪ Collins war der beste Spieler. Er **hat** vier **Tore geschossen**. |
| **final** [ˈfaɪnl] *n* | das **Endspiel**, das **Finale** |
| ▪ Liverpool played Milan in the **final** and won 6–5 on penalties. | ▪ Im **Endspiel** traf Liverpool auf Mailand und gewann 6:5 nach Elfmeterschießen. |
| **world championship** [ˌwɜːld ˈtʃæmpɪənʃɪp] *n* | die **Weltmeisterschaft** |
| ▪ The 2007 **world championship** took place in Osaka, Japan. | ▪ Die **Weltmeisterschaft** 2007 fand in Osaka, Japan, statt. |
| **world cup** [ˈwɜːld ˈkʌp] *n* | die **Fußballweltmeisterschaft**, die **Weltmeisterschaft** |
| ▪ Who do you think is going to win the next **world cup**? | ▪ Wer, glaubst du, wird die nächste **Weltmeisterschaft** gewinnen? |
| **Olympic Games** [əˌlɪmpɪk ˈgeɪmz] *n pl* | die **Olympischen Spiele** |
| ▪ The **Olympic Games** in the year 2000 were held in Sydney, Australia. | ▪ Die **Olympischen Spiele** des Jahres 2000 wurden im australischen Sydney abgehalten. |
| **medal** [ˈmedl] *n* | die **Medaille** |
| ▪ She won four **medals**: three gold medals and one silver medal. | ▪ Sie hat vier **Medaillen** gewonnen: drei Goldmedaillen und eine Silbermedaille. |
| **prize** [praɪz] *n* | der **Preis**, der **Gewinn** |
| ▪ Neil won first **prize** in the long jump. | ▪ Neil gewann den ersten **Preis** im Weitsprung. |
| ▪ Since they both finished first they had to share the **prize**. | ▪ Da sie beide als Erste ins Ziel kamen, mussten sie sich den **Gewinn** teilen. |
| **referee** [ˌrefəˈriː] *n m/f* | der **Schiedsrichter**, die **Schiedsrichterin** |
| ▪ The goalkeeper was sent off by the **referee**. | ▪ Der **Schiedsrichter** stellte den Torwart vom Platz. |

➡ Den Schiedsrichter beim Tennis, Baseball und Cricket nennt man **umpire**.

| | |
|---|---|
| **to referee** [tə ˌrefəˈriː] *v* | **pfeifen** |
| ▪ Who'**s going to referee** the game? | ▪ Wer **wird** das Spiel **pfeifen**? |

| | |
|---|---|
| **to give a penalty** [tə ˌgɪv ə 'penltɪ] *phrase;* ▸ **v irr** S. 441 give | **einen Elfmeter geben** |
| ▪ The referee **gave a penalty** to England. | ▪ Der Schiedsrichter **gab einen Elfmeter** für England. |
| **fan** [fæn] *n m/f* | der **Fan** |
| ▪ The **fans** of both teams celebrated together after the match. | ▪ Nach dem Spiel feierten die **Fans** beider Teams gemeinsam. |
| **record** ['rekɔːd] *n* | der **Rekord** |
| ▪ Symonds set up a new Olympic **record**. | ▪ Symonds stellte einen neuen olympischen **Rekord** auf. |
| **success** [sək'ses] *n* | der **Erfolg** |
| ▪ Brad's had a lot of **success** as a tennis player. | ▪ Brad hat viel **Erfolg** als Tennisspieler. |
| **successful** [sək'sesfl] *adj* | **erfolgreich** |
| ▪ He's been extremely **successful** for many years. | ▪ Er ist seit Jahren ungemein **erfolgreich**. |
| **unsuccessful** [ˌʌnsək'sesfl] *adj* | **erfolglos** |
| ▪ Zara's made several **unsuccessful** attempts to win the competition. | ▪ Zara hat schon mehrere **erfolglose** Versuche unternommen, den Wettbewerb zu gewinnen. |
| **well-known** [ˌwel'nəʊn] *adj* | **bekannt** |
| ▪ She's a **well-known** athlete in her country. | ▪ In ihrem Land ist sie eine **bekannte** Athletin. |
| **exciting** [ɪk'saɪtɪŋ] *adj* | **spannend** |
| ▪ The match was **exciting** right up to the last minute. | ▪ Das Spiel war bis zur letzten Minute **spannend**. |

# Hobbys

| | |
|---|---|
| **photo** ['fəʊtəʊ] *n* | das **Foto**, die **Aufnahme** |
| ▪ I took over a thousand **photos** when I was on holiday in South Africa. | ▪ Ich habe über tausend **Fotos** gemacht, als ich in Südafrika im Urlaub war. |
| **to take pictures** [tə ˌteɪk 'pɪktʃəz] *phrase;* ▸ **v irr** S. 446 take | **fotografieren** |
| ▪ I **took** hundreds of **pictures** of her. | ▪ Ich **habe** sie Hunderte Male **fotografiert**. |
| **camera** ['kæmrə] *n* | die **Kamera**, der **Fotoapparat** |
| ▪ His **camera** is old but takes excellent pictures. | ▪ Seine **Kamera** ist zwar alt, macht aber ausgezeichnete Aufnahmen. |
| **digital camera** [ˌdɪdʒɪtl 'kæmrə] *n* | die **Digitalkamera** |
| ▪ Hannah bought a **digital camera** on the Internet. | ▪ Hannah hat sich eine **Digitalkamera** im Internet gekauft. |
| **flash** [flæʃ] *n* | der **Blitz** |
| ▪ Turn off the **flash**. It's bright enough in this room. | ▪ Mach den **Blitz** aus. Es ist hell genug im Raum. |
| **subject** ['sʌbdʒekt] *n* | das **Motiv** |
| ▪ The **subject** I photograph most is landscapes. | ▪ Das **Motiv**, das ich am häufigsten fotografiere, sind Landschaften. |
| **game** [geɪm] *n* | das **Spiel** |
| ▪ We usually play **games** on long train journeys. | ▪ Bei langen Zugfahrten spielen wir meist **Spiele**. |
| **to play** [tə 'pleɪ] *v* | **spielen** |
| ▪ Children like to **play** outdoors. | ▪ Kinder **spielen** gern draußen. |
| **to gamble** [tə 'gæmbl] *v* | **Glücksspiele spielen** |
| ▪ Andy spends hours at the casino on the pier **gambling**. | ▪ Andy verbringt Stunden im Kasino auf dem Pier und **spielt Glücksspiele**. |
| **luck** [lʌk] *n* | das **Glück** |
| ▪ With a little bit of **luck** you'll win first prize. | ▪ Mit ein bisschen **Glück** wirst du den ersten Preis gewinnen. |

**bad luck** [ˌbæd ˈlʌk] *n*
- Losing the match by a goal in the last minute was really **bad luck**.

das **Pech**
- Das Spiel durch ein Tor in der letzten Minute zu verlieren war wirklich **Pech**.

**dice** [daɪs] *n*
- If you have a couple of **dice** we can shoot craps.

der **Würfel**
- Wenn du zwei **Würfel** hast, können wir Craps spielen.

**playing cards** [ˈpleɪɪŋ ˌkɑːdz] *n pl*
- I left my **playing cards** on the train.

die **Spielkarten**
- Ich habe meine **Spielkarten** im Zug liegen lassen.

**hobby** [ˈhɒbɪ] *n*
- Repairing old cars is his **hobby**.

das **Hobby**
- Alte Autos zu reparieren, ist sein **Hobby**.

**free time** [ˌfriː ˈtaɪm] *n*
- Sam does a lot of sport in his **free time**.

die **Freizeit**
- Sam treibt in seiner **Freizeit** viel Sport.

**to go for a walk** [tə ˌgəʊ fər ə ˈwɔːk] *phrase;* ▸ **v irr** S. 442 go
- Let's **go for a walk** after dinner.

**einen Spaziergang machen**
- Lasst uns nach dem Abendessen **einen Spaziergang machen**.

**to go for a stroll** [tə ˌgəʊ fər ə ˈstrəʊl] *phrase;* ▸ **v irr** S. 442 go
- We should **go for a stroll** through the old part of town this afternoon.

**einen Stadtbummel machen**
- Heute Nachmittag sollten wir **einen Stadtbummel** durch die Altstadt **machen**.

**to do handicrafts** [*BE:* tə ˌduː ˈhændɪkrɑːfts, *AE:* tə ˌduː ˈhændɪkræfts] *phrase;* ▸ **v irr** S. 440 do
- Monica **does** a lot of **handicrafts** and is very talented.

**basteln, handarbeiten**
- Monica **bastelt** viel und ist sehr talentiert.

➡ Der Begriff **to do handicrafts** wird als Oberbegriff im Englischen weitaus seltener verwendet als **basteln** im Deutschen. Viel häufiger spezifiziert man, was man gern tut: **I like knitting** oder **I like making cards**.

**tool** [tuːl] *n*
- I need some **tools** to repair my bike.

das **Werkzeug**
- Ich brauche **Werkzeug**, um mein Fahrrad zu reparieren.

| | |
|---|---|
| **pocket knife** ['pɒkɪt ˌnaɪf] *n* | das **Taschenmesser** |
| ▪ Charley is very proud of the **pocket knife** he got for his ninth birthday. | ▪ Charley ist sehr stolz auf das **Taschenmesser**, das er zum neunten Geburtstag bekommen hat. |
| **to fish** [tə 'fɪʃ] *v* | **angeln** |
| ▪ Uncle Harry loves to **fish**. | ▪ Onkel Harry **angelt** gern. |
| **to go fishing** [tə ˌgəʊ 'fɪʃɪŋ] *phrase;* ▸ **v irr** S. 442 go | **fischen gehen** |
| ▪ In Canada I **went fishing** and caught a salmon. | ▪ In Kanada **bin** ich **fischen gegangen** und habe einen Lachs gefangen. |
| **portrait** ['pɔːtrət] *n* | das **Porträt** |
| ▪ The boss has a **portrait** of his wife on his desk. | ▪ Der Chef hat ein **Porträt** seiner Frau auf dem Schreibtisch. |
| **panorama** [ˌpænə'rɑːmə] *n* | das **Panoramabild** |
| ▪ In the museum you can see a **panorama** of the whole canyon. | ▪ Im Museum kann man ein **Panoramabild** des ganzen Canyons sehen. |
| **to zoom** [tə 'zuːm] *v* | **(heran)zoomen** |
| ▪ Why didn't you **zoom** in on that butterfly? | ▪ Warum **hast** du diesen Schmetterling nicht **herangezoomt**? |
| **lens** [lenz] *n* | das **Objektiv** |
| ▪ I've left my bag of **lenses** in the hotel room. | ▪ Ich habe meine Tasche mit den **Objektiven** im Hotelzimmer vergessen. |
| **negative** ['negətɪv] *n* | das **Negativ** |
| ▪ I have a dark room at home and still develop all the **negatives** myself. | ▪ Ich habe eine Dunkelkammer zu Hause und entwickele alle **Negative** noch selbst. |
| **to develop** [tə dɪ'veləp] *v* | **entwickeln** |
| ▪ I hardly ever **have** photos **developed** anymore. I look at them on my computer. | ▪ Ich lasse nur noch selten Fotos **entwickeln**. Ich schaue sie mir auf meinem Computer an. |
| **charger** ['tʃɑːdʒə] *n* | das **Aufladegerät** |
| ▪ My camera battery is dead and I left the **charger** at home. | ▪ Der Akku meiner Kamera ist leer und ich habe das **Aufladegerät** zu Hause vergessen. |

| | |
|---|---|
| **camera phone** ['kæmrə ˌfəʊn] *n* | das **Fotohandy** |
| ▪ Harold took a picture with his new **camera phone**. | ▪ Harold hat ein Foto mit seinem neuen **Fotohandy** gemacht. |
| **chess** [tʃes] *n* | das **Schach** |
| ▪ My 15-year old son regularly beats me when I play **chess** with him. | ▪ Mein 15-jähriger Sohn schlägt mich regelmäßig im **Schach**. |
| **rule** [ruːlz] *n* | die **Spielregel**, die **Regel** |
| ▪ I heard you play baseball. Could you explain the **rules** to me? | ▪ Ich habe gehört, du spielst Baseball. Könntest du mir die **Spielregeln** erklären? |
| **to be lucky** [tə biː 'lʌkɪ] *phrase;* ▸ **v irr** S. 439 be | **Glück haben** |
| ▪ They **were** very **lucky** to win that game. | ▪ Sie **haben** bei ihrem Sieg viel **Glück gehabt**. |
| **to bet** [tə 'bet] *v;* ▸ **v irr** S. 439 bet | **wetten** |
| ▪ I **bet** you £10 that Chelsea will win. | ▪ Ich **wette** mit dir um 10 Pfund, dass Chelsea gewinnt. |
| **to risk** [tə 'rɪsk] *v* | **riskieren** |
| ▪ Liverpool **risks** losing the match if their best player is sent off. | ▪ Liverpool **riskiert** es, das Spiel zu verlieren, wenn ihr bester Spieler vom Platz gestellt wird. |
| **risky** ['rɪskɪ] *adj* | **riskant** |
| ▪ Is it **risky** to dive down to the wreck? | ▪ Ist es **riskant**, zum Wrack hinunterzutauchen? |
| **puzzle** ['pʌzl] *n* | das **Rätsel** |
| ▪ My grandfather is quite good at solving **puzzles**. | ▪ Mein Großvater kann gut **Rätsel** lösen. |

➡ Unter einem Rätsel kann man mehrere Dinge verstehen: ein Kreuzworträtsel heißt **crossword puzzle**, ein Rätsel im Sinne von Geheimnis ist ein **mystery** oder ein **riddle** und ein **enigma** ist jemand oder etwas Undurchschaubares.

| | |
|---|---|
| **jigsaw puzzle** ['dʒɪgsɔː ˌpʌzl] *n* | das **Puzzle** |
| ▪ I like doing **jigsaw puzzles**. I even do small ones on the Internet. | ▪ Ich mache gern **Puzzles**. Kleine mache ich sogar im Internet. |
| **to guess** [tə 'ges] *v* | **erraten** |
| ▪ You **guessed** the riddle. | ▪ Du **hast** das Rätsel **erraten**. |

| | |
|---|---|
| **activity** [æk'tɪvətɪ] *n* | die **Aktivität** |
| ▪ Dan looks stressed out. He's got too many **activities** going on at the same time. | ▪ Dan sieht gestresst aus. Er hat zu viele **Aktivitäten** gleichzeitig laufen. |
| **active** ['æktɪv] *adj* | **aktiv** |
| ▪ Grandma is over 80 but still very **active**. | ▪ Großmutter ist über 80, aber immer noch sehr **aktiv**. |
| **leisure activity** [*BE:* 'leʒə æk,tɪvətɪ, *AE:* 'liːʒər æk,tɪvətɪ] *n* | die **Freizeitbeschäftigung** |
| ▪ Many people say that watching TV is their favourite **leisure activity**. | ▪ Viele Leute sagen, dass Fernsehen ihre liebste **Freizeitbeschäftigung** ist. |
| **leisure centre** *BE* ['leʒə ,sentə], **leisure center** *AE* ['liːʒər ,sentər] *n* | das **Freizeitzentrum** |
| ▪ The **leisure centre** on Bromley Road burned down last night. | ▪ Das **Freizeitzentrum** in der Bromley Road ist letzte Nacht abgebrannt. |
| **to spend time on** [tə ,spend 'taɪm ɒn] *phrase;* ▸ v irr S. 445 spend | **sich widmen** |
| ▪ Grandpa **spends** a lot of **time on** his garden. | ▪ Opa **widmet sich** häufig seinem Garten. |
| **amateur** ['æmətə] *adj* | **Hobby-** |
| ▪ She's an **amateur** astronomer and spends every clear night behind her telescope. | ▪ Sie ist **Hobby**astronomin und verbringt jede klare Nacht hinter ihrem Teleskop. |
| **collection** [kə'lekʃn] *n* | die **Sammlung** |
| ▪ Sandra's got a huge **collection** of old wine glasses. | ▪ Sandra hat eine riesige **Sammlung** alter Weingläser. |
| **to collect** [tə kə'lekt] *v* | **sammeln** |
| ▪ Peter **collects** old and valuable books. | ▪ Peter **sammelt** alte, kostbare Bücher. |
| **sunshade** ['sʌnʃeɪd] *n* | der **Sonnenschirm** |
| ▪ I think we should put up the **sunshade**. It's going to be a hot day. | ▪ Ich denke, wir sollten den **Sonnenschirm** aufstellen. Es wird ein heißer Tag werden. |
| **to sunbathe** [tə 'sʌnbeɪð] *v* | **sich sonnen** |
| ▪ I wish I were on holiday now, **sunbathing** on a beautiful beach. | ▪ Ich wünschte, ich wäre jetzt im Urlaub und würde **mich** an einem schönen Strand **sonnen**. |

| | |
|---|---|
| **to sun oneself** [tə 'sʌn wʌnˌself] *v* | **sich sonnen** |
| ▪ Fergus was **sunning himself** on the balcony. | ▪ Fergus **sonnte sich** auf dem Balkon. |
| **to go hunting** [tə ˌgəʊ 'hʌntɪŋ] *phrase;* ▸ v irr S. 442 go | **auf die Jagd gehen** |
| ▪ The men decided to **go hunting** in the forest. | ▪ Die Männer entschieden sich, im Wald **auf die Jagd** zu **gehen**. |
| **do-it-yourself** [ˌduːɪtjə'self] *n* *(Kurzf. DIY)* | das **Heimwerken** |
| ▪ He's bought yet another book on **do-it-yourself** but still can't fix a dripping water tap. | ▪ Er hat sich noch ein Buch über **Heimwerken** gekauft und kann immer noch keinen tropfenden Wasserhahn reparieren. |
| **wallpaper** ['wɔːlˌpeɪpə] *n* | die **Tapete** |
| ▪ My friend John considers **wallpaper** old-fashioned. He'd rather paint the walls of his rooms. | ▪ Mein Freund John hält **Tapeten** für altmodisch. Er malt seine Räume lieber an. |
| **to decorate** [tə 'dekəreɪt] *v* | **tapezieren**, **renovieren** |
| ▪ We spent last weekend **decorating** my flat. | ▪ Wir haben das vergangene Wochenende damit verbracht, meine Wohnung zu **renovieren**. |
| **paint** [peɪnt] *n* | die **Farbe**, der **Anstrich** |
| ▪ I need a brush and a tin of **paint**. | ▪ Ich brauche einen Pinsel und eine Dose **Farbe**. |
| ▪ Be careful! The **paint** is still wet. | ▪ Sei vorsichtig! Der **Anstrich** ist noch feucht. |
| **coat** [kəʊt] *n* | der **Anstrich** |
| ▪ The wall needed a second **coat**. | ▪ Die Wand benötigte einen zweiten **Anstrich**. |
| **ladder** ['lædə] *n* | die **Leiter** |
| ▪ How did he break his leg? – He fell off a **ladder**. | ▪ Wie hat er sich das Bein gebrochen? – Er ist von der **Leiter** gefallen. |
| **screw** [skruː] *n* | die **Schraube** |
| ▪ Can I have this **screw** with a round head? | ▪ Kann ich diese **Schraube** mit rundem Kopf haben? |

| | |
|---|---|
| **screwdriver** ['skruːˌdraɪvə] *n*<br>▪ A **screwdriver** is a tool used for turning screws. | der **Schraubenzieher**<br>▪ Ein **Schraubenzieher** ist ein Gerät, mit dem man Schrauben dreht. |
| **hook** [hʊk] *n*<br>▪ There's a **hook** behind the door where you can put your hat. | der **Haken**<br>▪ Hinter der Tür ist ein **Haken**, an den Sie Ihren Hut hängen können. |
| **saw** [sɔː] *n*<br>▪ Dad used a **saw** to cut the log in half. | die **Säge**<br>▪ Papa verwendete eine **Säge**, um den Baumstamm durchzusägen. |
| **board** [bɔːd] *n*<br>▪ This shop has all kinds of **boards**: cutting boards, chopping boards, and even sushi boards. | das **Brett**<br>▪ Dieser Laden hat alle möglichen **Bretter**: Schneidebretter, Hackbretter und sogar Sushibretter. |
| **hammer** ['hæmə] *n*<br>▪ Have you seen my **hammer**? I wonder where I put it. | der **Hammer**<br>▪ Hast du meinen **Hammer** gesehen? Ich frage mich, wo ich ihn hingelegt habe. |
| **to hammer in** [tə ˌhæmər 'ɪn] *phrase*<br>▪ I tried to **hammer in** a nail but hit my thumb. | **einschlagen**<br>▪ Ich wollte einen Nagel **einschlagen**, habe aber meinen Daumen getroffen. |
| **nail** [neɪl] *n*<br>▪ Hammers and **nails** are sold at a do-it-yourself store. | der **Nagel**<br>▪ Hämmer und **Nägel** bekommt man in einem Baumarkt. |
| **cord** [kɔːd] *n*<br>▪ The **cord** is always twisted. It's about time I buy a cordless phone. | die **Schnur**<br>▪ Die **Schnur** ist immer verdreht. Es wird Zeit, dass ich mir ein schnurloses Telefon kaufe. |
| **rope** [rəʊp] *n*<br>▪ A **rope** is thicker and more durable than a cord. | das **Seil**<br>▪ Ein **Seil** ist dicker und haltbarer als eine Schnur. |
| **to tie (up)** [tə ˌtaɪ ('ʌp)] *phrase*<br>▪ Can you help me **tie up** this sack? | **(zu)binden, verschnüren**<br>▪ Kannst du mir helfen, diesen Sack **zuzubinden**? |

| | |
|---|---|
| **needle** ['niːdl] *n*<br>▪ This is like looking for a **needle** in a haystack. | die **Nadel**<br>▪ Das ist, als würde man nach einer **Nadel** im Heuhaufen suchen. |
| **thread** [θred] *n*<br>▪ Nina sewed the button back on with a black **thread**. | der **Faden**<br>▪ Nina hat den Knopf mit einem schwarzen **Faden** wieder angenäht. |

# Shoppen

## Auswählen und Bezahlen

| | |
|---|---|
| **to buy** [tə 'baɪ] *v;* ▸ **v irr** S. 440 buy<br>▪ Stewart **bought** this bike second-hand. | **kaufen**<br>▪ Stewart **hat** dieses Fahrrad gebraucht **gekauft**. |
| **acquisition** [ˌækwɪ'zɪʃn] *n*<br>▪ The **acquisition** of a completely new computer system will cost us millions. | der **Kauf**<br>▪ Der **Kauf** eines völlig neuen Computersystems wird uns Millionen kosten. |
| **to acquire** [tʊ ə'kwaɪə] *v*<br>▪ Our firm **has acquired** some new machinery. | **erwerben**<br>▪ Unsere Firma **hat** einen neuen Maschinenpark **erworben**. |
| **sale** [seɪl] *n*<br>▪ The **sale** of alcohol to people under 18 is prohibited by law. | der **Verkauf**<br>▪ Der **Verkauf** von Alkohol an Minderjährige ist gesetzlich verboten. |
| **to sell** [tə 'sel] *v;* ▸ **v irr** S. 444 sell<br>▪ Mandy **sold** her old car and got herself a new one. | **verkaufen**<br>▪ Mandy **hat** ihren alten Wagen **verkauft** und sich einen neuen zugelegt. |
| **offer** ['ɒfə] *n*<br>▪ They made me an **offer** I couldn't refuse. | das **Angebot**<br>▪ Sie haben mir ein **Angebot** gemacht, das ich nicht ablehnen konnte. |
| **to offer** [tʊ 'ɒfə] *v*<br>▪ He **offered** me £1,000 and I accepted. | **anbieten**<br>▪ Er **bot** mir 1.000 Pfund **an** und ich nahm an. |

| | |
|---|---|
| **open** ['əʊpən] *adj*<br>▪ In Britain banks are **open** from 9:30 am to 3:30 pm. | **geöffnet**<br>▪ In Großbritannien sind die Banken von 9.30 bis 15.30 Uhr **geöffnet**. |
| **closed** [kləʊzd] *adj*<br>▪ Mike went to the supermarket but it was **closed**. | **geschlossen**<br>▪ Mike ist zum Supermarkt gegangen, doch er war **geschlossen**. |
| **to serve** [tə 'sɜːv] *v*<br>▪ **Are** you being **served**? | **bedienen**<br>▪ **Werden** Sie schon **bedient**? |
| **to go shopping** [tə ˌgəʊ 'ʃɒpɪŋ] *phrase*; ▸ **v irr** S. 442 go<br>▪ Let's **go shopping**. I feel depressed. | **einkaufen gehen, shoppen gehen**<br>▪ Lass uns **einkaufen gehen**. Ich fühle mich deprimiert. |
| **to choose** [tə 'tʃuːz] *v*; ▸ **v irr** S. 440 choose<br>▪ Alisa **chose** a book and took it to the cash desk. | **aussuchen, (aus)wählen**<br>▪ Alisa **suchte** ein Buch **aus** und brachte es zur Kasse. |
| **to like** [tə 'laɪk] *v*<br>▪ Do you **like** my new dress? I bought it the other day. | **gefallen**<br>▪ **Gefällt** dir mein neues Kleid? Ich habe es neulich gekauft. |
| **I'd like …** ['aɪd laɪk] *phrase*<br>▪ **I'd like** a haircut, please. | **Ich möchte …, Ich hätte gerne …**<br>▪ **Ich hätte gerne** einen Haarschnitt. |
| **Can I help you?** [ˌkən aɪ 'help jʊ] *phrase* | **Sie wünschen?** |
| **latest** ['leɪtəst] *adj*<br>▪ Have you bought their **latest** CD? | **neu**<br>▪ Hast du schon ihre **neueste** CD gekauft? |
| **new** [njuː] *adj*<br>▪ My torch needs **new** batteries. | **neu**<br>▪ Meine Taschenlampe braucht **neue** Batterien. |
| **second-hand** [ˌsekənd'hænd] *adv, adj*<br>▪ Why should I buy a new hardcover in a bookstore if I can buy it **second-hand** on the Internet?<br>▪ I bought my car at a **second-hand** car dealer. | **gebraucht; Gebraucht-**<br>▪ Warum sollte ich mir ein neues Hardcover im Buchladen kaufen, wenn ich es **gebraucht** im Internet kaufen kann?<br>▪ Meinen Wagen habe ich bei einem **Gebraucht**wagenhändler gekauft. |

| | |
|---|---|
| **complete** [kəm'pliːt] *adj* <br>▪ Joey bought the **complete** set of DVDs. | **vollständig** <br>▪ Joey hat den **vollständigen** Satz DVDs gekauft. |
| **sold out** [ˌsəʊld 'aʊt] *phrase;* <br>▸ **v irr** S. 444 sell <br>▪ I'm afraid the blue T-shirt is **sold out**. | **ausverkauft** <br>▪ Es tut mir leid, aber das blaue T-Shirt ist **ausverkauft**. |
| **price** [praɪs] *n* <br>▪ Will the **price** of this product go up after Christmas? | der **Preis** <br>▪ Wird der **Preis** dieses Produkts nach Weihnachten steigen? |
| **How much is ...?** [haʊ 'mʌtʃ ɪz ...] *phrase;* ▸ **v irr** S. 439 be <br>▪ **How much is** this hat, please? | **Was kostet ...?** <br>▪ **Was kostet** bitte dieser Hut? |
| **expensive** [ɪk'spensɪv] *adj* <br>▪ Angela didn't buy the perfume because it was so **expensive**. | **teuer** <br>▪ Angela hat das Parfüm nicht gekauft, weil es so **teuer** war. |
| **cheap** [tʃiːp] *adj* <br>▪ I bought the wine because it was **cheap**. | **billig**, **günstig** <br>▪ Ich habe den Wein gekauft, weil er **günstig** war. |
| **reasonably priced** [ˌriːznəblɪ 'praɪst] *phrase* <br>▪ I'm looking for a **reasonably priced** flight to Los Angeles. | **günstig**, **preiswert** <br>▪ Ich suche nach einem **preiswerten** Flug nach Los Angeles. |
| **checkout** ['tʃekaʊt] *n* <br>▪ Sorry, this **checkout** is closed. | die **Kasse** <br>▪ Entschuldigen Sie, diese **Kasse** ist geschlossen. |
| **cash desk** ['kæʃ desk] *n* <br>▪ Just go to the **cash desk** and ask for a refund. | die **Kasse** <br>▪ Gehen Sie einfach zur **Kasse** und fragen Sie nach einer Rückzahlung. |
| **till** [tɪl] *n* <br>▪ The shop assistant put the money into the **till**. | die **Kasse** <br>▪ Der Verkäufer legte das Geld in die **Kasse**. |
| **to spend** [tə 'spend] *v;* <br>▸ **v irr** S. 445 spend <br>▪ Erin **spent** a lot of money in the bookshop. | **ausgeben** <br>▪ Erin **gab** viel Geld im Buchladen **aus**. |

| | |
|---|---|
| **to cost** [tə 'kɒst] *v;* ▸ **v irr** S. 440 cost | **kosten** |
| ▪ How much do these shoes **cost**? | ▪ Wie viel **kosten** diese Schuhe? |
| **complaint** [kəm'pleɪnt] *n* | die **Reklamation** |
| ▪ I'm afraid I have to make a **complaint**: this shirt is torn at the back. | ▪ Ich muss leider eine **Reklamation** anzeigen: Dieses Hemd hat am Rücken einen Riss. |
| **to query** [tə 'kwɪərɪ] *v* | **reklamieren** |
| ▪ That can't be right. I would **query** the bill if I were you. | ▪ Das kann nicht stimmen. Ich würde die Rechnung **reklamieren**, wenn ich du wäre. |
| **to take sth. back** [tə ˌteɪk … 'bæk] *phrase;* ▸ **v irr** S. 446 take | **reklamieren** |
| ▪ I guess I have to **take** this book **back**. A few pages are missing. | ▪ Ich denke, ich muss dieses Buch **reklamieren**. Es fehlen ein paar Seiten. |
| **satisfied** ['sætɪsfaɪd] *adj* | **zufrieden** |
| ▪ This company has a lot of **satisfied** customers. | ▪ Diese Firma hat viele **zufriedene** Kunden. |
| **dissatisfied** [ˌdɪs'sætɪsfaɪd] *adj* | **unzufrieden** |
| ▪ I was really **dissatisfied** with the clothes I had bought at the flea market. | ▪ Ich war wirklich **unzufrieden** mit den Klamotten, die ich auf dem Flohmarkt gekauft hatte. |
| **to exchange** [tʊ ɪks'tʃeɪndʒ] *v* | **umtauschen** |
| ▪ The sweater I bought is too small. Can I **exchange** it for a larger one? | ▪ Der Pullover, den ich gekauft habe, ist zu klein. Kann ich ihn gegen einen größeren **umtauschen**? |
| **to give sb. his/her bill** [tə ˌgɪv … hɪz/hɜː 'bɪl] *phrase;* ▸ **v irr** S. 441 give | **bei j-m kassieren** |
| ▪ May I **give** you your **bill**? | ▪ Darf ich **bei** Ihnen **kassieren**? |
| **to refund one's money** [tə rɪˌfʌnd wʌnz 'mʌnɪ] *phrase* | **j-m sein Geld zurückgeben** |
| ▪ I'm going to ask them to **refund** my **money** in full. | ▪ Ich werde sie bitten, **mir** mein **Geld** vollständig **zurückzugeben**. |
| **exact** [ɪg'zækt] *adj* | **passend** |
| ▪ You have to have the **exact** change for this vending machine. | ▪ Für diesen Automaten muss man **passendes** Kleingeld haben. |

| | |
|---|---|
| **change** [tʃeɪndʒ] *n* | das **Wechselgeld**, das **Kleingeld** |
| ▪ The shop assistant gave me my **change**. | ▪ Der Verkäufer gab mir mein **Wechselgeld**. |
| ▪ The shop assistant gave me a lot of **change**. | ▪ Der Verkäufer gab mir viel **Kleingeld**. |
| **receipt** [rɪ'siːt] *n* | der **Kassenzettel**, die **Quittung**, der **Beleg** |
| ▪ They didn't allow me to change the trousers because I didn't have the **receipt**. | ▪ Sie haben mir nicht erlaubt, die Hose umzutauschen, weil ich den **Kassenzettel** nicht hatte. |
| **queue** *BE* [kjuː], **line** *AE* [laɪn] *n* | die **Warteschlange** |
| ▪ There were long **queues** of customers waiting in front of all checkouts. | ▪ Vor allen Kassen standen die Kunden in langen **Warteschlagen**. |
| ▪ When I saw the **line** at the checkout I groaned. | ▪ Als ich die **Warteschlange** vor der Kasse sah, stöhnte ich. |
| **to queue** *BE* [tə 'kjuː] *v* | **anstehen** |
| ▪ I had to **queue** for 20 minutes until I finally got my ticket. | ▪ Ich musste 20 Minuten **anstehen**, bevor ich endlich mein Ticket bekam. |
| **to stand in line** *AE* [tə ˌstænd ɪn 'laɪn] *phrase;* ▸ **v irr** S. 445 stand | **anstehen** |
| ▪ After **standing in line** for an hour I almost forgot what I had come for. | ▪ Nachdem ich eine Stunde lang **angestanden hatte**, hatte ich fast vergessen, weswegen ich gekommen war. |
| **to be one's turn** [tə biː wʌnz 'tɜːn] *phrase;* ▸ **v irr** S. 439 be | **an der Reihe sein** |
| ▪ Right before it **was my turn** to pay I noticed that I had left my purse in the car. | ▪ Kurz bevor ich beim Zahlen **an der Reihe war**, stellte ich fest, dass ich mein Portemonnaie im Auto gelassen hatte. |
| **shopping bag** ['ʃɒpɪŋ ˌbæg] *n* | die **Einkaufstasche** |
| ▪ Let me carry that heavy **shopping bag** for you. | ▪ Lass mich die schwere **Einkaufstasche** für dich tragen. |

**shopping list** [ˈʃɒpɪŋ ˌlɪst] *n*
- Let me just write a **shopping list** before we go to the supermarket.

der **Einkaufszettel**
- Lass mich nur schnell einen **Einkaufszettel** schreiben, bevor wir zum Supermarkt fahren.

**customer** [ˈkʌstəmə] *n m/f*
- Most of the **customers** at the little grocery are children and elderly people.

der **Kunde**, die **Kundin**
- Die meisten **Kunden** des kleinen Lebensmittelladens sind Kinder und ältere Menschen.

**shopping expedition** [ˈʃɒpɪŋ ekspəˌdɪʃn] *n*
- Our **shopping expedition** yesterday was a lot of fun. I spent a fortune on new clothes.

der **Einkaufsbummel**
- Unser **Einkaufsbummel** gestern hat viel Spaß gemacht. Ich habe ein Vermögen für neue Kleidung ausgegeben.

**to do the shopping** [tə ˌduː ðə ˈʃɒpɪŋ] *phrase;* ▸ **v irr** S. 440 do
- I usually **do the shopping** because my wife works in the evening.

**Einkäufe erledigen**
- Normalerweise **erledige** ich die **Einkäufe**, weil meine Frau abends arbeitet.

**choice** [tʃɔɪs] *n*
- The **choice** of T-shirts in that shop was just unbelievable.

die **Auswahl**
- Die **Auswahl** an T-Shirts in diesem Laden war einfach unglaublich.

**department** [dɪˈpɑːtmənt] *n*
- The menswear **department** is on the second floor.

die **Abteilung**
- Die **Abteilung** für Herrenbekleidung ist im zweiten Stock.

**model** [ˈmɒdl] *n*
- Do you have a different **model**? This one is too expensive.

das **Modell**
- Haben Sie noch ein anderes **Modell**? Dies hier ist zu teuer.

**in stock** [ɪn ˈstɒk] *adv*
- I only wanted to know if they have any more of these dolls **in stock**.

**vorrätig**
- Ich wollte nur wissen, ob sie noch andere dieser Puppen **vorrätig** haben.

**available** [əˈveɪləbl] *adj*
- I'm sorry this item is no longer **available**.

**erhältlich**
- Es tut mir leid, aber dieser Artikel ist nicht mehr **erhältlich**.

| | |
|---|---|
| **luxury** ['lʌkʃərɪ] *n*<br>▪ I couldn't afford all the **luxury** my wife was accustomed to. | der **Luxus**<br>▪ Ich konnte mir all diesen **Luxus** nicht leisten, an den meine Frau gewöhnt war. |
| **costs** [kɒsts] *n pl*<br>▪ The **costs** for this machine were quite high. | die **Kosten**<br>▪ Die **Kosten** für diese Maschine waren ziemlich hoch. |
| **to treat oneself to** [tə 'triːt wʌnˌself tə] *phrase*<br>▪ I won $5,000 in the lottery, so I guess **I'll treat myself to** a new car. | **sich leisten**<br>▪ Ich habe 5.000 Dollar in der Lotterie gewonnen und **werde mir**, denke ich, ein neues Auto **leisten**. |
| **to afford sth.** [tʊ ə'fɔːd] *v*<br>▪ We'd love to buy a bigger house but we can't **afford** it. | **sich etw. leisten**<br>▪ Wir würden uns gern ein größeres Haus kaufen, aber wir können es **uns** nicht **leisten**. |
| **bargain** ['bɑːgɪn] *n*<br>▪ Look at the price of this coat. It's a real **bargain**. | die **günstige Gelegenheit**<br>▪ Schau dir den Preis dieses Mantels an. Das ist eine günstige **Gelegenheit**. |
| **special offer** [ˌspeʃl 'ɒfə] *n*<br>▪ Laptops are on **special offer** this week. | das **Sonderangebot**<br>▪ Laptops sind diese Woche im **Sonderangebot**. |
| **discount** ['dɪskaʊnt] *n*<br>▪ You'll get a three per cent **discount** if you pay immediately. | der **Rabatt**<br>▪ Sie erhalten einen dreiprozentigen **Rabatt**, wenn Sie sofort zahlen. |
| **to reduce** [tə rɪ'djuːs] *v*<br>▪ They**'ve reduced** the prices by up to 75 per cent because they're going out of business. | **reduzieren**<br>▪ Sie **haben** die Preise um bis zu 75 Prozent **reduziert**, weil sie ihr Geschäft aufgeben. |
| **free** [friː] *adj*<br>▪ The sign said "Buy one, get one **free**". | **kostenlos, gratis**<br>▪ Auf dem Schild stand „Kaufen Sie ein Exemplar und Sie bekommen eines **kostenlos**". |
| **shop window** ['ʃɒp ˌwɪndəʊ] *n*<br>▪ The latest fashions were on display in the **shop window**. | das **Schaufenster**<br>▪ Im **Schaufenster** lag die neueste Mode aus. |

| | |
|---|---|
| **(shopping) trolley** *BE* [(ˈʃɔːpɪŋ) ˌtrɒlɪ], **(shopping) cart** *AE* [(ˈʃɔːpɪŋ) ˌkɑːrt] *n* | der **Einkaufswagen** |
| ▪ Get a **trolley** and meet me in the produce aisle. | ▪ Hol einen **Einkaufswagen** und wir treffen uns dann im Obst- und Gemüsegang. |
| ▪ The supermarket was so crowded that there were no free **carts** left. | ▪ Der Supermarkt war so voll, dass es keine freien **Einkaufswagen** mehr gab. |
| **escalator** [ˈeskəleɪtə] *n* | die **Rolltreppe** |
| ▪ The **escalator** was out of order, so Jake had to take the stairs. | ▪ Die **Rolltreppe** war außer Betrieb, weshalb Jake die Treppe nehmen musste. |

## Geschäfte

| | |
|---|---|
| **shop** [ʃɒp] *n* | das **Geschäft**, der **Laden** |

➡ Obwohl man auch in Amerika das Wort **shop** kennt, ist das übliche Wort für ein Geschäft **store**. In Großbritannien wird **store** meist nur für sehr große Geschäfte, z. B. **department store**, verwendet.

| | |
|---|---|
| **store** [stɔː] *n* <br> ➡ shop ▸ S. 206 | das **Geschäft**, das **Warenhaus** |
| **department store** [dɪˈpɑːtmənt ˌstɔː] *n* | das **Kaufhaus** |
| **supermarket** [ˈsuːpəmɑːkɪt] *n* | der **Supermarkt** |
| **grocer's** *BE* [ˈgrəʊsəz], **grocery store** *AE* [ˈgrəʊsərɪ ˌstɔːr] *n* | das **Lebensmittelgeschäft** |
| **market** [ˈmɑːkɪt] *n* | der **Markt** |
| **bakery** [ˈbeɪkərɪ] *n* | die **Bäckerei** |
| **butcher's (shop)** [ˈbʊtʃəz (ˌʃɒp)] *n* | die **Metzgerei** |
| **greengrocer's** [ˈgriːnˌgrəʊsəz] *n* | der **Obst- und Gemüseladen** |
| **tobacconist's** *BE* [təˈbækənɪsts], **tobacco store** *AE* [təˈbækəʊ ˌstɔːr] *n* | der **Tabakladen** |

| | |
|---|---|
| **shoe shop** *BE* ['ʃuː ʃɒp], **shoe store** *AE* ['ʃuː stɔːr] *n* | das **Schuhgeschäft** |
| **bookshop** *BE* ['bʊkʃɒp], **bookstore** *AE* ['bʊkʃtɔːr] *n* | die **Buchhandlung** |
| **clothes shop** *BE* ['kləʊðz ʃɒp], **clothes store** *AE* ['kləʊðz stɔːr] *n* | das **Bekleidungsgeschäft** |
| **boutique** [buː'tiːk] *n* | die **Boutique** |
| **chemist's** *BE* ['kemɪsts], **drugstore** *AE* ['drʌgstɔːr] *n* | die **Drogerie** |
| **shopping centre** *BE* ['ʃɒpɪŋ ˌsentə], **(shopping) mall** *AE* [('ʃɒpɪŋ) ˌmɔːl] *n* | das **Einkaufszentrum** |
| **fishmonger's** ['fɪʃˌmʌŋgəz] *n* | das **Fischgeschäft** |
| **florist's** ['flɒrɪsts] *n* | der **Blumenladen** |
| **jeweller** *BE* ['dʒuːələ], **jeweler** *AE* ['dʒuːələr] *n* | der **Juwelier** |
| **sports shop** *BE* ['spɔːts ʃɒp], **sports store** *AE* ['spɔːrts stɔːr] *n* | das **Sportgeschäft** |
| **dry cleaner's** ['draɪ ˌkliːnəz] *n* | die **Reinigung** |
| **electrical shop** *BE* [ɪ'lektrɪkl ʃɒp], **electrical store** *AE* [ɪ'lektrɪkl ˌstɔːr] *n* | die **Elektrohandlung** |
| **souvenir shop** *BE* [ˌsuːvə'nɪə ʃɒp], **souvenir store** *AE* [ˌsuːvə'nɪr stɔːr] *n* | der **Andenkenladen** |
| **kiosk** ['kiːɒsk] *n* | der **Kiosk** |
| **photographic shop** *BE* [fəʊtə'græfɪk ʃɒp], **photographic store** *AE* [fəʊtə'græfɪk ˌstɔːr] *n* | das **Fotogeschäft** |
| **optician's** [ɒp'tɪʃnz] *n* | der **Optiker** |
| **stationer's** *BE* ['steɪʃnəz], **stationery store** *AE* ['steɪʃənərɪ ˌstɔːr] *n* | das **Schreibwarengeschäft** |

# Ernährung

## Allgemeine Begriffe

| | |
|---|---|
| **food** [fuːd] *n*<br>▪ We must produce enough **food** to fight the hunger in the world. | das **Nahrungsmittel**, das **Lebensmittel**, die **Nahrung**<br>▪ Wir müssen genug **Lebensmittel** produzieren, um den Hunger in der Welt zu bekämpfen. |
| **to eat** [tʊ ˈiːt] *v*; ▸ **v irr** S. 441 eat<br>▪ You'll get fat if you **eat** so much. | **essen**<br>▪ Du wirst dick, wenn du so viel **isst**. |
| **hunger** [ˈhʌŋgə] *n*<br>▪ One day there won't be any more **hunger** in the world. | der **Hunger**<br>▪ Eines Tages wird es keinen **Hunger** mehr auf der Welt geben. |
| **hungry** [ˈhʌŋgrɪ] *adj*<br>▪ I'm so **hungry**. What's for lunch? | **hungrig**<br>▪ Ich bin so **hungrig**. Was gibt's zu Mittag? |
| **to drink** [tə ˈdrɪŋk] *v*; ▸ **v irr** S. 440 drink<br>▪ Americans **drink** a lot of water with their meals. | **trinken**<br>▪ Amerikaner **trinken** viel Wasser zum Essen. |
| **thirst** [θɜːst] *n*<br>▪ I had quite a **thirst** after jogging for an hour. | der **Durst**<br>▪ Ich hatte ganz schönen **Durst**, nachdem ich eine Stunde gejoggt war. |
| **thirsty** [ˈθɜːstɪ] *adj*<br>▪ Working in this heat makes me **thirsty**. | **durstig**<br>▪ Bei dieser Hitze zu arbeiten, macht mich **durstig**. |
| **appetite** [ˈæpətaɪt] *n*<br>▪ Eating before meals will spoil your **appetite**. | der **Appetit**<br>▪ Wenn man vor den Mahlzeiten isst, verdirbt man sich den **Appetit**. |
| **meal** [miːl] *n*<br>▪ The doctor told me you should eat five small **meals** a day instead of three big ones. | die **Mahlzeit**<br>▪ Der Arzt hat mir gesagt, man solle fünf kleine **Mahlzeiten** am Tag statt drei große essen. |

| | |
|---|---|
| **Enjoy your meal!** [ɪn'dʒɔɪ jə 'miːl] *interj* | **Guten Appetit!** |
| **Cheers!** [tʃɪəz] *interj* | **Prost!** |
| **to taste** [tə 'teɪst] *v*<br>▪ This stew looks terrible but it **tastes** great. | **schmecken**<br>▪ Dieser Eintopf sieht füchterlich aus, aber er **schmeckt** toll. |
| **delicious** [dɪ'lɪʃəs] *adj*<br>▪ The main course was **delicious** but the dessert was even better. | **köstlich**<br>▪ Die Hauptmahlzeit war **köstlich**, aber das Dessert war noch besser. |
| **fresh** [freʃ] *adj*<br>▪ Could you get some **fresh** vegetables from the market? | **frisch**<br>▪ Könntest du **frisches** Gemüse vom Markt mitbringen? |
| **sweet** [swiːt] *adj*<br>▪ This wine is too **sweet**. Don't you have a dry one? | **süß**<br>▪ Dieser Wein ist zu **süß**. Haben Sie keinen trockenen? |
| **sour** ['saʊə] *adj*<br>▪ Keep the milk in the fridge or it'll go **sour**. | **sauer**<br>▪ Bewahre die Milch im Kühlschrank auf, sonst wird sie **sauer**. |
| **salty** ['sɔːltɪ] *adj*<br>▪ This soup is much too **salty**. | **salzig**<br>▪ Diese Suppe ist viel zu **salzig**. |
| **hot** [hɒt] *adj*<br>▪ My colleague from Thailand loves his food extremely **hot**. | **scharf**<br>▪ Mein Kollege aus Thailand isst sein Essen gern extrem **scharf**. |
| **spicy** ['spaɪsɪ] *adj*<br>▪ I like **spicy** food but what I got in India was too hot for me. | **scharf, würzig**<br>▪ Ich mag **scharfes** Essen, doch was ich in Indien bekam, war zu scharf für mich. |
| **bottle** ['bɒtl] *n*<br>▪ We ordered a **bottle** of wine with our meal. | die **Flasche**<br>▪ Wir bestellten eine **Flasche** Wein zum Essen. |
| **cooked** [kʊkt] *adj*<br>▪ The filet isn't **cooked** yet. It's still red.<br>▪ When I was a kid I would only eat **cooked** vegetables. | **gar, gekocht**<br>▪ Das Filet ist noch nicht **gar**. Es ist noch rot.<br>▪ Als Kind aß ich nur **gekochtes** Gemüse. |

| | |
|---|---|
| **to cook** [tə 'kʊk] *v* | **kochen** |
| ▪ **I'm going to cook** tonight and you can do the dishes. | ▪ Ich **werde** heute Abend **kochen** und du kannst den Abwasch machen. |
| **to make** [tə 'meɪk] *v*; ▸ v irr S. 443 make | **zubereiten** |
| ▪ I **make** dinner every Sunday. | ▪ Ich **bereite** jeden Sonntag das Essen zu. |
| **to boil** [tə 'bɔɪl] *v* | **kochen** |
| ▪ The water is **boiling**. Could you turn off the cooker? | ▪ Das Wasser **kocht**. Könntest du den Herd ausmachen? |
| **hard-boiled** [ˌhɑːd'bɔɪld] *adj* | **hart gekocht** |
| ▪ Would you like your egg **hard-boiled** or soft-boiled? | ▪ Möchten Sie Ihr Ei **hart gekocht** oder weich gekocht? |
| **raw** [rɔː] *adj* | **roh** |
| ▪ Joe is on a diet. He's only eating **raw** vegetables at the moment. | ▪ Joe macht eine Diät. Er isst im Moment nur **rohes** Gemüse. |
| **to bake** [tə 'beɪk] *v* | **backen** |
| ▪ My mother used to **bake** our bread herself. | ▪ Meine Mutter **hat** unser Brot immer selbst **gebacken**. |

➡ Wenn man etwas im Ofen brät, so verwendet man das Verb **to roast**; **to bake** bezieht sich meist auf das Backen von Kuchen, kann aber auch das Backen im Ofen meinen.

| | |
|---|---|
| **to roast** [tə 'rəʊst] *v* | **backen** |
| ▪ **Roast** the meat in the oven at 200 degrees centigrade. | ▪ **Backe** das Fleisch im Ofen bei 200 Grad Celsius. |
| ➡ to bake ▸ S. 210 | |
| **to dress** [tə 'dres] *v* | **anmachen** |
| ▪ Could you **dress** the salad while I'm laying the table? | ▪ Könntest du den Salat **anmachen**, während ich den Tisch decke? |
| **to warm up** [tə ˌwɔːm 'ʌp] *phrase* | **warm machen** |
| ▪ Mum won't be home to make dinner. We'll have to **warm up** the leftovers. | ▪ Mutti wird nicht zu Hause sein, um das Abendessen vorzubereiten. Wir müssen die Reste **warm machen**. |

**to cut** [tə 'kʌt] *v;* ▸ **v irr** S. 440 cut — **schneiden**
- We ordered a large pizza and **cut** it into four pieces. — Wir bestellten eine große Pizza und **schnitten** sie in vier Teile.

➡ Die Begriffe **schneiden, abschneiden, anschneiden** und **zerschneiden** werden alle mit **cut** übersetzt.

**frozen** ['frəʊzn] *adj* — **tiefgekühlt, Tiefkühl-**
- Is **frozen** fish as healthy as fresh fish? — Ist **tiefgekühlter** Fisch genauso gesund wie frischer?
- Why do you think people are eating more and more **frozen** food? — Warum, glaubst du, essen die Menschen immer mehr **Tiefkühl**kost?

**slice** [slaɪs] *n* — die **Scheibe**
- Marie spread butter and jam on a **slice** of toast. — Marie bestrich eine **Scheibe** Toast mit Butter und Konfitüre.

**drop** [drɒp] *n* — der **Tropfen**
- Put a few **drops** of oil into the water for the spaghetti. — Gib ein paar **Tropfen** Öl ins Spaghettiwasser.

**diet** ['daɪət] *n* — die **Ernährung**, die **Diät**
- The main reason for obesity seems to be bad **diet**. — Der Hauptgrund für Fettleibigkeit scheint schlechte **Ernährung** zu sein.
- Laura looks healthier since she's been on that vegetarian **diet**. — Laura sieht gesünder aus, seit sie diese vegetarische **Diät** macht.

**to consume** [tə kən'sjuːm] *v* — **verzehren, zu sich nehmen**
- I should drastically reduce the amount of chocolate I **consume** every day. — Ich sollte die Menge an Schokolade, die ich täglich **verzehre**, drastisch reduzieren.

**to swallow** [tə 'swɒləʊ] *v* — **(herunter)schlucken**
- Chew your food well before you **swallow** it. — Kau das Essen tüchtig, bevor du es **herunterschluckst**!

**taste** [teɪst] *n* — der **Geschmack**
- This soup needs more salt. It has hardly any **taste**. — Diese Suppe braucht mehr Salz. Sie hat kaum **Geschmack**.

**excellent** ['eksələnt] *adj* — **vorzüglich**
- This wine tastes **excellent**. — Dieser Wein schmeckt **vorzüglich**.

**to fry** [tə 'fraɪ] *v* — **braten**
- You need to **fry** this steak for one minute on both sides. — Du musst dieses Steak eine Minute lang von beiden Seiten **braten**.

| | |
|---|---|
| **to grill** *BE* [tə 'grɪl], **to broil** *AE* [tə 'brɔɪl] *v* | **grillen** |
| ▪ In the summertime we like to **grill** in the garden. | ▪ Im Sommer **grillen** wir gern im Garten. |
| ▪ **Broiled** meat is not as healthy as cooked meat but tastes much better. | ▪ **Gegrilltes** Fleisch ist nicht so gesund wie gekochtes; es schmeckt aber viel besser. |
| **to deep-fry** [tə ˌdiːp'fraɪ] *v* | **frittieren** |
| ▪ When eating a steak, we like to **deep-fry** the potatoes by ourselves. | ▪ Wenn wir Steak essen, **frittieren** wir die Kartoffeln gern selbst. |
| **packet** *BE* ['pækɪt], **package** *AE* ['pækɪdʒ] *n* | die **Packung** |
| ▪ Tony bought a **packet** of dried peas. | ▪ Tony hat eine **Packung** Trockenerbsen gekauft. |
| **can** [kæn] *n* | die **Dose** |
| ▪ Instead of opening a **can** you should eat fresh vegetables. | ▪ Statt eine **Dose** zu öffnen, sollte man frisches Gemüse essen. |
| **tin** *BE* [tɪn] *n* | die **Dose** |
| ▪ Don't buy a **tin** if it's damaged. | ▪ Kaufe keine beschädigten **Dosen**. |
| **bag** [bæg] *n* | die **Tüte**, der **Beutel** |
| ▪ Would you like a **bag** for your shopping? | ▪ Möchten Sie eine **Tüte** für Ihren Einkauf? |
| **to store** [tə 'stɔː] *v* | **lagern** |
| ▪ **Store** the potatoes in a dark and cool place. | ▪ **Lagere** die Kartoffeln an einem dunklen, kühlen Ort. |
| **to go bad** [tə ˌgəʊ 'bæd] *phrase;* ▸ v irr S. 442 go | **verderben** |
| ▪ It's better to keep vegetables in the refrigerator so they don't **go bad**. | ▪ Es ist besser das Gemüse im Kühlschrank zu lagern, damit es nicht **verdirbt**. |
| **to go off** [tə ˌgəʊ 'ɒf] *phrase;* ▸ v irr S. 442 go | **verderben** |
| ▪ This meat smells funny. I think it's **gone off**. | ▪ Dieses Fleisch riecht komisch. Ich glaube, es ist **verdorben**. |
| **ripe** [raɪp] *adj* | **reif** |
| ▪ This pineapple is **ripe** and juicy. | ▪ Diese Ananas ist **reif** und saftig. |

| | |
|---|---|
| **bitter** ['bɪtə] *adj*<br>▪ Coffee without sugar tastes **bitter**. | **bitter**<br>▪ Kaffee ohne Zucker schmeckt **bitter**. |
| **dry** [draɪ] *adj*<br>▪ Nicholas often gets a headache when he drinks very **dry** wine. | **trocken**<br>▪ Nicholas bekommt häufig Kopfschmerzen, wenn er sehr **trockenen** Wein trinkt. |
| **freshly-squeezed** [ˌfreʃlɪ'skwiːzd] *adj*<br>▪ Could I have some **freshly-squeezed** orange juice, please? | **frisch gepresst**<br>▪ Könnte ich bitte einen **frisch gepressten** Orangensaft haben? |
| **grated** ['greɪtɪd] *adj*<br>▪ There's more **grated** cheese in the fridge. | **gerieben**<br>▪ Es gibt noch **geriebenen** Käse im Kühlschrank. |
| **health food** ['helθ fuːd] *n*<br>▪ Sam is trying to eat only **health food** even though he can hardly afford it. | die **Reformkost**<br>▪ Sam versucht, nur **Reformkost** zu essen, obwohl er es sich kaum leisten kann. |
| **vegan** ['viːgən] *adj*<br>▪ She's been on a strict **vegan** diet. | **vegan**<br>▪ Sie macht eine streng **vegane** Diät. |
| **vegetarian** [ˌvedʒə'teərɪən] *n m/f*<br>▪ Kevin's not a **vegetarian**, he's a vegan. | der **Vegetarier**, die **Vegetarierin**<br>▪ Kevin ist kein **Vegetarier**, er ist Veganer. |
| **vegetarian** [ˌvedʒə'teərɪən] *adj*<br>▪ I got an excellent **vegetarian** cookbook for my last birthday. | **vegetarisch**<br>▪ Ich habe ein exzellentes **vegetarisches** Kochbuch zu meinem letzten Geburtstag bekommen. |
| **wholegrain** ['həʊlgreɪn] *adj*<br>▪ The small supermarket around the corner has got a new selection of **wholegrain** products. | **Vollkorn-**<br>▪ Der kleine Supermarkt um die Ecke hat eine neue Auswahl an **Vollkorn**produkten. |
| **wholefoods** ['həʊlfuːdz] *n*<br>▪ Gordon doesn't drink alcohol and only eats **wholefoods**. | die **Vollwertkost**<br>▪ Gordon trinkt keinen Alkohol und isst nur **Vollwertkost**. |
| **fat** [fæt] *n*<br>▪ Pork contains a lot of **fat**. | das **Fett**<br>▪ Schweinefleisch enthält viel **Fett**. |

| | |
|---|---|
| **low-fat** [ˌləʊˈfæt] *adj*<br>▪ There's hardly any difference in taste between a **low-fat** yoghurt and a full-fat one. | **fettarm**<br>▪ Es gibt kaum einen Geschmacksunterschied zwischen einem **fettarmen** und einem Vollmilchjoghurt. |
| **lean** [liːn] *adj*<br>▪ **Lean** meat is said to be healthier than fatty meat. | **mager**<br>▪ **Mageres** Fleisch soll gesünder sein als fettes. |
| **vitamin** [*BE:* ˈvɪtəmɪn, *AE:* ˈvaɪtəmɪn] *n*<br>▪ Which fruit contains the most **vitamins**? | das **Vitamin**<br>▪ Welches Obst enthält die meisten **Vitamine**? |
| **recipe** [ˈresəpɪ] *n*<br>▪ Could you give me the **recipe** for this cheesecake? | das **Rezept**<br>▪ Kannst du mir das **Rezept** für diesen Käsekuchen geben? |
| **to season** [tə ˈsiːzn] *v*<br>▪ **Season** your gumbo with different sorts of pepper and lots of chili. | **würzen**<br>▪ **Würzen** Sie Ihr Gumbo mit verschiedenen Pfeffersorten und viel Chili. |
| **to add** [tʊ ˈæd] *v*<br>▪ You only need to **add** 50 grams of flour. | **hinzufügen**<br>▪ Man muss nur 50 Gramm Mehl **hinzufügen**. |
| **to spill** [tə ˈspɪl] *v;* ▸ **v irr** S. 445 spill<br>▪ I stumbled and **spilled** hot coffee all over the table. | **verschütten**<br>▪ Ich bin gestolpert und **habe** heißen Kaffee über den ganzen Tisch **verschüttet**. |
| **peeling** [ˈpiːlɪŋ] *n*<br>▪ I like eating potatoes with their **peelings**. | die **Schale**<br>▪ Ich esse gern Kartoffeln mit **Schale**. |
| **to peel** [tə ˈpiːl] *v*<br>▪ You don't have to **peel** an apple before you eat it. | **schälen**<br>▪ Man braucht einen Apfel nicht zu **schälen**, bevor man ihn isst. |
| **to have a picnic** [tə ˌhæv ə ˈpɪknɪk] *phrase;* ▸ **v irr** S. 442 have<br>▪ Let's **have a picnic** in the park next Sunday. | **picknicken, ein Picknick veranstalten**<br>▪ Lasst uns nächsten Sonntag ein **Picknick** im Park **veranstalten**. |

# Brot, Gebäck und Zerealien

| | |
|---|---|
| **bread** [bred] *n* | das **Brot** |
| **roll** [rəʊl] *n* | das **Brötchen** |
| **bun** [bʌn] *n* | das **süße Brötchen** |
| **toast** [təʊst] *n* | der **Toast** |
| **noodles** ['nuːdlz] *n pl* | die **Nudeln** |
| **pasta** [*BE:* 'pɑːstə, *AE:* 'pæstə] *n* | die **Nudeln** |
| **rice** [raɪs] *n* | der **Reis** |
| **cake** [keɪk] *n* | der **Kuchen** |
| **gateau** ['gætəʊ] *n* | die **Torte** |
| **biscuit** *BE* ['bɪskɪt], **cookie** *AE* ['kʊkɪ] *n* | der **Keks** |
| **muffin** ['mʌfɪn] *n* | der **Muffin** |
| **flour** ['flaʊə] *n* | das **Mehl** |
| **white bread** [ˌwaɪt 'bred] *n* | das **Weißbrot** |
| **brown bread** [ˌbraʊn 'bred] *n* | das **Graubrot** |
| **cereals** ['sɪərɪəlz] *n pl* | die **Zerealien** |
| **muesli** ['mjuːzlɪ] *n* | das **Müsli** |
| **scone** *BE* [skɒn], **scone** *AE* [skəʊn] *n* | *kleines süßes Brötchen* |
| **doughnut** ['dəʊnʌt] *n* | der **Krapfen**, der **Donut** |

# Obst und Gemüse

| | |
|---|---|
| **salad** ['sæləd] *n* | der **Salat** |
| **potato** [pə'teɪtəʊ] *n* | die **Kartoffel** |
| **sweetcorn** ['swi:tkɔ:n] *n* | der **Mais** |
| **vegetable** ['vedʒtəbl] *n* | das **Gemüse** |
| **tomato** [*BE:* tə'mɑ:təʊ, *AE:* tə'meɪtəʊ] *n* | die **Tomate** |
| **carrot** ['kærət] *n* | die **Mohrrübe** |
| **olive** ['ɒlɪv] *n* | die **Olive** |
| **pea** [pi:] *n* | die **Erbse** |
| **cucumber** ['kju:kʌmbə] *n* | die **Gurke** |
| **pepper** ['pepə] *n* | die **Paprika** |
| **sauerkraut** ['saʊəkraʊt] *n* | das **Sauerkraut** |
| **peach** [pi:tʃ] *n* | der **Pfirsich** |
| **fruit** [fru:t] *n* | das **Obst**, die **Frucht** |
| **apple** ['æpl] *n* | der **Apfel** |
| **pear** [peə] *n* | die **Birne** |
| **orange** ['ɒrɪndʒ] *n* | die **Orange** |
| **cherry** ['tʃerɪ] *n* | die **Kirsche** |
| **strawberry** ['strɔ:bərɪ] *n* | die **Erdbeere** |
| **banana** [*BE:* bə'nɑ:nə, *AE:* bə'nænə] *n* | die **Banane** |
| **lemon** ['lemən] *n* | die **Zitrone** |
| **lime** ['laɪm] *n* | die **Limone** |
| **pineapple** ['paɪnæpl] *n* | die **Ananas** |
| **onion** ['ʌnjən] *n* | die **Zwiebel** |
| **garlic** ['gɑ:lɪk] *n* | der **Knoblauch** |
| **haricot bean** [ˌhærɪkəʊ 'bi:n] *n* | die **weiße Bohne** |

| | |
|---|---|
| **chickpea** ['tʃɪkpiː] *n* | die **Kichererbse** |
| **bean** [biːn] *n* | die **Bohne** |
| **spinach** ['spɪnɪtʃ] *n* | der **Spinat** |
| **legume** ['legjuːm] *n* | die **Hülsenfrucht** |
| **aubergine** *BE* ['əʊbəʒiːn], **eggplant** *AE* ['egplænt] *n* | die **Aubergine** |
| **courgette** *BE* [kɔː'ʒet], **zucchini** *AE* [zʊ'kiːnɪ] *n* | die **Zucchini** |
| **cabbage** ['kæbɪdʒ] *n* | der **Kohl** |
| **apricot** [*BE:* 'eɪprɪkɒt, *AE:* 'æprɪkɒt] *n* | die **Aprikose** |
| **grape** [greɪp] *n* | die **Traube** |
| **nut** [nʌt] *n* | die **Nuss** |
| **peanut** ['piːnʌt] *n* | die **Erdnuss** |
| **walnut** ['wɔːlnʌt] *n* | die **Walnuss** |
| **almond** ['ɑːmənd] *n* | die **Mandel** |
| **melon** ['melən] *n* | die **Melone** |
| **honeydew melon** [ˌhʌnɪdjuː 'melən] *n* | die **Honigmelone** |
| **watermelon** ['wɔːtəˌmelən] *n* | die **Wassermelone** |
| **grapefruit** ['greɪpfruːt] *n* | die **Grapefruit**, die **Pampelmuse** |

# Fleisch, Fisch und Milchprodukte

| | |
|---|---|
| **meat** [miːt] *n* | das **Fleisch** |
| **pork** [pɔːk] *n* | das **Schweinefleisch** |
| **beef** [biːf] *n* | das **Rindfleisch** |
| **veal** [viːl] *n* | das **Kalbfleisch** |
| **chicken** ['tʃɪkɪn] *n* | das **Hühnchen** |

| | |
|---|---|
| **steak** [steɪk] *n* | das **Steak** |
| **wing** [wɪŋ] *n* | der **Flügel** |
| **leg** [leg] *n* | die **Keule** |

➡ Der Begriff **drumstick** bezieht sich auf Geflügelkeulen; bei Hasen- oder Rehkeulen sagt man **haunch**; die Keule eines anderen Tieres heißt **leg**.

| | |
|---|---|
| **sausage** ['sɒsɪdʒ] *n* | das **Würstchen** |
| **ham** [hæm] *n* | der **Schinken** |
| **salami** [sə'lɑːmɪ] *n* | die **Salami** |
| **bacon** ['beɪkən] *n* | der **Speck** |
| **fish** [fɪʃ] *n; pl inv* | der **Fisch** |
| **tuna** [*BE:* 'tjuːnə, *AE:* 'tuːnə] *n; pl inv* | der **Thunfisch** |
| **salmon** ['sæmən] *n; pl inv* | der **Lachs** |
| **haddock** ['hædɒk] *n; pl inv* | der **Schellfisch** |
| **cod** [kɒd] *n; pl inv* | der **Kabeljau** |
| **prawn** [prɔːn] *n* | die **Garnele** |
| **milk** [mɪlk] *n* | die **Milch** |
| **butter** ['bʌtə] *n* | die **Butter** |
| **cream** [kriːm] *n* | die **Sahne** |
| **cheese** [tʃiːz] *n* | der **Käse** |
| **lamb** [læm] *n* | das **Lammfleisch** |
| **turkey** ['tɜːkɪ] *n* | die **Pute** |
| **chop** [tʃɒp] *n* | das **Kotelett** |
| **cutlet** ['kʌtlət] *n* | das **Kotelett** |
| **cold cuts** ['kəuld kʌts] *n pl* | der **Aufschnitt** |
| **seafood** ['siːfuːd] *n* | die **Meeresfrüchte** |
| **bone** [bəʊn] *n* | die **Gräte** |
| **cream** [kriːm] *n* | der **Rahm** |

| | |
|---|---|
| **yoghurt** [*BE:* ˈjɒgət, *AE:* ˈjəʊgərt] *n* | der **Joghurt** |
| **quark** [kwɔːk] *n* | der **Quark** |
| **cream cheese** [ˈkriːm tʃiːz] *n* | der **Frischkäse** |
| **buttermilk** [ˈbʌtəmɪlk] *n* | die **Buttermilch** |

## Gewürze, Kräuter und weitere Zutaten

| | |
|---|---|
| **salt** [sɔːlt] *n* | das **Salz** |
| **pepper** [ˈpepə] *n* | der **Pfeffer** |
| **vinegar** [ˈvɪnɪgə] *n* | der **Essig** |
| **oil** [ɔɪl] *n* | das **Öl** |
| **egg** [eg] *n* | das **Ei** |
| **(egg) yolk** [(ˈeg) jəʊk] *n* | das **Eigelb**, der **Dotter** |
| **egg white** [ˈeg waɪt] *n* | das **Eiweiß** |
| **spice** [spaɪs] *n* | das **Gewürz** |
| **basil** [*BE:* ˈbæzl, *AE:* ˈbeɪzəl] *n* | das **Basilikum** |
| **mustard** [ˈmʌstəd] *n* | der **Senf** |
| **ketchup** *BE* [ˈketʃəp], **catsup** *AE* [ˈkætsəp] *n* | der **Ketchup** |
| **herbs** [*BE:* hɜːbz, *AE:* ɜːbz] *n pl* | die **Kräuter** |
| **margarine** [*BE:* ˌmɑːdʒəˈriːn, *AE:* ˈmɑːrdʒərɪn] *n* | die **Margarine** |
| **soy** [sɔɪ] *n* | die **Soja** |
| **tofu** [ˈtəʊfuː] *n* | der **Tofu** |

# Süßigkeiten, Knabbereien und Genussmittel

| | |
|---|---|
| **sweet** *BE* [swiːt], **(piece of) candy** *AE* [(ˌpiːs əv) ˈkændɪ] *n* | das **Bonbon** |
| **sweets** *BE* [swiːts], **candy** *AE* [ˈkændɪ] *n pl* | die **Süßigkeiten** |
| **sugar** [ˈʃʊgə] *n* | der **Zucker** |
| **honey** [ˈhʌnɪ] *n* | der **Honig** |
| **jam** [dʒæm] *n* | die **Konfitüre** |

➡ Die englische **marmalade** ist leicht bitter und wird aus Orangen oder Zitronen hergestellt; alle anderen Marmeladen heißen **jam** oder auch seltener **preserve** und im AE **jelly**.

| | |
|---|---|
| **marmalade** [ˈmɑːməleɪd] *n* ➡ jam ▶ S. 220 | die **Marmelade** |
| **chocolate** [ˈtʃɒklət] *n* | die **Schokolade**, die **Praline** |
| **ice cream** [ˌaɪs ˈkriːm] *n* | die **Eiscreme**, das **Eis** |
| **crisps** *BE* [krɪsps], **(potato) chips** *AE* [(pəˈteɪtəʊ) ˌtʃɪps] *n pl* | die **Kartoffelchips** |

➡ **chips** ist die britische Bezeichnung für Pommes frites, die in den USA **French fries** heißen. Kartoffelchips heißen in Großbritannien **crisps** und in Amerika **potato chips**.

| | |
|---|---|
| **cigarette** [ˌsɪgəˈret] *n* | die **Zigarette** |
| **nibbles** [ˈnɪblz] *n* | die **Knabberei** |
| **tobacco** [təˈbækəʊ] *n* | der **Tabak** |
| **pipe** [paɪp] *n* | die **Pfeife** |
| **cigar** [sɪˈgɑː] *n* | die **Zigarre** |

# Getränke

| | |
|---|---|
| **coffee** ['kɒfɪ] *n* | der **Kaffee** |
| **espresso** [es'presəʊ] *n* | der **Espresso** |
| **cappuccino** [ˌkæpə'tʃiːnəʊ] *n* | der **Cappuccino** |
| **tea** [tiː] *n* | der **Tee** |
| **drink** [drɪŋk] *n* | das **Getränk**, der **Drink** |
| **mineral water** ['mɪnrəl ˌwɔːtə] *n* | das **Mineralwasser** |
| **sparkling water** [ˌspɑːklɪŋ 'wɔːtə] *n* | der **Sprudel** |
| **juice** [dʒuːs] *n* | der **Saft** |
| **lemonade** [*BE:* ˌlemə'neɪd, *AE:* 'lemәneɪd] *n* | die **Zitronenlimonade** |
| **orangeade** [*BE:* ˌɒrɪndʒ'eɪd, *AE:* 'ɒrɪndʒeɪd] *n* | die **Orangenlimonade** |
| **Coke®** [kəʊk] *n* | die **(Coca-)Cola®** |
| **alcohol** ['ælkəhɒl] *n* | der **Alkohol** |
| **wine** [waɪn] *n* | der **Wein** |
| **beer** [bɪə] *n* | das **Bier** |
| **lager** ['lɑːgə] *n* | das **helle Bier** |
| **red wine** [ˌred 'waɪn] *n* | der **Rotwein** |
| **white wine** [ˌwaɪt 'waɪn] *n* | der **Weißwein** |
| **rosé** [*BE:* 'rəʊzeɪ, *AE:* rəʊ'zeɪ] *n* | der **Rosé** |
| **sparkling wine** [ˌspɑːklɪŋ 'waɪn] *n* | der **Sekt** |
| **cider** ['saɪdə] *n* | der **Apfelwein** |
| **ice cube** ['aɪs kjuːb] *n* | der **Eiswürfel** |
| **latte** [*BE:* 'læteɪ, *AE:* 'lɑːteɪ] *n* | der **Milchkaffee** |
| **soft drink** [*BE:* ˌsɒft 'drɪŋk, *AE:* 'sɒft drɪŋk] *n* | das **Erfrischungsgetränk** |

# Restaurant und Café

## Gaststätten

| | |
|---|---|
| **restaurant** ['restrɒnt] *n* | das **Restaurant**, die **Gaststätte**, das **Gasthaus** |
| ▪ There are many Chinese and Indian **restaurants** in London. | ▪ Es gibt viele chinesische und indische **Restaurants** in London. |
| **café** [*BE:* 'kæfeɪ, *AE:* kə'feɪ] *n* | das **Café** |
| ▪ Frank loves to sit in a nice **café** and read the newspaper. | ▪ Frank liebt es, in einem schönen **Café** zu sitzen und die Zeitung zu lesen. |
| **pizzeria** ['piːtsə'riːə] *n* | die **Pizzeria** |
| ▪ A new **pizzeria** has opened in town. I think we should check it out. | ▪ Eine neue **Pizzeria** hat in der Stadt aufgemacht. Ich finde, wir sollten sie mal ausprobieren. |
| **cake shop** ['keɪk ʃɒp] *n* | die **Konditorei** |
| ▪ Please run down to the **cake shop** and buy a cheesecake. | ▪ Bitte lauf doch mal schnell runter zur **Konditorei** und kaufe einen Käsekuchen. |
| **pub** [pʌb] *n* | der **Pub**, die **Kneipe** |
| ▪ In a **pub** you order your drink at the bar. | ▪ In einem **Pub** bestellt man sich sein Getränk am Tresen. |
| **cafeteria** [ˌkæfə'tɪərɪə] *n* | die **Cafeteria** |
| ▪ I think I'll have lunch in the **cafeteria** today. | ▪ Ich denke, ich werde heute in der **Cafeteria** zu Mittag essen. |
| **self-service restaurant** [ˌselfsɜːvɪs 'restrɒnt] *n* | das **Selbstbedienungsrestaurant** |
| ▪ I sometimes go to a **self-service restaurant** to grab a quick lunch. | ▪ Manchmal gehe ich zu einem **Selbstbedienungsrestaurant**, um mir schnell was zu Mittag zu kaufen. |
| **snack bar** ['snæk bɑː] *n* | die **Imbissbude** |
| ▪ I bought a hot dog and a drink at a **snack bar**. | ▪ Ich habe mir ein Würstchen und ein Getränk an einer **Imbissbude** gekauft. |

| | |
|---|---|
| **takeaway** *BE* ['teɪkəweɪ], **takeout** *AE* ['teɪkaʊt] *n* | der **Schnellimbiss** |
| ▪ I don't feel like cooking tonight. Let's get something from the **takeaway**. | ▪ Ich habe heute keine Lust zu kochen. Lass uns etwas vom **Schnellimbiss** holen. |
| ▪ I'm not hungry. I had chop suey from the **takeout**. | ▪ Ich habe keinen Hunger. Ich hatte Chopsuey vom **Schnellimbiss**. |
| **bar** [bɑː] *n* | die **Bar** |
| ▪ A new **bar** has opened in town. | ▪ In der Stadt hat eine neue **Bar** aufgemacht. |
| **ice cream parlour** *BE* [aɪs 'kriːm ˌpɑːlə], **ice cream parlor** *AE* ['aɪs kriːm ˌpɑːrlər] *n* | die **Eisdiele** |
| ▪ My first job was at an **ice cream parlour** in a shopping mall. | ▪ Meinen ersten Job hatte ich in einer **Eisdiele** in einem Einkaufszentrum. |

## Gerichte und Snacks

| | |
|---|---|
| **dish** [dɪʃ] *n* | das **Gericht** |
| ▪ Anthony prepared a wonderful **dish** for us. | ▪ Anthony hat ein wunderbares **Gericht** für uns zubereitet. |
| **speciality** *BE* [ˌspeʃɪ'æləti], **specialty** *AE* ['speʃəltɪ] *n* | die **Spezialität** |
| ▪ In Thailand deep-fried larvae are considered a **speciality**. | ▪ In Thailand betrachtet man frittierte Larven als **Spezialität**. |
| **pizza** ['piːtsə] *n* | die **Pizza** |
| ▪ Rob ordered a **pizza** with ham and pineapple. | ▪ Rob bestellte eine **Pizza** mit Schinken und Ananas. |
| **soup** [suːp] *n* | die **Suppe** |
| ▪ I always order a **soup** as a starter when I go to the Chinese takeaway. | ▪ Ich bestelle immer eine **Suppe** als Vorspeise, wenn ich zum Chinaimbiss gehe. |
| **omelette** ['ɒmlət] *n* | das **Omelett** |
| ▪ How do you cook an **omelette**? | ▪ Wie macht man ein **Omelett**? |

| | |
|---|---|
| **snack** [snæk] *n* | der **Imbiss** |
| ▪ Mark usually only has a **snack** during his lunch break. | ▪ Mark isst meist nur einen kleinen **Imbiss** in seiner Mittagspause. |
| **hamburger** ['hæmbɜːgə] *n* | der **Hamburger** |
| ▪ As a vegetarian I only eat **hamburgers** without meat. | ▪ Als Vegetarier esse ich nur **Hamburger** ohne Fleisch. |
| **sandwich** [*BE:* 'sænwɪdʒ, *AE:* 'sændwɪtʃ] *n* | das **Sandwich** |
| ▪ Ham and cheese **sandwiches** are my favourites. | ▪ **Sandwiches** mit Schinken und Käse habe ich am liebsten. |
| **open sandwich** *BE* [ˌəʊpən 'sænwɪdʒ], **open-faced sandwich** *AE* [ˌəʊpənfeɪst 'sændwɪtʃ] *n* | das **belegte Brötchen** |
| ▪ There wasn't much to eat at the meeting – just **open sandwiches.** | ▪ Es gab bei der Sitzung nicht viel zu essen – nur **belegte Brötchen.** |
| **chips** *BE* [tʃɪps], **French fries** *AE* ['frentʃ ˌfraɪz] *n pl* | die **Pommes frites** |
| ▪ I'll have the chicken wings and a large portion of **chips**, please. | ▪ Ich nehme die Hähnchenflügel und eine große Portion **Pommes frites**, bitte. |
| ▪ Can I have rice instead of **French fries**? | ▪ Kann ich Reis statt **Pommes frites** haben? |
| ➡ crisps ▸ S. 220 | |
| **lasagne** [lə'zænjə] *n* | die **Lasagne** |
| ▪ Mary told me not to put too much cream in my **lasagne**. | ▪ Mary hat mir gesagt, ich solle nicht zu viel Sahne an meine **Lasagne** machen. |
| **roast** [rəʊst] *n* | der **Braten** |
| ▪ Betty was just about to take the **roast** out of the oven when the phone rang. | ▪ Betty wollte gerade den **Braten** aus dem Ofen nehmen, als das Telefon klingelte. |
| **stew** [stjuː] *n* | der **Eintopf** |
| ▪ What's in a traditional Irish **stew**? | ▪ Was ist in einem traditionellen irischen **Eintopf**? |
| **pasty** ['peɪstɪ] *n* | die **Pastete** |
| ▪ I had never tried **pasties** with cheese and onions before. | ▪ Ich hatte vorher noch nie **Pasteten** mit Käse und Zwiebeln probiert. |

| | |
|---|---|
| **broth** [brɒθ] *n*<br>▪ Keep the **broth**! I'll need it for the soup later. | die **Brühe**<br>▪ Heb die **Brühe** auf! Ich brauche sie später für die Suppe. |
| **sauce** [sɔːs] *n*<br>▪ Is there any **sauce** left? | die **Soße**<br>▪ Gibt es noch **Soße**? |
| **gravy** ['greɪvɪ] *n*<br>▪ Could you pass me the **gravy**, please? | die **Bratensoße**<br>▪ Könntest du mir bitte die **Bratensoße** herüberreichen? |
| **crème caramel** [ˌkrem kærə'mel] *n*<br>▪ **Crème caramel** is a dessert made from cream, eggs and sugar. | der **Karamellpudding**<br>▪ **Karamellpudding** ist eine Nachspeise aus Sahne, Eiern und Zucker. |
| **side dish** ['saɪd dɪʃ] *n*<br>▪ There were several **side dishes** on the menu such as potatoes, rice and peas. | die **Beilage**<br>▪ Es standen mehrere **Beilagen** auf der Speisekarte, wie Kartoffeln, Reis und Erbsen. |
| **baked beans** [ˌbeɪkt 'biːnz] *n pl*<br>▪ A full English breakfast consists of **baked beans**, sausages, bacon and eggs. | die **gebackenen Bohnen**<br>▪ Ein komplettes englisches Frühstück besteht aus **gebackenen Bohnen**, Würstchen, Speck und Eiern. |
| **hash browns** [ˌhæʃ 'braʊnz] *n pl*<br>▪ I complained about the **hash browns**, they were burned. | die **Rösti**<br>▪ Ich habe mich wegen der **Rösti** beschwert, sie waren angebrannt. |
| **pancake** ['pænkeɪk] *n*<br>▪ The kids were so hungry that they finished a stack of **pancakes** in no time at all. | der **Pfannkuchen**<br>▪ Die Kinder waren so hungrig, dass sie auf der Stelle einen Stapel **Pfannkuchen** verputzten. |
| **to take away** [tə ˌteɪk ə'weɪ] *phrase;*<br>▸ **v irr** S. 446 take<br>▪ Adrian ordered a latte **to take away**. | **zum Mitnehmen**<br>▪ Adrian hat einen Milchkaffee **zum Mitnehmen** bestellt. |
| **to go** [tə 'gəʊ] *phrase*<br>▪ I'll have a cheeseburger, large fries and a vanilla milk shake **to go**, please. | **zum Mitnehmen**<br>▪ Ich möchte einen Cheeseburger, eine große Portion Pommes und einen Vanillemilchshake **zum Mitnehmen**, bitte. |

# Servieren, Bestellen und Bezahlen

**set meal** [ˌset 'miːl] *n* — das **Menü**
- There were only three **set meals** on the menu. — Auf der Speisekarte standen nur drei **Menüs**.

➡ Das englische **menu** ist eine Speisekarte; das deutsche **Menü** übersetzt man mit **set menu**, während **set meal** mehr in der gesprochenen Sprache benutzt wird.

**menu** ['menjuː] *n* — die **Speisekarte**
- May I have the **menu**, please? — Kann ich bitte die **Speisekarte** haben?

➡ set meal ▶ S. 226

**course** [kɔːs] *n* — der **Gang**
- What are you going to have for your first **course**? — Was wirst du als ersten **Gang** nehmen?

**breakfast** ['brekfəst] *n* — das **Frühstück**
- Would you like an English **breakfast** or a continental one? — Hätten Sie gern ein englisches **Frühstück** oder ein kontinentales?

**to have breakfast** [tə ˌhæv 'brekfəst] *phrase;* ▶ **v irr** S. 442 have — **frühstücken**
- We **had breakfast** at seven and left shortly after for the airport. — Wir **frühstückten** um sieben und fuhren kurze Zeit später zum Flughafen.

**lunch** [lʌntʃ] *n* — das **Mittagessen**
- I usually have a salad or a sandwich for **lunch**. — Mein **Mittagessen** besteht meistens aus einem Salat oder Sandwich.

**to have lunch** [tə ˌhæv 'lʌntʃ] *phrase;* ▶ **v irr** S. 442 have — **zu Mittag essen**
- Because of the meeting we just **had** a quick **lunch** in the cafeteria. — Wegen der Sitzung **aßen** wir heute in der Cafeteria schnell **zu Mittag**.

**supper** ['sʌpə] *n* — das **Abendessen**
- Little children usually go to bed right after **supper**. — Kleine Kinder gehen meistens gleich nach dem **Abendessen** schlafen.

**dinner** ['dɪnə] *n* — das **Abendessen**
- **Dinner** will be served at 7 pm. — Das **Abendessen** wird um 19 Uhr serviert.

| | |
|---|---|
| **to have dinner** [tə ˌhæv ˈdɪnə] *phrase;* ▸ **v irr** S. 442 have<br>▪ We **had dinner** at 6 pm because the opera started at 7 pm. | **zu Abend essen**<br>▪ Wir **aßen** bereits um 18 Uhr **zu Abend**, weil die Oper um 19 Uhr anfing. |
| **dessert** [dɪˈzɜːt] *n*<br>▪ Would you like ice cream or fruit for **dessert**? | die **Nachspeise**, der **Nachtisch**, das **Dessert**<br>▪ Möchten Sie Eis oder Obst als **Nachspeise**? |
| **to pass** [*BE:* tə ˈpɑːs, *AE:* tə ˈpæs] *v*<br>▪ Could you **pass** the butter, please? | **herüberreichen**<br>▪ Könnten Sie mir bitte die Butter **herüberreichen**? |
| **to help oneself to sth.** [tə ˈhelp wʌnˌself tə] *phrase*<br>▪ Please **help yourself to** coffee and cake. | **sich etw. nehmen**<br>▪ Bitte **nehmen** Sie **sich** Kaffee und Kuchen. |
| **to set the table** [tə ˌset ðə ˈteɪbl] *phrase;* ▸ **v irr** S. 444 set<br>▪ Mum made dinner, I **set the table** and Dad did the dishes. | **den Tisch decken**<br>▪ Mama hat gekocht, ich habe **den Tisch gedeckt** und Papa hat abgewaschen. |
| **to clear the table** [tə ˌklɪə ðə ˈteɪbl] *phrase*<br>▪ Somebody has to **clear the table** first before we can start the game. | **den Tisch abräumen**<br>▪ Jemand muss **den Tisch** erst **abräumen**, bevor wir mit dem Spiel beginnen können. |
| **full** [fʊl] *adj*<br>▪ No dessert for me, please. I'm quite **full**. | **voll**<br>▪ Kein Nachtisch für mich, bitte. Ich bin ziemlich **voll**. |
| **empty** [ˈemptɪ] *adj*<br>▪ Whenever my glass was half **empty** the waitress filled it again. | **leer**<br>▪ Immer wenn mein Glas halb **leer** war, füllte es die Bedienung wieder auf. |
| **to be enough** [tə biː ɪˈnʌf] *phrase;* ▸ **v irr** S. 439 be<br>▪ Thank you, that**'s enough**. I'm not very hungry. | **genügen**<br>▪ Danke, das **genügt**. Ich bin nicht sehr hungrig. |

| | |
|---|---|
| **reservation** [ˌrezəˈveɪʃn] *n*<br>▪ Do I need a **reservation** for this restaurant? | die **Reservierung**<br>▪ Braucht man für dieses Restaurant eine **Reservierung**? |
| **to reserve** [tə rɪˈzɜːv] *v*<br>▪ I'd like to **reserve** a table for 8 o'clock. | **reservieren**<br>▪ Ich möchte einen Tisch für 20 Uhr **reservieren**. |
| **to book** [tə ˈbʊk] *v*<br>▪ I'd like to **book** a table for four at your restaurant. | **reservieren, vorbestellen**<br>▪ Ich möchte in Ihrem Restaurant einen Tisch für vier Personen **reservieren**. |
| **bill** [bɪl] *n*<br>▪ Could you check the **bill**, please? I think there's a mistake. | die **Rechnung**<br>▪ Könnten Sie bitte die **Rechnung** prüfen? Ich glaube, da ist ein Fehler. |
| **check** *AE* [tʃek] *n*<br>▪ Can I pay the **check** by credit card? | die **Rechnung**<br>▪ Kann ich die **Rechnung** mit Kreditkarte zahlen? |
| **to pay for** [tə ˈpeɪ fə] *phrase;*<br>▸ **v irr** S. 443 pay<br>▪ You **pay for** one cup and you can drink as much as you like. | **bezahlen, zahlen**<br><br>▪ Man **bezahlt** eine Tasse und kann so viel trinken, wie man möchte. |
| **tip** [tɪp] *n*<br>▪ In the US a 15 per cent **tip** is expected for service. | das **Trinkgeld**<br>▪ In den USA wird für die Bedienung ein **Trinkgeld** von 15 Prozent erwartet. |
| **included** [ɪnˈkluːdɪd] *adj*<br>▪ In Britain service is usually **included** in the bill. | **inbegriffen**<br>▪ In Großbritannien ist die Bedienung meist in der Rechnung **inbegriffen**. |
| **starter** [ˈstɑːtə] *n*<br>▪ Matt had a shrimp cocktail as a **starter**. | die **Vorspeise**<br>▪ Matt hatte einen Krabbencocktail als **Vorspeise**. |
| **dish of the day** [ˌdɪʃ əv ðə ˈdeɪ] *n*<br>▪ What's the **dish of the day** today? | das **Tagesgericht**<br>▪ Was ist heute das **Tagesgericht**? |
| **wine list** [ˈwaɪn lɪst] *n*<br>▪ There were only American wines on the **wine list**. | die **Weinkarte**<br>▪ Auf der **Weinkarte** standen nur amerikanische Weine. |

| | |
|---|---|
| **portion** ['pɔːʃn] *n*<br>▪ When the **portion** is too big and you can't finish your meal, just ask for a doggy bag. | die **Portion**<br>▪ Wenn die **Portion** zu groß ist und du dein Essen nicht schaffst, frage einfach nach einer Tüte für die Reste. |
| **to order** [tʊ 'ɔːdə] *v*<br>▪ Russell always **orders** more food than he can eat. | **bestellen**<br>▪ Russell **bestellt** sich immer mehr, als er essen kann. |
| **service** ['sɜːvɪs] *n*<br>▪ The **service** was excellent. I left a huge tip. | der **Service**<br>▪ Der **Service** war außergewöhnlich. Ich habe ein Riesentrinkgeld dagelassen. |
| **to serve** [tə 'sɜːv] *v*<br>▪ Pancakes **are** usually **served** with maple syrup. | **servieren**<br>▪ Pfannkuchen **werden** meist mit Ahornsirup **serviert**. |
| **to pour out** [tə ˌpɔːr 'aʊt] *phrase*<br>▪ The waitress **poured out** the wine and asked us to try it. | **einschenken**<br>▪ Die Bedienung **schenkte** den Wein **ein** und bat uns, ihn zu probieren. |
| **separate** ['seprət] *adj*<br>▪ Could we have **separate** bills, please? | **getrennt**<br>▪ Könnten wir bitte **getrennte** Rechnungen haben? |

# Wohnen

## Häuser und Wohnungen

| | |
|---|---|
| **home** [həʊm] *n* | das **Haus**, das **Heim** |
| ▪ They've just moved into their new **home** and are giving a housewarming party. | ▪ Sie sind gerade in ihr neues **Haus** eingezogen und geben eine Einweihungsparty. |
| **home** [həʊm] *adv* | **nach Hause** |
| ▪ I have to go **home** at eight before it gets dark. | ▪ Ich muss um acht **nach Hause**, bevor es dunkel wird. |
| **at home** [ət ˈhəʊm] *adv* | **zu Hause** |
| ▪ Most German families celebrate Christmas **at home**. | ▪ Die meisten deutschen Familien feiern Weihnachten **zu Hause**. |
| **house** [haʊs] *n* | das **Haus**, das **Wohnhaus** |
| ▪ After I had moved out of my parents' house I lived in the **house** of my girlfriend for quite a while. | ▪ Nachdem ich bei meinen Eltern ausgezogen war, wohnte ich eine ganze Weile im **Wohnhaus** meiner Freundin. |
| **flat** *BE* [flæt], **apartment** *AE* [əˈpɑːrtmənt] *n* | die **Wohnung** |
| ▪ We used to live in a **flat** but now we have our own house. | ▪ Früher wohnten wir in einer **Wohnung**, aber heute haben wir ein eigenes Haus. |
| ▪ In New York we had to stay at a hotel until we found an **apartment**. | ▪ In New York mussten wir im Hotel wohnen, bis wir eine **Wohnung** fanden. |
| **flat** *BE* [flæt], **apartment** *AE* [əˈpɑːrtmənt] *n* | das **Apartment** |
| ▪ The kitchen in my **flat** is really small. | ▪ Die Küche in meinem **Apartment** ist wirklich klein. |
| ▪ In Chicago I lived in an **apartment** on the $37^{th}$ floor. | ▪ In Chicago wohnte ich in einem **Apartment** im 37. Stock. |

| | |
|---|---|
| **building** ['bɪldɪŋ] *n* | das **Gebäude**, der **Bau** |
| ▪ When the Sears Tower was finished in 1974 it was the tallest **building** in the world. | ▪ Als der Sears Tower 1974 fertiggestellt wurde, war er das höchste **Gebäude** der Welt. |
| **to build** [tə 'bɪld] *v*; ▸ **v irr** S. 440 build | **bauen** |
| ▪ The house **was built** in ten months. | ▪ Das Haus **wurde** in zehn Monaten **gebaut**. |
| **building site** ['bɪldɪŋ ˌsaɪt] *n* | die **Baustelle** |
| ▪ There was a huge **building site** next to our hotel. | ▪ Neben unserem Hotel war eine riesige **Baustelle**. |
| **construction site** [kən'strʌkʃn ˌsaɪt] *n* | die **Baustelle** |
| ▪ The **construction site** in front of our house has been there for months. | ▪ Die **Baustelle** vor unserem Haus ist da schon seit Monaten. |
| **to live** [tə 'lɪv] *v* | **wohnen** |
| ▪ At 28 he**'s** still **living** with his parents. | ▪ Mit 28 **wohnt** er immer noch bei seinen Eltern. |
| **to stay** [tə 'steɪ] *v* | **wohnen** |
| ▪ Ben **stayed** in a small hotel outside of San Diego. | ▪ Ben **wohnte** in einem kleinen Hotel außerhalb von San Diego. |
| **block** [blɒk] *n* | der **Wohnblock** |
| ▪ Just go around this **block** and you'll see the station right ahead. | ▪ Gehen Sie einfach um diesen **Wohnblock** und Sie sehen den Bahnhof direkt vor sich. |
| **to enter** [tʊ 'entə] *v* | **eintreten** |
| ▪ Don't forget to knock before you **enter**. | ▪ Vergiss nicht zu klopfen, bevor du **eintrittst**. |
| **floor** [flɔː] *n* | das **Stockwerk**, die **Etage** |
| ▪ The fitness room is on the second **floor**. | ▪ Der Fitnessraum ist im zweiten **Stockwerk**. |
| **ground floor** *BE* [ˌgraʊnd 'flɔː] *n* | das **Erdgeschoss**, das **Parterre** |
| ▪ The living room is on the **ground floor** and the bedrooms are on the first floor. | ▪ Das Wohnzimmer ist im **Erdgeschoss** und die Schlafzimmer sind im ersten Stock. |

➡ Das Erdgeschoss heißt in Großbritannien **ground floor**; in den USA wird es jedoch bereits als **first floor** bezeichnet, sodass dort der 1. Stock **second floor** genannt wird.

| | |
|---|---|
| **first floor** *BE* [ˌfɜːst ˈflɔː] *n* | der **erste Stock** |
| ▪ The children's department is on the **first floor**. | ▪ Die Kinderabteilung ist im **ersten Stock**. |
| ➡ ground floor ▶ S. 231 | |
| **first floor** *AE* [ˌfɜːrst ˈflɔːr] *n* | das **Parterre** |
| ➡ ground floor ▶ S. 231 | |
| **roof** [ruːf] *n* | das **Dach** |
| ▪ We must have the **roof** repaired. The rain is coming in. | ▪ Wir müssen das **Dach** reparieren lassen. Es regnet rein. |
| **property** [ˈprɒpətɪ] *n* | das **Eigentum**, das **Grundstück** |
| ▪ No, this garden does not belong to my **property**. | ▪ Nein, dieser Garten gehört nicht zu meinem **Eigentum**. |
| ▪ They sold the **property** for three million euros. | ▪ Sie haben das **Grundstück** für drei Millionen Euro verkauft. |
| **private property** [ˌpraɪvət ˈprɒpətɪ] *n* | der **Privatbesitz** |
| ▪ Despite the sign saying **"Private Property"** Roy parked the car on the driveway. | ▪ Trotz des Schildes **„Privatbesitz"** parkte Roy seinen Wagen in der Einfahrt. |
| **rent** [rent] *n* | die **Miete** |
| ▪ Jack has to move out of his flat. He can't pay the **rent** anymore. | ▪ Jack muss aus seiner Wohnung ausziehen. Er kann die **Miete** nicht mehr zahlen. |
| **to hire** *BE* [tə ˈhaɪə], **to rent** *AE* [tə ˈrent] *v* | **mieten** |
| ▪ Let's fly to Malta and **hire** a car for a week. | ▪ Lasst uns nach Malta fliegen und für eine Woche ein Auto **mieten**. |
| ▪ Sandy **is going to rent** a flat in Chicago. | ▪ Sandy **wird** eine Wohnung in Chicago **mieten**. |
| **to let** [tə ˈlet] *v*; ▶ **v irr** S. 443 let | **vermieten** |
| ▪ After her children had moved out Carla **let** some of the rooms of her house. | ▪ Nachdem ihre Kinder ausgezogen waren, **vermietete** Carla einige Zimmer ihres Hauses. |
| **residential building** [rezɪˌdenʃl ˈbɪldɪŋ] *n* | das **Wohngebäude** |
| ▪ That's not an office block, it's a **residential building**. | ▪ Das ist kein Büroblock, es ist ein **Wohngebäude**. |

| | |
|---|---|
| **high-rise building** [ˌhaɪraɪz ˈbɪldɪŋ] *n* | das **Hochhaus** |
| ▪ Oliver grew up in a **high-rise building** in Brooklyn. | ▪ Oliver ist in einem **Hochhaus** in Brooklyn großgeworden. |
| **skyscraper** [ˈskaɪˌskreɪpə] *n* | der **Wolkenkratzer** |
| ▪ The skyline with all its **skyscrapers** is most impressive from the other side of the river. | ▪ Die Skyline mit all ihren **Wolkenkratzern** ist am beeindruckendsten von der anderen Flussseite. |
| **terraced house** *BE* [ˌterəst ˈhaʊs], **row house** *AE* [ˈrəʊhaʊs] *n* | das **Reihenhaus** |
| ▪ The first house we bought was a **terraced house** on Boulder Street. | ▪ Das erste Haus, das wir kauften, war ein **Reihenhaus** in der Boulder Street. |
| ▪ His cat was found sitting in front of one of the **row houses** in North Beach. | ▪ Seine Katze saß vor einem der **Reihenhäuser** in North Beach, als sie gefunden wurde. |
| **to move** [tə ˈmuːv] *v* | **(um)ziehen** |
| ▪ The Wilsons don't live here anymore. They**'ve moved** to Manchester. | ▪ Die Wilsons wohnen hier nicht mehr. Sie **sind** nach Manchester **gezogen**. |
| **to settle down** [tə ˌsetl ˈdaʊn] *phrase* | **sich niederlassen** |
| ▪ After moving around for a few years Gloria finally **settled down** in Aberdeen. | ▪ Nachdem sie einige Jahr hin und her gezogen war, **ließ sich** Gloria schließlich in Aberdeen **nieder**. |
| **front** [frʌnt] *n* | die **Fassade** |
| ▪ The hotel has a magnificent **front** but is pretty shabby inside. | ▪ Das Hotel hat eine prächtige **Fassade**, aber innen ist es recht schäbig. |
| **luxurious** [lʌgˈʒʊərɪəs] *adj* | **komfortabel** |
| ▪ The suite was **luxurious** but not expensive. | ▪ Die Suite war **komfortabel**, aber nicht teuer. |
| **convenience** [kənˈviːnɪəns] *n* | der **Komfort** |
| ▪ We enjoy the **convenience** of having a cleaning lady. | ▪ Wir genießen den **Komfort**, eine Reinemachefrau zu haben. |
| **owner** [ˈəʊnə] *n m/f* | der **Besitzer**, die **Besitzerin**, der **Eigentümer**, die **Eigentümerin** |
| ▪ Who's the **owner** of that mansion? | ▪ Wer ist der **Besitzer** dieses Herrenhauses? |

| | |
|---|---|
| **landlord, landlady** ['lændlɔːd, 'lændleɪdɪ] *n* | der **Vermieter**, die **Vermieterin** |
| ▪ The **landlady** dropped by once a month to check the rooms. | ▪ Die **Vermieterin** schaute einmal im Monat vorbei, um die Zimmer zu kontrollieren. |
| **bills** [bɪlz] *n pl* | die **Nebenkosten** |
| ▪ How high are the **bills**? | ▪ Wie hoch sind die **Nebenkosten**? |

# Zimmer und Wohnbereiche

| | |
|---|---|
| **room** [ruːm] *n* | das **Zimmer**, der **Raum** |
| ▪ We have three **rooms** downstairs and two upstairs. | ▪ Wir haben unten drei **Zimmer** und oben zwei. |
| **wall** [wɔːl] *n* | die **Mauer**, die **Wand** |
| ▪ The **wall** that separates the two properties dates from the 18th century. | ▪ Die **Mauer**, die die beiden Grundstücke trennt, ist aus dem 18. Jahrhundert. |
| ▪ The **walls** of her room are full of posters of basketball stars. | ▪ Die **Wände** ihres Zimmers hängen voll mit Postern von Basketballstars. |
| **ceiling** ['siːlɪŋ] *n* | die **Decke** |
| ▪ Careful! Don't bump your head on the low **ceiling**. | ▪ Vorsicht! Stoß dir nicht den Kopf an der niedrigen **Decke**! |
| **entrance** ['entrəns] *n* | der **Eingang**, die **Einfahrt** |
| ▪ Let's meet at the **entrance** of the pub. | ▪ Treffen wir uns am **Eingang** des Pubs. |
| ▪ A white van was parked in front of the **entrance**. | ▪ Ein weißer Lieferwagen parkte vor der **Einfahrt**. |
| **exit** ['eksɪt] *n* | der **Ausgang**, die **Ausfahrt** |
| ▪ This door is not the **exit**, it's the broom cupboard. | ▪ Diese Tür ist nicht der **Ausgang**, es ist die Besenkammer. |
| ▪ A broken-down van was blocking the **exit** of my garage. | ▪ Ein kaputter Lieferwagen blockierte die **Ausfahrt** meiner Garage. |
| **door** [dɔː] *n* | die **Tür** |
| ▪ Carl always locks the **door** to his room when he leaves. | ▪ Carl schließt immer die **Tür** seines Zimmers ab, wenn er weggeht. |

| | |
|---|---|
| **gate** [geɪt] *n* | das **Tor** |
| ▪ The dog got out because someone left the **gate** open. | ▪ Der Hund ist rausgerannt, weil jemand das **Tor** offen gelassen hat. |
| **to open** [tʊ 'əʊpən] *v* | **öffnen** |
| ▪ You don't need a key to **open** the cellar door. It's got a combination lock. | ▪ Man braucht keinen Schlüssel, um die Kellertür zu **öffnen**. Sie hat ein Zahlenschloss. |
| **to shut** [tə 'ʃʌt] *v;* ▸ v irr S. 444 shut | **schließen** |
| ▪ **Shut** the window! It's going to rain. | ▪ **Schließ** die Fenster! Es regnet gleich. |
| **to close** [tə 'kləʊz] *v* | **schließen** |
| ▪ **Close** the door so the cat can't get out! | ▪ **Schließ** die Tür, damit die Katze nicht rauskann! |
| **window** ['wɪndəʊ] *n* | das **Fenster** |
| ▪ Open the **window** and let in some fresh air! | ▪ Mach das **Fenster** auf und lass etwas frische Luft herein! |
| **floor** [flɔː] *n* | der **Fußboden**, der **Boden** |
| ▪ The **floor** gets slippery when it's wet. | ▪ Der **Fußboden** wird glatt, wenn er nass ist. |
| **stairs** [steəz] *n pl* | die **Treppe** |
| ▪ Evan ran down the **stairs** to answer the phone. | ▪ Evan lief die **Treppe** hinunter, um ans Telefon zu gehen. |
| **lift** *BE* [lɪft], **elevator** *AE* ['eləveɪtər] *n* | der **Aufzug** |
| ▪ We took the **lift** to the restaurant on the top floor. | ▪ Wir fuhren mit dem **Aufzug** zum Restaurant im obersten Stockwerk. |
| ▪ The **elevator** was out of order. | ▪ Der **Aufzug** war außer Betrieb. |
| **kitchen** ['kɪtʃən] *n* | die **Küche** |
| ▪ Steve and Sonia are in the **kitchen** preparing dinner. | ▪ Steve und Sonia sind in der **Küche** und bereiten das Abendessen zu. |
| **living room** ['lɪvɪŋ ruːm] *n* | das **Wohnzimmer** |
| ▪ The children are in the **living room** watching TV. | ▪ Die Kinder sind im **Wohnzimmer** und sehen fern. |
| **dining room** ['daɪnɪŋ ruːm] *n* | das **Esszimmer** |
| ▪ Mum laid the table for dinner in the **dining room**. | ▪ Mutti deckte den Tisch für das Abendessen im **Esszimmer**. |

**bedroom** ['bedruːm] *n* — das **Schlafzimmer**

- This house has three **bedrooms** and two bathrooms. — Diese Haus hat drei **Schlafzimmer** und zwei Bäder.

**bathroom** [*BE:* 'bɑːθruːm, *AE:* 'bæθruːm] *n* — das **Badezimmer**, das **Bad**

- The two children have to share a **bathroom**. — Die beiden Kinder müssen sich ein **Badezimmer** teilen.

**shower** ['ʃaʊə] *n* — die **Dusche**

- Could you answer the phone? I'm in the **shower**. — Kannst du ans Telefon gehen? Ich stehe unter der **Dusche**.

**toilet** *BE* ['tɔɪlət], **bathroom** *AE* ['bæθruːm] *n* — die **Toilette**

- There's a **toilet** on each floor. — Auf jeder Etage gibt es eine **Toilette**.
- Where's the **bathroom**, please? — Wo ist bitte die **Toilette**?

➡ Im Amerikanischen bezeichnet man als **toilet** nur die Toilettenschüssel, niemals den Raum; dieser heißt **bathroom** oder öffentlich **restroom**.

**cellar** ['selə] *n* — der **Keller**

- Wine should be stored in a cool, dark **cellar**. — Wein sollte in einem kühlen, dunklen **Keller** gelagert werden.

**to tidy up** [tə ˌtaɪdɪ 'ʌp] *phrase* — **aufräumen**

- Son, I think it's about time you **tidy up** your room again. — Mein Sohn, ich denke, es ist mal wieder an der Zeit, dass du dein Zimmer **aufräumst**.

**garden** ['gɑːdn] *n* — der **Garten**

- George brought us a bunch of roses from his own **garden**. — George hat uns einen Strauß Rosen aus seinem **Garten** mitgebracht.

**terrace** ['terəs] *n* — die **Terrasse**

- I often sleep out on the **terrace** when the nights are warm. — Ich schlafe oft draußen auf der **Terrasse**, wenn die Nächte warm sind.

**balcony** ['bælkənɪ] *n* — der **Balkon**

- Caroline only has a small flat. So her **balcony** is like an extra room. — Caroline hat nur eine kleine Wohnung. Ihr **Balkon** ist daher wie ein Extrazimmer.

| | |
|---|---|
| **garage** [*BE:* ˈɡærɑːʒ, *AE:* ɡəˈrɑːʒ] *n* | die **Garage** |
| ▪ On weekends we usually leave the car in the **garage**. | ▪ An Wochenenden lassen wir den Wagen meist in der **Garage**. |
| **inside** [ɪnˈsaɪd] *adv* | **drinnen, innen** |
| ▪ We'd rather stay **inside** when it is so cold. | ▪ Wir bleiben lieber **drinnen**, wenn es so kalt ist. |
| ▪ I've never seen the building from the **inside**. | ▪ Ich habe das Haus noch nie von **innen** gesehen. |
| **outside** [aʊtˈsaɪd] *adv* | **draußen, im Freien** |
| ▪ The kids are **outside** playing with the dog in the garden. | ▪ Die Kinder sind **draußen** und spielen mit dem Hund im Garten. |
| ▪ The party will be **outside** as long as the weather is nice. | ▪ Die Party wird **im Freien** stattfinden, solange das Wetter schön ist. |
| **hall** [hɔːl] *n* | der **Flur**, die **Diele** |
| ▪ There's a wardrobe in the **hall** where you can hang up your coat. | ▪ Im **Flur** ist ein Schrank, in den Sie Ihren Mantel hängen können. |
| **corridor** [ˈkɒrɪdɔː] *n* | der **Gang** |
| ▪ There's a photocopier out in the **corridor**. | ▪ Draußen im **Gang** steht ein Kopierer. |
| **coat rack** [ˈkəʊt ræk] *n* | die **Garderobe** |
| ▪ I bought this 50-year old **coat rack** at an auction. | ▪ Ich habe diese 50 Jahre alte **Garderobe** bei einer Auktion erstanden. |
| **loft** [lɒft] *n* | der **Dachboden**, der **Speicher** |
| ▪ We must tidy up your room and put the stuff you don't need anymore up in the **loft**. | ▪ Wir müssen dein Zimmer aufräumen und das, was du nicht mehr brauchst, auf den **Dachboden** bringen. |
| **right up in the attic** [raɪt ˌʌp ɪn ðɪ ˈætɪk] *phrase* | **unterm Dach** |
| ▪ I'm living in a nice flat **right up in the attic**. | ▪ Ich wohne in einer schönen Wohnung **unterm Dach**. |
| **fireplace** [ˈfeɪəpleɪs] *n* | der **Kamin** |
| ▪ If I had a **fireplace** I would sit next to it now and read. | ▪ Wenn ich einen **Kamin** hätte, würde ich mich jetzt danebensetzen und lesen. |

| | |
|---|---|
| **basement** ['beɪsmənt] *n* | das **Untergeschoss** |
| ▪ We have a hobby room in the **basement**. | ▪ Wir haben einen Hobbyraum im **Untergeschoss**. |
| **to clear out** [tə ˌklɪər 'aʊt] *phrase* | **ausräumen** |
| ▪ I need to **clear out** the cupboard and clean the glasses. | ▪ Ich muss den Schrank **ausräumen** und die Gläser reinigen. |

# Einrichtung

## Mobiliar

| | |
|---|---|
| **furniture** ['fɜːnɪtʃə] *n* | die **Möbel** |
| ▪ Sue likes old **furniture** especially from the 18th century. | ▪ Sue mag alte **Möbel**, besonders aus dem 18. Jahrhundert. |
| **piece of furniture** [ˌpiːs əv 'fɜːnɪtʃə] *n* | das **Möbelstück** |
| ▪ Every **piece of furniture** had to be removed. | ▪ Jedes **Möbelstück** musste entfernt werden. |
| **furnished** ['fɜːnɪʃt] *adj* | **möbliert** |
| ▪ It might be advisable to look for a **furnished** flat. | ▪ Es ist vielleicht ratsam, nach einer **möblierten** Wohnung zu suchen. |
| **chair** [tʃeə] *n* | der **Stuhl** |
| ▪ The two **chairs** I got for Christmas are not very comfortable. | ▪ Die beiden **Stühle**, die ich zu Weihnachten bekommen habe, sind nicht sehr bequem. |
| **to sit** [tə 'sɪt] *v;* ▸ **v irr** S. 445 sit | **sich (hin)setzen, sitzen** |
| ▪ Do you mind if I **sit** here? | ▪ Haben Sie etwas dagegen, wenn ich **mich** hier **hinsetze**? |
| ▪ Excuse me, **is** anyone **sitting** here? | ▪ Verzeihung, **sitzt** hier schon jemand? |
| **to have a seat** [tə ˌhæv ə 'siːt] *phrase;* ▸ **v irr** S. 442 have | **Platz nehmen** |
| ▪ Please **have a seat**, I'd like to begin. | ▪ Bitte **nehmen** Sie **Platz**, ich möchte anfangen. |

| | |
|---|---|
| **table** ['teɪbl] *n* | der **Tisch** |
| ▪ Diane set the **table** and put a nice vase with flowers in the middle. | ▪ Diane deckte den **Tisch** und stellte eine schöne Vase mit Blumen in die Mitte. |
| **sideboard** ['saɪdbɔːd] *n* | die **Anrichte** |
| ▪ Grandma usually keeps all her dishes and silverware in the **sideboard**. | ▪ Oma bewahrt normalerweise ihr gesamtes Geschirr und Besteck in der **Anrichte** auf. |
| **cupboard** ['kʌbəd] *n* | der **Schrank** |
| ▪ All my children know they must not look in my **cupboard** prior to Christmas. | ▪ Alle meine Kinder wissen, dass sie vor Weihnachten nicht in meinen **Schrank** schauen dürfen. |
| **wardrobe** ['wɔːdrəʊb] *n* | der **Kleiderschrank** |
| ▪ My **wardrobe** is too small for all my clothes. | ▪ Mein **Kleiderschrank** ist zu klein für alle meine Kleider. |
| **bed** [bed] *n* | das **Bett** |
| ▪ Jude spent the whole Sunday in **bed**. | ▪ Jude verbrachte den ganzen Sonntag im **Bett**. |
| **comfortable** ['kʌmftəbl] *adj* | **bequem**, **gemütlich** |
| ▪ Why don't you put a **comfortable** sofa in the kitchen since it is your favourite room. | ▪ Warum stellst du nicht ein **bequemes** Sofa in die Küche, da es dein Lieblingszimmer ist. |
| **lamp** [læmp] *n* | die **Lampe** |
| ▪ Lewis bought a **lamp** for the bedside table because he loves reading at night. | ▪ Lewis hat sich eine **Lampe** für den Nachttisch gekauft, weil er nachts gern liest. |
| **light** [laɪt] *n* | das **Licht** |
| ▪ Please turn off the **light** when you leave the room. | ▪ Schalte bitte das **Licht** aus, wenn du den Raum verlässt. |
| **to turn on** [tə ˌtɜːn 'ɒn] *phrase* | **einschalten** |
| ▪ Make sure the answerphone **is turned on** before you go out tonight. | ▪ Überzeuge dich davon, dass der Anrufbeantworter **eingeschaltet ist**, bevor du heute Abend ausgehst. |
| **to turn off** [tə ˌtɜːn 'ɒf] *phrase* | **ausschalten** |
| ▪ I **turned off** the TV at 11.30 and fell asleep instantly. | ▪ Um halb zwölf **habe** ich den Fernseher **ausgeschaltet** und bin sofort eingeschlafen. |

| | |
|---|---|
| **bath** *BE* [bɑːθ], **bathtub** *AE* [ˈbæθtʌb] *n* | die **Badewanne** |
| ▪ I'm afraid the flat doesn't have a **bath** but the shower is brand new. | ▪ Leider hat die Wohnung keine **Badewanne**, aber die Dusche ist brandneu. |
| ▪ I soaked in the **bathtub** for half an hour. | ▪ Ich habe mich eine halbe Stunde lang in der **Badewanne** eingeweicht. |
| **tap** *BE* [tæp], **faucet** *AE* [ˈfɔːsɪt] *n* | der **Wasserhahn** |
| ▪ Many British baths still have separate **taps** for hot and cold water. | ▪ Viele britische Badewannen haben noch getrennte **Wasserhähne** für heißes und kaltes Wasser. |
| ▪ The **faucet** of my kitchen sink was leaking the whole night. | ▪ Der **Wasserhahn** des Spülsteins in meiner Küche tropfte die ganze Nacht. |
| **heating** [ˈhiːtɪŋ] *n* | die **Heizung** |
| ▪ The **heating** doesn't seem to be functioning properly, the room is still cold. | ▪ Die **Heizung** scheint nicht richtig zu funktionieren, der Raum ist immer noch kalt. |
| **to heat** [tə ˈhiːt] *v* | **heizen** |
| ▪ Most people use gas to **heat** their homes. | ▪ Die meisten Leute **heizen** ihr Haus mit Gas. |
| **furnishings** [ˈfɜːnɪʃɪŋz] *n pl* | die **Einrichtung** |
| ▪ I got all my **furnishings** from a flea market. | ▪ Ich habe meine gesamte **Einrichtung** auf einem Flohmarkt erstanden. |
| **to furnish** [tə ˈfɜːnɪʃ] *v* | **einrichten**, **möblieren** |
| ▪ If I had more money I would **furnish** my flat with antique furniture. | ▪ Wenn ich mehr Geld hätte, würde ich meine Wohnung mit alten Möbeln **einrichten**. |
| **armchair** [ˈɑːmtʃeə] *n* | der **Sessel** |
| ▪ Grandad likes to sit in a comfortable **armchair** by the fireside. | ▪ Opa sitzt gern in einem bequemen **Sessel** am Kamin. |
| **sofa** [ˈsəʊfə] *n* | das **Sofa** |
| ▪ My new **sofa** seats three to four people. | ▪ Auf meinem neuen **Sofa** haben drei bis vier Personen Platz. |

| | |
|---|---|
| **couch** [kaʊtʃ] *n*<br>▪ Sarah lies on the **couch** and reads a book whenever she's bored. | die **Couch**<br>▪ Immer wenn ihr langweilig ist, liegt Sarah auf der **Couch** und liest. |
| **shelf** [ʃelf] *n; pl* **shelves**<br>▪ Please return all books to their **shelves**. | das **Regal**<br>▪ Bitte stellen Sie alle Bücher wieder in die **Regale** zurück. |
| **drawer** [drɔː] *n*<br>▪ Charlie keeps his documents in the top **drawer** of his desk. | die **Schublade**<br>▪ Charlie bewahrt seine Papiere in der obersten **Schublade** seines Schreibtisches auf. |
| **carpet** ['kɑːpɪt] *n*<br>▪ We bought a beautiful **carpet** for our living room. | der **Teppich**<br>▪ Wir haben einen schönen **Teppich** für unser Wohnzimmer gekauft. |
| **fitted carpet** [ˌfɪtɪd 'kɑːpɪt] *n*<br>▪ The bedrooms and living room all had **fitted carpets**. | der **Teppichboden**<br>▪ Die Schlafzimmer und das Wohnzimmer hatten alle **Teppichböden**. |
| **curtain** ['kɜːtn] *n*<br>▪ Why don't you pull back the **curtains** to let the sunshine in? | der **Vorhang**, die **Gardine**<br>▪ Warum ziehst du nicht die **Vorhänge** zurück, um die Sonne hereinzulassen. |
| **hanger** ['hæŋə] *n*<br>▪ I put my coat on the bed because there were no more empty **hangers**. | der **Kleiderbügel**<br>▪ Ich legte meinen Mantel aufs Bett, weil es keine freien **Kleiderbügel** mehr gab. |
| **to hang sth. up** [tə ˌhæŋ ... 'ʌp] *phrase;* ▸ **v irr** S. 442 hang<br>▪ May I **hang up** your cloak? | **etw. aufhängen**<br>▪ Dürfte ich Ihren Umhang **aufhängen**? |
| **mattress** ['mætrəs] *n*<br>▪ I have strange dreams when I sleep on a **mattress** that's too hard. | die **Matratze**<br>▪ Ich habe merkwürdige Träume, wenn ich auf einer zu harten **Matratze** schlafe. |
| **pillow** ['pɪləʊ] *n*<br>▪ Lisa likes to sleep with two **pillows** under her head. | das **Kissen**<br>▪ Lisa schläft gern mit zwei **Kissen** unter dem Kopf. |

| | |
|---|---|
| **sheet** [ʃiːt] *n*<br>▪ My mother taught me to change the **sheets** every other week. | das **Bettlaken**<br>▪ Meine Mutter hat mir beigebracht, die **Bettlaken** alle zwei Wochen zu wechseln. |
| **blanket** ['blæŋkɪt] *n*<br>▪ Could I have a second **blanket**, please? I'm still cold. | die **Decke**, die **Bettdecke**<br>▪ Könnte ich bitte eine zweite **Decke** haben? Mir ist immer noch kalt. |
| **to cover** [tə 'kʌvə] *v*<br>▪ Linda **covered** her daughter with a blanket and kissed her goodnight. | **(zu)decken**<br>▪ Linda **deckte** ihre Tochter mit einer Decke **zu** und gab ihr einen Gutenachtkuss. |
| **to tuck sb. in** [tə ˌtʌg … 'ɪn] *phrase*<br>▪ My grandma came upstairs to **tuck** me **in**. | **j-n zudecken**<br>▪ Meine Oma kam nach oben, um mich **zuzudecken**. |

## Haushaltsführung

| | |
|---|---|
| **household** ['haʊshəʊld] *n*<br>▪ Many **households** in England are one-person households. | der **Haushalt**<br>▪ Viele **Haushalte** in England sind Ein-Personen-Haushalte. |
| **to run the household** [tə ˌrʌn ðə 'haʊshəʊld] *phrase;* ▸ **v irr** S. 444 run<br>▪ Becky works full-time and **runs the household**. | **den Haushalt machen**<br>▪ Becky arbeitet ganztags und **macht den Haushalt**. |
| **lock** [lɒk] *n*<br>▪ Graham lost his keys and had all the **locks** changed. | das **Schloss**<br>▪ Graham verlor seine Schlüssel und ließ alle **Schlösser** auswechseln. |
| **to lock** [tə 'lɒk] *v*<br>▪ Close the windows and **lock** the doors before you leave. | **abschließen**<br>▪ Macht die Fenster zu und **schließt** die Türen **ab**, bevor ihr geht. |
| **key** [kiː] *n*<br>▪ Have you seen the **key** to the cellar door? | der **Schlüssel**<br>▪ Hast du den **Schlüssel** für die Kellertür gesehen? |
| **bell** [bel] *n*<br>▪ I didn't hear the **bell** because I was in the shower. | die **Klingel**<br>▪ Ich habe die **Klingel** nicht gehört, weil ich unter der Dusche stand. |

**to ring the bell** [tə ˌrɪŋ ðə ˈbel] *phrase;* ▸ **v irr** S. 443 ring — **klingeln**

- The children were standing in front of the door but none of them dared to **ring the bell**.
- Die Kinder standen vor der Tür, doch keines von ihnen traute sich zu **klingeln**.

**coffee machine** [ˈkɒfɪ məʃiːn] *n* — die **Kaffeemaschine**

- I bought my mother a **coffee machine** because she loves coffee.
- Ich habe meiner Mutter eine **Kaffeemaschine** gekauft, weil sie Kaffee liebt.

**coffee maker** [ˈkɒfɪ ˌmeɪkə] *n* — die **Kaffeemaschine**

- There's a **coffee maker** in our office but we hardly use it.
- In unserem Büro steht eine **Kaffeemaschine**, doch wir benutzen sie kaum.

**fridge** [frɪdʒ] *n* — der **Kühlschrank**

- Paul likes his beer cold, so he always puts it in the **fridge**.
- Paul trinkt sein Bier gern kalt; deshalb stellt er es immer in den **Kühlschrank**.

➡ Ein **fridge** (oder **refrigerator** in der Langform) ist ein Kühlschrank; mit **freezer** bezeichnet man das Kühlfach oder einen frei stehenden Tiefkühlschrank; sind beide in einem Schrank vereint, spricht man in Großbritannien auch von einem **fridge-freezer**.

**cooker** *BE* [ˈkʊkə], **stove** *AE* [stəʊv] *n* — der **Herd**

- You can heat up the soup on the **cooker** or in the microwave.
- Du kannst die Suppe auf dem **Herd** oder in der Mikrowelle aufwärmen.
- Could you turn off the **stove** please? I think the noodles are done.
- Könntest du bitte den **Herd** abschalten? Ich denke, die Nudeln sind fertig.

**pot** [pɒt] *n* — der **Kochtopf**, der **Topf**, die **Kanne**

- There's a **pot** of hot chili on the kitchen stove.
- Auf dem Küchenherd steht ein **Topf** mit heißem Chili.
- Janice put some teabags in the **pot**.
- Janice tat einige Teebeutel in die **Kanne**.

**dish** [dɪʃ] *n* — die **Schüssel**

- The waiter brought a large **dish** of spaghetti.
- Der Kellner brachte eine große **Schüssel** Spaghetti.

| | |
|---|---|
| **dishes** ['dɪʃɪz] *n pl*<br>▪ I don't have enough **dishes** for the party. I need more plates and bowls. | das **Geschirr**<br>▪ Ich habe nicht genug **Geschirr** für die Party. Ich brauche noch Teller und Schalen. |
| **plate** [pleɪt] *n*<br>▪ Donna put another pancake on his **plate**. | der **Teller**<br>▪ Donna legte ihm noch einen Pfannkuchen auf seinen **Teller**. |
| **glass** [*BE:* glɑːs, *AE:* glæs] *n*<br>▪ "Cheers!" he said and raised his **glass**. | das **Glas**<br>▪ „Prost!", sagte er und erhob sein **Glas**. |
| **mug** [mʌg] *n*<br>▪ He's got a collection of **mugs** from different Australian universities. | der **Kaffeebecher**, der **Becher**<br>▪ Er hat eine Sammlung von **Kaffeebechern** verschiedener australischer Universitäten. |
| **cup** [kʌp] *n*<br>▪ Marian poured some more tea in my **cup**. | die **Tasse**<br>▪ Marian goss noch etwas Tee in meine **Tasse**. |
| **saucer** ['sɔːsə] *n*<br>▪ Aunt Jane laid the breakfast table with plates, cups and **saucers**. | die **Untertasse**<br>▪ Tante Jane deckte den Frühstückstisch mit Tellern, Tassen und **Untertassen**. |
| **fork** [fɔːk] *n*<br>▪ Children must learn how to eat with a knife and **fork**. | die **Gabel**<br>▪ Kinder müssen lernen, wie man mit Messer und **Gabel** isst. |
| **knife** [naɪf] *n; pl* **knives**<br>▪ You need a sharp **knife** to cut this meat. | das **Messer**<br>▪ Man braucht ein scharfes **Messer**, um dieses Fleisch zu schneiden. |
| **spoon** [spuːn] *n*<br>▪ A little milk and two **spoons** of sugar, please. | der **Löffel**<br>▪ Etwas Milch und zwei **Löffel** Zucker, bitte. |
| **teaspoon** ['tiːspuːn] *n*<br>▪ Just add another **teaspoon** of paprika if the stew is too bland. | der **Teelöffel**<br>▪ Füg doch einfach einen **Teelöffel** Paprika hinzu, wenn der Eintopf zu fad ist! |

**candle** ['kændl] *n* — die **Kerze**
- Did you light the **candles** on top of the birthday cake?
- Hast du die **Kerzen** auf dem Geburtstagskuchen angezündet?

**lighter** ['laɪtə] *n* — das **Feuerzeug**
- My **lighter** is empty. Do you have a match?
- Mein **Feuerzeug** ist leer. Hast du ein Streichholz?

**to light** [tə 'laɪt] *v* — **anzünden**
- Why don't you **light** some candles and turn off the light. It's much more romantic.
- Warum **zündest** du nicht ein paar Kerzen **an** und machst das Licht aus. Das ist doch viel romantischer.

**dishwasher, dish washer** ['dɪʃˌwɒʃə, 'dɪʃ 'wɒʃə] *n* — die **Geschirrspülmaschine**, die **Spülmaschine**
- Tony rinsed the plates before he put them in the **dishwasher**.
- Tony spülte die Teller ab, bevor er sie in die **Geschirrspülmaschine** stellte.

**washing-up** *BE* [ˌwɒʃɪŋ'ʌp] *n* — der **Abwasch**
- Could you do the **washing-up** today?
- Könntest du heute den **Abwasch** machen?

**to do the dishes** [tə ˌduː ðə 'dɪʃɪz, tə ˌduː ðə 'dɪʃəz] *phrase*; ▸ **v irr** S. 440 do — **abwaschen**, **Geschirr spülen**
- I'd like to **do the dishes** before we go out.
- Ich möchte noch **abwaschen**, bevor wir ausgehen.

**washing machine** ['wɒʃɪŋ məˌʃiːn] *n* — die **Waschmaschine**
- Keith doesn't have a **washing machine**. He has to take everything to the launderette.
- Keith hat keine **Waschmachine**. Er muss alles zum Waschsalon tragen.

**to wash** [tə 'wɒʃ] *v* — **waschen**
- Do I have to **wash** this wool jumper by hand?
- Muss ich diesen Wollpullover mit der Hand **waschen**?

**to do the laundry** [tə ˌduː ðə 'lɔːndrɪ] *phrase* — **Wäsche waschen**
- Paula spent the evening **doing the laundry**.
- Pauly verbrachte den Abend damit, **Wäsche** zu **waschen**.

**tidy** ['taɪdɪ] *adj* — **sauber**
- The kitchen was a mess but now it's **tidy** again.
- Die Küche war ein Durcheinander, aber jetzt ist sie wieder **sauber**.

| | |
|---|---|
| **clean** [kliːn] *adj*<br>▪ The windows were dirty this morning. Now they're **clean** again. | **sauber**<br>▪ Heute Morgen waren die Fenster schmutzig. Jetzt sind sie wieder **sauber**. |
| **to clean** [tə 'kliːn] *v*<br>▪ Your windows are dirty. You've got to **clean** them more often. | **putzen, sauber machen**<br>▪ Deine Fenster sind schmutzig. Du musst sie öfter **putzen**. |
| **dirty** ['dɜːtɪ] *adj*<br>▪ My hands are **dirty**. I've got to wash them. | **schmutzig, dreckig**<br>▪ Meine Hände sind **schmutzig**. Ich muss sie waschen. |
| **mirror** ['mɪrə] *n*<br>▪ This morning I looked in the **mirror** and thought I saw a stranger. | der **Spiegel**<br>▪ Heute morgen schaute ich in den **Spiegel** und dachte, ich sehe einen Fremden. |
| **towel** ['taʊəl] *n*<br>▪ Rebecca dried the dishes with the wrong **towel**. | das **Handtuch**<br>▪ Rebecca hat das Geschirr mit dem falschen **Handtuch** abgetrocknet. |
| **hairdryer** ['heədraɪə] *n (auch: hairdrier)*<br>▪ Most hotels provide a **hairdryer** in their rooms. | der **Föhn**<br>▪ Die meisten Hotels stellen einen **Föhn** im Zimmer zur Verfügung. |
| **to dry** [tə 'draɪ] *v*<br>▪ Please hang up your raincoat in the bathroom to **dry**. | **trocknen**<br>▪ Hänge bitte deinen Regenmantel ins Bad, damit er **trocknet**. |
| **alarm clock** [ə'lɑːm ˌklɒk] *n*<br>▪ My **alarm clock** goes off at seven every morning. | der **Wecker**<br>▪ Mein **Wecker** läutet jeden Morgen um sieben. |
| **air conditioning** ['eə kənˌdɪʃnɪŋ] *n*<br>▪ Bob turned down the **air conditioning** because the temperature outside had dropped. | die **Klimaanlage**<br>▪ Bob hat die **Klimaanlage** heruntergedreht, weil die Temperatur draußen gesunken war. |
| **box** [bɒks] *n*<br>▪ Have you eaten the whole **box** of chocolates?<br>▪ Fiona keeps all her hairslides in a small **box**. | die **Schachtel**, die **Kiste**<br>▪ Hast du die ganze **Schachtel** Pralinen gegessen?<br>▪ Fiona bewahrt alle ihre Haarspangen in einer kleinen **Kiste** auf. |

| | |
|---|---|
| **rubbish bin** *BE* ['rʌbɪʃ ˌbɪn], **garbage can** *AE* ['gɑːrbɪdʒ ˌkæn] *n* | der **Mülleimer** |
| ▪ Your **rubbish bin** smells. I think you should clean it more often. | ▪ Dein **Mülleimer** riecht. Ich finde, du solltest ihn häufiger reinigen. |
| ▪ In our school the students empty the **garbage cans** themselves. | ▪ In unserer Schule leeren die Schüler die **Mülleimer** selbst aus. |
| **electric appliance** [ɪˌlektrɪk ə'plaɪəns] *n* | das **Elektrogerät** |
| ▪ Please turn off all **electrical appliances** when you go on holiday. | ▪ Bitte schalte alle **Elektrogeräte** aus, wenn du in Urlaub fährst. |
| **oven** ['ʌvən] *n* | der **Ofen** |
| ▪ It's time to take the cake out of the **oven**. | ▪ Es ist Zeit, den Kuchen aus dem **Ofen** zu nehmen. |
| **microwave** ['maɪkrəweɪv] *n* | die **Mikrowelle** |
| ▪ Why don't you heat up the soup in the **microwave**? | ▪ Warum machst du die Suppe nicht in der **Mikrowelle** warm? |
| **freezer** ['friːzə] *n* | der **Gefrierschrank** |
| ▪ I've got some home-made ice cream in the **freezer**. Would you like some? | ▪ Ich habe selbst gemachtes Eis im **Gefrierschrank**. Möchtest du was davon haben? |
| ➡ fridge ▶ S. 243 | |
| **toaster** ['təʊstə] *n* | der **Toaster** |
| ▪ Jonathan put another piece of bread in the **toaster**. | ▪ Jonathan steckte eine weitere Scheibe Brot in den **Toaster**. |
| **kettle** ['ketl] *n* | der **Wasserkocher** |
| ▪ Alfie put the **kettle** on to make some tea. | ▪ Alfie stellte den **Wasserkocher** an, um Tee zu machen. |
| **pan** [pæn] *n* | die **Pfanne** |
| ▪ Martha fried bacon and eggs in a large **pan**. | ▪ Martha briet Speck und Eier in einer großen **Pfanne**. |
| **lid** [lɪd] *n* | der **Deckel** |
| ▪ If you put the **lid** on the pot the water boils faster. | ▪ Wenn du den **Deckel** auf den Topf legst, kocht das Wasser schneller. |

| | |
|---|---|
| **cutlery** *BE* ['kʌtlərɪ], **silverware** *AE* ['sɪlvərwer] *n* | das **Besteck** |
| ▪ The **cutlery** is in the top drawer. | ▪ Das **Besteck** ist in der oberen Schublade. |
| ▪ Grandma used to keep her expensive **silverware** under the sofa. | ▪ Oma bewahrte ihr kostbares **Besteck** unter dem Sofa auf. |
| **corkscrew** ['kɔːkskruː] *n* | der **Korkenzieher** |
| ▪ I broke the **corkscrew**. I guess we need a new one. | ▪ Ich habe den **Korkenzieher** kaputt gemacht. Ich denke, wir brauchen einen neuen. |
| **bottle opener** ['bɒtl ˌəʊpənə] *n* | der **Flaschenöffner** |
| ▪ Jonathan got two bottles of beer and a **bottle opener** from the kitchen. | ▪ Jonathan holte zwei Flaschen Bier und einen **Flaschenöffner** aus der Küche. |
| **tin opener** *BE* ['tɪn ˌəʊpənə], **can opener** *AE* ['kæn ˌəʊpənə] *n* | der **Dosenöffner** |
| ▪ The **tin opener** is in the top drawer. | ▪ Der **Dosenöffner** ist in der obersten Schublade. |
| ▪ I need a new **can opener**. This one doesn't work. | ▪ Ich brauche einen neuen **Dosenöffner**. Dieser hier funktioniert nicht. |
| **tray** [treɪ] *n* | das **Tablett** |
| ▪ The **tray** I bought in the art museum has a painting on it by Jan Breughel. | ▪ Das **Tablett**, das ich im Kunstmuseum gekauft habe, zeigt ein Gemälde von Jan Breughel. |
| **tablecloth** ['teɪblklɒθ] *n* | das **Tischtuch** |
| ▪ We need another **tablecloth**. This one has got a stain on it. | ▪ Wir brauchen ein anderes **Tischtuch**. Das hier hat einen Fleck. |
| **napkin** ['næpkɪn] *n* | die **Serviette** |
| ▪ I forgot to buy some **napkins** for our dinner tonight. | ▪ Ich habe vergessen, **Servietten** für unser Abendessen zu kaufen. |
| **vase** [*BE:* vɑːz, *AE:* veɪs] *n* | die **Vase** |
| ▪ My great-aunt left me this **vase**. It must be about 100 years old. | ▪ Meine Großtante hat mir diese **Vase** vermacht. Sie muss etwa 100 Jahre alt sein. |

| | |
|---|---|
| **ashtray** ['æʃtreɪ] *n*<br>▪ They removed all the **ashtrays** from the station. It's a non-smoking area now. | der **Aschenbecher**<br>▪ Man hat alle **Aschenbecher** aus dem Bahnhof entfernt. Er ist jetzt Nichtraucherzone. |
| **match** [mætʃ] *n*<br>▪ I need a long **match** to light the candle in this glass. | das **Streichholz**<br>▪ Ich brauche ein langes **Streichholz**, um die Kerze in diesem Glas anzuzünden. |
| **socket** *BE* ['sɒkɪt], **(power) outlet** *AE* [('paʊər) ˌaʊtlət] *n*<br>▪ We have matching **sockets** and wall switches in our flat.<br>▪ If there are not enough single **outlets** in the wall you need a power outlet strip. | die **Steckdose**<br>▪ Wir haben zusammenpassende **Steckdosen** und Lichtschalter in unserer Wohnung.<br>▪ Wenn nicht genug einzelne **Steckdosen** in der Wand sind, dann brauchst du eine Steckdosenleiste. |
| **(light)bulb** [('laɪt) bʌlb] *n*<br>▪ Andy replaced the **light bulb** and switched the light on again. | die **Glühbirne**<br>▪ Andy ersetzte die **Glühbirne** und schaltete das Licht wieder an. |
| **scales** ['skeɪlz] *n*<br>▪ I weighed myself on your **scales** this morning. | die **Waage**<br>▪ Ich habe mich heute Morgen auf deiner **Waage** gewogen. |
| **iron** ['aɪən] *n*<br>▪ Mum left the **iron** on and burned a whole in the ironing board. | das **Bügeleisen**<br>▪ Mama hat das **Bügeleisen** angelassen und ein Loch ins Bügelbrett gebrannt. |
| **to iron** [tʊ 'aɪən] *v*<br>▪ I **iron** my shirts myself. | **bügeln**<br>▪ Ich **bügele** meine Hemden selbst. |
| **vacuum (cleaner)** ['vækjʊəm (ˌkliːnə)] *n*<br>▪ The **vacuum cleaner** is in the closet next to the entrance. | der **Staubsauger**<br>▪ Der **Staubsauger** ist im Schrank neben dem Eingang. |
| **lawnmower** ['lɔːnməʊə] *n*<br>▪ Our neighbour was mowing the lawn with his new **lawnmower**. | der **Rasenmäher**<br>▪ Unser Nachbar mähte den Rasen mit seinem neuen **Rasenmäher**. |

| | |
|---|---|
| **cleanliness** ['klenlɪnəs] *n*<br>▪ Her standard of **cleanliness** is unbeatable. You can even eat from the floor. | die **Sauberkeit**<br>▪ Ihr Sinn für **Sauberkeit** ist unschlagbar. Man kann sogar vom Küchenfußboden essen. |
| **dirt** [dɜːt] *n*<br>▪ I don't mind a room that's untidy, but I hate **dirt**. | der **Schmutz**<br>▪ Ich habe nichts gegen einen Raum, der unaufgeräumt ist, aber ich hasse **Schmutz**. |
| **stain** [steɪn] *n*<br>▪ I bought some stain remover to remove the **stains** on your trousers. | der **Fleck**<br>▪ Ich habe Fleckenentferner gekauft, um die **Flecken** auf deiner Hose zu entfernen. |
| **dust** [dʌst] *n*<br>▪ The old desk in the loft was completely covered with **dust**. | der **Staub**<br>▪ Der alte Schreibtisch auf dem Dachboden war völlig mit **Staub** bedeckt. |
| **broom** [bruːm] *n*<br>▪ Molly fetched the **broom** and swept up the leaves. | der **Besen**<br>▪ Molly holte den **Besen** und fegte die Blätter zusammen. |
| **to sweep** [tə 'swiːp] *v;*<br>▸ v **irr** S. 445 sweep<br>▪ People who don't have a vacuum cleaner have to **sweep** their rooms. | **fegen**, **(aus)kehren**<br><br>▪ Menschen, die keinen Staubsauger besitzen, müssen ihre Räume **fegen**. |
| **cloth** [klɒθ] *n*<br>▪ Mark wiped the table with a **cloth**. | der **Lappen**<br>▪ Mark wischte den Tisch mit einem **Lappen** ab. |
| **washing powder** ['wɒʃɪŋ ˌpaʊdə] *n*<br>▪ Gary put some **washing powder** into the washing machine. | das **Waschmittel**<br>▪ Gary gab etwas **Waschmittel** in die Waschmaschine. |

| | |
|---|---|
| **washing-up liquid** *BE* [ˌwɒʃɪŋˈʌp ˌlɪkwɪd], **detergent** *AE* [dɪˈtɜːrdʒənt] *n* | das **Spülmittel** |
| ▪ I couldn't do the dishes because there isn't any **washing-up liquid**. | ▪ Ich konnte den Abwasch nicht erledigen, weil kein **Spülmittel** mehr da ist. |
| ▪ No more excuses. I bought some new **detergent** at the supermarket. | ▪ Keine Ausreden mehr. Ich habe neues **Spülmittel** im Supermarkt gekauft. |
| **tidiness** [ˈtaɪdɪnəs] *n* | die **Ordnung** |
| ▪ Her mother is very keen on **tidiness**, so you'd better tidy up. | ▪ Ihre Mutter legt großen Wert auf **Ordnung**, du solltest also lieber aufräumen. |
| **tidy** [ˈtaɪdɪ] *adj* | **ordentlich** |
| ▪ His room was **tidy** but not very clean. | ▪ Sein Zimmer war **ordentlich**, aber nicht sehr sauber. |
| **to be in good order** [tə biː ɪn ˌguːd ˈɔːdə] *phrase;* ▸ **v irr** S. 439 be | **in Ordnung sein** |
| ▪ Everything **was in good order** when I left the property. | ▪ Alles **war in Ordnung**, als ich das Anwesen verließ. |
| **mess** [mes] *n* | die **Unordnung** |
| ▪ What a **mess**! I'll ask Fred to clean the garage at once. | ▪ Was für eine **Unordnung**! Ich werde Fred sofort bitten, die Garage aufzuräumen. |
| **basket** [*BE:* ˈbɑːskɪt, *BE:* ˈbæskɪt] *n* | der **Korb** |
| ▪ Lisa always takes a **basket** when she goes shopping. | ▪ Lisa nimmt immer einen **Korb** zum Einkaufen mit. |
| **sack** [sæk] *n* | der **Sack** |
| ▪ I need someone to help me carry the **sack** of potatoes into the cellar. | ▪ Ich brauche jemanden, der mir hilft, den **Sack** Kartoffeln in den Keller zu tragen. |
| **instructions** [ɪnˈstrʌkʃnz] *n pl* | die **Gebrauchsanweisung** |
| ▪ Read the **instructions** before you turn on a new device. | ▪ Lies die **Gebrauchsanweisung**, bevor du ein neues Gerät anschaltest. |

# Tourismus und Verkehr

## Reisen

| | |
|---|---|
| **holiday** *BE* ['hɒlədeɪ] *n* | der **Urlaub** |
| ▪ In August most British workers are on **holiday**. | ▪ Im August haben die meisten britischen Arbeiter **Urlaub**. |
| **holidays** *BE* ['hɒlədeɪz] *n pl* | die **Ferien** |
| ▪ We always go to Spain during the **holidays**. | ▪ In den **Ferien** fahren wir immer nach Spanien. |
| **vacation** *AE* [və'keɪʃn] *n* | der **Urlaub**, die **Ferien** |
| ▪ Where are you going to spend your **vacation** this summer? | ▪ Wo verbringst du im Sommer deinen **Urlaub**? |
| **journey** ['dʒɜːnɪ] *n* | die **Reise** |
| ▪ It's a three-day **journey** by train from the east to the west coast. | ▪ Es ist eine dreitägige **Reise** mit der Bahn von der Ost- zur Westküste. |
| **trip** [trɪp] *n* | die **Reise** |
| ▪ I'd like to take a **trip** round the whole world. | ▪ Ich möchte eine **Reise** um die ganze Welt machen. |
| **Have a good trip!** [hæv ə ˌgʊd 'trɪp] *interj;* ▸ **v irr** S. 442 have | **Gute Reise!** |
| **travel** ['trævl] *adj* | **Reise-** |
| ▪ Darren heard it on the news: they've issued a **travel** warning for this country. | ▪ Darren hat es in den Nachrichten gehört: Sie haben eine **Reise**warnung für dieses Land ausgegeben. |
| **travel agency** ['trævl ˌeɪdʒənsɪ] *n* | das **Reisebüro** |
| ▪ Tony booked all his flights at his **travel agency**. | ▪ Tony hat alle seine Flüge über sein **Reisebüro** gebucht. |
| **to travel** [tə 'trævl] *v* | **reisen** |
| ▪ Many people like **travelling** to exotic countries. | ▪ Viele Menschen **reisen** gern in exotische Länder. |

**tourism** ['tʊərɪzm] *n*
- Many people in this area depend on **tourism** for their income.

der **Tourismus**
- Das Einkommen vieler Menschen in dieser Region ist vom **Tourismus** abhängig.

**tourist** ['tʊərɪst] *n m/f, adj*
- In the summer there are more **tourists** than students in Oxford.
- I think I've seen all **tourist** attractions on this island.

der **Tourist**, die **Touristin**; **Touristen-**
- Im Sommer gibt es in Oxford mehr **Touristen** als Studenten.
- Ich glaube, ich habe alle **Touristen**-attraktionen auf dieser Insel schon gesehen.

**touristy** ['tʊərɪstɪ] *adj*
- I don't like Brighton in the summer. It's so **touristy**.

**touristisch**
- Ich mag Brighton im Sommer nicht. Es ist so **touristisch**.

**to leave** [tə 'liːv] *v*
- We**'re leaving** tomorrow morning at half past five.

**losfahren**, **abreisen**
- Wir **fahren** morgen früh um halb sechs **los**.

**to depart** [tə dɪ'pɑːt] *v*
- The train **departs** from platform three.

**abfahren**
- Der Zug **fährt** von Gleis drei **ab**.

**to get there** [tə 'get ðeə] *phrase;*
▸ **v irr** S. 441 get
- How do we **get there** – by train?

**hinkommen**
- Wie **kommen** wir dort **hin** – mit dem Zug?

**to get to** [tə 'get tə] *phrase;*
▸ **v irr** S. 441 get
- How do we **get to** Washington?

**(hin)kommen**
- Wie **kommen** wir nach Washington?

**to get back** [tə ˌget 'bæk] *phrase;*
▸ **v irr** S. 441 get
- What time **will** we **be getting back**, do you think?

**zurückkommen**
- Um wie viel Uhr, denkst du, **werden** wir **zurückkommen**?

**return** [rɪ'tɜːn] *n*
- A large crowd had gathered to watch the **return** of the Space Shuttle.

die **Rückkehr**
- Eine große Menschenmenge war zusammengekommen, um die **Rückkehr** des Space Shuttles zu beobachten.

| | |
|---|---|
| **to return** [tə rɪ'tɜːn] *v* | **zurückkommen, zurückkehren** |
| ▪ Carl left on the 15th and **will return** on the 20th. | ▪ Carl ist am 15. abgereist und **wird** am 20. **zurückkommen.** |
| **to drive home** [tə ˌdraɪv 'həʊm] *phrase;* ▸ **v irr** S. 440 drive | **heimfahren** |
| ▪ I think we should cancel the rest of our stay and **drive home.** | ▪ Ich finde, wir sollten den Rest unseres Aufenthalts streichen und **heimfahren.** |
| **to book** [tə 'bʊk] *v* | **buchen** |
| ▪ Maria **booked** a flight to Rome. | ▪ Maria **hat** einen Flug nach Rom **gebucht.** |
| **to cancel** [tə 'kænsl] *v* | **stornieren, absagen** |
| ▪ Joe had to **cancel** his trip to South Africa. | ▪ Joe musste seine Reise nach Südafrika **absagen.** |
| **luggage** *BE* ['lʌgɪdʒ], **baggage** *AE* ['bægɪdʒ] *n* | das **Gepäck** |
| ▪ Please don't leave your **luggage** unattended. | ▪ Bitte lassen Sie Ihr **Gepäck** nicht unbeaufsichtigt. |
| **(suit)case** [('suːt)keɪs] *n* | der **Koffer** |
| ▪ Joe has packed his **suitcase** and he's ready to leave. | ▪ Joe hat seinen **Koffer** gepackt und ist reisefertig. |
| **to pack** [tə 'pæk] *v* | **packen** |
| ▪ Nick is leaving tomorrow but he **has**n't **packed** yet. | ▪ Nick fährt morgen, **hat** aber noch nicht **gepackt.** |
| **documents** ['dɒkjʊmənts] *n pl* | die **Papiere** |
| ▪ All my **documents** were stolen from the hotel safe. | ▪ Alle meine **Papiere** wurden aus dem Hotelsafe gestohlen. |
| **identification** [aɪˌdentɪfɪ'keɪʃn] *n* | der **Ausweis** |
| ▪ Every barman asked me for some sort of **identification** because I look kind of young. | ▪ Jeder Barkeeper fragte mich nach meinem **Ausweis,** weil ich irgendwie jung aussehe. |
| **identity card** [aɪ'dentetɪ ˌkɑːd] *n* | der **Personalausweis** |
| ▪ You need a passport to enter the United States. Your **identity card** is not enough. | ▪ Bei der Einreise in die Vereinigten Staaten benötigt man einen Pass. Der **Personalausweis** reicht nicht aus. |

| | |
|---|---|
| **passport** [*BE:* ˈpɑːspɔːt, *AE:* ˈpæspɔːrt] *n* | der **Reisepass**, der **Pass** |
| ▪ I need to get my **passport** renewed before we can travel to South America. | ▪ Ich muss meinen **Reisepass** verlängern lassen, bevor wir nach Südamerika fahren können. |
| **valid** [ˈvælɪd] *adj* | **gültig** |
| ▪ Your passport is not **valid** anymore. It expired three months ago. | ▪ Ihr Pass ist nicht mehr **gültig**. Er ist vor drei Monaten abgelaufen. |
| **invalid** [ɪnˈvælɪd] *adj* | **ungültig** |
| ▪ This document is **invalid**. It's missing a stamp. | ▪ Dieses Dokument ist **ungültig**. Es fehlt ein Stempel. |
| **stay** [steɪ] *n* | der **Aufenthalt** |
| ▪ We did a lot of sightseeing during our last **stay** in Madrid. | ▪ Wir haben während unseres letzten **Aufenthalts** in Madrid viel besichtigt. |
| **rest and recreation** [ˌrest ənd rekrɪˈeɪʃn] *n* | die **Ruhe und Erholung** |
| ▪ I've been so stressed out recently. I definitely need some **rest and recreation**. | ▪ Ich bin in letzter Zeit so gestresst. Ich brauche unbedingt etwas **Ruhe und Erholung**. |
| **restful** [ˈrestfl] *adj* | **erholsam** |
| ▪ I wish I had enough time for a **restful** winter holiday. | ▪ Ich wünschte, ich hätte genug Zeit für einen **erholsamen** Winterurlaub. |
| **to organize** [tʊ ˈɔːgənaɪz] *v* | **organisieren** |
| ▪ Sam became a travel agent because even as a teenager he loved **organizing** short trips. | ▪ Sam ist Reiseverkehrskaufmann geworden, weil er schon als Jugendlicher gern Kurztrips **organisierte**. |
| **confirmation** [ˌkɒnfəˈmeɪʃn] *n* | die **Bestätigung** |
| ▪ The travel agency promised to send us **confirmation** by e-mail. | ▪ Das Reisebüro hat versprochen, uns eine **Bestätigung** per E-Mail zu schicken. |
| **to confirm** [tə kənˈfɜːm] *v* | **bestätigen** |
| ▪ The dates of your flight to Chicago still have to be **confirmed**. | ▪ Die Reisedaten Ihres Fluges nach Chicago müssen noch **bestätigt** werden. |

| | |
|---|---|
| **farm holiday** *BE* ['fɑːm ˌhɒlədeɪ], **farm vacation** *AE* ['fɑːrm vəˌkeɪʃn] *n* | **Urlaub auf dem Bauernhof** |
| ▪ I'm sure the kids would prefer a **farm holiday** to a trip to a city. | ▪ Ich bin sicher, die Kinder würden einen **Urlaub auf dem Bauernhof** einer Reise in eine Stadt vorziehen. |
| ▪ We've booked a **farm vacation** in Kansas. | ▪ Wir haben einen **Urlaub auf dem Bauernhof** in Kansas gebucht. |
| **adventure** [əd'ventʃə] *n* | das **Abenteuer** |
| ▪ The pilots went on strike. So what started as a package tour ended as a crazy **adventure.** | ▪ Die Piloten traten in den Streik. Was als Pauschalreise begann, endete als verrücktes **Abenteuer**. |
| **to experience** [tʊ ɪk'spɪərɪəns] *v* | **erleben** |
| ▪ **I've** never **experienced** anything like that. | ▪ Ich habe so etwas noch nie **erlebt.** |
| **backpack** ['bækpæk] *n* | der **Rucksack** |
| ▪ Ken locked his **backpack** in a locker at the train station. | ▪ Ken hat seinen **Rucksack** in einem Schließfach am Bahnhof eingeschlossen. |
| **rucksack** *BE* ['rʌksæk] *n* | der **Rucksack** |
| ▪ When you go hiking it's important to have a light **rucksack**. | ▪ Wenn man wandern geht, ist es wichtig, einen leichten **Rucksack** zu haben. |
| **travelling bag** *BE* ['trævlɪŋ ˌbæg], **carryall** *AE* ['kærɪɔːl] *n* | die **Reisetasche** |
| ▪ Amanda bought a nice **travelling bag** on her last trip to Paris. | ▪ Bei ihrer letzten Reise nach Paris hat sich Amanda eine schöne **Reisetasche** gekauft. |
| **to be passing through** [*BE:* tə biː ˌpɑːsɪŋ 'θruː, *AE:* tə biː ˌpæsɪŋ 'θruː] *phrase;* ▸ v irr S. 439 be | **auf der Durchreise sein** |
| ▪ I don't have any time for a sightseeing tour. **I'm** just **passing through.** | ▪ Ich habe keine Zeit für eine Stadtrundfahrt. Ich **bin** nur **auf der Durchreise**. |
| **entry** ['entrɪ] *n* | die **Einreise** |
| ▪ The man in front of us was refused **entry** into the United States. | ▪ Dem Mann vor uns wurde die **Einreise** in die Vereinigten Staaten verweigert. |

| | |
|---|---|
| **abroad** [ə'brɔːd] *adv* | **im Ausland, ins Ausland** |
| ▪ More Britons spend their holidays at home than **abroad**. | ▪ Mehr Briten verbringen ihren Urlaub zu Hause als **im Ausland**. |
| ▪ Tim's going **abroad** next summer as part of his studies at university. | ▪ Nächsten Sommer geht Tim im Rahmen seines Studiums **ins Ausland**. |
| **on entering the country** [ɒn ˌentərɪŋ ðə 'kʌntrɪ] *phrase* | **bei der Einreise** |
| ▪ Everybody has to show their passports **on entering the country**. | ▪ Jeder muss **bei der Einreise** den Reisepass vorzeigen. |
| **departure** [dɪ'pɑːtʃə] *n* | die **Ausreise** |
| ▪ Katie bought a bottle of Irish whiskey before her **departure**. | ▪ Katie kaufte eine Flasche irischen Whiskey vor ihrer **Ausreise**. |
| **on leaving the country** [ɒn ˌliːvɪŋ ðə 'kʌntrɪ] *phrase* | **bei der Ausreise** |
| ▪ The man was arrested **on leaving the country**. | ▪ Der Mann wurde **bei der Ausreise** verhaftet. |
| **visa** ['viːzə] *n* | das **Visum** |
| ▪ If you want to stay in Canada for more than six months, you need a **visa**. | ▪ Wenn Sie länger als sechs Monate in Kanada bleiben wollen, benötigen Sie ein **Visum**. |
| **customs** ['kʌstəmz] *n pl* | der **Zoll** |
| ▪ We had to queue for more than half an hour to get through **customs**. | ▪ Wir mussten mehr als eine halbe Stunde in der Schlange stehen, um durch den **Zoll** zu kommen. |
| **to pay duty** [tə ˌpeɪ 'djuːtɪ] *phrase;* ▸ **v irr** S. 443 pay | **verzollen** |
| ▪ You'll have to **pay duty** on these electronic appliances if you take them to Germany. | ▪ Sie werden diese Elektrogeräte **verzollen** müssen, wenn Sie sie nach Deutschland mitnehmen. |
| **to declare** [tə dɪ'kleə] *v* | **verzollen** |
| ▪ Do you have anything to **declare**? | ▪ Haben Sie etwas zu **verzollen**? |

# Übernachten

| | |
|---|---|
| **night** [naɪt] *n*<br>▪ We booked four **nights** in a five-star hotel on 6th Avenue. | die **Übernachtung**<br>▪ Wir haben vier **Übernachtungen** in einem Fünf-Sterne-Hotel auf der 6th Avenue gebucht. |
| **to spend the night** [tə ˌspend ðə ˈnaɪt] *phrase;* ▸ **v irr** S. 445 spend<br>▪ We **spent the night** in a small guest house near Bristol. | **übernachten**<br>▪ Wir **übernachteten** in einer kleinen Pension nahe Bristol. |
| **hotel** [həʊˈtel] *n*<br>▪ In Britain bed and breakfasts are cheaper than **hotels**. | das **Hotel**<br>▪ In Großbritannien sind Frühstückspensionen billiger als **Hotels**. |
| **accommodation** [əˌkɒməˈdeɪʃn] *n*<br>▪ Our bed and breakfast is going to provide **accommodation** for twelve people. | die **Unterkunft**<br>▪ Unsere Frühstückspension wird **Unterkunft** für zwölf Personen bieten. |
| **guest house** [ˈgest haʊs] *n*<br>▪ There's a small **guest house** that might still have vacancies down the road. | die **Pension**<br>▪ Die Straße runter ist eine kleine **Pension**, die vielleicht noch freie Zimmer hat. |
| **bed and breakfast** [ˌbed ənd ˈbrekfəst] *n*<br>▪ We stayed at a lovely **bed and breakfast** with only six rooms.<br>▪ If you have **bed and breakfast** you'll get a full English breakfast in the morning. | die **Pension**, die **Übernachtung mit Frühstück**<br>▪ Wir wohnten in einer reizenden **Pension** mit nur sechs Zimmern.<br>▪ Wenn Sie **Übernachtung mit Frühstück** nehmen, bekommen Sie morgens ein komplettes englisches Frühstück. |
| **motel** [məʊˈtel] *n*<br>▪ The facilities at that **motel** were astounding: swimming pool, sauna, fitness room etc. | das **Motel**<br>▪ Die Ausstattung dieses **Motels** war erstaunlich: Schwimmbad, Sauna, Fitnessraum usw. |

**youth hostel** ['juːθ ˌhɒstl] *n*
- We've reserved a family room in a **youth hostel** on a beautiful lake.

die **Jugendherberge**
- Wir haben ein Familienzimmer in einer **Jugendherberge** an einem schönen See reserviert.

**camping** ['kæmpɪŋ] *n*
- **Camping** is cheaper for families than staying at a hotel.

das **Camping**
- Für Familien ist **Camping** billiger als ein Hotelaufenthalt.

**campsite** *BE* ['kæmpsaɪt], **campground** *AE* ['kæmpgraʊnd] *n*
- We usually spend our summer holidays on a **campsite** in Cornwall.
- The **campground** is situated next to a creek in the middle of the woods.

der **Campingplatz**
- Wir verbringen unsere Sommerferien normalerweise auf einem **Campingplatz** in Cornwall.
- Der **Campingplatz** liegt neben einem Bach mitten im Wald.

**to go camping** [tə ˌgəʊ 'kæmpɪŋ] *phrase;* ▸ **v irr** S. 442 go
- Would you like to **go camping** this weekend?

**zelten gehen**
- Hast du Lust, am Wochenende **zelten** zu **gehen**?

**tent** [tent] *n*
- Nick and Dawn finally found a nice campsite and put up their **tent**.

das **Zelt**
- Schließlich fanden Nick und Dawn einen schönen Campingplatz und stellten ihr **Zelt** auf.

**sleeping bag** ['sliːpɪŋ ˌbæg] *n*
- Even when the temperature is below zero my **sleeping bag** is warm and cozy.

der **Schlafsack**
- Auch wenn die Temperatur unter null ist, ist mein **Schlafsack** warm und gemütlich.

**reception** [rɪ'sepʃn] *n*
- Martin called **reception** and complained about the noise coming from the next room.

der **Empfang**, die **Rezeption**
- Martin rief am **Empfang** an und beschwerte sich über den Krach, der aus dem Nachbarzimmer kam.

**to check in** [tə ˌtʃek 'ɪn] *phrase*
- You have to **check in** before you board the plane.

**einchecken**
- Man muss **einchecken**, bevor man an Bord eines Flugzeugs kann.

**to check out** [tə ˌtʃek 'aʊt] *phrase*
- I paid for the room with my credit card when I **checked out**.

**auschecken**
- Ich bezahlte das Zimmer mit meiner Kreditkarte, als ich **auscheckte**.

| | |
|---|---|
| **double room** [ˌdʌbl ˈruːm] *n* | das **Doppelzimmer** |
| ▪ There are six of us, so we need three **double rooms**. | ▪ Wir sind zu sechst, also brauchen wir drei **Doppelzimmer**. |
| **single room** [ˌsɪŋgl ˈruːm] *n* | das **Einzelzimmer** |
| ▪ Even **single rooms** may have double beds. | ▪ Auch **Einzelzimmer** können Doppelbetten haben. |
| **full** [fʊl] *adj* | **belegt**, **ausgebucht** |
| ▪ I'm afraid every hotel in town is **full**. There's a golf tournament this weekend. | ▪ Leider sind alle Hotels der Stadt **ausgebucht**. An diesem Wochenende findet ein Golfturnier statt. |
| **full board** [ˌfʊl ˈbɔːd] *n* | die **Vollpension** |
| ▪ I don't think **full board** is necessary. It's summer and we can eat out at lunchtime. | ▪ Ich finde, **Vollpension** ist nicht nötig. Es ist Sommer und wir können außer Haus zu Mittag essen. |
| **half board** [*BE:* ˌhɑːf ˈbɔːd, *AE:* ˌhæf ˈbɔːrd] *n* | die **Halbpension** |
| ▪ The guest house only offered **half board** but the meals were enormous. | ▪ Die Pension bot nur **Halbpension** an, aber die Portionen waren riesig. |
| **holiday home** *BE* [ˈhɒlədeɪ ˌhəʊm], **vacation home** *AE* [vəˈkeɪʃn ˌhəʊm] *n* | das **Ferienhaus** |
| ▪ It was much cheaper for all of us to rent a **holiday home** than book four rooms in a hotel. | ▪ Es war für uns alle viel billiger, ein **Ferienhaus** zu mieten, als vier Zimmer in einem Hotel zu reservieren. |
| ▪ The **vacation home** is on a slope overlooking the lake. | ▪ Das **Ferienhaus** ist an einem Hang mit Blick auf den See. |
| **holiday apartment** *BE* [ˈhɒlədeɪ əˌpɑːtmənt], **vacation apartment** *AE* [vəˈkeɪʃn əˌpɑːrtmənt] *n* | die **Ferienwohnung** |
| ▪ Is there a kitchen in this **holiday apartment**? | ▪ Gibt es in dieser **Ferienwohnung** eine Küche? |
| ▪ We rented a **vacation apartment** on the island and went snorkling every day. | ▪ Wir mieteten eine **Ferienwohnung** auf der Insel und gingen jeden Tag schnorcheln. |
| **season** [ˈsiːzn] *n* | die **Saison** |
| ▪ What are your holiday plans for the coming **season**? | ▪ Wie sind Ihre Urlaubspläne für die kommende **Saison**? |

| | |
|---|---|
| **category** ['kætəgərɪ] *n*<br>▪ Which **category** does this holiday resort belong to? | die **Kategorie**<br>▪ Zu welcher **Kategorie** gehört diese Ferienanlage? |
| **reduction** [rɪ'dʌkʃn] *n*<br>▪ We got a **reduction** because we're staying for a fortnight. | die **Ermäßigung**<br>▪ Wir haben eine **Ermäßigung** bekommen, weil wir 14 Tage bleiben. |
| **equipment** [ɪ'kwɪpmənt] *n*<br>▪ Neil was packing the **equipment** for his hike through the mountains. | die **Ausrüstung**<br>▪ Neil packte die **Ausrüstung** für seine Wanderung durch die Berge. |

## Sehenswürdigkeiten

| | |
|---|---|
| **sight** [saɪt] *n*<br>▪ Trafalgar Square is one of the most popular **sights** in London. | die **Sehenswürdigkeit**<br>▪ Trafalgar Square gehört zu den beliebtesten **Sehenswürdigkeiten** Londons. |
| **sightseeing tour** ['saɪtsiːɪŋ ˌtʊə] *n*<br>▪ Kim did a **sightseeing tour** of Buckingham Palace. | die **Besichtigung**<br>▪ Kim hat an einer **Besichtigung** des Buckinghampalasts teilgenommen. |
| **sightseeing** ['saɪtsiːɪŋ] *adj*<br>▪ **Sightseeing** tours are available every hour. | **Besichtigungs-**<br>▪ **Besichtigungs**fahrten werden stündlich angeboten. |
| **to visit** [tə 'vɪzɪt] *v*<br>▪ We **visited** the summer residence of Queen Victoria. | **besichtigen**<br>▪ Wir **besichtigten** die Sommerresidenz von Königin Victoria. |
| **trip** [trɪp] *n*<br>▪ What do you think about taking a **trip** to the seaside? | der **Ausflug**<br>▪ Was hältst du von einem **Ausflug** ans Meer? |
| **tour** [tʊə] *n*<br>▪ They booked a **tour** around Manhattan and saw all the skyscrapers from the river. | die **Rundfahrt**<br>▪ Sie haben eine **Rundfahrt** um Manhattan gebucht und alle Wolkenkratzer vom Fluss aus gesehen. |
| **guided tour** [ˌgaɪdɪd 'tʊə] *n*<br>▪ A **guided tour** is included in the admission. | die **Führung**<br>▪ Eine **Führung** ist im Eintrittsgeld inbegriffen. |

**to lead** [tə 'liːd] *v;* ▸ **v irr** S. 442 lead — **führen**
- She also **led** us through the prince's private chambers. — Sie **führte** uns auch durch die Privatgemächer des Prinzen.

**church** [tʃɜːtʃ] *n* — die **Kirche**
- This **church** is the most amazing building I've ever seen. — Diese **Kirche** ist das erstaunlichste Gebäude, das ich je gesehen habe.

**cathedral** [kə'θiːdrəl] *n* — der **Dom**, die **Kathedrale**
- On our trip down the Rhine we also visited Cologne **Cathedral**. — Auf unserer Fahrt rheinabwärts besuchten wir auch den Kölner **Dom**.
- One of the most beautiful churches in England is Ely **Cathedral**. — Eine der schönsten Kirchen in England ist die **Kathedrale** von Ely.

➡ Neben **cathedral** werden englische Kirchen auch als **minster** bezeichnet, z. B. York Minster, oder als **abbey**, z. B. Bath Abbey.

**basilica** [bə'zɪlɪkə] *n* — die **Basilika**
- The group visited the remnants of an old Roman **basilica** built in the forth century AD. — Die Gruppe besuchte die Reste einer römischen **Basilika** aus dem vierten Jahrhundert nach Christus.

**synagogue** ['sɪnəgɒg] *n* — die **Synagoge**
- It took almost five years to rebuild the old **synagogue** that was destroyed during the war. — Es dauerte fast fünf Jahre, um die alte **Synagoge**, die im Krieg zerstört worden war, wieder aufzubauen.

**mosque** [mɒsk] *n* — die **Moschee**
- Hagia Sophia is not a **mosque** anymore, it's a museum. — Die Hagia Sophia ist keine **Moschee** mehr, sie ist ein Museum.

**museum** [mjuː'ziːəm] *n* — das **Museum**
- Some of the most interesting **museums** are in Washington, DC. — Einige der interessantesten **Museen** sind in Washington, DC.

**hall** [hɔːl] *n* — der **Saal**
- The king used to give banquets in the Great **Hall** of the castle. — Der König gab früher Bankette im Großen **Saal** der Burg.

**tower** ['taʊə] *n* — der **Turm**
- In the Middle Ages this **tower** was the tallest building in our country. — Im Mittelalter war dieser **Turm** das höchste Gebäude unseres Landes.

| | |
|---|---|
| **castle** [*BE:* 'kɑːsl, *AE:* 'kæsl] *n* | das **Schloss**, die **Burg** |
| ▪ Windsor **Castle** is definitely worth seeing. | ▪ **Schloss** Windsor ist absolut sehenswert. |
| ▪ The medieval **castle** is a ruin now but the old church is still standing. | ▪ Die mittelalterliche **Burg** ist heute eine Ruine, aber die alte Kirche steht noch. |
| **palace** ['pæləs] *n* | der **Palast** |
| ▪ They told us the original **palace** had more than 250 rooms. | ▪ Man sagte uns, dass der ursprüngliche **Palast** mehr als 250 Zimmer hatte. |
| **admission** [əd'mɪʃn] *n* | der **Eintritt** |
| ▪ **Admission** to the royal collection is currently £9.50. | ▪ Der **Eintritt** für die königliche Sammlung beträgt derzeit 9,50 Pfund. |
| **culture** ['kʌltʃə] *n* | die **Kultur** |
| ▪ New York offers visitors a good mixture of **culture** and entertainment. | ▪ New York bietet Besuchern eine gute Mischung aus **Kultur** und Unterhaltung. |
| **cultural** ['kʌltʃrəl] *adj* | **kulturell** |
| ▪ London has many sights of **cultural** interest. | ▪ London hat viele Sehenswürdigkeiten von **kulturellem** Interesse. |
| **chapel** ['tʃæpl] *n* | die **Kapelle** |
| ▪ Be sure to visit the **chapel** next to the church. | ▪ Versäumen Sie nicht, die **Kapelle** neben der Kirche zu besuchen. |
| **church tower** ['tʃɜːtʃ ˌtaʊə] *n* | der **Kirchturm** |
| ▪ You have a grand view over the whole city from the **church tower**. | ▪ Vom **Kirchturm** hat man einen großartigen Blick über die gesamte Stadt. |
| **bell** [bel] *n* | die **Glocke** |
| ▪ Every day the **bells** rang at seven in the morning and woke me. | ▪ Jeden Tag läuteten die **Glocken** um sieben Uhr früh und weckten mich. |
| **dome** [dəʊm] *n* | die **Kuppel** |
| ▪ The **dome** of St Peter's church in Rome is magnificent. | ▪ Die **Kuppel** von St. Peter in Rom ist prachtvoll. |

➡ Das englische Wort **dome** bezeichnet eine Kuppel oder im AE auch ein großes überdachtes Sportstadion, wie den „Superdome“ in New Orleans.

| | |
|---|---|
| **ruin** ['ruːɪn] *n*<br>▪ The cathedral is just a **ruin** but still worth a visit. | die **Ruine**<br>▪ Die Kathedrale ist nur noch eine **Ruine**, aber immer noch einen Besuch wert. |
| **temple** ['templ] *n*<br>▪ Thousands of tourists visit the **temple** every year. | der **Tempel**<br>▪ Tausende Touristen besuchen jedes Jahr den **Tempel**. |
| **column** ['kɒləm] *n*<br>▪ The old **columns** of the temple were majestic and impressive. | die **Säule**<br>▪ Die alten **Säulen** des Tempels waren majestätisch und eindrucksvoll. |
| **well** [wel] *n*<br>▪ The **well** in the courtyard was more than 30 metres deep. | der **Brunnen**<br>▪ Der **Brunnen** im Innenhof war mehr als 30 Meter tief. |
| **memorial** [mə'mɔːrɪəl] *n*<br>▪ In the park you'll see a **memorial** commemorating the dead of the civil war. | die **Gedenkstätte**<br>▪ Im Park werden Sie eine **Gedenkstätte** zum Gedenken an die Gefallenen des Bürgerkriegs sehen. |
| **monument** ['mɒnjʊmənt] *n*<br>▪ Nelson's Column is one of London's best-known **monuments**. | das **Denkmal**, das **Monument**<br>▪ Die Nelson-Säule gehört zu den bekanntesten **Denkmälern** Londons. |
| **view** [vjuː] *n*<br>▪ Our hotel room has a wonderful **view** of the coast. | die **Aussicht**, der **Blick**<br>▪ Unser Hotelzimmer hat einen wunderbaren **Blick** auf die Küste. |
| **lovely** ['lʌvlɪ] *adj*<br>▪ We spent the night in a **lovely** little village near the border. | **reizvoll**<br>▪ Wir übernachteten in einem **reizvollen** kleinen Dorf nahe der Grenze. |
| **wonderful** ['wʌndəfl] *adj*<br>▪ We took a **wonderful** walk through the forest and along the coast. | **herrlich**<br>▪ Wir haben einen **herrlichen** Spaziergang durch den Wald und entlang der Küste unternommen. |

# Ortsangaben

| | |
|---|---|
| **place** [pleɪs] *n* | der **Ort**, die **Stelle** |
| ▪ The travel agent told me Eastbourne was a lovely **place**. | ▪ Im Reisebüro sagte man mir, Eastbourne sei ein hübscher **Ort**. |
| ▪ Is this the **place** where you had the accident? | ▪ Ist das die **Stelle**, an der du den Unfall hattest? |
| **town** [taʊn] *n* | die **Stadt** |
| ▪ Mike would like to move to a small **town**. | ▪ Mike würde gern in eine kleine **Stadt** ziehen. |
| **city** ['sɪtɪ] *n* | die **Stadt** |
| ▪ I was in Omaha the other day. It's a fairly large **city** but a bit boring. | ▪ Ich war neulich in Omaha. Das ist eine ziemlich große **Stadt**, aber etwas langweilig. |
| **city centre** *BE* [ˌsɪtɪ 'sentə], **city center** *AE* [ˌsɪtɪ 'sentər] *n* | die **Stadtmitte** |
| ▪ Is this bus going to the **city centre**? | ▪ Fährt dieser Bus in die **Stadtmitte**? |
| **downtown (area)** *AE* [ˌdaʊn'taʊn (ˌeriə)] *n* | das **Stadtzentrum** |
| ▪ **Downtown** is pretty dead at night. | ▪ Das **Stadtzentrum** ist nachts ziemlich tot. |
| **country** ['kʌntrɪ] *n* | das **Land** |
| ▪ Would you rather live in the city or in the **country**? | ▪ Würdest du lieber in der Stadt oder auf dem **Land** leben? |
| **village** ['vɪlɪdʒ] *n* | das **Dorf** |
| ▪ I was born in a small **village** but my parents moved to the city when I was two. | ▪ Ich wurde in einem kleinen **Dorf** geboren, doch meine Eltern zogen in die Stadt, als ich zwei war. |
| **suburb** ['sʌbɜːb] *n* | der **Vorort** |
| ▪ Most Londoners live in the **suburbs**. | ▪ Die meisten Londoner wohnen in den **Vororten**. |
| **quarter** ['kwɔːtə] *n* | das **Viertel** |
| ▪ You should go to the Chinese **quarter**. It's very lively and colourful. | ▪ Du solltest ins chinesische **Viertel** gehen. Es ist sehr lebhaft und bunt. |

| | |
|---|---|
| **part of town** [ˌpɑːt əv ˈtaʊn] *n* | der **Stadtteil** |
| ▪ Which **part of town** do you live in? | ▪ In welchem **Stadtteil** wohnst du? |
| **crossroad** *BE* [ˈkrɒsrəʊd], **intersection** *AE* [ˈɪntərsekʃn] *n* | die **Kreuzung** |
| ▪ The **crossroad** was blocked because of heavy traffic. | ▪ Die **Kreuzung** war wegen starken Verkehrsaufkommens verstopft. |
| ▪ All the **intersections** between here and 2nd street are blocked. | ▪ Alle **Kreuzungen** zwischen hier und der 2. Straße sind abgesperrt. |
| **square** [skweə] *n* | der **Platz** |
| ▪ The demonstrators rallied in the small **square** behind the post office. | ▪ Die Demonstranten versammelten sich auf dem kleinen **Platz** hinter der Post. |
| **street** [striːt] *n* | die **Straße** |
| ▪ We strolled through the narrow **streets** of the old town. | ▪ Wir bummelten durch die schmalen **Straßen** der Altstadt. |

➡ Mit **street** bezeichnet man eine Straße innerhalb einer Ortschaft; **road** ist eine Verbindungsstraße zwischen zwei Orten oder Ortsteilen.

| | |
|---|---|
| **road** [rəʊd] *n* | die **Straße**, die **Landstraße** |
| ▪ The old **road** along the coast is dangerous. | ▪ Die alte **Straße** entlang der Küste ist gefährlich. |
| ▪ There was a truck on fire on the **road** from Johnstonville to Lichfield. | ▪ Auf der **Landstraße** von Johnstonville nach Lichfield brannte ein Lkw. |
| ➡ street ▸ S. 266 | |
| **motorway** *BE* [ˈməʊtəweɪ], **interstate** *AE* [ˈɪntərsteɪt] *n* | die **Autobahn** |
| ▪ Is there a **motorway** connecting Dover and Canterbury? | ▪ Gibt es eine **Autobahn** zwischen Dover und Canterbury? |
| ▪ Richie drove along the **interstate** towards San Francisco. | ▪ Richie fuhr auf der **Autobahn** nach San Francisco. |
| **(motorway) exit** *BE* [(ˈməʊtəweɪ) ˌeksɪt], **(freeway) exit** *AE* [(ˈfriːweɪ) ˌeksɪt] *n* | die **Autobahnausfahrt** |
| ▪ Take the next **exit** and follow the signs to Nantwich. | ▪ Nehmen Sie die nächste **Autobahnausfahrt** und folgen Sie den Schildern nach Nantwich. |
| ▪ There's a DIY right next to the **freeway exit**. You can't miss it. | ▪ Gleich neben der **Autobahnausfahrt** ist ein Baumarkt. Man kann ihn nicht verfehlen. |

**parking space** [ˈpɑːkɪŋ ˌspeɪs] *n* — der **Parkplatz**, die **Parklücke**

- It took Graham 20 minutes to find a **parking space**. — Graham hat 20 Minuten gebraucht, um einen **Parkplatz** zu finden.

➡ Ein **parking space** ist ein einzelner Parkplatz und ein **car park** ein Parkplatz (**parking lot** im AE) für mehrere Autos.

**car park** *BE* [ˈkɑː pɑːk], **parking lot** *AE* [ˈpɑːrkɪŋ ˌlɒt] *n* — der **Parkplatz**

- The **car park** next to the department store is closed between 10 pm and 6 am. — Der **Parkplatz** neben dem Kaufhaus ist von 22 Uhr abends bis 6 Uhr morgens geschlossen.
- All **parking lots** are clearly signposted on the main roads to the downtown area. — Alle **Parkplätze** sind auf den Hauptverkehrsstraßen, die in die Stadtmitte führen, deutlich ausgeschildert.

**multi-storey car park** *BE* [ˌmʌltɪstɔːrɪ ˈkɑː pɑːk], **parking garage** *AE* [ˈpɑːrkɪŋ gəˌrɑːʒ] *n* — das **Parkhaus**

- The **multi-storey car park** was closed due to an accicent at the entry. — Das **Parkhaus** war wegen eines Unfalls in der Einfahrt geschlossen.
- The **parking garage** is open 24/7. — Das **Parkhaus** ist 7 Tage in der Woche rund um die Uhr geöffnet.

**pavement** *BE* [ˈpeɪvmənt], **sidewalk** *AE* [ˈsaɪdwɔːk] *n* — der **Gehweg**

- The children were playing on the **pavement** when the hailstorm began. — Die Kinder spielten gerade auf dem **Gehweg**, als der Hagelschauer anfing.
- The policewoman gave her a ticket for riding her bike on the **sidewalk**. — Die Polizistin gab ihr einen Strafzettel für Fahrradfahren auf dem **Gehweg**.

**bridge** [brɪdʒ] *n* — die **Brücke**

- The **bridge** you're standing on was built by the Romans in the third century. — Die **Brücke**, auf der Sie stehen, wurde im dritten Jahrhundert von den Römern erbaut.

**park** [pɑːk] *n* — der **Park**

- The **parks** are full of joggers early in the morning. — Am frühen Morgen sieht man in den **Parks** viele Jogger.

| | |
|---|---|
| **cemetery** ['semətrɪ] *n*<br>▪ The next time Ted's in Boston he'd like to visit one of the old **cemeteries**. | der **Friedhof**<br>▪ When Ted das nächste Mal in Boston ist, möchte er einen der alten **Friedhöfe** besuchen. |
| **map** [mæp] *n*<br>▪ I'll show you on this **map** where we are now. | der **Stadtplan**, die **Landkarte**<br>▪ Ich zeige dir auf diesem **Stadtplan**, wo wir jetzt sind. |
| **tourist information office** [ˌtʊərɪst ɪnfə'meɪʃn ɒfɪs] *n*<br>▪ Could you tell me if there's a **tourist information office** around here? | das **Fremdenverkehrsamt**, die **Touristeninformation**<br>▪ Können Sie mir sagen, ob es hier in der Gegend eine **Touristeninformation** gibt? |
| **directions** [dɪ'rekʃnz] *n pl*<br>▪ I couldn't find the hotel at first because somebody had given me the wrong **directions**. | die **Wegbeschreibung**<br>▪ Ich konnte das Hotel zunächst nicht finden, weil mir jemand eine falsche **Wegbeschreibung** gegeben hatte. |
| **area** ['eərɪə] *n*<br>▪ There are lots of snakes in this **area**. | das **Gebiet**, die **Gegend**<br>▪ Es gibt viele Schlangen in diesem **Gebiet**. |
| **central** ['sentrəl] *adj*<br>▪ Our hotel in Edinburgh was very **central**. | **zentral**<br>▪ Unser Hotel in Edinburgh war sehr **zentral** gelegen. |
| **urban** ['ɜːbən] *adj*<br>▪ Our holiday resort was miles away from any kind of **urban** settlement. | **städtisch**<br>▪ Unsere Ferienanlage lag meilenweit von irgendeiner **städtischen** Ansiedlung entfernt. |
| **rural** ['rʊərəl] *adj*<br>▪ Rory grew up in a really remote and **rural** area. | **ländlich**<br>▪ Rory ist in einer wirklich abgelegenen und **ländlichen** Gegend aufgewachsen. |
| **local** ['ləʊkl] *adj*<br>▪ I think we should notify the **local** authorities about the incident.<br>▪ It's now 5 o'clock **local** time in New York. | **örtlich**, **lokal**, **Orts-**<br>▪ Ich denke, wir sollten den Zwischenfall den **örtlichen** Behörden melden.<br>▪ Es ist jetzt 5 Uhr **Orts**zeit in New York. |

| | |
|---|---|
| **outskirts** ['aʊtskɜːts] *n pl*<br>▪ Our hotel was on the **outskirts** of Glasgow. | der **Stadtrand**<br>▪ Unser Hotel lag am **Stadtrand** von Glasgow. |
| **surroundings** [səˌraʊndɪŋz] *n pl*<br>▪ The holiday home was in very pleasant **surroundings**. | die **Umgebung**<br>▪ Das Ferienhaus lag in einer sehr angenehmen **Umgebung**. |
| **to be found** [tə biː 'faʊnd] *phrase;*<br>▸ **v irr** S. 439 be<br>▪ Can these animals still **be found** in Tasmania? | **vorkommen**<br>▪ **Kommen** diese Tiere in Tasmanien noch **vor**? |
| **avenue** ['ævənjuː] *n*<br>▪ We went down a beautiful **avenue** in an open carriage. | die **Allee**<br>▪ Wir fuhren in einer offenen Kutsche eine schöne **Allee** herunter. |
| **playground** ['pleɪgraʊnd] *n*<br>▪ It was about time they renovated the old **playground**. | der **Spielplatz**<br>▪ Es wurde auch langsam Zeit, dass sie den alten **Spielplatz** erneuert haben. |
| **pedestrian precinct** *BE* [pəˌdestrɪən 'priːsɪŋkt], **pedestrian zone** *AE* [pəˌdestrɪən 'zəʊn] *n*<br>▪ Several streets of the old town have been turned into **pedestrian precincts**.<br>▪ A new shoe store opened in the **pedestrian zone**. | die **Fußgängerzone**<br>▪ Mehrere Straßen der Altstadt sind zu **Fußgängerzonen** gemacht worden.<br>▪ Ein neuer Schuhladen hat in der **Fußgängerzone** aufgemacht. |
| **arcade** [ɑː'keɪd] *n*<br>▪ Michelle bought some shoes in the **arcade**. | die **Passage**<br>▪ Michelle hat sich Schuhe in der **Passage** gekauft. |

# Öffentliche Verkehrsmittel

## Öffentlicher Nahverkehr

| | |
|---|---|
| **(means of) public transport** *BE* [(ˌmiːnz əv) ˌpʌblɪk ˈtrænspɔːt], **(means of) public transportation** *AE* [(ˌmiːnz əv) ˌpʌblɪk ˈtrænspɔːrˈteɪʃn] *n* | das **öffentliche Verkehrsmittel** |
| ▪ They live in a rural area without any **means of public transport** at all. | ▪ Sie wohnen in einer ländlichen Gegend ohne **öffentliche Verkehrsmittel**. |
| **passenger** [ˈpæsɪndʒə] *n m/f* | der **Fahrgast**, der **Passagier**, die **Passagierin** |
| ▪ The driver and ten **passengers** were hurt in the accident. | ▪ Der Fahrer und zehn **Fahrgäste** wurden bei dem Unfall verletzt. |
| **underground** *BE* [ˈʌndəgraʊnd], **subway** *AE* [ˈsʌbweɪ] *n* | die **U-Bahn** |
| ▪ The London **Underground** is the oldest underground railway system. | ▪ Die Londoner **U-Bahn** ist das älteste unterirdische Schienennetz. |
| ▪ The New York City **Subway** has over 450 passenger stations. | ▪ Die New Yorker **U-Bahn** hat über 450 Personenbahnhöfe. |

➡ Der englische Oberbegriff für U-Bahn ist **underground**; im Amerikanischen sagt man **subway**; darüber hinaus können die U-Bahnsysteme einzelner Großstädte Eigennamen haben: die in London nennt man **The Tube**; die U-Bahn von San Francisco heißt **BART** (Bay Area Rapid Transit), die von Boston **MBTA** (Massachusetts Bay Transportation Authority).

| | |
|---|---|
| **suburban train** [səˌbɜːbən ˈtreɪn] *n* | die **S-Bahn** |
| ▪ Going to work by **suburban train** is much cheaper than going by car. | ▪ Mit der **S-Bahn** zur Arbeit zu fahren ist viel billiger als mit dem Auto. |
| **bus** [bʌs] *n* | der **Bus** |
| ▪ The best way to see the sights of London is to take the **bus**. | ▪ Die Sehenswürdigkeiten Londons lernt man am besten mit dem **Bus** kennen. |

**tram** *BE* [træm], **streetcar** *AE* ['stri:tkɑ:r] *n* — die **Straßenbahn**

- **Trams** are the most environmentally friendly means of transport. — **Straßenbahnen** sind die umweltfreundlichsten Verkehrsmittel.
- Several US cities are planning to bring back **streetcars**. — Mehrere Städte der USA planen, wieder **Straßenbahnen** einzuführen.

**(bus) stop** [('bʌs) stɒp] *n* — die **Bushaltestelle**, die **Haltestelle**

- Get off at the next **stop**. — Steigen Sie an der nächsten **Haltestelle** aus.

**ticket** ['tɪkɪt] *n* — die **Fahrkarte**

- The fine for travelling without a **ticket** is $40. — Die Strafe für das Fahren ohne **Fahrschein** beträgt 40 Dollar.

**season ticket** [ˌsi:zn 'tɪkɪt] *n* — die **Zeitkarte**

- A **season ticket** will allow you to travel at any time of day. — Mit einer **Zeitkarte** darf man zu jeder Tageszeit fahren.

**to change trains** [tə ˌtʃeɪndʒ 'treɪnz] *phrase* — **umsteigen**

- To get from Holland Park to Leicester Square you have to **change trains** at Tottenham Court Road. — Um von Holland Park zum Leicester Square zu kommen, muss man an der Tottenham Court Road **umsteigen**.

**delay** [dɪ'leɪ] *n* — die **Verspätung**, die **Verzögerung**

- There were lots of **delays** at the airport due to fog. — Auf dem Flughafen gab es viele **Verspätungen** wegen Nebels.

**to be late** [tə bi: 'leɪt] *phrase*; ▸ **v irr** S. 439 be — **sich verspäten**

- If I don't leave within 15 minutes, **I'll be late**. — Wenn ich nicht in den nächsten 15 Minuten gehe, **werde** ich **mich verspäten**.

**to wait for** [tə 'weɪt fə] *phrase* — **warten auf**

- How long **have** you **been waiting for** the bus? — Wie lange **warten** Sie schon **auf** den Bus?

**rush hour** ['rʌʃ ˌaʊə] *n* — die **Hauptverkehrszeit**

- Let's get out of the city centre before the **rush hour**. — Lasst uns vor der **Hauptverkehrszeit** die Innenstadt verlassen.

| | |
|---|---|
| **bus station** ['bʌs ˌsteɪʃn] *n* | der **Busbahnhof** |
| ▪ Port Authority in Manhattan is one of the busiest **bus stations** in the US. | ▪ Port Authority in Manhattan ist einer der verkehrsreichsten **Busbahnhöfe** der USA. |
| **line** [laɪn] *n* | die **Linie** |
| ▪ You take the Green **Line** and change at Roosevelt Station. | ▪ Sie nehmen die Grüne **Linie** und steigen an der Station Roosevelt um. |
| **ticket machine** ['tɪkɪt məʃiːn] *n* | der **Fahrkartenautomat** |
| ▪ **Ticket machines** are situated right next to the entrance to the underground. | ▪ **Fahrkartenautomaten** befinden sich gleich neben dem Eingang zur U-Bahn. |
| **to cancel** [tə 'kænsl] *v* | **entwerten** |
| ▪ Where do I have to **cancel** my ticket? | ▪ Wo muss ich meinen Fahrschein **entwerten**? |
| **terminus** ['tɜːmɪnəs] *n* | die **Endstation** |
| ▪ Is Wilshire/Western still the current **terminus** of the Red Line? | ▪ Ist Wilshire/Western noch die aktuelle **Endstation** der roten Linie? |

## Schienenverkehr

| | |
|---|---|
| **station** ['steɪʃn] *n* | der **Bahnhof** |
| ▪ Most trains from the continent arrive at St Pancras **Station**. | ▪ Die meisten Züge vom Festland kommen am **Bahnhof** St. Pancras an. |
| **railway station** *BE* ['reɪlweɪ ˌsteɪʃn], **railroad station** *AE* ['reɪlrəʊd ˌsteɪʃn] *n* | der **Bahnhof** |
| ▪ This restaurant is so impressive because it used to be a **railway station**. | ▪ Dieses Restaurant ist so eindrucksvoll, weil es früher ein **Bahnhof** gewesen ist. |
| ▪ Could you pick me up at the **railroad station**? | ▪ Könntest du mich am **Bahnhof** abholen? |
| **train** [treɪn] *n* | der **Zug** |
| ▪ The **train** arrived at the station five minutes late. | ▪ Der **Zug** erreichte den Bahnhof mit fünf Minuten Verspätung. |

**railway** *BE* ['reɪlweɪ], **railroad** *AE* ['reɪlrəʊd] *n* — die **Eisenbahn**

- The world's first **railway** was built in England. — Die erste **Eisenbahn** der Welt wurde in England gebaut.
- All heavy goods were sent on the **railroad**. — Alle schweren Güter wurden mit der **Eisenbahn** verschickt.

**express train** [ɪkˌspres 'treɪn] *n* — der **Schnellzug**

- Why don't you travel to Edinburgh by **express train**? It's more comfortable than flying. — Warum fährst du nicht mit dem **Schnellzug** nach Edinburgh? Es ist bequemer als zu fliegen.

**local train** [ˌləʊkl 'treɪn] *n* — der **Regionalzug**

- Last night a freight train hit a **local train** injuring 20 people. — Beim Zusammenstoß eines Güterzugs mit einem **Regionalzug** wurden gestern Abend 20 Menschen verletzt.

**commuter train** [kə'mjuːtə ˌtreɪn] *n* — der **Vorortzug**

- Stewart takes the **commuter train** every morning because he hates the rush-hour traffic. — Stewart nimmt jeden Morgen den **Vorortzug**, weil er den Berufsverkehr hasst.

**timetable** ['taɪmteɪbl] *n* — der **Fahrplan**

- You can see the departure and arrival times on the **timetable**. — Man kann die Abfahrts- und Ankunftszeiten dem **Fahrplan** entnehmen.

**departure** [dɪ'pɑːtʃə] *n* — die **Abfahrt**, der **Abflug**

- After the **departure** of the train to Bristol, the station was suddenly very quiet. — Nach der **Abfahrt** des Zuges nach Bristol war der Bahnhof plötzlich sehr still.
- On this monitor you can see all the **departures** and destinations. — Diesem Monitor können Sie alle **Abflüge** und die Flugziele entnehmen.

**arrival** [ə'raɪvl] *n* — die **Ankunft**

- Due to fog there will be some late **arrivals**. — Wegen Nebels wird es manche verspätete **Ankunft** geben.

**to go by train** [tə ˌgəʊ baɪ 'treɪn] *phrase;* ▸ v irr S. 442 go — **mit dem Zug fahren**

- Dave **went** to London **by train** last time. — Das letzte Mal **ist** Dave **mit dem Zug** nach London **gefahren**.

| | |
|---|---|
| **to miss** [tə 'mɪs] *v* | **verpassen**, **versäumen** |
| ▪ Aidan **missed** his plane because the train to Birmingham was late. | ▪ Aidan **verpasste** sein Flugzeug, weil der Zug nach Birmingham Verspätung hatte. |
| **ticket office** ['tɪkɪt ˌɒfɪs] *n* | der **Fahrkartenschalter** |
| ▪ There's no need to queue at the **ticket office**. There's a ticket machine around the corner. | ▪ Es gibt keinen Grund, vor dem **Fahrkartenschalter** Schlange zu stehen. Um die Ecke ist ein Fahrkartenautomat. |
| **information desk** [ɪnfə'meɪʃn ˌdesk] *n pl* | die **Auskunft** |
| ▪ If you need any information concerning your itinerary, please ask at the **information desk**. | ▪ Wenn Sie Informationen bezüglich ihrer Reiseroute brauchen, fragen Sie bitte an der **Auskunft**. |
| **connection** [kə'nekʃn] *n* | der **Anschluss**, die **Verbindung** |
| ▪ Is there a direct **connection** between Nottingham and Sheffield? | ▪ Gibt es eine direkte **Verbindung** zwischen Nottingham und Sheffield? |
| **service** ['sɜːvɪs] *n* | die **Verbindung** |
| ▪ The **service** from Haywards Heath to Lewes does not operate on Sundays. | ▪ Die **Verbindung** zwischen Haywards Heath und Lewes ist sonntags nicht in Betrieb. |
| **return ticket** *BE* [rɪˌtɜːn 'tɪkɪt], **round-trip ticket** *AE* [ˌraʊndtrɪp 'tɪkɪt] *n* | die **Rückfahrkarte** |
| ▪ Do you want a single or a **return ticket**? | ▪ Möchten Sie eine einfache oder eine **Rückfahrkarte**? |
| ▪ A **round-trip ticket** to Philadelphia, please. | ▪ Eine **Rückfahrkarte** nach Philadelphia, bitte. |
| **direct** [dɪ'rekt] *adj* | **durchgehend** |
| ▪ Sonia took the **direct** train from Hamburg to Munich. | ▪ Sonia nahm den **durchgehenden** Zug von Hamburg nach München. |
| **compartment** [kəm'pɑːtmənt] *n* | das **Abteil** |
| ▪ It makes me mad when everybody in my **compartment** is on the phone at the same time. | ▪ Es macht mich wahnsinnig, wenn alle in meinem **Abteil** gleichzeitig telefonieren. |

| | |
|---|---|
| **conductor** [kən'dʌktə] *n m/f* | der **Schaffner**, die **Schaffnerin** |
| ▪ Whenever I have a question the **conductor** is nowhere in sight. | ▪ Immer wenn ich eine Frage habe, ist der **Schaffner** nirgendwo in Sicht. |
| **seat** [siːt] *n* | der **Sitzplatz**, der **Platz** |
| ▪ Excuse me, but I think you're sitting in my **seat**. | ▪ Entschuldigen Sie, aber ich glaube, Sie sitzen auf meinem **Platz**. |
| **platform** ['plætfɔːm] *n* | der **Bahnsteig** |
| ▪ Your connection leaves from the same **platform**. | ▪ Ihr Anschlusszug fährt vom selben **Bahnsteig**. |
| **platform** *BE* ['plætfɔːm], **track** *AE* [træk] *n* | das **Gleis** |
| ▪ The train for Liverpool will be leaving from **platform** 5. | ▪ Der Zug nach Liverpool fährt von **Gleis** 5 ab. |
| **rail** [reɪl] *n* | die **Schiene** |
| ▪ Passengers must not cross the **rails**. | ▪ Reisende dürfen die **Schienen** nicht überqueren. |
| **dining car** *BE* ['daɪnɪŋ ˌkɑː], **diner** *AE* ['daɪnər] *n* | der **Speisewagen** |
| ▪ Olivia likes to go to the **dining car** on a long train journey. | ▪ Auf einer langen Bahnreise geht Olivia gern in den **Speisewagen**. |
| ▪ Sometimes I eat in the **diner** when I take the train to Chicago. | ▪ Manchmal esse ich im **Speisewagen**, wenn ich den Zug nach Chicago nehme. |
| **sleeping car** ['sliːpɪŋ ˌkɑː] *n* | der **Schlafwagen** |
| ▪ In the US **sleeping cars** were introduced as early as the 1830s. | ▪ In den USA wurden **Schlafwagen** bereits in den 1830er-Jahren eingeführt. |
| **carriage** *BE* ['kærɪdʒ], **car** *AE* [kɑːr] *n* | der **Waggon** |
| ▪ I always sit in the **carriage** next to the dining car. | ▪ Ich sitze immer im **Waggon** neben dem Speisewagen. |
| ▪ Sometimes long-distance trains have separate **cars** for the luggage. | ▪ Manchmal haben Fernzüge separate **Waggons** fürs Reisegepäck. |
| **journey there** [ˌdʒɜːnɪ 'ðeə] *n* | die **Hinfahrt** |
| ▪ The **journey there** was much shorter than the return journey. | ▪ Die **Hinfahrt** war viel kürzer als die Rückfahrt. |

| | |
|---|---|
| **return journey** [rɪˌtɜːn ˈdʒɜːnɪ] *n* | die **Rückfahrt** |
| ▪ The **return journey** took us only five hours. | ▪ Für die **Rückfahrt** brauchten wir nur fünf Stunden. |
| **left-luggage office** *BE* [leftˈlʌgɪdʒ ˌɒfɪs], **baggage room** *AE* [ˈbægɪdʒ ˌruːm] *n* | die **Gepäckaufbewahrung** |
| ▪ Can you tell me where I can find the **left-luggage office**? | ▪ Können Sie mir sagen, wo ich die **Gepäckaufbewahrung** finde? |
| ▪ You can leave your suitcases in the **baggage room**. | ▪ Du kannst deine Koffer an der **Gepäckaufbewahrung** abgeben. |
| **locker** [ˈlɒkə] *n* | das **Schließfach** |
| ▪ The **lockers** used to be right next to the left-luggage office. | ▪ Früher waren die **Schließfächer** gleich neben der Gepäckaufbewahrung. |

## Luft- und Schifffahrt

| | |
|---|---|
| **plane** [pleɪn] *n* | das **Flugzeug** |
| ▪ Did you arrive by **plane**? | ▪ Sind Sie mit dem **Flugzeug** angekommen? |
| **flight** [flaɪt] *n* | der **Flug** |
| ▪ I'm looking for a reasonable **flight** to Mexico City. | ▪ Ich suche nach einem günstigen **Flug** nach Mexiko Stadt. |
| **to fly** [tə ˈflaɪ] *v;* ▸ **v irr** S. 441 fly | **fliegen** |
| ▪ How are you going to get to Paris? Are you going to **fly** or take the train? | ▪ Wie kommst du nach Paris? **Fliegst** du oder nimmst du den Zug? |
| **airport** [ˈeəpɔːt] *n* | der **Flughafen** |
| ▪ London has three international **airports**. | ▪ London hat drei internationale **Flughäfen**. |
| **airline** [ˈeəlaɪn] *n* | die **Fluggesellschaft**, die **Fluglinie** |
| ▪ Most **airlines** offer nonstop flights to New York. | ▪ Die meisten **Fluglinien** bieten Nonstop-Flüge nach New York an. |
| **schedule** [*BE:* ˈʃedjuːl, *AE:* ˈʃkedʒuːl] *n* | der **Flugplan** |
| ▪ Did Danny's flight arrive according to **schedule**? | ▪ Ist Dannys Flug gemäß **Flugplan** angekommen? |

**gate** [geɪt] *n* — der **Flugsteig**

- Please proceed to **gate** 42.
- Bitte begeben Sie sich zum **Flug-steig** 42.

**terminal** ['tɜːmɪnl] *n* — das **Terminal**

- The new **terminal** won't be finished until the end of next year.
- Das neue **Terminal** wird nicht vor Ende nächsten Jahres fertiggestellt werden.

**to take off** [tə ˌteɪk 'ɒf] *phrase;* ▸ **v irr** S. 446 take — **starten**, **abheben**

- The plane for Tokyo **took off** ten minutes ago.
- Das Flugzeug nach Tokio **ist** vor zehn Minuten **gestartet**.

**to land** [tə 'lænd] *v* — **landen**

- We **landed** in London after a six-hour flight.
- Wir **sind** nach einem sechsstündigen Flug in London **gelandet**.

**direct** [dɪ'rekt] *adv, adj* — **direkt**; **Direkt-**

- Can I fly **direct** from London to Hawaii?
- Kann man von London nach Hawaii **direkt** fliegen?
- We booked a **direct** flight from Frankfurt to San Francisco.
- Wir haben einen **Direkt**flug von Frankfurt nach San Francisco ge-bucht.

**ship** [ʃɪp] *n* — das **Schiff**

- Over 400 passengers were on the **ship**.
- Über 400 Passagiere waren auf dem **Schiff**.

**boat** [bəʊt] *n* — das **Boot**, das **Schiff**

- We hired a small **boat** and went over to the island.
- Wir mieteten uns ein kleines **Boot** und fuhren zur Insel hinüber.

**port** [pɔːt] *n* — der **Hafen**

- The **port** of Rotterdam is one of the biggest in the world.
- Der **Hafen** von Rotterdam ist einer der größten der Welt.

➡ Im Gegensatz zu einem **port** ist ein **harbour** kleiner und für kleinere Schiffe geeignet.

**harbour** *BE* ['hɑːbə], **harbor** *AE* ['hɑːrbər] *n* — der **Hafen**

- The **harbour** was full of yachts and fishing boats.
- Der **Hafen** war voll mit Jachten und Fischerbooten.

➡ port ▸ S. 277

| | |
|---|---|
| **ferry** ['ferɪ] *n* | die **Fähre** |
| ▪ Why don't we take the **ferry** when we go to England next summer? | ▪ Warum nehmen wir nicht die **Fähre,** wenn wir im nächsten Sommer nach England fahren? |
| **to put to sea** [tə 'pʊt tə 'siː] *phrase;* ▸ **v irr** S. 443 put | **auslaufen** |
| ▪ On our final day we **put to sea** from the port of Montevideo. | ▪ Am letzten Tag **liefen** wir aus dem Hafen von Montevideo **aus**. |
| **to sink** [tə 'sɪŋk] *v;* ▸ **v irr** S. 445 sink | **sinken** |
| ▪ The ferry **sank** within minutes. | ▪ Die Fähre **sank** innerhalb von Minuten. |
| **helicopter** ['helɪkɒptə] *n* | der **Hubschrauber** |
| ▪ The president was brought from the hotel to the airport by **helicopter.** | ▪ Der Präsident wurde in einem **Hubschrauber** vom Hotel zum Flughafen gebracht. |
| **outward flight** [ˌaʊtwəd 'flaɪt] *n* | der **Hinflug** |
| ▪ The **outward fight** was delayed due to ice on the runway. | ▪ Der **Hinflug** hatte wegen Eises auf der Startbahn Verspätung. |
| **return flight** [rɪ'tɜːn flaɪt] *n* | der **Rückflug** |
| ▪ On the **return flight** we saw the Statue of Liberty. | ▪ Beim **Rückflug** haben wir die Freiheitsstatue gesehen. |
| **stopover** ['stɒpəʊvə] *n* | die **Zwischenlandung** |
| ▪ On my way to Melbourne I had a six-hour **stopover** in Singapore. | ▪ Auf dem Weg nach Melbourne hatte ich eine sechsstündige **Zwischenlandung** in Singapur. |
| **to pick up** [tə ˌpɪk 'ʌp] *phrase* | **abholen** |
| ▪ My plane arrives at 9 pm. Can you **pick** me **up** from the airport? | ▪ Mein Flug kommt um 21 Uhr an. Kannst du mich vom Flughafen **abholen**? |
| **announcement** [ə'naʊnsmənt] *n* | die **Durchsage** |
| ▪ I didn't understand the **announcement**. Could you tell me what the woman said? | ▪ Ich habe die **Durchsage** nicht verstanden. Können Sie mir sagen, was die Frau gesagt hat? |
| **to board** [tə 'bɔːd] *v* | **an Bord gehen** |
| ▪ All passengers were requested to **board** through gate 7. | ▪ Alle Passagiere wurden gebeten, vom Flugsteig 7 **an Bord** zu **gehen**. |

| | |
|---|---|
| **cruise** [kruːz] *n*<br>▪ Tim and Sally are going on a 14-day **cruise** along the Norwegian coast. | die **Kreuzfahrt**<br>▪ Tim und Sally werden eine 14-tägige **Kreuzfahrt** die norwegische Küste entlang unternehmen. |
| **cabin** ['kæbɪn] *n*<br>▪ My **cabin** on that cruise liner was not very big but quite luxurious. | die **Kabine**<br>▪ Meine **Kabine** auf diesem Kreuzschiff war nicht sehr groß, aber durchaus komfortabel. |
| **cargo** ['kɑːgəʊ] *n*<br>▪ As a result of the collision the freighter lost all its **cargo** and capsized. | die **Ladung**, die **Fracht**<br>▪ Als Folge der Havarie verlor der Frachter seine gesamte **Ladung** und kenterte. |
| **to load** [tə 'ləʊd] *v*<br>▪ It took them almost five hours to **load** the cargo onto the boat. | **beladen**<br>▪ Es dauerte fast fünf Stunden, um das Schiff zu **beladen**. |
| **transportation** [ˌtrænspə'teɪʃn] *n*<br>▪ The goods were damaged during the **transportation**. | der **Transport**<br>▪ Die Waren wurden während des **Transports** beschädigt. |
| **to transport** [tə træns'pɔːt] *v*<br>▪ All goods **will be transported** by sea because it's less harmful to the environment. | **transportieren**<br>▪ Alle Güter **werden** auf dem Seeweg **transportiert**, da es weniger umweltschädlich ist. |
| **container** [kən'teɪnə] *n*<br>▪ Some container ships can be loaded with hundreds of **containers**. | der **Container**<br>▪ Manche Containerschiffe können mit Hunderten von **Containern** beladen werden. |

# Individualverkehr

| | |
|---|---|
| **traffic** ['træfɪk] *n*<br>▪ In the first week of the holidays there's always a lot of **traffic** on the roads. | der **Verkehr**<br>▪ In der ersten Ferienwoche gibt es immer viel **Verkehr** auf den Straßen. |
| **car** [kɑː] *n*<br>▪ After the accident the **car** was a write-off. | das **Auto**, der **Wagen**<br>▪ Nach dem Unfall hatte das **Auto** einen Totalschaden. |

**motorbike** *BE* ['məʊtəbaɪk] *n* — das **Motorrad**

- In spring you see a lot of **motorbikes** on the roads.
- Im Frühjahr sieht man viele **Motorräder** auf den Straßen.

**taxi** ['tæksɪ] *n* — das **Taxi**

- In most **taxis** you can pay by credit card these days.
- In den meisten **Taxen** kann man heute mit Kreditkarte zahlen.

**driver** ['draɪvə] *n m/f* — der **Fahrer**, die **Fahrerin**

- Since Rob was the designated **driver** he didn't drink any alcohol.
- Da Rob als **Fahrer** ausgewählt wurde, trank er keinen Alkohol.

**to drive** [tə 'draɪv] *v;* — **fahren**

▸ **v irr** S. 440 drive

- Chris learned how to **drive** when he was 18.
- Mit 18 hat Chris **fahren** gelernt.

➡ Das Verb **to drive** wird vor allem dann verwendet, wenn man selbst hinter dem Steuer sitzt; ansonsten benutzt man für **fahren** **to go**.

**driving licence** *BE* ['draɪvɪŋ ˌlaɪsns], **driver's license** *AE* ['draɪvərs ˌlaɪsns] *n* — der **Führerschein**

- You have to be 17 to get your **driving licence** in Britain.
- In Großbritannien muss man 17 sein, wenn man den **Führerschein** machen will.

**bicycle** ['baɪsɪkl] *n* — das **Fahrrad**

- John rides his **bicycle** to school every morning.
- John fährt jeden Morgen mit dem **Fahrrad** zur Schule.

**bike** [baɪk] *n* — das **Fahrrad**

- Somebody stole my **bike** when I left it unlocked in front of the bookshop.
- Irgendjemand hat mein **Fahrrad** gestohlen, als ich es unabgeschlossen vor dem Buchladen hatte stehen lassen.

**to ride a bike** [tə ˌraɪd ə 'baɪk] *phrase;* — **Fahrrad fahren**

▸ **v irr** S. 443 ride

- Karen was three years old when her father taught her how to **ride a bike**.
- Karen war drei Jahre alt, als ihr Vater ihr beibrachte, **Fahrrad** zu **fahren**.

**route** [ruːt] *n* — die **Route**, die **Strecke**

- I showed her the **route** on the Internet but she still didn't know where to go.
- Ich zeigte ihr die **Route** im Internet, aber sie wusste immer noch nicht, wohin sie fahren musste.

**to be** [tə 'biː] *v;* ▸ **v irr** S. 439 be — **sich befinden**

- The best pizza place in town **is** right on the corner of Madison Street and 6th Avenue.
- Die beste Pizzeria der Stadt **befindet sich** an der Ecke von Madison Street und 6th Avenue.

**to go** [tə 'gəʊ] *v;* ▸ **v irr** S. 442 go — **fahren**

- It's much too cold to walk into town. Let's **go** by bus.
- Es ist viel zu kalt, um in die Stadt zu laufen. Lass uns mit dem Bus **fahren**.

**to go forward** [tə ˌgəʊ 'fɔːwəd] *phrase;* ▸ **v irr** S. 442 go — **vorwärts fahren**

- Patrick **went forward** a few metres and stopped the car again.
- Patrick **fuhr** ein paar Meter **vorwärts** und hielt den Wagen wieder an.

**to reverse** [tə rɪ'vɜːs] *v* — **rückwärts fahren**

- Careful, don't **reverse** too far. There's a low wall.
- Vorsicht, **fahre** nicht zu weit **rückwärts**. Da ist eine niedrige Mauer.

**to turn around** [tə ˌtɜːn ə'raʊnd] *phrase* — **wenden**

- Follow the street and **turn around** in the car park behind the bank.
- Folgen Sie der Straße und **wenden** Sie auf dem Parkplatz hinter der Bank.

**to make a U-turn** [tə ˌmeɪk ə 'juːtɜːn] *phrase;* ▸ **v irr** S. 443 make — **wenden**

- Didn't you see the sign? You're not allowed to **make a U-turn** here.
- Haben Sie das Schild nicht gesehen? Sie dürfen hier nicht **wenden**.

**traffic lights** ['træfɪk ˌlaɪts] *n* — die **Ampel**

- Even though the **traffic lights** were red he crossed the street and was hit by a car.
- Obwohl die **Ampel** rot war, ging er über die Straße und wurde von einem Wagen angefahren.

**road sign** ['rəʊd saɪn] *n* — das **Schild**

- There are fewer **road signs** in Britain than in Germany.
- In Großbritannien gibt es weniger **Schilder** als in Deutschland.

| | |
|---|---|
| **to stop** [tə 'stɒp] *v* | **halten**, **anhalten** |
| ▪ If you could **stop** here, please. I want to get out. | ▪ Wenn Sie hier bitte **halten** würden. Ich möchte aussteigen. |
| **to cross** [tə 'krɒs] *v* | **überqueren** |
| ▪ Sarah told her children not to **cross** the street when the light is red. | ▪ Sarah hat ihren Kindern gesagt, dass sie nicht bei Rot die Straße **überqueren** dürfen. |
| **to park** [tə 'pɑːk] *v* | **parken** |
| ▪ If you **park** here you're sure to get a ticket. | ▪ Wenn du hier **parkst**, wirst du mit Sicherheit einen Strafzettel bekommen. |
| **petrol** *BE* ['petrəl], **gas** *AE* [gæs] *n* | das **Benzin** |
| ▪ Which was the first country in the world to introduce unleaded **petrol**? | ▪ In welchem Land der Erde wurde bleifreies **Benzin** zuerst eingeführt? |
| ▪ Do we have enough **gas** to reach the next gas station? | ▪ Haben wir genug **Benzin**, um die nächste Tankstelle zu erreichen? |
| **diesel** ['diːzl] *n* | der **Diesel** |
| ▪ In Germany a lot of cars use **diesel** instead of petrol. | ▪ In Deutschland fahren viele Fahrzeuge mit **Diesel** anstelle von Benzin. |
| **garage** *BE*, **petrol station** *BE*, **gas station** *AE* ['gærɑːʒ, 'petrəl ˌsteɪʃn, 'gæs ˌsteɪʃn] *n* | die **Tankstelle** |
| ▪ There's a **garage** down the road where you can also buy food and drinks. | ▪ Die Straße runter ist eine **Tankstelle**, wo man auch Essen und Trinken kaufen kann. |
| ▪ I hope they will change the oil at the **petrol station**. | ▪ Ich hoffe, man wird an der **Tankstelle** das Öl wechseln. |
| ▪ Many **gas stations** in the US are open 24 hours a day. | ▪ Viele **Tankstellen** in den USA haben 24 Stunden geöffnet. |
| **filling station** ['fɪlɪŋ ˌsteɪʃn] *n* | die **Tankstelle** |
| ▪ We'd better fill up here. The next **filling station** is 40 kilometres away. | ▪ Wir sollten lieber hier volltanken. Die nächste **Tankstelle** ist 40 Kilometer entfernt. |
| **to fill up** [tə ˌfɪl 'ʌp] *phrase* | **volltanken** |
| ▪ We have to **fill up** the car before we leave tomorrow morning. | ▪ Wir müssen den Wagen noch **volltanken**, bevor wir morgen früh losfahren. |

| | |
|---|---|
| **to use** [tə ˈjuːz] *v* | **verbrauchen** |
| ▪ My new car **uses** much less diesel than the old one. | ▪ Mein neuer Wagen **verbraucht** viel weniger Diesel als der alte. |
| **tyre** *BE* [ˈtaɪə], **tire** *AE* [ˈtaɪr] *n* | der **Reifen** |
| ▪ What do you think about buying some new **tyres** for the winter? | ▪ Was hältst du davon, neue **Reifen** für den Winter zu kaufen? |
| **vehicle** [ˈviːɪkl] *n* | das **Fahrzeug** |
| ▪ The driver of the third **vehicle** involved in the crash was a young man from Glasgow. | ▪ Der Fahrer des dritten am Unfall beteiligten **Fahrzeugs** war ein junger Mann aus Glasgow. |
| **car driver** [ˈkɑː ˌdraɪvə] *n m/f* | der **Autofahrer**, die **Autofahrerin** |
| ▪ The **car driver** didn't see the cyclist behind him. | ▪ Der **Autofahrer** sah den Fahrradfahrer hinter sich nicht. |
| **truck** [trʌk] *n* | der **Lastwagen** |
| ▪ When I was a kid I always wanted to drive one of those huge American **trucks**. | ▪ Als Kind wollte ich immer einen dieser riesigen amerikanischen **Lastwagen** fahren. |
| **lorry** *BE* [ˈlɒrɪ] *n* | der **Lastkraftwagen** |
| ▪ Derek was sitting in a major traffic jam which had been caused by an overturned **lorry**. | ▪ Derek stand in einem Riesenstau, der von einem umgestürzten **Lastkraftwagen** verursacht worden war. |
| **van** [væn] *n* | der **Lieferwagen** |
| ▪ The driver of the white **van** was finally caught and convicted of hit-and-run driving. | ▪ Der Fahrer des weißen **Lieferwagens** wurde schließlich gefasst und wegen Fahrerflucht verurteilt. |
| **caravan** *BE* [ˈkærəvæn], **trailer** *AE* [ˈtreɪlər] *n* | der **Wohnwagen** |
| ▪ In August we usually take our **caravan** to a lovely campground near Torbay. | ▪ Im August fahren wir für gewöhnlich mit unserem **Wohnwagen** auf einen wunderschönen Campingplatz in der Nähe von Torbay. |
| ▪ Andy spends almost every weekend in his **trailer** at Lake Tahoe. | ▪ Andy verbringt fast jedes Wochenende in seinem **Wohnwagen** am Lake Tahoe. |

| | |
|---|---|
| **pedestrian** [pə'destrɪən] *n m/f, adj*<br>▪ This path is for **pedestrians** only.<br>▪ Just walk straight ahead a few hundred metres and you'll see a **pedestrian** crossing to your left. | der **Fußgänger**, die **Fußgängerin; Fußgänger-**<br>▪ Dieser Weg ist nur für **Fußgänger**.<br>▪ Gehen Sie einfach noch ein paar hundert Meter geradeaus und Sie sehen einen **Fußgänger**überweg zu Ihrer Linken. |
| **to cover** [tə 'kʌvə] *v*<br>▪ We've been on the road since May last year and I think we**'ve covered** over 10,000 miles. | **zurücklegen**<br>▪ Wir sind seit Mai letzten Jahres unterwegs und ich denke, wir **haben** schon über 10.000 Meilen **zurückgelegt**. |
| **to take a shortcut** [tə ˌteɪk ə 'ʃɔːtkʌt] *phrase;* ▸ **v irr** S. 446 take<br>▪ If you want to **take a shortcut**, turn right at the next traffic lights. | **eine Abkürzung nehmen**<br>▪ Wenn du **eine Abkürzung nehmen** willst, biege an der nächsten Ampel rechts ab. |
| **diversion** [daɪ'vɜːʃn] *n*<br>▪ Sorry I'm late, but there was an unexpected **diversion** between Cheadle and Denstone. | die **Umleitung**<br>▪ Tut mir leid, dass ich zu spät komme, aber es gab eine unerwartete **Umleitung** zwischen Cheadle and Denstone. |
| **traffic jam** ['træfɪk ˌdʒæm] *n*<br>▪ Christoper missed his plane to New York this morning because he was sitting in a **traffic jam**. | der **Stau**<br>▪ Christopher hat heute morgen seinen Flug nach New York verpasst, weil er im **Stau** stand. |
| **to block** [tə 'blɒk] *v*<br>▪ A broken-down truck **was blocking** the way. | **blockieren, versperren**<br>▪ Ein liegengebliebener Lkw **versperrte** den Weg. |
| **bend** [bend] *n*<br>▪ Thomas sped around the **bend**. | die **Kurve**<br>▪ Thomas fuhr mit überhöhter Geschwindigkeit um die **Kurve**. |
| **to turn** [tə 'tɜːn] *v*<br>▪ You have to **turn** left, not right, to get to Taunton. | **abbiegen**<br>▪ Sie müssen nach links **abbiegen**, nicht nach rechts, um nach Taunton zu kommen. |

| | |
|---|---|
| **brake** [breɪk] *n*<br>▪ I had to step on the **brakes** when this cow suddenly appeared in front of me. | die **Bremse**<br>▪ Ich musste auf die **Bremse** treten, als diese Kuh plötzlich vor mir stand. |
| **to brake** [tə 'breɪk] *v*<br>▪ Carol had to **brake** sharply to avoid hitting the boy. | **bremsen**<br>▪ Carol musste scharf **bremsen**, um den Jungen nicht anzufahren. |
| **to signal** [tə 'sɪgnəl] *v*<br>▪ Please **signal** when you want to make a turn. | **blinken**<br>▪ Bitte **blinken** Sie, wenn Sie abbiegen wollen. |
| **to indicate** *BE* [tʊ 'ɪndɪkeɪt] *v*<br>▪ I hate it when people turn without **indicating**. | **blinken**<br>▪ Ich hasse es, wenn Leute abbiegen, ohne zu **blinken**. |
| **wheel** [wiːl] *n*<br>▪ Some of these big trucks have 18 **wheels**. | das **Rad**<br>▪ Einige dieser großen Lkw haben 18 **Räder**. |
| **to change a tyre** *BE* [tə ˌtʃeɪndʒ ə 'taɪə], **to change a tire** *AE* [tə ˌtʃeɪndʒ ə 'taɪr] *phrase*<br>▪ I hit a nail when I drove to Stockton and had to **change a tyre**. | **Reifen wechseln**<br>▪ Ich bin auf einen Nagel gefahren, als ich nach Stockton fuhr, und musste den **Reifen wechseln**. |
| **to break down** [tə ˌbreɪk 'daʊn] *phrase*; ▸ **v irr** S. 439 break<br>▪ Carla didn't arrive in time because her car **broke down** and she had to call a breakdown service. | **eine Panne haben**<br>▪ Carla kam nicht rechtzeitig an, weil ihr Auto **eine Panne hatte** und sie einen Abschleppdienst verständigen musste. |
| **one-way street** [ˌwʌnweɪ 'striːt] *n*<br>▪ I live on a **one-way street** but a lot of people just don't care and drive the wrong way. | die **Einbahnstraße**<br>▪ Ich wohne in einer **Einbahnstraße**, aber vielen Leuten ist das egal und sie fahren in die falsche Richtung. |
| **road sign** ['rəʊd saɪn] *n*<br>▪ I think **road signs** should be international and easy to understand. | das **Verkehrszeichen**<br>▪ Ich finde, **Verkehrszeichen** sollten international und leicht zu verstehen sein. |

| | |
|---|---|
| **number plate** *BE* ['nʌmbə ˌpleɪt], **license plate** *AE* ['laɪsns ˌpleɪt] *n* | das **Kennzeichen** |
| ▪ British **number plates** are white or yellow now. They used to be black. | ▪ Britische **Kennzeichen** sind heute weiß oder gelb. Früher waren sie schwarz. |
| ▪ The diner around the corner has got a lot of American **license plates** hanging on the walls. | ▪ Das Restaurant um die Ecke hat eine Reihe von amerikanischen **Kennzeichen** an den Wänden hängen. |
| **speeding** ['spiːdɪŋ] *n* | die **Geschwindigkeitsüberschreitung** |
| ▪ If you drive too fast you run the risk of getting a ticket for **speeding.** | ▪ Wenn du zu schnell fährst, läufst du Gefahr, einen Strafzettel für **Geschwindigkeitsüberschreitung** zu bekommen. |
| **ticket** ['tɪkɪt] *n* | der **Strafzettel** |
| ▪ Jeremy got a **ticket** for parking in a no-parking zone. | ▪ Jeremy hat einen **Strafzettel** für das Parken in einer Parkverbotszone bekommen. |
| **seat belt** ['siːt belt] *n* | der **Sicherheitsgurt** |
| ▪ Wearing your **seat belt** will considerably increase your chances of surviving a car crash. | ▪ Das Tragen des **Sicherheitsgurtes** erhöht die Überlebenschance bei einem Autounfall erheblich. |
| **to fasten one's seat belt** [*BE:* tə ˌfɑːsn wʌnz 'siːt belt, *AE:* tə ˌfæsn wʌnz 'siːt belt] *phrase* | **sich anschnallen** |
| ▪ You should always **fasten your seat belt** even if you're only going a few hundred metres. | ▪ Man sollte sich immer **anschnallen,** auch wenn man nur ein paar Hundert Meter weit fährt. |
| **to buckle up** [tə ˌbʌkl 'ʌp] *phrase* | **sich anschnallen** |
| ▪ **Buckle up** and let's hit the road. | ▪ **Schnall dich an** und lass uns losfahren! |
| **helmet** ['helmɪt] *n* | der **Sturzhelm** |
| ▪ You know how dangerous it is to ride a motorbike without a **helmet.** | ▪ Du weißt doch, wie gefährlich es ist, ohne **Helm** Motorrad zu fahren. |

**mandatory** [*BE:* ˈmændətrɪ, *AE:* ˈmændəˈtɔːrɪ] *adj* — **vorgeschrieben**

- Do you think it should be **mandatory** to wear a helmet while riding a bicycle? — Findest du, es sollte **vorgeschrieben** sein, beim Radfahren einen Helm zu tragen?

**picnic area** [ˈpɪknɪk ˌeərɪə] *n* — der **Rastplatz**

- We stopped at a **picnic area** and had a picnic at one of the tables. — Wir hielten an einem **Rastplatz** an und picknickten an einem der Tische.

➡ Von einer **service area** spricht man, wenn der Rastplatz eine Tankstelle, Toiletten und ein Bistro hat; ein **lay-by** hat keine dieser Einrichtungen und an einer **picnic area** stehen in der Regel einige Esstische und machmal eine Toilette.

**service area** [ˈsɜːvɪs ˌeərɪə] *n* — der **Rastplatz**

- The next **service area** is only a few kilometers ahead. — Der nächste **Rastplatz** ist nur ein paar Kilometer voraus.

➡ picnic area ▸ S. 287

**lay-by** *BE* [ˈleɪbaɪ] *n* — der **Rastplatz**

- Why don't you just stop at the next **lay-by** to stretch your legs. — Warum hältst du nicht einfach am nächsten **Rastplatz**, um dir ein wenig die Beine zu vertreten.

➡ picnic area ▸ S. 287

**toll (charge)** [ˈtəʊl (tʃɑːdʒ)] *n* — die **Gebühr**

- Do you know how much the **toll** is for the Golden Gate Bridge? — Weißt du, wie hoch die **Gebühr** für die Golden-Gate-Brücke ist?

**tollgate** [ˈtəʊlgeɪt] *n* — die **Mautstelle**

- Although the new **tollgate** has got ten lanes there's always a traffic jam during rush hour. — Obwohl die neue **Mautstelle** zehn Spuren hat, gibt es immer einen Stau zur Hauptverkehrszeit.

**to hitch-hike** [tə ˈhɪtʃhaɪk] *v* — **trampen**

- When I was 20 I **hitch-hiked** a lot. — Als ich 20 war, **bin** ich häufig **getrampt**.

**to give sb. a lift** *BE* [tə ˌgɪv … ə ˈlɪft], **to give sb. a ride** *AE* [tə ˌgɪv … ə ˈraɪd] *phrase;* ▸ **v irr** S. 441 give — **j-n mitnehmen**

- Sally missed the last bus but she asked an old lady if she could **give** her **a lift**. — Sally hat den letzten Bus verpasst, hat aber eine alte Dame gefragt, ob sie **sie mitnehmen** könne.

# Natur und Umwelt

## Tiere und Pflanzen

| | |
|---|---|
| **animal** ['ænɪml] *n* | das **Tier** |
| **cow** [kaʊ] *n* | die **Kuh** |
| **bull** [bʊl] *n* | der **Stier** |
| **calf** [*BE:* kɑːf, *AE:* kæf] *n* | das **Kalb** |
| **pig** [pɪg] *n* | das **Schwein** |
| **hog** *AE* [hɒg] *n* | das **Schwein** |
| **sheep** [ʃiːp] *n; pl inv* | das **Schaf** |
| **goat** [gəʊt] *n* | die **Ziege** |
| **horse** [hɔːs] *n* | das **Pferd** |
| **chicken** ['tʃɪkɪn] *n* | das **Huhn** |
| **bird** [bɜːd] *n* | der **Vogel** |
| **dog** [dɒg] *n* | der **Hund** |
| **cat** [kæt] *n* | die **Katze** |
| **mouse** [maʊs] *n* | die **Maus** |
| **fish** [fɪʃ] *n; pl inv* | der **Fisch** |
| **plant** [*BE:* plɑːnt, *AE:* plænt] *n* | die **Pflanze** |
| **tree** [triː] *n* | der **Baum** |
| **flower** ['flaʊə] *n* | die **Blume** |
| **grass** [*BE:* grɑːs, *AE:* græs] *n* | das **Gras** |
| **leaf** [liːf] *n; pl* **leaves** | das **Blatt** |
| **branch** [*BE:* brɑːntʃ, *AE:* bræntʃ] *n* | der **Zweig**, der **Ast** |
| **forest** ['fɒrəst] *n* | der **Wald** |

| | |
|---|---|
| **wood** [wʊd] *n* | der **Wald** |
| **grain** [greɪn] *n* | das **Getreide** |
| **rose** [rəʊz] *n* | die **Rose** |
| **creature** ['kriːtʃə] *n* | das **Lebewesen** |
| **pet** [pet] *n* | das **Haustier** |
| **donkey** ['dɒŋkɪ] *n* | der **Esel** |
| **rabbit** ['ræbɪt] *n* | das **Kaninchen** |
| **cock** *BE* [kɒk], **rooster** *AE* ['ruːstər] *n* | der **Hahn** |
| **duck** [dʌk] *n* | die **Ente** |
| **bear** [beə] *n* | der **Bär** |
| **fox** [fɒks] *n* | der **Fuchs** |
| **wolf** [wʊlf] *n; pl* **wolves** | der **Wolf** |
| **lion** ['laɪən] *n* | der **Löwe** |
| **tiger** ['taɪgə] *n* | der **Tiger** |
| **elephant** ['elɪfənt] *n* | der **Elefant** |
| **monkey** ['mʌŋkɪ] *n* | der **Affe** |
| **dolphin** ['dɒlfɪn] *n* | der **Delfin** |
| **whale** [weɪl] *n* | der **Wal** |
| **shark** [ʃɑːk] *n* | der **Hai** |
| **snake** [sneɪk] *n* | die **Schlange** |
| **insect** ['ɪnsekt] *n* | das **Insekt** |
| **butterfly** ['bʌtəflaɪ] *n* | der **Schmetterling** |
| **oak** [əʊk] *n* | die **Eiche** |
| **fir (tree)** ['fɜː (triː)] *n* | die **Tanne** |
| **chestnut** ['tʃestnʌt] *n* | die **Kastanie** |
| **sequoia** [sɪ'kwɔɪə] *n* | der **Mammutbaum** |

| | |
|---|---|
| **(grape)vine** [('greɪp)vaɪn] *n* | die **Weinrebe** |
| **daisy** ['deɪzɪ] *n* | das **Gänseblümchen** |
| **tulip** ['tjuːlɪp] *n* | die **Tulpe** |
| **sunflower** ['sʌnflaʊə] *n* | die **Sonnenblume** |
| **mushroom** ['mʌʃrʊm] *n* | der **Pilz** |
| **stem** [stem] *n* | der **Stiel** |

## Landschaft

| | |
|---|---|
| **landscape** ['lændskeɪp] *n*<br>▪ We spent a week walking through the dramatic **landscape** of the Lake District. | die **Landschaft**<br>▪ Wir wanderten eine Woche durch die dramatische **Landschaft** des Lake District. |
| **scenery** ['siːnərɪ] *n*<br>▪ You can see fantastic **scenery** in New England. | die **Landschaft**<br>▪ Man sieht herrliche **Landschaft** in Neuengland. |
| **area** ['eərɪə] *n*<br>▪ People in this **area** used to be poor. | das **Gebiet**<br>▪ Die Menschen in diesem **Gebiet** waren früher arm. |
| **region** ['riːdʒən] *n*<br>▪ This **region** of England gets a lot of sunshine. | die **Region**<br>▪ Diese **Region** Englands bekommt viel Sonnenschein ab. |
| **regional** ['riːdʒnəl] *adj*<br>▪ The armed conflict between the two tribes can no longer be considered **regional**. | **regional**<br>▪ Die bewaffnete Auseinanderset-zung zwischen den beiden Stäm-men kann nicht mehr als **regional** eingestuft werden. |
| **national** ['næʃnəl] *adj*<br>▪ I've subscribed to a **national** paper. | **überregional**<br>▪ Ich habe eine **überregionale** Zeitung abonniert. |

| | |
|---|---|
| **continent** ['kɒntɪnənt] *n* | der **Kontinent** |
| ▪ The Australian **continent** was populated between 50,000 and 60,000 years ago. | ▪ Der australische **Kontinent** wurde vor 50.000 bis 60.000 Jahren besiedelt. |
| **country** ['kʌntrɪ] *n* | das **Land** |
| ▪ James likes living in the **country**. He finds city life too hectic. | ▪ James lebt gern auf dem **Land**. Das Stadtleben ist für ihn zu hektisch. |
| **land** [lænd] *n* | das **Land** |
| ▪ You need a lot of **land** to raise cattle. | ▪ Um Rinder zu züchten, braucht man viel **Land**. |
| **ground** [graʊnd] *n* | der **Erdboden**, der **Boden** |
| ▪ In arctic regions the **ground** is frozen nearly all year round. | ▪ In arktischen Regionen ist der **Erdboden** fast das ganze Jahr gefroren. |
| **soil** [sɔɪl] *n* | der **Boden**, der **Erdboden** |
| ▪ The rich **soil** of Kent is excellent for farming. | ▪ Der fruchtbare **Boden** von Kent ist ausgezeichnet für den Ackerbau. |
| **mountains** ['maʊntɪnz] *n pl* | das **Gebirge** |
| ▪ Sam is planning a hiking trip through the **mountains** next weekend. | ▪ Sam plant für das nächste Wochenende eine Wandertour durch das **Gebirge**. |
| **mountain** ['maʊntɪn] *n* | der **Berg** |
| ▪ Mt McKinley is the highest **mountain** in North America. | ▪ Der Mt. McKinley ist der höchste **Berg** Nordamerikas. |
| **peak** [piːk] *n* | der **Gipfel** |
| ▪ We reached the **peak** in only three hours. | ▪ Wir erreichten den **Gipfel** in nur drei Stunden. |
| **hill** [hɪl] *n* | der **Hügel** |
| ▪ One of Hugh Grant's best films is called "The Englishman who walked up a **hill** and came down a mountain". | ▪ Einer von Hugh Grants besten Filmen heißt „Der Engländer, der auf einen **Hügel** stieg und von einem Berg herunterkam". |
| **hilly** ['hɪlɪ] *adj* | **hügelig** |
| ▪ The **hilly** landscape of the Peak District is ideal for hiking. | ▪ Die **hügelige** Landschaft des Peak District ist ideal zum Wandern. |
| **water** ['wɔːtə] *n* | das **Wasser** |
| ▪ The **water** of the bay is cold. | ▪ Das **Wasser** der Bucht ist kalt. |

| | |
|---|---|
| **sea** [siː] *n* | das **Meer** |
| ▪ Oil spills pollute the **sea** and the beaches. | ▪ Ölunfälle verseuchen das **Meer** und die Strände. |
| **ocean** [ˈəʊʃn] *n* | der **Ozean** |
| ▪ Charles Lindbergh flew solo across the **ocean** from New York to Paris in 1927. | ▪ Charles Lindbergh flog 1927 allein über den **Ozean** von New York nach Paris. |
| **Mediterranean (Sea)** [medɪtəˌreɪnɪən (ˈsiː)] *n* | das **Mittelmeer** |
| ▪ The Romans called the **Mediterranean Sea** "our sea". | ▪ Die Römer nannten das **Mittelmeer** „Unser Meer". |
| **Atlantic (Ocean)** [ətˌlæntɪk (ˈəʊʃn)] *n* | der **Atlantik** |
| ▪ The "Titanic" was crossing the **Atlantic** when it collided with an iceberg on 14 April 1912. | ▪ Die „Titanic" überquerte den **Atlantik**, als sie am 14. April 1912 mit einem Eisberg kollidierte. |
| **Pacific (Ocean)** [pəˈsɪfɪk (ˈəʊʃn)] *n* | der **Pazifik** |
| ▪ The **Pacific Ocean** is the largest ocean on earth. | ▪ Der **Pazifik** ist der größte Ozean der Erde. |
| **wave** [weɪv] *n* | die **Welle** |
| ▪ A tsunami is a large **wave** caused by an earthquake under water. | ▪ Ein Tsunami ist eine große **Welle**, die von einem Unterwasserbeben verursacht wird. |
| **coast** [kəʊst] *n* | die **Küste** |
| ▪ The spectacularly beautiful **coast** south of Monterey is called "Big Sur". | ▪ Die spektakulär schöne **Küste** südlich von Monterey wird „Big Sur" genannt. |
| **seaside** [ˈsiːsaɪd] *n* | die **Küste** |
| ▪ We spent the weekend at the **seaside** near Hastings. | ▪ Wir verbrachten das Wochenende an der **Küste** in der Nähe von Hastings. |
| **beach** [biːtʃ] *n* | der **Strand** |
| ▪ Mark and Tina went to the **beach** to sunbathe. | ▪ Mark und Tina gingen an den **Strand**, um sich zu sonnen. |
| **river** [ˈrɪvə] *n* | der **Fluss** |
| ▪ Some lakes and **rivers** are so polluted that you can't swim in them anymore. | ▪ Manche **Flüsse** und Seen sind so verschmutzt, dass man nicht mehr darin schwimmen kann. |

| | |
|---|---|
| **lake** [leɪk] *n* | der **See** |
| ▪ After school we often go swimming in a small **lake**. | ▪ Nach der Schule gehen wir oft in einem kleinen **See** schwimmen. |
| **bank** [bæŋk] *n* | das **Flussufer**, das **Ufer** |
| ▪ Simon saw a group of teenagers camping on the opposite **bank**. | ▪ Simon sah eine Gruppe Teenager am gegenüberliegenden **Ufer** zelten. |
| **island** ['aɪlənd] *n* | die **Insel** |
| ▪ The West Indies are a group of **islands** in the Caribbean. | ▪ Die Westindischen **Inseln** sind eine Gruppe von **Inseln** in der Karibik. |
| **desert** ['dezət] *n* | die **Wüste** |
| ▪ Las Vegas is in the middle of the **desert**. | ▪ Las Vegas liegt mitten in der **Wüste**. |
| **path** [*BE:* pɑːθ, *AE:* pæθ] *n* | der **Weg**, der **Pfad** |
| ▪ There's a **path** leading up the hill. | ▪ Es gibt einen **Weg**, der den Hügel hinaufführt. |
| **nature** ['neɪtʃə] *n* | die **Natur** |
| ▪ In Canada you can admire **nature** in all its beauty. | ▪ In Kanada kann man die **Natur** in ihrer ganzen Schönheit bewundern. |
| **valley** ['vælɪ] *n* | das **Tal** |
| ▪ From the top of the mountain we had a grand view across the **valley**. | ▪ Von der Bergspitze hatten wir einen großartigen Blick über das **Tal**. |
| **slope** [sləʊp] *n* | der **Hang** |
| ▪ Tamsin skied down a very steep **slope**. | ▪ Tamsin fuhr einen sehr steilen **Hang** hinab. |
| **rock** [rɒk] *n* | der **Fels(en)** |
| ▪ They had to drill through solid **rock** to find oil. | ▪ Um Öl zu finden, musste man durch massiven **Fels** bohren. |
| **plain** [pleɪn] *n* | die **Ebene** |
| ▪ The American West consists of high mountains and extensive **plains**. | ▪ Der amerikanische Westen besteht aus hohen Bergen und ausgedehnten **Ebenen**. |
| **steep** [stiːp] *adj* | **steil** |
| ▪ The mountain road is too **steep** to drive up in a normal car. | ▪ Die Bergstraße ist zu **steil**, um sie mit einem normalen Auto hinaufzufahren. |

| | |
|---|---|
| **alpine** ['ælpaɪn] *adj*<br>▪ The plane had to make an emergency landing in a remote **alpine** region. | **alpin**<br>▪ Das Flugzeug musste in einer entlegenen **alpinen** Region notlanden. |
| **glacier** [*BE:* 'glæsɪə, *AE:* 'gleɪʃər] *n*<br>▪ The **glaciers** in the Alps are receding due to climate change. | der **Gletscher**<br>▪ Wegen des Klimawandels gehen die **Gletscher** in den Alpen zurück. |
| **canal** [kə'næl] *n*<br>▪ Birmingham has more **canals** than Venice. | der **Kanal**<br>▪ Birmingham hat mehr **Kanäle** als Venedig. |
| **current** [*BE:* 'kʌrənt, *AE:* 'kɜːrənt] *n*<br>▪ No swimming! The **current** is too strong. | die **Strömung**<br>▪ Schwimmen verboten! Die **Strömung** ist zu stark. |
| **stream** [striːm] *n*<br>▪ The hikers cooled their feet in a cold **stream**. | der **Bach**<br>▪ Die Wanderer kühlten ihre Füße in einem kalten **Bach**. |

➡ Ein **Bach** ist ein **stream**; ein **kleiner Bach** wird auch **brook** oder AE **creek** genannt. Ein großer **Fluss**, also ein **Strom**, heißt **river**; **gegen den Strom schwimmen** jedoch **to swim against the tide**.

| | |
|---|---|
| **source** [sɔːs] *n*<br>▪ The **source** of the Colorado River is in Utah. | die **Quelle**<br>▪ Die **Quelle** des Colorado River liegt in Utah. |
| **spring** [sprɪŋ] *n*<br>▪ Graham filled his water bottle from the **spring**. | die **Quelle**<br>▪ Graham füllte seine Wasserflasche an der **Quelle**. |
| **to flow** [tə 'fləʊ] *v;* ▸ **v irr** S. 441 flow<br>▪ The River Nile **flows** into the Mediterranean Sea. | **fließen**<br>▪ Der Nil **fließt** ins Mittelmeer. |
| **peninsula** [pə'nɪnsjʊlə] *n*<br>▪ San Francisco is located on a **pensinula**, surrounded by the Pacific Ocean and San Francisco Bay. | die **Halbinsel**<br>▪ San Francisco liegt auf einer **Halbinsel**, die vom Pazifik und der Bucht von San Francisco umgeben ist. |
| **sand** [sænd] *n*<br>▪ Like many other beaches in England, Brighton has no **sand** but pebbles instead. | der **Sand**<br>▪ Wie viele andere Strände in England hat Brighton keinen **Sand**, sondern Kieselsteine. |

| | |
|---|---|
| **cave** [keɪv] *n*<br>▪ During the Stone Age, men lived in **caves**. | die **Höhle**<br>▪ In der Steinzeit lebten die Menschen in **Höhlen**. |
| **volcano** [vɒl'keɪnəʊ] *n*<br>▪ Mt Etna in Sicily is probably the most active European **volcano**. | der **Vulkan**<br>▪ Der Ätna auf Sizilien ist wahrscheinlich der aktivste europäische **Vulkan**. |

# Himmelsrichtungen

| | |
|---|---|
| **north** [nɔːθ] *n*<br>▪ Liverpool is in the **north** of England. | der **Norden**<br>▪ Liverpool liegt im **Norden** von England. |
| **(to the) north of** [(tə ðə) 'nɔːθ əv] *phrase*<br>▪ Canada is **to the north of** the US. | **nördlich von**<br>▪ Kanada liegt **nördlich von** den Vereinigten Staaten. |
| **south** [saʊθ] *n*<br>▪ Miami is in the **south** of Florida. | der **Süden**<br>▪ Miami liegt im **Süden** von Florida. |
| **(to the) south of** [(tə ðə) 'saʊθ əv] *phrase*<br>▪ The old city is **to the south of** the motorway. | **südlich von**<br>▪ Die Altstadt liegt **südlich von** der Autobahn. |
| **west** [west] *n*<br>▪ The sun sets in the **west**. | der **Westen**<br>▪ Die Sonne geht im **Westen** unter. |
| **(to the) west of** [(tə ðə) 'west əv] *phrase*<br>▪ Oxford is **west of** London. | **westlich von**<br>▪ Oxford liegt **westlich von** London. |
| **east** [iːst] *n*<br>▪ They are now living in the **east**. | der **Osten**<br>▪ Sie wohnen jetzt im **Osten**. |
| **(to the) east of** [(tə ðə) 'iːst əv] *phrase*<br>▪ The coast is **to the east of** here. | **östlich von**<br>▪ Die Küste ist **östlich von** hier. |

| | |
|---|---|
| **northern** ['nɔːðn] *adv*<br>▪ Few people live in the **northern** regions of Canada. | **nördlich**<br>▪ In den **nördlichen** Regionen Kanadas leben wenige Menschen. |
| **southern** ['sʌðn] *adj*<br>▪ Most seaside resorts are found in the **southern** regions of England. | **südlich**<br>▪ Die meisten Badeorte findet man in den **südlichen** Regionen von England. |
| **western** ['westən] *adj*<br>▪ Some of the **western** states of the US are nearly all desert. | **westlich**<br>▪ Einige der **westlichen** Staaten der USA bestehen fast ganz aus Wüste. |
| **eastern** ['iːstən] *adj*<br>▪ There is more rain in the **eastern** regions of the US than in the western ones. | **östlich**<br>▪ In den **östlichen** Landesteilen der USA regnet es mehr als in den westlichen. |

# Weltall

| | |
|---|---|
| **world** [wɜːld] *n*<br>▪ It is a creature from another **world**. | die **Welt**<br>▪ Es ist ein Wesen aus einer anderen **Welt**. |
| **earth** [ɜːθ] *n*<br>▪ The distance between the **earth** and the moon is about 385,000 kilometres. | die **Erde**<br>▪ Die Entfernung zwischen **Erde** und Mond beträgt rund 385.000 Kilometer. |
| **space** [speɪs] *n*<br>▪ Yuri Gagarin was the first man in **space**. | das **All**, der **Weltraum**<br>▪ Yuri Gagarin war der erste Mensch im **All**. |
| **sky** [skaɪ] *n*<br>▪ The **sky** was blue and the sun was shining. | der **Himmel**<br>▪ Der **Himmel** war blau und die Sonne schien. |
| **air** [eə] *n*<br>▪ You can't breathe without **air**. | die **Luft**<br>▪ Ohne **Luft** kann man nicht atmen. |
| **moon** [muːn] *n*<br>▪ The planet Saturn has more than 60 **moons**. | der **Mond**<br>▪ Der Planet Saturn hat mehr als 60 **Monde**. |

| | |
|---|---|
| **star** [stɑː] *n*<br>▪ It was a clear sky and the **stars** were shining. | der **Stern**<br>▪ Es war eine klare Nacht und die **Sterne** leuchteten. |
| **sun** [sʌn] *n*<br>▪ Children shouldn't stay in the **sun** too long. | die **Sonne**<br>▪ Kinder sollten nicht zu lange in der **Sonne** bleiben. |
| **satellite** ['sætəlaɪt] *n*<br>▪ We receive more than 250 TV channels via **satellite**. | der **Satellit**<br>▪ Wir empfangen mehr als 250 Fernsehsender über **Satellit**. |
| **astronaut** ['æstrənɔːt] *n m/f*<br>▪ When Stuart was a little boy he wanted to become an **astronaut**. | der **Astronaut**, die **Astronautin**<br>▪ Als kleiner Junge wollte Stuart **Astronaut** werden. |
| **atmosphere** ['ætməsfɪə] *n*<br>▪ The earth's **atmosphere** consists mainly of nitrogen and oxygen. | die **Atmosphäre**<br>▪ Die **Atmosphäre** der Erde besteht hauptsächlich aus Stickstoff und Sauerstoff. |
| **universe** ['juːnɪvɜːs] *n*<br>▪ Our solar system is part of the **universe**. | das **Universum**<br>▪ Unser Sonnensystem ist Teil des **Universums**. |
| **planet** ['plænɪt] *n*<br>▪ The earth is also called the "blue **planet**". | der **Planet**<br>▪ Die **Erde** wird auch der „blaue Planet" genannt. |
| **to shine** [tə 'ʃaɪn] *v;*<br>▸ **v irr** S. 444 shine<br>▪ At night you could see millions of stars **shining** in the sky. | **scheinen, leuchten**<br>▪ Nachts konnte man Millionen Sterne am Himmel **leuchten** sehen. |
| **sunrise** ['sʌnraɪz] *n*<br>▪ We watched the **sunrise** from the hotel roof. | der **Sonnenaufgang**<br>▪ Wir schauten uns den **Sonnenaufgang** vom Hoteldach aus an. |
| **sunset** ['sʌnset] *n*<br>▪ I must be home before **sunset**. | der **Sonnenuntergang**<br>▪ Ich muss vor **Sonnenuntergang** zu Hause sein. |
| **to rise** [tə 'raɪz] *v;* ▸ **v irr** S. 444 rise<br>▪ The sun **rises** in the east and sets in the west. | **aufgehen**<br>▪ Die Sonne **geht** im Osten **auf** und im Westen unter. |

| | |
|---|---|
| **to set** [tə 'set] *v;* ▸ v irr S. 444 set<br>▪ In the winter the sun **sets** in the afternoon. | **untergehen**<br>▪ Im Winter **geht** die Sonne nachmittags **unter**. |
| **tide** [taɪd] *n*<br>▪ Swimmers must be careful because of the **tide**. | die **Gezeiten**<br>▪ Schwimmer müssen wegen der **Gezeiten** vorsichtig sein. |
| **low tide** [ˌləʊ 'taɪd] *n*<br>▪ Swimming can be dangerous at **low tide**. | die **Ebbe**<br>▪ Bei **Ebbe** kann Baden gefährlich sein. |
| **high tide** [ˌhaɪ 'taɪd] *n*<br>▪ **High tide** is at 9 am tomorrow. | die **Flut**<br>▪ **Flut** ist morgen um 9 Uhr früh. |

# Umwelt, Wetter und Klima

| | |
|---|---|
| **weather** ['weðə] *n*<br>▪ The **weather** is too mild for snow. | das **Wetter**<br>▪ Das **Wetter** ist zu mild für Schnee. |
| **climate** ['klaɪmɪt] *n*<br>▪ In southern Europe the **climate** is much too warm for me. | das **Klima**<br>▪ In Südeuropa ist das **Klima** viel zu warm für mich. |
| **temperature** ['temprətʃə] *n*<br>▪ You have to drink a lot when the **temperature** is so high. | die **Temperatur**<br>▪ Man muss viel trinken, wenn die **Temperaturen** so hoch sind. |
| **heat** [hiːt] *n*<br>▪ I can't stand the **heat** in Southern Europe. | **Hitze**<br>▪ Ich kann die **Hitze** in Südeuropa nicht ausstehen. |
| **hot** [hɒt] *adj*<br>▪ In the summer it gets very **hot** in California – 38 degrees centigrade and above. | **heiß**<br>▪ Im Sommer wird es in Kalifornien sehr **heiß** – 38 Grad Celsius und darüber. |
| **warmth** [wɔːmθ] *n*<br>▪ We spent half the night sitting in the **warmth** from the stove. | die **Wärme**<br>▪ Wir verbrachten die halbe Nacht, indem wir in der **Wärme** des Ofens saßen. |

| | |
|---|---|
| **warm** [wɔːm] *adj* | **warm** |
| ▪ I was quite **warm** under the blanket. | ▪ Mir war ziemlich **warm** unter der Decke. |

➡ **warm** entspricht nicht immer dem deutschen **warm**; häufig muss man stattdessen **hot** verwenden, z. B. **a hot meal – eine warme Mahlzeit.**

| | |
|---|---|
| **cold** [kəʊld] *n* | die **Kälte** |
| ▪ I even closed the shutters to keep out the **cold**. | ▪ Ich habe sogar die Fensterläden geschlossen, um die **Kälte** draußen zu halten. |
| **cold** [kəʊld] *adj* | **kalt** |
| ▪ New York is too hot in summer and too **cold** in winter. | ▪ New York ist im Sommer zu warm und im Winter zu **kalt**. |
| **cool** [kuːl] *adj* | **kühl** |
| ▪ Even in August San Francisco is pleasantly **cool**. | ▪ Selbst im August ist San Francisco angenehm **kühl**. |
| **cloud** [klaʊd] *n* | die **Wolke** |
| ▪ The sky was blue and there were no **clouds**. | ▪ Der Himmel war blau und ohne **Wolken**. |
| **cloudy** ['klaʊdɪ] *adj* | **wolkig, bewölkt** |
| ▪ The weather forecast for our region says it will be partly **cloudy** today but no rain. | ▪ Die Wettervorhersage für unsere Region lautet: heute teilweise **bewölkt**, aber kein Regen. |
| **rain** [reɪn] *n* | der **Regen** |
| ▪ It's so hot and dry, we need some **rain**. | ▪ Es ist so heiß und trocken, wir brauchen **Regen**. |
| **to rain** [tə 'reɪn] *v* | **regnen** |
| ▪ You can't go to the beach, it's still **raining**. | ▪ Ihr könnt nicht zum Strand gehen, es **regnet** noch. |
| **dry** [draɪ] *adj* | **trocken** |
| ▪ The weather in Arizona is almost always sunny and **dry**. | ▪ Das Wetter in Arizona ist fast immer sonnig und **trocken**. |
| **wet** [wet] *adj* | **nass** |
| ▪ When I got home after the shower I was **wet** through. | ▪ Als ich nach dem Regenguss nach Hause kam, war ich durch und durch **nass**. |

| | |
|---|---|
| **wind** [wɪnd] *n* | der **Wind** |
| ▪ I'd like to go sailing but there isn't enough **wind**. | ▪ Ich würde gern segeln gehen, aber es ist nicht genug **Wind** da. |
| **windy** ['wɪndɪ] *adj* | **windig** |
| ▪ Chicago is also known as "The **Windy** City". | ▪ Chicago ist auch als „Die **windige** Stadt" bekannt. |
| **to blow** [tə 'bləʊ] *v;* ▸ **v irr** S. 439 blow | **blasen**, **wehen** |
| ▪ The strong wind **blew** the rainclouds away. | ▪ Der starke Wind **blies** die Regenwolken fort. |
| **storm** [stɔːm] *n* | der **Sturm** |
| ▪ The boat got into a **storm** and sank. | ▪ Das Boot geriet in einen **Sturm** und sank. |
| **stormy** ['stɔːmɪ] *adj* | **stürmisch** |
| ▪ We spent quite a rough and **stormy** night in the mountains. | ▪ Wir verbrachten eine ziemlich raue und **stürmische** Nacht in den Bergen. |
| **thunderstorm** ['θʌndəstɔːm] *n* | das **Unwetter**, das **Gewitter** |
| ▪ The plane got into a **thunderstorm** and was struck by lightning. | ▪ Das Flugzeug geriet in ein **Unwetter** und wurde vom Blitz getroffen. |
| **fog** [fɒg] *n* | der **Nebel** |
| ▪ The airport was closed for several hours because of **fog**. | ▪ Wegen **Nebels** war der Flughafen für mehrere Stunden geschlossen. |
| **foggy** ['fɒgɪ] *adj* | **neblig** |
| ▪ It was so **foggy** that you could hardly see your own feet. | ▪ Es war so **neblig**, dass man seine eigenen Füße fast nicht sehen konnte. |
| **ice** [aɪs] *n* | das **Eis** |
| ▪ The **ice** on the pond is still too thin to walk on. | ▪ Das **Eis** auf dem Teich ist noch zu dünn, um darauf zu gehen. |
| **snow** [snəʊ] *n* | der **Schnee** |
| ▪ We had hardly any **snow** last winter; it was too mild. | ▪ Letzten Winter hatten wir kaum **Schnee**; es war zu mild. |

| | |
|---|---|
| **to snow** [tə ˈsnəʊ] *v* | **schneien** |
| ▪ It **snowed** last night in Las Vegas, which doesn't happen very often. | ▪ Es **hat** letzte Nacht in Las Vegas **geschneit**, was nicht sehr häufig geschieht. |
| **fire** [ˈfaɪə] *n* | das **Feuer** |
| ▪ In 1906 more parts of San Francisco were destroyed by **fire** than by the earthquake. | ▪ In San Francisco wurde 1906 mehr durch **Feuer** als durch das Erdbeben zerstört. |
| **to burn** [tə ˈbɜːn] *v*; ▸ **v irr** S. 440 burn | **brennen** |
| ▪ The forest **burned** throughout the night. | ▪ Der Wald **brannte** die ganze Nacht. |
| **climate change** [ˈklaɪmət ˌtʃeɪndʒ] *n* | der **Klimawandel** |
| ▪ Many people think that **climate change** is unstoppable. | ▪ Viele Menschen glauben, dass der **Klimawandel** nicht mehr aufzuhalten ist. |
| **flooding** [ˈflʌdɪŋ] *n* | die **Überschwemmung** |
| ▪ In the summer of 2007 the region around Gloucester was hit by severe **flooding**. | ▪ Im Sommer 2007 wurde die Region um Gloucester von schweren **Überschwemmungen** heimgesucht. |
| **flood** [flʌd] *n* | die **Überschwemmung** |
| ▪ There are severe **floods** in India during the rainy season. | ▪ Während der Regenzeit gibt es in Indien schwere **Überschwemmungen**. |
| **earthquake** [ˈɜːθkweɪk] *n* | das **Erdbeben** |
| ▪ The last major **earthquake** occurred in July 2005. | ▪ Das letzte große **Erdbeben** ereignete sich im Juli 2005. |
| **environment** [ɪnˈvaɪrənmənt] *n* | die **Umwelt** |
| ▪ Oil pollutes the **environment** more than anything else. | ▪ Nichts verschmutzt die **Umwelt** mehr als das Öl. |
| **shade** [ʃeɪd] *n* | der **Schatten** |
| ▪ The heat was so intense that the only thing to do was to sit in the **shade**. | ▪ Die Hitze war so intensiv, dass man nur im **Schatten** sitzen konnte. |
| **frost** [frɒst] *n* | der **Frost** |
| ▪ There was a hard **frost** that killed several young trees. | ▪ Es herrschte strenger **Frost**, der mehrere junge Bäume erfrieren ließ. |

| | |
|---|---|
| **to freeze** [tə 'friːz] *v;*<br>▸ v irr S. 441 freeze<br>▪ Water begins to **freeze** at 0 degrees centigrade. | **gefrieren, frieren**<br><br>▪ Wasser beginnt, bei 0 Grad Celsius zu **gefrieren**. |
| **hail** [heɪl] *n*<br>▪ The harvest was largely destroyed by **hail**. | der **Hagel**<br>▪ Die Ernte wurde größtenteils durch **Hagel** zerstört. |
| **drought** [draʊt] *n*<br>▪ The region has been hit by a **drought**. | die **Dürre**<br>▪ Die Region ist von einer **Dürre** betroffen. |
| **weather report** ['weðə rɪˌpɔːt] *n*<br>▪ I read the **weather report** for western Canada online every morning. | der **Wetterbericht**<br>▪ Jeden Morgen lese ich den **Wetter-bericht** für Westkanada online. |
| **to forecast** [*BE:* tə 'fɔːkɑːst, *AE:* tə 'fɔːrkæst] *v;*<br>▸ v irr S. 441 forecast<br>▪ More rain **is forecast** for the next couple of days. | **vorhersagen**<br><br>▪ Für die nächsten Tage **wird** mehr Regen **vorhergesagt**. |
| **warning** ['wɔːnɪŋ] *n*<br>▪ The authorities have issued a **warning** that a snowstorm is about to hit. | die **Warnung**<br>▪ Die Behörden haben eine **Warnung** herausgegeben, dass ein Schnee-sturm aufkommt. |
| **to warn** [tə 'wɔːn] *v*<br>▪ Sandra had **warned** him not to swim in the lake. | **warnen**<br>▪ Sandra hatte ihn davor **gewarnt**, in dem See schwimmen zu gehen. |
| **catastrophe** [kə'tæstrəfɪ] *n*<br>▪ Our agent told us we would not be insured against this kind of **catastrophe**. | die **Katastrophe**<br>▪ Unser Sachbearbeiter sagte uns, wir seien gegen diese Art von **Katast-rophe** nicht versichert. |
| **destruction** [dɪ'strʌkʃn] *n*<br>▪ Acid rain leads to the **destruction** of forests. | die **Zerstörung**<br>▪ Saurer Regen führt zur **Zerstörung** der Wälder. |
| **to destroy** [tə dɪ'strɔɪ] *v*<br>▪ The explosion **destroyed** most of the building. | **zerstören**<br>▪ Die Explosion **zerstörte** den größten Teil des Gebäudes. |

| | |
|---|---|
| **environmental pollution** [ɪnvaɪrənˌmentl pəˈluːʃn] *n*<br>▪ We mustn't underestimate the global effects of **environmental pollution**. | die **Umweltverschmutzung**<br>▪ Wir dürfen die globalen Auswirkungen der **Umweltverschmutzung** nicht unterschätzen. |
| **environmentally-friendly** [ɪnvaɪrənˌmentəlɪ ˈfrendlɪ] *adj*<br>▪ The company launched a new **environmentally-friendly** product. | **umweltfreundlich**<br>▪ Die Firma hat ein neues **umweltfreundliches** Produkt auf den Markt gebracht. |
| **greenhouse effect** [ˈgriːnhaʊs ɪˌfekt] *n*<br>▪ The **greenhouse effect** is the process that warms the earth's atmosphere. | der **Treibhauseffekt**<br>▪ Der **Treibhauseffekt** ist der Prozess, der die Erdatmosphäre erwärmt. |
| **to damage** [tə ˈdæmɪdʒ] *v*<br>▪ Environmental pollution has **damaged** our forests for years. | **(be)schädigen**<br>▪ Seit Jahren **schädigt** die Umweltverschmutzung unsere Wälder. |
| **waste** [weɪst] *n*<br>▪ More materials need to be recycled and reused in order to avoid **waste**. | der **Abfall**, der **Müll**<br>▪ Um **Müll** zu vermeiden, müssen mehr Stoffe wiederverwertet und wiederverwendet werden. |
| **to throw away** [tə ˌθrəʊ əˈweɪ] *phrase;* ▸ **v irr** S. 446 throw<br>▪ Empty plastic containers mustn't be **thrown away** but recycled instead. | **wegwerfen**<br>▪ Leere Plastikbehälter dürfen nicht **weggeworfen**, sondern müssen recycelt werden. |
| **to recycle** [tə ˌriːˈsaɪkl] *v*<br>▪ Can you **recycle** TV sets and computers? | **recyceln, wiederverwerten**<br>▪ Kann man Fernseher und Computer **wiederverwerten**? |
| **to poison** [tə ˈpɔɪzn] *v*<br>▪ All this pollution is **poisoning** the river. | **vergiften**<br>▪ Alle diese Schadstoffe **vergiften** den Fluss. |

# Kommunikationsmittel und Medien

## Post

| | |
|---|---|
| **post** *BE* ['pəʊst], **mail** *AE* [meɪl] *n* | die **Post** |
| ▪ I can send you the letter by **post** or I can fax it. | ▪ Ich kann Ihnen den Brief mit der **Post** schicken oder ihn faxen. |
| ▪ This letter came in the **mail** this morning. | ▪ Dieser Brief kam heute Morgen mit der **Post**. |
| **to post** *BE* [tə 'pəʊst], **to mail** *AE* [tə 'meɪl] *v* | **aufgeben** |
| ▪ Make sure you **post** all your Christmas parcels two weeks in advance. | ▪ Denken Sie daran, alle Weihnachtspäckchen zwei Wochen vorher **aufzugeben**. |
| **postcode** *BE* ['pəʊstkəʊd], **zip code** *AE* ['zɪp kəʊd] *n* | die **Postleitzahl** |
| ▪ I don't know the **postcode**. Why don't you look it up on the Internet? | ▪ Ich kenne die **Postleitzahl** nicht. Warum schaust du sie nicht im Internet nach? |
| **post office** ['pəʊst ˌɒfɪs] *n* | die **Post**, das **Postamt** |
| ▪ George took the parcel to the **post office**. | ▪ George brachte das Paket zur **Post**. |
| **to send** [tə 'send] *v;* ▸ **v irr** S. 444 send | **schicken**, **senden** |
| ▪ I'll **send** you a copy of the contract by e-mail. | ▪ Ich **schicke** Ihnen eine Kopie des Vertrags per E-Mail. |
| **letter** ['letə] *n* | der **Brief** |
| ▪ A **letter** to the US takes about a week to arrive. | ▪ Ein **Brief** in die USA braucht ungefähr eine Woche. |
| **postcard** ['pəʊstkɑːd] *n* | die **Postkarte** |
| ▪ We send lots of **postcards** when we are on holiday. | ▪ Wir schreiben viele **Postkarten**, wenn wir im Urlaub sind. |
| **parcel** ['pɑːsl] *n* | das **Päckchen** |
| ▪ The postman brought a **parcel** and several letters this morning. | ▪ Der Postbote hat heute Morgen ein **Päckchen** und mehrere Briefe gebracht. |

| | |
|---|---|
| **Dear ...** [dɪə] *adj (Briefformel)* | **Liebe(r) ..., Geehrte(r) ..., Sehr geehrte(r) ...** |
| ▪ **Dear** Paula | ▪ **Liebe** Paula |
| ▪ **Dear** Ms McDowell | ▪ **Geehrte** Frau McDowell |
| ▪ **Dear** Mr Bromley | ▪ **Sehr geehrter** Herr Bromley |
| **Yours sincerely** [ˌjɔːz sɪn'sɪəlɪ] *phrase (Briefformel)* | **Mit freundlichen Grüßen** |
| ▪ **Yours sincerely** Emily Post | ▪ **Mit freundlichen Grüßen** Ihre Emily Post |
| **stamp** [stæmp] *n* | die **Briefmarke** |
| ▪ I need **stamps** for three airmail letters to the US. | ▪ Ich brauche **Briefmarken** für drei Luftpostbriefe in die USA. |
| **letterbox** *BE*, **postbox** *BE*, **mailbox** *AE* ['letəbɒks, 'pəʊstbɒks, 'meɪlbɒks] *n* | der **Briefkasten** |
| ▪ If you want to post those letters, there's a **letterbox** across the street. | ▪ Wenn Sie diese Briefe einwerfen wollen, gleich gegenüber ist ein **Briefkasten.** |
| ▪ Excuse me, is there a **mailbox** around here? | ▪ Verzeihen Sie, gibt es hier einen **Briefkasten**? |
| **postage** ['pəʊstɪdʒ] *n* | das **Porto** |
| ▪ What's the **postage** for an airmail letter to Australia? | ▪ Wie hoch ist das **Porto** für einen Luftpostbrief nach Australien? |
| **envelope** ['envələʊp] *n* | der **Umschlag** |
| ▪ I have some writing paper but I've run out of **envelopes.** | ▪ Ich habe Briefpapier, aber keine **Umschläge** mehr. |
| **sender** ['sendə] *n m/f* | der **Absender**, die **Absenderin** |
| ▪ The letter came back with a stamp on it saying "Return to **Sender**". | ▪ Der Brief kam zurück mit einem Stempel, auf dem „Zurück an den **Absender**" stand. |
| **addressee** [ˌædres'iː] *n m/f* | der **Empfänger**, die **Empfängerin**, der **Adressat**, die **Adressatin** |
| ▪ The letter was returned because I put the wrong **addressee** on it. | ▪ Der Brief ist zurückgekommen, weil ich den falschen **Empfänger** draufgeschrieben habe. |

| | |
|---|---|
| **delivery** [dɪ'lɪvərɪ] *n*<br>▪ The **delivery** of the books is free of charge. | die **Zustellung**<br>▪ Die **Zustellung** der Bücher ist gebührenfrei. |
| **to deliver** [tə dɪ'lɪvə] *v*<br>▪ Letters are usually **delivered** here around 10 in the morning. | **zustellen**<br>▪ Briefe werden hier normalerweise gegen 10 Uhr morgens **zugestellt**. |

# Presse und Rundfunk

| | |
|---|---|
| **information** [ɪnfə'meɪʃn] *n*<br>▪ The local paper contains **information** about church services in the town. | die **Information**<br>▪ Die Lokalzeitung enthält **Informationen** über die Gottesdienste in der Stadt. |

➡ Das Wort **information** hat keine Pluralform! Eine Einzelinformation heißt (ähnlich wie bei **news** oder **advice**): **a piece of information**.

| | |
|---|---|
| **to inform** [tʊ ɪn'fɔːm] *v*<br>▪ This programme aims to **inform** people about current events. | **informieren, benachrichtigen**<br>▪ Dieses Programm möchte die Menschen über aktuelle Ereignisse **informieren**. |
| **news** [njuːz] *n*<br>▪ Katie was delighted when she heard the **news** of her victory.<br>▪ It's 10 o'clock, let's listen to the **news**. | die **Nachricht**, die **Nachrichten**<br>▪ Katie war begeistert, als sie die **Nachricht** über ihren Sieg erfuhr.<br>▪ Es ist 10 Uhr, lass uns die **Nachrichten** hören. |
| **newspaper** ['njuːsˌpeɪpə] *n*<br>▪ The "Times" is England's most famous **newspaper**. | die **Zeitung**<br>▪ Die „Times" ist die berühmteste **Zeitung** Englands. |
| **paper** ['peɪpə] *n*<br>▪ Andrew is a reporter for an international **paper**. | die **Zeitung**<br>▪ Andrew ist Reporter einer internationalen **Zeitung**. |
| **daily paper** [ˌdeɪlɪ 'peɪpə] *n*<br>▪ I don't subscribe to a **daily paper**. | die **Tageszeitung**<br>▪ Ich habe keine **Tageszeitung** abonniert. |

| | |
|---|---|
| **weekly** ['wiːklɪ] *n* | die **Wochenzeitung** |
| ▪ "Die Zeit" is one of the most famous **weeklies** in the world. | ▪ „Die Zeit" ist eine der berühmtesten **Wochenzeitungen** der Welt. |
| **Sunday paper** [ˌsʌndeɪ 'peɪpə] *n* | die **Sonntagszeitung** |
| ▪ Jake prefers to read a **Sunday paper** because on Sundays he's got lots of time to read. | ▪ Jake liest lieber eine **Sonntagszeitung**, da er sonntags viel Zeit zum Lesen hat. |
| **magazine** [*BE:* ˌmægə'ziːn, *AE:* 'mægəziːn] *n* | das **Magazin**, die **Zeitschrift**, die **Illustrierte** |
| ▪ Mark reads **magazines** like "Newsweek" to keep up-to-date. | ▪ Um sich auf dem Laufenden zu halten, liest Mark **Zeitschriften** wie „Newsweek". |
| **article** ['ɑːtɪkl] *n* | der **Artikel** |
| ▪ I've just finished reading a well-written **article** on global warming. | ▪ Ich habe gerade einen gut geschriebenen **Artikel** über die globale Erwärmung gelesen. |
| **edition** [ɪ'dɪʃn] *n* | die **Ausgabe** |
| ▪ Where's the latest **edition** of the paper? | ▪ Wo ist die letzte **Ausgabe** der Zeitung? |
| **issue** ['ɪʃuː] *n* | die **Ausgabe** |
| ▪ I think the article you're looking for was in the last **issue**. | ▪ Ich glaube, der Artikel, den du suchst, war in der letzten **Ausgabe**. |
| **subscription** [səb'skrɪpʃn] *n* | das **Abonnement** |
| ▪ Carol cancelled her **subscription** when the magazine put up the price again. | ▪ Carol kündigte ihr **Abonnement**, als das Magazin wieder die Preise erhöhte. |
| **to subscribe to** [tə səb'skraɪb tə] *phrase* | **abonnieren** |
| ▪ If I had more time I would **subscribe to** a daily paper. | ▪ Wenn ich mehr Zeit hätte, würde ich eine Tageszeitung **abonnieren**. |
| **radio** ['reɪdɪəʊ] *n* | das **Radio** |
| ▪ We turned on the **radio** to listen to the news. | ▪ Wir schalteten das **Radio** ein, um die Nachrichten zu hören. |
| **television** ['telɪˌvɪʒn] *n* | das **Fernsehen** |
| ▪ Jenny saw the cup final on **television**. | ▪ Jenny hat sich das Pokalendspiel im **Fernsehen** angesehen. |

| | |
|---|---|
| **TV** [ˌtiːˈviː] *n* | das **Fernsehen**, der **Fernseher** |
| ▪ The Super Bowl will be broadcast live on **TV** worldwide. | ▪ Das Endspiel der US-Footballliga wird weltweit live im **Fernsehen** übertragen. |
| ▪ Paul is thinking about buying a new **TV**. | ▪ Paul denkt darüber nach, sich einen neuen **Fernseher** zu kaufen. |
| **to watch TV** [tə ˌwɒtʃ tiːˈviː] *phrase* | **fernsehen** |
| ▪ Kids today **watch** too much **TV**. | ▪ Kinder **sehen** heutzutage zu viel **fern**. |
| **to broadcast** [*BE:* tə ˈbrɔːdkɑːst, *AE:* tə ˈbrɔːdkæst] *v;* ▸ **v irr** S. 440 broadcast | **senden**, **übertragen** |
| ▪ The opening ceremony of the Olympic Games was **broadcast** all over the world. | ▪ Die Eröffnungsfeier der Olympischen Spiele wurde in alle Teile der Welt **übertragen**. |
| **programme** *BE*, **program** *AE* [ˈprəʊgræm] *n* | die **Sendung**, das **Programm** |
| ▪ The documentary I watched on TV last night was one of the best **programmes** I've ever seen. | ▪ Die Dokumentation, die ich mir gestern Abend im Fernsehen angeschaut habe, war eine der besten **Sendungen**, die ich je gesehen habe. |
| **entertainment show** [entəˈteɪnmənt ˌʃəʊ] *n* | die **Unterhaltungssendung** |
| ▪ Should I forbid my children to watch **entertainment shows** because there are too many commercials? | ▪ Soll ich meinen Kindern verbieten, **Unterhaltungssendungen**, zu schauen, weil sie zu viele Werbespots enthalten? |
| **commercial** [kəˈmɜːʃl] *n* | der **Werbespot** |
| ▪ The film was quite good, but the number of **commercials** made me sick. | ▪ Der Film war ziemlich gut, aber die Menge an **Werbespots** widerte mich an. |
| **truth** [truːθ] *n* | die **Wahrheit** |
| ▪ At first, people didn't believe her, even though the reporter was telling the **truth**. | ▪ Zunächst glaubte man ihr nicht, obwohl die Reporterin die **Wahrheit** sagte. |
| **true** [truː] *adj* | **wahr** |
| ▪ It sounds strange but it's a **true** story. | ▪ Es klingt seltsam, aber es ist eine **wahre** Geschichte. |

| | |
|---|---|
| **press** [pres] *n* | die **Presse** |
| ▪ Patricia works as a journalist for the **press**, TV and radio. | ▪ Patricia arbeitet als Journalistin für **Presse**, Fernsehen und Radio. |
| **publication** [ˌpʌblɪˈkeɪʃn] *n* | die **Veröffentlichung** |
| ▪ His latest **publication** is a book on the conflict in the Middle East. | ▪ Seine jüngste **Veröffentlichung** ist ein Buch über den Nahostkonflikt. |
| **to publish** [tə ˈpʌblɪʃ] *v* | **veröffentlichen** |
| ▪ Catherine wrote her memoirs but never **published** them. | ▪ Catherine hat ihre Memoiren geschrieben, sie aber nie **veröffentlicht**. |
| **report** [rɪˈpɔːt] *n* | die **Reportage**, der **Bericht** |
| ▪ Nick was reading a **report** in the newspaper. | ▪ Nick las eine **Reportage** in der Zeitung. |
| **to report** [tə rɪˈpɔːt] *v* | **berichten** |
| ▪ As US correspondent of the "Guardian" he **reported** on the San Francisco earthquake. | ▪ Er **berichtete** als Amerika-Korrespondent des „Guardian" über das Erdbeben in San Francisco. |
| **interview** [ˈɪntəvjuː] *n* | das **Interview** |
| ▪ The mayor gave an **interview** right after the election. | ▪ Der Bürgermeister gab gleich nach der Wahl ein **Interview**. |
| **exclusively** [ɪkˈskluːsɪvlɪ] *adv* | **exklusiv** |
| ▪ The magazine is devoted **exclusively** to basketball. | ▪ Das Magazin widmet sich **exklusiv** dem Basketball. |
| **topicality** [ˌtɒpɪˈkælətɪ] *n* | die **Aktualität** |
| ▪ The **topicality** of our coverage is paramount. | ▪ Die **Aktualität** unserer Berichterstattung steht an erster Stelle. |
| **topical** [ˈtɒpɪkl] *adj* | **aktuell** |
| ▪ Climate change has been a **topical** issue in the media for several years. | ▪ Der Klimawandel ist seit einigen Jahren ein **aktuelles** Thema in den Medien. |
| **front page** [ˌfrʌnt ˈpeɪdʒ] *n* | die **Titelseite** |
| ▪ There was a huge photo of the president and his family on the **front page**. | ▪ Auf der **Titelseite** war ein sehr großes Foto des Präsidenten und seiner Familie. |

| | |
|---|---|
| **headline** ['hedlaɪn] *n* | die **Schlagzeile** |
| ▪ The royal family is in the **headlines** again. | ▪ Die königliche Familie ist schon wieder in den **Schlagzeilen**. |
| **special edition** [ˌspeʃl ɪ'dɪʃn] *n* | die **Sonderausgabe** |
| ▪ A **special edition** on the Anglo-Saxons came out last month. | ▪ Letzten Monat erschien eine **Sonderausgabe** über die Angelsachsen. |
| **station** ['steɪʃn] *n* | der **Sender** |
| ▪ Which **station** are you listening to? | ▪ Welchen **Sender** hörst du gerade? |
| **live** [laɪv] *adj* | **live** |
| ▪ This talk show is not **live** but recorded. | ▪ Diese Talkshow ist nicht **live**, sondern aufgezeichnet. |
| **reality** [rɪ'æləti] *n* | die **Wirklichkeit**, die **Realität** |
| ▪ The article about the company portrays both the myth and the **reality** of its success story. | ▪ Der Artikel über das Unternehmen schildert sowohl den Mythos als auch die **Wirklichkeit** seiner Erfolgsgeschichte. |
| **real** [rɪəl] *adj* | **tatsächlich** |
| ▪ He's famous for telling the **real** story behind the media coverage. | ▪ Er ist bekannt dafür, dass er die **tatsächliche** Geschichte hinter der Medienberichterstattung erzählt. |
| **fact** [fækt] *n* | die **Tatsache** |
| ▪ This paper is known for distorting the **facts**. | ▪ Diese Zeitung ist bekannt dafür, dass sie die **Tatsachen** verzerrt. |
| **objective** [əb'dʒektɪv] *adj* | **objektiv** |
| ▪ As a reporter I always try to be as **objective** as possible. | ▪ Als Berichterstatter bin ich immer bemüht, so **objektiv** wie möglich zu sein. |
| **incredible** [ɪn'kredəbl] *adj* | **unglaublich** |
| ▪ Have you seen the news? **Incredible** what happened there. | ▪ Hast du die Nachrichten gesehen? **Unglaublich**, was da passiert ist. |
| **whistle-blower** ['wɪslbləʊə] *n* | der **Whistleblower**, der **Informant** |
| ▪ The information about their illegal activities came from a **whistle-blower**. | ▪ Die Informationen über ihre illegalen Aktivitäten kamen von einem **Whistleblower**. |

# Telefon, Handy und Internet

**telephone** ['telɪfəʊn] *n* — das **Telefon**

- My **telephone** has been temporarily disconnected. — Mein **Telefon** war vorübergehend abgeschaltet.

**phone** [fəʊn] *n* — das **Telefon**

- May I use your **phone**? — Darf ich Ihr **Telefon** benutzen?

**to phone** *BE* [tə 'fəʊn] *v* — **anrufen**

- Could you **phone** me about an hour before you arrive? — Könntest du mich etwa eine Stunde vor deiner Ankuft **anrufen**?

**to be on the phone** [tə ˌbiː ɒn ðə 'fəʊn] *phrase;* ▸ **v irr** S. 439 be — **telefonieren**

- You musn't disturb him at the moment. He **is on the phone**. — Du darfst ihn jetzt nicht stören. Er **telefoniert** gerade.

**mobile (phone)** *BE* [ˌməʊbaɪl (fəʊn)], **cell(phone)** *AE* ['sel(fəʊn)] *n* — das **Handy**, das **Mobiltelefon**

- You can always reach me on my **mobile phone**. — Du kannst mich immer auf meinem **Handy** erreichen.
- Is it illegal in the US to use a **cellphone** while driving? — Ist in den USA der Gebrauch eines **Handys** beim Autofahren verboten?

**to ring** *BE* [tə 'rɪŋ] *v;* ▸ **v irr** S. 443 ring — **anrufen**

- Carl **rang** her three times but she never answered the phone. — Carl hat sie dreimal **angerufen**, aber sie ist nicht rangegangen.

**to give sb. a ring** *BE* [tə ˌgɪv … ə 'rɪŋ] *phrase;* ▸ **v irr** S. 441 give — **anrufen**

- **Give me a ring** as soon as you arrive. — **Ruf** mich **an**, sobald du ankommst!

**call** [kɔːl] *n* — der **Anruf**

- Where's Tom? There's a **call** for him from Seattle. — Wo ist Tom? Da ist ein **Anruf** aus Seattle für ihn.

**to call** *AE* [tə 'kɔːl] *v* — **anrufen**

- I've been trying to **call** you all morning. — Ich versuche schon den ganzen Morgen, Sie **anzurufen**.

| | |
|---|---|
| **phone call** ['fəʊn kɔːl] *n*<br>▪ All your **phone calls** are listed on your phone bill. | das **Telefongespräch**<br>▪ Auf Ihrer Telefonrechnung sind alle **Telefongespräche** aufgelistet. |
| **to dial** [tə 'daɪəl] *v*<br>▪ First **dial** 1 and then the number. | **wählen**<br>▪ **Wählen** Sie zuerst die 1 und dann die Nummer. |
| **to dial the wrong number** [tə ˌdaɪəl ðə ˌrɒŋ 'nʌmbə] *phrase*<br>▪ I'm sorry, you must have **dialled the wrong number.** | **sich verwählen**<br>▪ Tut mir leid, Sie müssen **sich verwählt** haben. |
| **Who am I speaking to?** [ˌhuː əm aɪ 'spiːkɪŋ tʊ] *phrase;* ▸ **v irr** S. 439 be | **Wer ist am Apparat?** |
| **Bye!** [baɪ] *interj* | **Auf Wiederhören!** |
| **to phone back** *BE* [tə ˌfəʊn 'bæk], **to call back** *AE* [tə ˌkɔːl 'bæk] *phrase*<br>▪ I asked Diane to **phone** me **back** as soon as she knows more about the case.<br>▪ Matt **called** them **back** to confirm the appointment. | **zurückrufen**<br>▪ Ich habe Diane gebeten, mich **zurückzurufen**, sobald sie mehr über den Fall weiß.<br>▪ Matt hat sie **zurückgerufen**, um den Termin zu bestätigen. |
| **to connect** [tə kə'nekt] *v*<br>▪ She tried to **connect** me but didn't get through. | **verbinden**<br>▪ Sie versuchte, mich zu **verbinden**, kam aber nicht durch. |
| **engaged** *BE* [ɪn'geɪdʒd], **busy** *AE* ['bɪzɪ] *adj*<br>▪ All the lines are **engaged**. Please try again.<br>▪ I'm afraid his line is **busy**. | **besetzt**<br>▪ Alle Leitungen sind **besetzt**. Bitte versuchen Sie es noch einmal.<br>▪ Sein Anschluss ist leider **besetzt**. |
| **landline** ['lændlaɪn] *n*<br>▪ The battery of my mobile is almost dead. I'll call you back on the **landline**. | das **Festnetz**<br>▪ Der Akku meines Handys ist fast leer. Ich rufe dich auf dem **Festnetz** zurück. |

| | |
|---|---|
| **dialling code** *BE* [ˈdaɪəlɪŋ ˌkəʊd], **area code** *AE* [ˈeərɪə ˌkəʊd] *n* | die **Vorwahl** |
| ▪ Are you sure the **dialling code** for London is 020? | ▪ Bist du sicher, dass die **Vorwahl** von London 020 ist? |
| ▪ What's the **area code** for Omaha, Nebraska? | ▪ Was ist die **Vorwahl** von Omaha, Nebraska? |
| **answerphone** *BE* [ˈɑːnsəfəʊn], **answering machine** *AE* [ˈænsərɪŋ məˌʃiːn] *n* | der **Anrufbeantworter** |
| ▪ If I'm not at home, leave a message on my **answerphone**. | ▪ Wenn ich nicht zu Hause bin, hinterlassen Sie bitte eine Nachricht auf meinem **Anrufbeantworter**. |
| **fax** [fæks] *n* | das **Fax** |
| ▪ I'll send you the report by **fax** or e-mail. | ▪ Ich werde dir den Bericht per **Fax** oder E-Mail schicken. |
| **Internet** [ˈɪntənet] *n* | das **Internet** |
| ▪ Why don't you look up her new number on the **Internet**? | ▪ Warum schaust du ihre neue Nummer nicht im **Internet** nach? |
| **e-mail** [ˈiːmeɪl] *n* | die **E-Mail** |
| ▪ They asked me to send them my application by **e-mail**. | ▪ Sie haben mich gebeten, Ihnen meine Bewerbung per **E-Mail** zu schicken. |
| **to e-mail** [tʊ ˈiːmeɪl] *v* | **e-mailen, eine E-Mail schreiben** |
| ▪ Marcus **e-mailed** her last night but she hasn't written back yet. | ▪ Marcus hat ihr gestern Abend **eine E-Mail geschrieben**, sie hat aber noch nicht zurückgeschrieben. |
| **e-mail address** [ˈiːmeɪl əˌdres] *n* | die **E-Mail-Adresse** |
| ▪ Fiona didn't get my invitation. I must have used the wrong **e-mail address**. | ▪ Fiona hat meine Einladung nicht erhalten. Ich muss die falsche **E-Mail-Adresse** verwendet haben. |
| **attachment** [əˈtætʃmənt] *n* | die **(E-Mail-)Anlage**, der **(E-Mail-)Anhang** |
| ▪ My e-mail didn't get through because the **attachment** was too big. | ▪ Meine E-Mail kam nicht durch, weil die **Anlage** zu groß war. |

| | |
|---|---|
| **to skype** [tə skaɪp] *v* | **skypen** |
| ▪ Last night I **skyped** my father who's currently staying in Vancouver. | ▪ Gestern Abend habe ich mit meinem Vater **geskypt**, der im Moment in Vancouver ist. |
| **flat rate** ['flæt reɪt] *n* | die **Flatrate** |
| ▪ My Internet service provider offered me a new **flat rate**. | ▪ Mein Internetprovider hat mir eine neue **Flatrate** angeboten. |
| **Wi-fi** ['waɪfaɪ] *n* | das **WLAN** |
| ▪ There was **Wi-fi** in every room of the hotel. | ▪ In allen Zimmern des Hotels gab es **WLAN**. |
| **account** [ə'kaʊnt] *n* | das **Benutzerkonto** |
| ▪ You must open an **account** before you can order from this provider. | ▪ Du musst dir ein **Benutzerkonto** einrichten, bevor du bei diesem Anbieter bestellen kannst. |
| **online** ['ɒnlaɪn] *adj* | **online** |
| ▪ Are you going to be **online** later this evening? We could chat for a while. | ▪ Wirst du heute am späteren Abend **online** sein? Wir könnten ein Weilchen chatten. |
| **offline** ['ɒflaɪn] *adj* | **offline** |
| ▪ I tried to reach you via Skype, but your computer was **offline**. | ▪ Ich wollte dich über Skype erreichen, aber dein Computer war **offline**. |
| **user name** ['juːzə neɪm] *n* | der **Benutzername** |
| ▪ You just need to type in your **user name** and a password to log on. | ▪ Um dich einzuloggen musst du nur deinen **Benutzernamen** und ein Passwort eintippen. |
| **to log on** [tə lɒg 'ɒn] *v* | **einloggen** |
| ▪ You need to **log on** to our website first before you start shopping. | ▪ Sie müssen sich erst auf unserer Website **einloggen**, bevor Sie Ihren Einkauf beginnen. |
| **to log off** [tə lɒg 'ɒf] *v* | **ausloggen** |
| ▪ Don't forget to **log off** again when you're done. | ▪ Vergiss nicht, dich wieder **auszuloggen**, wenn du fertig bist. |
| **search engine** ['sɜːtʃ endʒɪn] *n* | die **Suchmaschine** |
| ▪ There are dozens of **search engines** for all kinds of purposes. | ▪ Es gibt Dutzende von **Suchmaschinen** für alle möglichen Zwecke. |

| | |
|---|---|
| **to download** [tə 'daʊnləʊd] *v*<br>▪ Is it safe to **download** the free version from the company website? | **(Daten) herunterladen**<br>▪ Ist es ungefährlich, die kostenlose Version von der Internetseite der Firma **herunterzuladen**? |
| **selfie** ['selfɪ] *n*<br>▪ I took a few **selfies** yesterday and posted them online. | das **Selfie**<br>▪ Ich habe gestern ein paar **Selfies** gemacht und sie online gestellt. |
| **social network** [ˌsəʊʃl 'netwɜːk] *n*<br>▪ Would you communicate on a **social network** with someone you don't know? | das **soziale Netzwerk**<br>▪ Würdest du mit jemandem, den du nicht kennst, über ein **soziales Netzwerk** kommunizieren? |
| **to chat** [tə 'tʃæt] *v*<br>▪ I love **chatting** online with my friends abroad. | **chatten**<br>▪ Ich liebe es, mit meinen ausländischen Freunden online zu **chatten**. |
| **to like** [tə 'laɪk] *v*<br>▪ 50 people have **liked** my new page so far. | **liken**<br>▪ 50 Leute haben meine neue Seite schon **gelikt**. |
| **to post** [tə 'pəʊst] *v*<br>▪ I **post** a new cover photo every morning. | **posten**<br>▪ Jeden Morgen **poste** ich ein neues Profilbild. |
| **to tweet** [tə 'twiːt] *v*<br>▪ Have you read what Jack **tweeted** about that? | **twittern**<br>▪ Hast du gelesen, was Jack darüber **getwittert** hat? |
| **blog** [blɒg] *n*<br>▪ She kept an interesting **blog** when she lived in Canada. | der **Blog**<br>▪ Sie hat einen interessante **Blog** geführt, als sie in Kanada wohnte. |
| **shitstorm** ['ʃɪtstɔːm] *n*<br>▪ His racist remarks caused an immediate **shitstorm** of outrage. | der **Shitstorm**<br>▪ Seine rassistischen Äußerungen lösten sofort einen **Shitstorm** der Entrüstung aus. |
| **podcast** ['pɒdkɑːst] *n*<br>▪ You can download the **podcast** from our website. | der **Podcast**<br>▪ Man kann den **Podcast** von unserer Webseite herunterladen. |
| **online banking** ['ɒnlaɪn ˌbæŋkɪŋ] *n*<br>▪ Can anyone hack my bank account when I'm doing **online banking**? | das **Onlinebanking**<br>▪ Kann jemand mein Konto hacken, wenn ich **Onlinebanking** mache? |

| | |
|---|---|
| **cyber crime** ['saɪbə kraɪm] *n*<br>▪ There is an international conference on **cyber crime** next week in Washington. | die **Internetkriminalität**<br>▪ Nächste Woche findet in Washington eine internationale Konferenz zum Thema **Internetkriminalität** statt. |
| **line** [laɪn] *n*<br>▪ I wonder who she's talking to; her **line** has been busy for nearly an hour. | die **Leitung**<br>▪ Ich frage mich, mit wem sie spricht; ihre **Leitung** ist seit fast einer Stunde besetzt. |
| **to ring** [tə 'rɪŋ] *v;* ▸ **v irr** S. 443 ring<br>▪ Your mobile is **ringing**. Shall I answer it? | **klingeln**<br>▪ Dein Handy **klingelt**. Soll ich drangehen? |
| **to answer the phone** [*BE:* tə ˌɑːnsə ðə 'fəʊn, *AE:* tə ˌænsər ðə 'fəʊn] *phrase*<br>▪ Could you **answer the phone** while I'm in the shower? | **abnehmen, ans Telefon gehen**<br>▪ Könntest du **ans Telefon gehen,** während ich unter der Dusche bin? |
| **to hang up** [tə ˌhæŋ 'ʌp] *phrase;* ▸ **v irr** S. 442 hang<br>▪ She must have entered a tunnel, because all of a sudden the line was dead. So I **hung up**. | **auflegen**<br>▪ Sie muss in einen Tunnel gefahren sein, denn plötzlich war die Leitung tot. Also habe ich **aufgelegt**. |
| **to hang up on sb.** [tə ˌhæŋ 'ʌp ɒn] *phrase;* ▸ **v irr** S. 442 hang<br>▪ I was so mad at what he said that I just **hung up on him**. | **einfach auflegen**<br>▪ Ich war so wütend auf das, was er gesagt hat, dass ich **einfach aufgelegt** habe. |
| **to put sb. through** [tə ˌpʊt … 'θruː] *phrase;* ▸ **v irr** S. 443 put<br>▪ Could you **put me through** to the hotel manager, please? | **j-n durchstellen**<br>▪ Könnten Sie mich bitte zum Hotelmanager **durchstellen**? |
| **long-distance call** [ˌlɒŋdɪstəns'kɔːl] *n*<br>▪ There's a **long-distance call** from Chicago for you. | das **Ferngespräch**<br>▪ Da ist ein **Ferngespräch** aus Chicago für dich. |
| **local call** [ˌləʊkl 'kɔːl] *n*<br>▪ **Local calls** used to be free of charge. | das **Ortsgespräch**<br>▪ **Ortsgespräche** waren früher kostenlos. |

| | |
|---|---|
| **extension** [ɪk'stenʃn] *n*<br>▪ Why don't you call the switchboard and ask for his **extension**. | die **Durchwahl**<br>▪ Warum ruftst du nicht die Zentrale an und fragst nach seiner **Durchwahl**? |
| **public phone** [ˌpʌblɪk 'fəʊn] *n*<br>▪ Since everybody owns a mobile phone these days, **public phones** are difficult to find. | das **öffentliche Telefon**<br>▪ Da heutzutage jeder ein Handy besitzt, sind **öffentliche Telefone** schwer zu finden. |
| **digital native** [ˌdɪdʒɪtl 'neɪtɪv] *n*<br>▪ Teenagers today grow up with computers – they're a **digital natives**. | der **Digital Native**<br>▪ Teenager wachsen heute mit Computern auf; sie sind **Digital Natives**. |
| **text (message)** ['tekst (ˌmesɪdʒ)] *n*<br>▪ Send me a **text message** as soon as you know what time the film starts. | die **SMS**<br>▪ Schick mir eine **SMS**, sobald du weißt, wann der Film anfängt. |
| **to text** [tə 'tekst] *v*<br>▪ I **texted** him about where to meet. | **eine SMS schreiben**<br>▪ Ich habe ihm **eine SMS geschrieben**, wo wir uns treffen. |
| **homepage** ['həʊmpeɪdʒ] *n*<br>▪ You'll find all the necessary links on the **homepage** of our website. | die **Homepage**<br>▪ Sie finden alle notwendigen Links auf der **Homepage** unseres Internetauftritts. |
| **website** ['websaɪt] *n*<br>▪ They've got an interesting **website** with lots of valuable information. | der **Internetauftritt**<br>▪ Sie haben einen interessanten **Internetauftritt** mit vielen wertvollen Informationen. |
| **webpage** ['webpeɪdʒ] *n*<br>▪ Their website seems to have a million **webpages**. It's all very confusing. | die **Webseite**<br>▪ Ihr Internetauftritt scheint eine Million **Webseiten** zu haben. Es ist alles sehr unübersichtlich. |
| **link** [lɪŋk] *n*<br>▪ Don't bother. I'll send you an e-mail with a dozen **links** for online dictionaries. | der **Link**<br>▪ Lass nur! Ich schicke dir eine E-Mail mit einem Dutzend **Links** von Onlinewörterbüchern. |

| | |
|---|---|
| **to surf** [tə 'sɜːf] *v*<br>▪ Brenda didn't do much last night – just **surfed** the Net for a while. | **surfen**<br>▪ Brenda hat nicht viel getan gestern Abend – nur ein bisschen im Netz **gesurft**. |
| **server** ['sɜːvə] *n*<br>▪ I couldn't read my e-mails; the **server** was down. | der **Server**<br>▪ Ich konnte meine E-Mails nicht lesen; der **Server** war nicht verfügbar. |
| **mail program** ['meɪl ˌprəʊgræm] *n*<br>▪ I'm very dissatisfied with the **mail program** I'm using. – Which one do you use? | das **Mailprogramm**<br>▪ Ich bin ziemlich unzufrieden mit dem **Mailprogramm**, das ich verwende. – Welches benutzt du? |
| **password** [*BE:* 'pɑːswɜːd, *AE:* 'pæswɜːd] *n*<br>▪ Your **password** should include letters and numbers. | das **Passwort**<br>▪ Dein **Passwort** sollte Buchstaben und Zahlen enthalten. |
| **read receipt** ['riːd rɪˌsiːt] *n*<br>▪ How can I get a **read receipt** for my emails? | die **Lesebestätigung**<br>▪ Wie bekomme ich eine **Lesebestätigung** für meine Emails? |
| **browser** ['braʊzə] *n*<br>▪ If you download the update for your **browser** it'll be much faster. | der **Browser**<br>▪ Wenn du das Update für deinen **Browser** herunterlädst, wird er viel schneller sein. |
| **mobile phone network** *BE* [ˌməʊbaɪl 'fəʊn netwɜːk], **cellular network** *AE* ['seljələr ˌnetwɜːrk] *n*<br>▪ Would the **mobile phone network** break down in case of a blackout? | das **Mobilfunknetz**<br>▪ Würde das **Mobilfunknetz** im Falle eines Stromausfalls ausfallen? |
| **to have no reception** *BE* [tə hæv nəʊ rɪ'sepʃn], **to have no cell service** *AE* [tə hæv noʊ 'sel sɜːrvɪs] *phrase*<br>▪ In some remote areas you will **have no reception**. | **kein Netz haben**<br>▪ In einigen abgelegenen Regionen **wirst** du **kein Netz haben**. |

| | |
|---|---|
| **provider** [prə'vaɪdə] *n*<br>▪ This **provider** has cheaper rates for broadband than that one. | der **Anbieter**<br>▪ Dieser **Anbieter** hat billigere Breitbandraten als jener. |
| **mobile service provider** *BE* [ˌməʊbaɪl 'sɜːvɪs prəˌvaɪdə], **cell phone company** *AE* ['sel foʊn ˌkʌmpənɪ] *n*<br>▪ This **mobile service provider** is the cheapest in your region. | der **Mobilfunkanbieter**<br>▪ Dieser **Mobilfunkanbieter** ist der billigste in deiner Region. |
| **mobile contract** *BE* ['məʊbaɪl ˌkɒntrækt], **cell phone contract** *AE* ['sel foʊn ˌkɑːntrækt] *n*<br>▪ I terminated my **mobile contract**. | der **Mobilfunkvertrag**<br>▪ Ich habe meinen **Mobilfunkvertrag** gekündigt. |
| **roaming charges** ['rəʊmɪŋ tʃɑːdʒɪz] *n pl*<br>▪ The **roaming charges** were lowered again. | die **Roaminggebühren**<br>▪ Die **Roaminggebühren** sind erneut gesenkt worden. |
| **cloud computing** ['klaʊd kəmˌpjuːtɪŋ] *n*<br>▪ I wonder if **cloud computing** is safe. | das **Cloud-Computing**<br>▪ Ich frage mich, ob **Cloud-Computing** sicher ist. |
| **streaming** ['striːmɪŋ] *n*<br>▪ **Streaming** is when you listen to music or watch a film online without downloading a file. | das **Streaming**<br>▪ **Streaming** heißt online Musik hören oder einen Film sehen, ohne eine Datei herunterzuladen. |
| **phishing** ['fɪʃɪŋ] *n*<br>▪ **Phising** is if someone tries to trick you online into giving away your bank account details. | das **Phishing**<br>▪ **Phishing** bedeutet, wenn jemand online versucht, deine Bankdaten herauszubekommen. |
| **to voIPen** [tə 'vɔɪpən] *v*<br>▪ Last night I **voIPed** my girlfriend for two hours. | **voipen**<br>▪ Gestern Abend **voipte** ich zwei Stunden lang mit meiner Freundin. |

# Computer und Multimedia

**computer** [kəm'pjuːtə] *n*
- An office without a **computer** is almost unthinkable today.

der **Computer**
- Heute ist ein Büro ohne **Computer** nahezu undenkbar.

**to boot (up)** [tə buːt ('ʌp)] *v*
- The first thing I do in the morning is to **boot** my computer.

**hochfahren**
- Das erste, was ich morgens tue, ist meinen Computer **hochzufahren**.

**to shut down** [tə ʃʌt 'daʊn] *v*
- This program **shuts down** automatically.

**herunterfahren**
- Dieses Programm **fährt** automatisch **herunter**.

**to restart** [tə riː'stɑːt] *v*
- When the program is frozen, try **restarting** your computer.

**neu starten**
- Wenn das Programm nicht mehr reagiert, versuche, deinen Computer **neu zu starten**.

**hardware** ['hɑːdweə] *n*
- I need to buy some new **hardware**. My PC is three years old and totally outdated.

die **Hardware**
- Ich muss mir neue **Hardware** kaufen. Mein PC ist drei Jahre alt und völlig veraltet.

**software** ['sɒftweə] *n*
- They offer excellent **software**, for example a new text processing program.

die **Software**
- Sie bieten ausgezeichnete **Software** an, z.B. ein neues Textverarbeitungsprogramm.

**program** ['prəʊgræm] *n*
- You can download a free **program** from their website – it's shareware.

das **Programm**
- Man kann ein kostenloses **Programm** von ihrer Webseite herunterladen – es ist Shareware.

**to program** [tə 'prəʊgræm] *v*
- Kevin **programmed** his computer to download new updates automatically.

**programmieren**
- Kevin hat seinen Computer so **programmiert**, dass er neue Updates automatisch herunterlädt.

**hard disk** ['hɑːd dɪsk] *n*
- I need an external **hard disk** to store songs on.

die **Festplatte**
- Ich muss mir eine externe **Festplatte** kaufen, um alle meine Songs zu speichern.

| | |
|---|---|
| **printer** ['prɪntə] *n* | der **Drucker** |
| ▪ Mike printed out the document on his new **printer**. | ▪ Mike druckte das Dokument auf seinem neuen **Drucker** aus. |
| **screen** [skriːn] *n* | der **Bildschirm** |
| ▪ Maggie's new notebook has got a small **screen** – only 15 inches. | ▪ Maggies neues Notebook hat einen kleinen **Bildschirm** – nur 15 Zoll. |
| **keyboard** ['kiːbɔːd] *n* | die **Tastatur** |
| ▪ What's the difference between a German and an English **keyboard**? | ▪ Was ist der Unterschied zwischen einer deutschen und einer englischen **Tastatur**? |
| **key** [kiː] *n* | die **Taste** |
| ▪ Press any **key** to continue. | ▪ Drücken Sie eine beliebige **Taste**, um fortzufahren! |
| **mouse** [maʊs] *n* | die **Maus** |
| ▪ It's about time I buy a wireless **mouse**. I hate all these cables on my desk. | ▪ Es wird Zeit, dass ich mir eine schnurlose **Maus** kaufe. Ich hasse all diese Kabel auf meinem Schreibtisch. |
| **cursor** ['kɜːsə] *n* | der **Mauszeiger**, der **Cursor** |
| ▪ The **cursor** on your mouse doesn't work properly. You'll have to buy a new mouse. | ▪ Der **Mauszeiger** deiner Maus funktioniert nicht richtig. Du musst dir eine neue Maus kaufen. |
| **to click** [tə 'klɪk] *v* | **klicken** |
| ▪ Just **click** on this icon and download the program. | ▪ **Klicken** Sie auf dieses Symbol und laden Sie das Programm herunter. |
| **to print out** [tə ˌprɪnt 'aʊt] *phrase* | **ausdrucken** |
| ▪ My printer's broken. Could you **print out** this document for me? | ▪ Mein Drucker ist kaputt. Könntest du dieses Dokument für mich **ausdrucken**? |
| **CD-ROM** [ˌsiːdiː'rɒm] *n* | die **CD-ROM** |
| ▪ Do you still use **CD-ROMs** to save your files on? | ▪ Verwendest du immer noch **CD-ROMs**, um deine Dateien abzuspeichern? |
| **DVD** [ˌdiːviː'diː] *n* | die **DVD** |
| ▪ Let's get a film out on **DVD**, shall we? | ▪ Lass uns doch einen Film auf **DVD** ausleihen. |

| | |
|---|---|
| **DVD player** [ˌdiːviːˈdiː ˌpleɪə] *n* | der **DVD-Player** |
| ▪ Dan doesn't need a **DVD-player**. He watches DVDs on his playstation. | ▪ Dan braucht keinen **DVD-Player**. Er schaut DVDs über seine Playstation. |
| **drive** [draɪv] *n* | das **Laufwerk** |
| ▪ Do you think it's necessary to buy an external **drive** for playing games? | ▪ Denkst du es ist notwendig, ein externes **Laufwerk** zu kaufen, um Spiele zu spielen? |
| **to record** [tə rɪˈkɔːd] *v* | **aufnehmen** |
| ▪ Since I couldn't watch the match on TV I asked a good friend to **record** it. | ▪ Weil ich das Spiel nicht im Fernsehen schauen konnte, habe ich einen guten Freund gebeten, es **aufzunehmen**. |
| **USB port** [juːesˈbiː pɔːt] *n* | der **USB-Anschluss** |
| ▪ Are USB 3.0 devices running on **USB** 2.0 **ports**? | ▪ Funktionieren USB 3.0-Geräte an **USB** 2.0-**Anschlüssen**? |
| **digital** [ˈdɪdʒɪtl] *adj* | **digital** |
| ▪ **Digital** recordings are okay, but old analogue records do have a certain charm. | ▪ **Digitale** Aufnahmen sind okay, aber alte analoge Schallplatten haben doch einen gewissen Charme. |
| **data** [ˈdeɪtə] *n pl* | die **Daten** |
| ▪ The keyboard is used to enter **data** onto the computer. | ▪ Die Tastatur verwendet man, um **Daten** in den Computer einzugeben. |
| **file** [faɪl] *n* | die **Datei** |
| ▪ Copy all the **files** from the hard disk onto a memory stick. | ▪ Alle **Dateien** von der Festplatte auf einen Stick kopieren! |
| **to save** [tə ˈseɪv] *v* | **(ab)speichern** |
| ▪ Where did I **save** the file I was working on last night? | ▪ Wo habe ich die Datei **abgespeichert**, an der ich gestern Abend gearbeitet habe? |
| **to copy** [tə ˈkɒpɪ] *v* | **kopieren** |
| ▪ For safety's sake I always **copy** important files onto a memory stick or a CD-ROM. | ▪ Zur Sicherheit **kopiere** ich wichtige Dateien immer auf einen Stick oder eine CD-ROM. |
| **to paste** [tə ˈpeɪst] *v* | **einfügen** |
| ▪ Why don't you **paste** a map of the region into the invitation? | ▪ Warum **fügst** du nicht eine Karte der Region in die Einladung **ein**? |

| | |
|---|---|
| **to delete** [tə dɪ'liːt] *v*<br>▪ Oh my God, I **deleted** the whole file! | **löschen**<br>▪ Ach du lieber Himmel, ich habe versehentlich die ganze Datei **gelöscht**! |
| **to unzip** [tə ɓn'zɪp] *v*<br>▪ It's not necessary to **unzip** this file. | **entzippen**<br>▪ Es ist nicht notwendig, diese Datei zu **entzippen**. |
| **to link** [tə 'lɪŋk] *v*<br>▪ Is your computer **linked** to the main server? | **verlinken**<br>▪ Ist dein Computer mit dem Hauptserver **verlinkt**? |
| **error message** ['erə ˌmesɪdʒ] *n*<br>▪ I keep on getting this weird **error message**. | die **Fehlermeldung**<br>▪ Ich bekomme dauernd diese komische **Fehlermeldung**. |
| **user friendliness** ['juːzə ˌfrendlɪnəs] *n*<br>▪ The **user friendliness** of a program is not only important for beginners. | die **Benutzerfreundlichkeit**<br>▪ Die **Benutzerfreundlichkeit** eines Programms ist nicht nur für Anfänger wichtig. |
| **router** ['ruːtə] *n*<br>▪ The **router** is a little box that connects different computers or networks. | der **Router**<br>▪ Der **Router** ist eine kleine Box, die verschiedene Computer oder Netzwerke verbindet. |
| **wearable** ['weərəbl] *n*<br>▪ We will soon have **wearables** instead of watches on our arms. | das **Wearable**<br>▪ Wir werden bald **Wearables** statt Uhren am Arm tragen. |
| **efficient** [ɪ'fɪʃnt] *adj*<br>▪ Julia needs a more **efficient** computer for these new games. | **leistungsfähig**<br>▪ Julia braucht einen neuen und **leistungsfähigeren** Computer für diese neuen Spiele. |
| **laptop** ['læptɒp] *n*<br>▪ David enjoys sitting in a café, working on his **laptop**. | der **Laptop**<br>▪ David sitzt gern in einem Café und arbeitet an seinem **Laptop**. |
| **notebook** ['nəʊtbʊk] *n*<br>▪ Tim did some work on his **notebook** while he was at the airport. | das **Notebook**<br>▪ Tim arbeitete an seinem **Notebook**, als er am Flughafen war. |

| | |
|---|---|
| **processor** ['prəʊsesə] *n* | der **Prozessor** |
| ▪ A new generation of **processors** will be coming onto the market early next year. | ▪ Eine neue Generation von **Prozessoren** wird Anfang nächsten Jahres auf den Markt kommen. |
| **retina display** ['retɪnɥ dɪsˌpleɪ] *n* | das **Retina Display** |
| ▪ **Retina display** is the name for a high pixel density screen. | ▪ **Retina Display** ist der Name für einen Bildschrim mit hoher Pixeldichte. |
| **storage space** ['stɔːrɪdʒ speɪs] *n* | der **Speicherplatz** |
| ▪ How much **storage space** have you got on your notebook? | ▪ Wie viel **Speicherplatz** hast du auf deinem Notebook? |
| **to scan** [tə 'skæn] *v* | **(ein)scannen** |
| ▪ Since the copy shop is closed today you'll have to **scan** your medical certificate. | ▪ Da der Copyshop heute geschlossen ist, wirst du dein Attest **scannen** müssen. |
| **operating system** ['ɒpəreɪtɪŋ ˌsɪstəm] *n* | das **Betriebssystem** |
| ▪ The new **operating system** makes it easier to switch between programs. | ▪ Das neue **Betriebssystem** vereinfacht das Hin- und Herschalten zwischen den Programmen. |
| **system requirements** ['sɪstəm rɪˌkwaɪəmənts] *n* | die **Systemvoraussetzungen** |
| ▪ Which **system requirements** do I need for the installation of this program? | ▪ Welche **Systemvoraussetzungen** brauche ich für die Installation dieses Programms? |
| **to install** [tʊ ɪn'stɔːl] *v* | **installieren** |
| ▪ Could you help me **install** this game, please? | ▪ Könntest du mir bitte helfen, dieses Spiel zu **installieren**? |
| **file format** ['faɪl ˌfɔːmæt] *n* | das **Dateiformat** |
| ▪ I'm afraid I don't have a program that can read this **file format**. | ▪ Ich habe leider kein Programm, das dieses **Dateiformat** lesen kann. |
| **word processing** ['wɜːd ˌprəʊsesɪŋ] *n* | die **Textverarbeitung** |
| ▪ Although I do a lot of **word processing**, I'm nowhere near an expert. | ▪ Obwohl ich viel mit **Textverarbeitung** zu tun habe, bin ich noch lange kein Experte. |

| | |
|---|---|
| **spreadsheet** ['spredʃiːt] *n*<br>▪ He presented the latest business reports with a couple of **spreadsheets.** | die **Tabellenkalkulation**<br>▪ Er präsentierte den jüngsten Geschäftsbericht mit ein paar **Tabellenkalkulationen.** |
| **presentation software** [prezn'teɪʃn ˌsɒftweə] *n*<br>▪ Many speakers use **presentation software** to show images to their audiences while they're speaking. | das **Präsentationsprogramm**<br>▪ Vieler Redner verwenden ein **Präsentationsprogramm**, um Bilder zu zeigen, während sie sprechen. |
| **clipboard** ['klɪpbɔːd] *n*<br>▪ The **clipboard** stores information of one file until it is added to another one. | die **Zwischenablage**<br>▪ Die **Zwischenablage** speichert Informationen einer Datei, bis sie einer anderen zugefügt werden. |
| **database** ['deɪtəbeɪs] *n*<br>▪ Our **database** contains 50,000 names and addresses of customers. | die **Datenbank**<br>▪ Unsere **Datenbank** enthält 50.000 Namen und Adressen von Kunden. |
| **to enter** [tʊ 'entə] *v*<br>▪ I'm so bored with my job. I've been **entering** telephone numbers into our database for months. | **eingeben**<br>▪ Ich langweile mich so auf der Arbeit. Seit Monaten **gebe** ich Telefonnummern in unsere Datenbank **ein.** |
| **key(stroke) combination** ['kiː(strəʊk) kɒmbɪˌneɪʃn] *n*<br>▪ The most famous **keystroke combination** is Alt + F4. | die **Tastenkombination**<br>▪ Die bekannteste **Tastenkombination** ist Alt + F4. |
| **backup (copy)** ['bækʌp] *n*<br>▪ Make sure you always make a **backup copy** of important documents. | die **Sicherheitskopie**<br>▪ Mach immer eine **Sicherheitskopie** von wichtigen Dokumenten! |
| **folder** ['fəʊldə] *n*<br>▪ Caitlin created a **folder** and put it on the desktop. | der **Ordner**<br>▪ Caitlin hat einen **Ordner** angelegt und auf dem Desktop abgelegt. |
| **computer virus** [kəm'pjuːtə ˌvaɪrəs] *n*<br>▪ You've got to be careful that you don't activate a **computer virus** when you open an unknown e-mail attachment. | der **Computervirus**<br>▪ Man muss vorsichtig sein, dass man keinen **Computervirus** aktiviert, wenn man einen unbekannten E-Mail-Anhang öffnet. |

| | |
|---|---|
| **network** ['netwɜːk] *n* | das **Netzwerk** |
| ▪ Gavin recently joined a **network** of people with the same interests. | ▪ Gavin hat sich kürzlich einem **Netzwerk** von Leuten mit den selben Interessen angeschlossen. |
| **interface** ['ɪntəfeɪs] *n* | die **Schnittstelle** |
| ▪ An **interface** is a program that enables you to communicate with your computer. | ▪ Eine **Schnittstelle** ist ein Programm, das es dir ermöglicht, mit deinem Computer zu kommunizieren. |
| **to compress** [tə kəm'pres] *v* | **komprimieren** |
| ▪ If you **compress** this file, the e-mail transmission will be faster. | ▪ Wenn du diese Datei **komprimierst**, wird die Verschickung per E-Mail schneller gehen. |
| **to zip** [tə 'zɪp] *v* | **komprimieren** |
| ▪ If you **zip** this file, it'll be much smaller. | ▪ Wenn du diese Datei **komprimierst**, wird sie viel kleiner sein. |
| **multimedia** [ˌmʌltɪ'miːdɪə] *adj* | der **Multimedia-**, **multimedial** |
| ▪ I wonder why **multimedia** computers haven't had more success on the market. | ▪ Ich frage mich, warum **Multimedia**computer nicht mehr Erfolg auf dem Markt haben. |
| ▪ Don't disturb our boss! He's working on his **multimedia** presentation of the latest sales figures. | ▪ Störe unseren Chef nicht! Er arbeitet an seiner **multimedialen** Präsentation der jüngsten Verkaufszahlen. |
| **animation** ['ænɪmeɪʃn] *n* | die **Animation** |
| ▪ The class used some software to make an **animation** involving stick figures. | ▪ Die Klasse verwendete eine Software für eine **Animation** von Strichmännchen. |
| **computer game** [kəm'pjuːtə ˌgeɪm] *n* | das **Computerspiel** |
| ▪ Joe likes **computer games** even though they take up nearly all his free time. | ▪ Joe mag **Computerspiele**, obwohl sie fast seine gesamte Freizeit beanspruchen. |
| **voice recognition** ['vɔɪs rekəgˌnɪʃn] *n* | die **Spracherkennung** |
| ▪ **Voice recognition** is the process of converting speech into digital form. | ▪ **Spracherkennung** ist der Prozess der Umwandlung von Sprache in digitale Form. |

| | |
|---|---|
| **interactive** [ˌɪntərˈæktɪv] *adj* | **interaktiv** |
| ▪ Tim spent the night playing an **interactive** online computer game with friends. | ▪ Tim hat die Nacht damit verbracht, ein **interaktives** Online-Computerspiel mit Freunden zu spielen. |
| **virtual** [ˈvɜːtʃʊəl] *adj* | **virtuell** |
| ▪ My son spends hours in front of his computer and seems to live in his own **virtual** world now. | ▪ Mein Sohn verbringt Stunden vor seinem Computer und scheint schon in seiner eigenen **virtuellen** Welt zu leben. |
| **visual** [ˈvɪʒʊəl] *adj* | **visuell** |
| ▪ I was wondering if all these **visual** images on TV have an effect on our creativity. | ▪ Ich habe mich gefragt, ob all die **visuellen** Eindrücke aus dem Fernsehen eine Auswirkung auf unsere Kreativität haben. |
| **augmented reality** [ɔːgˌmentɪd rɪˈælətɪ] *n* | die **erweiterte Realität** |
| ▪ **Augmented reality** is a computer-based enhancement of reality, e.g. via special eyeglasses. | ▪ **Erweiterte Realität** ist eine computergestützte Erweiterung der Realität, z.B. mittels spezieller Brillen. |
| **QR code** [kjuːˈɑː kəʊd] *n* | der **QR-Code** |
| ▪ The **QR code** is a type of machine-readable square barcode. | ▪ Der **QR-Code** ist ein maschinenlesbarer, quadratischer Barcode. |

# Wirtschaft, Technik und Forschung

## Industrie, Handel und Dienstleistung

| | |
|---|---|
| **economy** [ɪˈkɒnəmɪ] *n*<br>▪ Does our government really know what to do when the **economy** is on a downturn? | die **Wirtschaft**<br>▪ Weiß unsere Regierung wirklich, was zu tun ist, wenn sich die **Wirtschaft** im Abschwung befindet? |
| **firm** [fɜːm] *n*<br>▪ Terry's worked for 30 years at the same **firm**. | die **Firma**, der **Betrieb**<br>▪ Terry arbeitet seit 30 Jahren bei derselben **Firma**. |
| **public limited company** *BE* [ˌpʌblɪk ˌlɪmɪtəd ˈkʌmpənɪ], **corporation** *AE* [ˌkɔːrpəˈreɪʃn] *n*<br>▪ When a company goes public it becomes a **public limited company**.<br>▪ A **corporation** issues stocks on the stock exchange. | die **Aktiengesellschaft**<br>▪ Wenn eine Firma an die Börse geht, wird sie zu einer **Aktiengesellschaft**.<br>▪ Eine **Aktiengesellschaft** gibt an der Börse Aktien aus. |
| **board** [bɔːd] *n*<br>▪ As of next year Mr Collins will be a member of the **board** of our company. | der **Vorstand**<br>▪ Vom nächsten Jahr an wird Mr. Collins Mitglied des **Vorstands** unserer Firma sein. |
| **industry** [ˈɪndəstrɪ] *n*<br>▪ Some **industries** like the car **industry** have been especially hard hit by the current recession. | die **Industrie**<br>▪ Einige **Industrien**, wie die Autoindustrie, sind von der derzeitigen Rezession besonders schwer betroffen. |
| **to do business** [tə duː ˈbɪznɪs] *phrase;*<br>▸ v irr S. 440 do<br>▪ We **do** a lot of **business** with companies in Japan. | **Geschäfte machen**<br>▪ Wir **machen** viele **Geschäfte** mit Firmen in Japan. |
| **(line of) business** [(ˌlaɪn əv) ˈbɪznɪs] *n*<br>▪ James used to be an exporter but then he started working in a different **line of business**. | die **Branche**<br>▪ James war früher Exporteur, doch dann fing er an, in einer anderen **Branche** zu arbeiten. |

| | |
|---|---|
| **merchandise** ['mɜːtʃəndaɪz] *n* | die **Ware** |
| ▪ All the **merchandise** imported from China was checked to see if it was in working order. | ▪ Alle **Waren** aus China wurden auf ihre Funktionsfähigkeit überprüft. |
| **goods** [gʊdz] *n pl* | die **Ware**, die **Güter** |
| ▪ Some of the **goods** that arrived yesterday were damaged. | ▪ Einige der **Waren**, die gestern angekommen sind, waren beschädigt. |
| **turnover** ['tɜːnˌəʊvə] *n* | der **Umsatz** |
| ▪ In the fourth quarter our company had a **turnover** of 200,000 euros. | ▪ Im vierten Quartal machte unsere Firma einen **Umsatz** von 200.000 Euro. |
| **demand** [*BE:* dɪ'mɑːnd, *AE:* dɪ'mænd] *n* | die **Nachfrage** |
| ▪ There's not much **demand** for record players anymore. | ▪ Es besteht nicht mehr viel **Nachfrage** nach Schallplattenspielern. |
| **to export** [tʊ ɪk'spɔːt] *v* | **exportieren**, **ausführen** |
| ▪ Germany **exports** much more than it imports. | ▪ Deutschland **exportiert** viel mehr als es importiert. |
| **to import** [tʊ ɪm'pɔːt] *v* | **einführen**, **importieren** |
| ▪ Bulgaria **imports** most of its natural gas from Russia. | ▪ Bulgarien **führt** sein Erdgas zum größten Teil aus Russland **ein**. |
| **workshop** ['wɜːkʃɒp] *n* | die **Werkstatt** |
| ▪ Mr Jones has a small **workshop** where he repairs old clocks. | ▪ Mr. Jones hat eine kleine **Werkstatt**, in der er alte Uhren repariert. |
| **to repair** [tə rɪ'peə] *v* | **reparieren** |
| ▪ We must have the car **repaired**. | ▪ Wir müssen das Auto **reparieren** lassen. |
| **order** ['ɔːdə] *n* | der **Auftrag**, die **Bestellung** |
| ▪ The firm got fewer **orders** last year and dismissed ten workers. | ▪ Die Firma erhielt weniger **Aufträge** letztes Jahr und entließ zehn Arbeiter. |
| **agency** ['eɪdʒənsɪ] *n* | die **Agentur** |
| ▪ Josh works for an **agency** that specializes in online advertising. | ▪ Josh arbeitet für eine **Agentur**, die auf Onlinewerbung spezialisiert ist. |

| | |
|---|---|
| **to advise** [tʊ əd'vaɪz] *v*<br>▪ My job is to **advise** private shareholders which company to invest in. | **beraten**<br>▪ Mein Job ist es, Privataktionäre zu **beraten**, in welche Unternehmen sie investieren sollen. |
| **company** ['kʌmpənɪ] *n*<br>▪ Should the government bail out ailing banks and **companies**? | das **Unternehmen**<br>▪ Sollte die Regierung notleidenden Banken und **Unternehmen** finanziell aus der Klemme helfen? |
| **industrial** [ɪn'dʌstrɪəl] *adj*<br>▪ The steam engine started the first **industrial** revolution. | **industriell**<br>▪ Mit der Dampfmaschine begann die erste **industrielle** Revolution. |
| **manufacturer** [ˌmænjʊ'fæktʃərə] *n m/f*<br>▪ The French **manufacturer** of these goods has gone bankrupt. | der **Hersteller**, die **Herstellerin**<br>▪ Der französische **Hersteller** dieser Güter hat Bankrott gemacht. |
| **to manufacture** [tə ˌmænjʊ'fæktʃə] *v*<br>▪ They've been **manufacturing** women's hats for more than 150 years. | **herstellen**<br>▪ Seit über 150 Jahren **stellen** sie Damenhüte **her**. |
| **product** ['prɒdʌkt] *n*<br>▪ New Zealand's main **products** are wool and meat. | das **Produkt**, das **Erzeugnis**<br>▪ Neuseelands wichtigste **Erzeugnisse** sind Wolle und Fleisch. |
| **production** [prə'dʌkʃn] *n*<br>▪ The company has moved the **production** of all small parts to Vietnam. | die **Herstellung**, die **Produktion**<br>▪ Die Firma hat die **Herstellung** aller Kleinteile nach Vietnam verlagert. |
| **to produce** [tə prə'djuːs] *v*<br>▪ Henry Ford **produced** his Model T from 1909 to 1927. | **herstellen, produzieren**<br>▪ Henry Ford **stellte** sein Model T von 1909 bis 1927 **her**. |
| **trade** [treɪd] *n*<br>▪ The value of the dollar is important for **trade** between the US and Europe. | der **Handel**<br>▪ Der Wert des Dollars ist wichtig für den **Handel** zwischen den USA und Europa. |
| **to deliver** [tə dɪ'lɪvə] *v*<br>▪ You promised to **deliver** the goods by Friday next week. | **liefern**<br>▪ Sie haben versprochen, die Ware bis Freitag nächster Woche zu **liefern**. |

| | |
|---|---|
| **to supply** [tə sə'plaɪ] *v* <br>▪ Scandinavia **supplies** the furniture industry with wood. | **versorgen**, **beliefern** <br>▪ Skandinavien **beliefert** die Möbelindustrie mit Holz. |
| **service** ['sɜːvɪs] *n* <br>▪ Some companies do not produce goods but provide a **service** instead. | die **Dienstleistung** <br>▪ Manche Unternehmen stellen keine Waren her, sondern bieten stattdessen **Dienstleistungen** an. |
| **marketing** ['mɑːkɪtɪŋ] *n* <br>▪ **Marketing** involves deciding how to advertise a product. | das **Marketing** <br>▪ Das **Marketing** dreht sich um die Frage, wie man ein Produkt bewirbt. |
| **advert** *BE* ['ædvɜːt], **ad** *AE* [æd] *n* <br>▪ Please don't throw away the issue with all the **adverts**. | die **Anzeige** <br>▪ Bitte wirf die Ausgabe mit all den **Anzeigen** nicht weg. |
| **advertisement** [əd'vɜːtɪsmənt] *n* <br>▪ There's an **advertisement** in the paper; they are selling everything at half price. | die **Anzeige** <br>▪ Da ist eine **Anzeige** in der Zeitung; alles wird zum halben Preis verkauft. |
| **to advertise sth.** [tə 'ædvətaɪz] *phrase* <br>▪ The new car model is being **advertised** in all the media. | **für etw. Werbung machen** <br>▪ **Für** das neue Automodell wird in allen Medien **Werbung gemacht**. |
| **competition** [ˌkɒmpə'tɪʃn] *n* <br>▪ There's tough **competition** in the computer business. | die **Konkurrenz**, der **Wettbewerb** <br>▪ In der Computerbranche herrscht ein harter **Wettbewerb**. |
| **consumer** [kən'sjuːmə] *n m/f* <br>▪ **Consumers** drastically cut their spending when the economy is in a recession. | der **Verbraucher**, die **Verbraucherin** <br>▪ Wenn sich die Wirtschaft in einer Rezession befindet, schränken die **Verbraucher** ihre Ausgaben drastisch ein. |
| **consumer society** [kən'sjuːmə səˌsaɪətɪ] *n* <br>▪ Our **consumer society** depends on the constant creation of new needs. | die **Konsumgesellschaft** <br>▪ Unsere **Konsumgesellschaft** ist auf die stetige Schaffung neuer Bedürfnisse angewiesen. |

| | |
|---|---|
| **economic growth** [iːkəˌnɒmɪk ˈgrəʊθ] *n* | das **Wirtschaftswachstum** |
| ▪ The leading industrial nations are trying to find ways and means of future **economic growth**. | ▪ Die führenden Industrienationen versuchen Mittel und Wege für zukünftiges **Wirtschaftswachstum** zu finden. |
| **globalization** [ˌgləʊbəlaɪˈzeɪʃn] *n* | die **Globalisierung** |
| ▪ Do regional characteristics still have a chance to survive in the age of **globalization**? | ▪ Haben regionale Eigenarten noch eine Überlebenschance im Zeitalter der **Globalisierung**? |

## Geld, Banken und Finanzmärkte

| | |
|---|---|
| **bank** [bæŋk] *n* | die **Bank** |
| ▪ They've got loads of money in the **bank**. | ▪ Sie haben einen Haufen Geld auf der **Bank**. |
| **money** [ˈmʌnɪ] *n* | das **Geld** |
| ▪ A college education costs a lot of **money** in the US. | ▪ In den USA kostet eine Hochschulausbildung viel **Geld**. |
| **cash** [kæʃ] *n* | das **Bargeld** |
| ▪ They don't accept cheques. I'm afraid you'll have to take some **cash**. | ▪ Sie akzeptieren keine Schecks. Sie müssen leider **Bargeld** mitnehmen. |
| **financial** [faɪˈnænʃl] *adj* | **finanziell** |
| ▪ The newspaper says the company is in deep **financial** trouble. | ▪ In der Zeitung steht, dass die Firma tief in **finanziellen** Problemen steckt. |
| **cheque card** *BE* [ˈtʃek kɑːd], **check card** *AE* [ˈtʃek kɑːrd] *n* | die **Scheckkarte** |
| ▪ You should inform your bank immediately if you've lost your **cheque card**. | ▪ Man sollte seine Bank sofort darüber informieren, wenn man seine **Scheckkarte** verloren hat. |
| **credit card** [*BE:* ˈkredɪt kɑːd, *AE:* ˈkredɪt kɑːrd] *n* | die **Kreditkarte** |
| ▪ Can I pay the hotel bill by **credit card**? | ▪ Kann ich die Hotelrechnung mit **Kreditkarte** zahlen? |

**transfer** ['trænsfə] *n* — die **Überweisung**

- Paula asked the bank clerk to check if the **transfer** had gone through yet.
- Paula fragte den Bankangestellten, ob die **Überweisung** schon angekommen sei.

**savings** ['seɪvɪŋz] *n pl* — die **Ersparnisse**

- Frank is unemployed and has used up all his **savings**.
- Frank ist arbeitslos und hat seine gesamten **Ersparnisse** aufgebraucht.

**to save** [tə 'seɪv] *v* — **sparen**

- Going by bike **saves** a lot of money and fuel.
- Radfahren **spart** viel Geld und Treibstoff.

**debts** [dets] *n pl* — die **Schulden**

- They had to sell their house to pay their **debts**.
- Sie mussten ihr Haus verkaufen, um ihre **Schulden** zu zahlen.

**to owe** [tʊ əʊ] *v* — **schulden**

- I still **owe** you the $50 you lent me last week.
- Ich **schulde** dir noch die 50 Dollar, die du mir letzte Woche geliehen hast.

**(bank)note** [('bæŋk)nəʊt] *n* — der **Geldschein**, die **Banknote**

- Please give me £100 in £5 and £10 **notes**.
- Bitte geben Sie mir 100 Pfund in **Geldscheinen** zu 5 und 10 Pfund.

**bill** *AE* [bɪl] *n* — der **Geldschein**, die **Banknote**

- I found a foreign **bill** on the subway.
- Ich habe eine ausländische **Banknote** in der U-Bahn gefunden.

**coin** [kɔɪn] *n* — die **Münze**

- Pennies, nickels, dimes and quarters are the most common **coins** in the US.
- 1-Cent, 5-Cent, 10-Cent und 25-Cent-Stücke sind die gängigsten **Münzen** in den USA.

**euro** ['jʊərəʊ] *n* — der **Euro**

- The **euro** has proved to be a strong currency.
- Der **Euro** hat sich als harte Währung herausgestellt.

**cent** [sent] *n* — der **Cent**

- Laura bought this book for only 50 **cents**.
- Laura hat dieses Buch für nur 50 **Cent** gekauft.

| | |
|---|---|
| **dollar** ['dɒlə] *n* | der **Dollar** |
| ▪ The Canadian **dollar** is worth less than the US dollar. | ▪ Der kanadische **Dollar** liegt unter dem US-Dollar. |
| **pound** [paʊnd] *n* | das **Pfund** |
| ▪ The sweater was on special offer. I paid only 10 **pounds**. | ▪ Der Pulli war im Angebot. Ich habe nur 10 **Pfund** bezahlt. |

➡ Der Plural von **pound** ist immer **pounds**, außer in Zusammensetzungen wie **a five-pound note**.

| | |
|---|---|
| **pence** [pens] *n pl* | die **Pence** |
| ▪ I paid 70 **pence** for the paper. | ▪ Ich habe 70 **Pence** für die Zeitung bezahlt. |

➡ Es gibt zwei Pluralformen von **penny**: die Geldsumme bei Preisangaben bezeichnet man als **pence**; mehrere einzelne Münzen heißen **pennies**.

| | |
|---|---|
| **penny** ['penɪ] *n* | der **Penny** |
| ▪ A **penny** is one hundredth of a pound. | ▪ Ein **Penny** ist ein Hundertstel eines Pfundes. |
| ➡ pence ▶ S. 334 | |
| **to change** [tə 'tʃeɪndʒ] *v* | **wechseln** |
| ▪ Martin wants to go to the bank later to **change** some money. | ▪ Martin möchte nachher zur Bank gehen, um etwas **Geld** zu wechseln. |
| **bureau de change** [ˌbjʊərəʊ də 'ʃɒndʒ] *n* | die **Wechselstube** |
| ▪ Do you know if there's a **bureau de change** around here? | ▪ Wissen Sie, ob es in der Nähe eine **Wechselstube** gibt? |
| **insurance** [ɪn'ʃʊərəns] *n* | die **Versicherung** |
| ▪ The upkeep of a car includes fuel, repairs, tax and **insurance**. | ▪ Die laufenden Kosten für ein Auto umfassen Treibstoff, Reparaturen, Steuer und **Versicherung**. |
| **to insure** [tʊ ɪn'ʃʊə] *v* | **versichern** |
| ▪ In most western countries cars have to be **insured**. | ▪ In den meisten westlichen Ländern müssen Autos **versichert** sein. |
| **per cent** *BE* [pə 'sent] *n* | das **Prozent** |
| ▪ We're paying about ten **per cent** interest on the money we borrowed. | ▪ Wir bezahlen etwa zehn **Prozent** Zinsen für das Geld, das wir geliehen haben. |

| | |
|---|---|
| **to rise** [tə 'raɪz] *v;* ▸ **v irr** S. 444 rise<br>▪ Leading British shares **rose** 3.5 per cent in yesterday's trading. | **steigen**<br>▪ Die führenden britischen Aktien **stiegen** im gestrigen Handel um 3,5 Prozent. |
| **to go up** [tə ˌgəʊ 'ʌp] *phrase*<br>▪ The DAX **went up** eight points after earlier falling to a two-year low. | **steigen**<br>▪ Der DAX **stieg** um acht Punkte, nachdem er zuvor auf ein Zweijahrestief gefallen war. |
| **to increase** [tʊ ɪn'kriːs] *v*<br>▪ The news has **increased** the company's share price.<br>▪ The turnover can't **be increased** anymore. | **erhöhen, steigern**<br>▪ Die Nachricht hat den Aktienpreis des Unternehmens **erhöht**.<br>▪ Der Umsatz lässt sich nicht weiter **steigern**. |
| **to decrease** [tə dɪ'kriːs, tə diː'kriːs] *v*<br>▪ Housing prices are expected to further **decrease**. | **sinken, verringern**<br>▪ Man erwartet, dass die Immobilienpreise weiter **sinken**. |
| **to reduce** [tə rɪ'djuːs] *v*<br>▪ I think we should **reduce** the amount we spend on public transport every month. | **verringern**<br>▪ Ich finde, wir sollten den Betrag **verringern**, den wir monatlich für den öffentlichen Nahverkehr ausgeben. |
| **to be worthwhile** [tə biː ˌwɜːθ'waɪl] *phrase;* ▸ **v irr** S. 439 be<br>▪ It **was worthwhile** buying the more expensive coffee maker because the coffee tastes much better. | **sich lohnen**<br>▪ Es **hat sich gelohnt**, die teurere Kaffeemaschine zu kaufen, weil der Kaffee viel besser schmeckt. |
| **tax** [tæks] *n*<br>▪ In America restaurant prices don't include **tax** and service. | die **Steuer**<br>▪ In Amerika enthalten die Restaurantpreise keine **Steuer** und Bedienung. |
| **(bank) account** [('bæŋk) əˌkaʊnt] *n*<br>▪ To pay you, we need the number of your **bank account**. | das **Konto**<br>▪ Um Sie zu bezahlen, brauchen wir die Nummer Ihres **Kontos**. |
| **to deposit** *AE* [tə dɪ'pɒzɪt] *v*<br>▪ I'd like to **deposit** this check into an account, please. | **einzahlen**<br>▪ Ich würde gern diesen Scheck auf ein Konto **einzahlen**. |

**to pay in** [tə ˌpeɪ ˈɪn] *phrase;* ▸ **v irr** S. 443 pay — **einzahlen**

- Grandma gave me £300 for Christmas which she asked me to **pay in** to my account.
- Oma hat mir 300 Pfund zu Weihnachten geschenkt und mich gebeten, sie auf mein Konto **einzuzahlen**.

**(in) cash** [(ɪn) ˈkæʃ] *phrase* — **bar**

- You can either write a cheque or pay **in cash**.
- Sie können entweder einen Scheck ausstellen oder **bar** bezahlen.

**cashpoint** *BE* [ˈkæʃpɔɪnt], **ATM (machine)** *AE* [ˌeɪtiːˈem (məʃiːn)] *n* — der **Geldautomat**

- If you need cash, just go to a **cashpoint** and take out some money.
- Wenn du Bargeld brauchst, gehe einfach zu einem **Geldautomaten** und zieh dir etwas Geld.
- There's no need to drive downtown. There's an **ATM** (automatic teller machine) just around the corner.
- Du brauchst nicht in die Innenstadt zu fahren. Es gibt einen **Geldautomaten** direkt um die Ecke.

**value** [ˈvæljuː] *n* — der **Wert**

- The house has lost at least half of its former **value**.
- Das Haus hat mindestens die Hälfte seines früheren **Wertes** verloren.

**profit** [ˈprɒfɪt] *n* — der **Gewinn**

- Despite the financial crisis our company reported strong **profits** in the last quarter.
- Trotz der Finanzkrise verkündete unsere Firma einen kräftigen **Gewinn** im letzten Quartal.

**loss** [lɒs] *n* — der **Verlust**

- The bank made a **loss** of several million dollars last year.
- Die Bank machte einen **Verlust** von mehreren Millionen Dollar im letzten Jahr.

**income** [ˈɪnkʌm] *n* — die **Einnahmen**

- The new investments will depend on this year's **income** and expenditure.
- Die Neuinvestitionen werden von den **Einnahmen** und Ausgaben dieses Jahres abhängen.

➡ **Staatseinnahmen** nennt man **revenue**; das **persönliche Einkommen** heißt **income**; **Verdienst** im Allgemeinen nennt man **earnings** und **Erlös** wird mit **proceeds** wiedergegeben.

| | |
|---|---|
| **expenditure** [ɪk'spendɪtʃə] *n* | die **Ausgaben** |
| ▪ We had a 33 per cent increase in our **expenditure** on gas and electricity. | ▪ Es gab eine 33-prozentige Steigerung bei unseren **Ausgaben** für Gas und Elektrizität. |

➡ **expenditure** sind **Geldausgaben** im Sinne von Aufwand oder Auslagen; mit **expenses** bezeichnet man **Unkosten** (auch Spesen); **cost** ist der allgemeine und abstrakte Begriff für **Kosten**, wobei der Plural **costs** auch für regelmäßig anstehende Kosten wie Miete und Strom verwendet wird.

| | |
|---|---|
| **stock exchange** ['stɒk ɪks,tʃeɪndʒ] *n* | die **Börse** |
| ▪ The New York **stock exchange** is on Wall Street at the southern tip of Manhattan. | ▪ Die New Yorker **Börse** ist in der Wall Street an der Südspitze von Manhattan. |
| **share** *BE* [ʃeə], **stock** *AE* [stɒk] *n* | die **Aktie** |
| ▪ The bank didn't succeed in acquiring more than 50 per cent of the company's **shares**. | ▪ Der Bank ist es nicht gelungen, über 50 Prozent der **Aktien** des Unternehmens zu erwerben. |
| ▪ He's been investing all his money in **stocks** and bonds. | ▪ Er hat sein gesamtes Geld in **Aktien** und Rentenpapieren angelegt. |
| **shareholder** *BE* ['ʃeə,həʊldə], **stockholder** *AE* ['stɒk,həʊldər] *n m/f* | der **Aktionär**, die **Aktionärin** |
| ▪ Once you've purchased shares from a plc you are a **shareholder**. | ▪ Sobald man Aktien einer Aktiengesellschaft erworben hat, ist man **Aktionär**. |
| ▪ The **stockholders** opposed the merger with the competitor. | ▪ Die **Aktionäre** widersetzten sich der Fusion mit dem Wettbewerber. |
| **to invest** [tʊ ɪn'vest] *v* | **investieren, anlegen** |
| ▪ The company should be more interested in **investing** in environmentally-friendly technologies. | ▪ Die Firma sollte ein stärkeres Interesse daran haben, in umweltfreundliche Technologien zu **investieren**. |
| ▪ How much do you want to **invest**? | ▪ Wie viel willst du **anlegen**? |
| **currency** [*BE:* 'kʌrənsɪ, *AE:* 'kɜːrənsɪ] *n* | die **Währung** |
| ▪ The local **currency** isn't worth anything. Everybody pays in dollars. | ▪ Die lokale **Währung** ist nichts wert. Jeder zahlt in Dollars. |
| **credit** ['kredɪt] *n* | der **Kredit** |
| ▪ If you buy on **credit**, you have to pay interest. | ▪ Wenn man auf **Kredit** kauft, muss man Zinsen zahlen. |

| | |
|---|---|
| **interest** ['ɪntrəst] *n*<br>▪ If you borrow money, you have to pay **interest**. | der **Zins**<br>▪ Wenn man sich Geld leiht, muss man **Zinsen** zahlen. |
| **to lend** [tə 'lend] *v;* ▸ **v irr** S. 443 lend<br>▪ The bank won't **lend** me any money because I don't earn enough. | **leihen**<br>▪ Die Bank will mir kein Geld **leihen**, weil ich nicht genug verdiene. |
| **to loan** *AE* [tə 'ləʊn] *v*<br>▪ The federal government **loaned** several billion dollars to the three big auto makers. | **leihen**<br>▪ Die Staatsregierung **lieh** den drei großen Autoherstellern mehrere Milliarden Dollar. |
| **gross** [grəʊs] *adv*<br>▪ How much did you earn **gross** last year? | **brutto**<br>▪ Wie viel hast du im letzten Jahr **brutto** verdient? |
| **net** [net] *adv*<br>▪ Our family company made £135,000 **net** last year. | **netto**<br>▪ Unser Familienunternehmen hat im letzten Jahr 135.000 Pfund **netto** verdient. |

# Landwirtschaft

| | |
|---|---|
| **agriculture** ['ægrɪkʌltʃə] *n*<br>▪ More and more people are emphasizing the importance of environmentally-friendly **agriculture**. | die **Landwirtschaft**<br>▪ Mehr und mehr Menschen betonen die Wichtigkeit einer umweltfreundlichen **Landwirtschaft**. |
| **agricultural** [ˌægrɪ'kʌltʃrəl] *adj*<br>▪ I'm very interested in learning more about new **agricultural** methods of cultivation. | **landwirtschaftlich**<br>▪ Ich bin sehr daran interessiert, mehr über neue **landwirtschaftliche** Anbaumethoden zu erfahren. |
| **farm** [fɑːm] *n*<br>▪ We live on a **farm** and breed cattle. | der **Bauernhof**, die **Farm**<br>▪ Wir wohnen auf einem **Bauernhof** und züchten Rinder. |
| **field** [fiːld] *n*<br>▪ Tractors have made working in the **fields** much easier. | das **Feld**<br>▪ Traktoren haben die Arbeit auf den **Feldern** viel leichter gemacht. |

| | |
|---|---|
| **to plant** [*BE:* tə ˈplɑːnt, *AE:* tə ˈplænt] *v* | **pflanzen** |
| ▪ Did you ever **plant** a tree? | ▪ Hast du jemals einen Baum **gepflanzt**? |
| **to grow** [tə ˈgrəʊ] *v;* ▸ **v irr** S. 442 grow | **anpflanzen, anbauen** |
| ▪ Cotton is **grown** in the American South. | ▪ Baumwolle wird im amerikanischen Süden **angebaut**. |
| **fertile** [ˈfɜːtaɪl] *adj* | **fruchtbar** |
| ▪ When I bought the farm I didn't know that it is on such **fertile** soil. | ▪ Als ich die Farm kaufte, wusste ich nicht, dass sie auf solch **fruchtbarem** Boden steht. |
| **harvest** [ˈhɑːvɪst] *n* | die **Ernte** |
| ▪ On a small farm, everybody helps with the **harvest**. | ▪ Auf einem kleinen Bauernhof helfen alle bei der **Ernte** mit. |
| **to harvest** [tə ˈhɑːvɪst] *v* | **ernten** |
| ▪ In which month of the year is wheat **harvested**? | ▪ In welchem Monat wird Weizen **geerntet**? |
| **to water** [tə ˈwɔːtə] *v* | **gießen** |
| ▪ Could you **water** my plants while I'm away on business? | ▪ Könntest du meine Pflanzen **gießen**, solange ich geschäftlich unterwegs bin? |
| **fertilizer** [ˈfɜːtəlaɪzə] *n* | das **Düngemittel**, der **Dünger** |
| ▪ Your plants look so healthy and luxuriant. Do you use **fertilizer**? | ▪ Deine Pflanzen sehen gesund und üppig aus. Verwendest du **Dünger**? |
| **to fertilize** [tə ˈfɜːtəlaɪz] *v* | **düngen** |
| ▪ I **fertilize** my plants twice a year. | ▪ Ich **dünge** meine Pflanzen zwei Mal im Jahr. |
| **to flower** [tə ˈflaʊə] *v* | **blühen** |
| ▪ I love it when the daffodils are **flowering** in my garden because it's spring again. | ▪ Ich liebe es, wenn in meinem Garten die Osterglocken **blühen**, weil es dann wieder Frühling ist. |
| **vegetable** [ˈvedʒtəbl] *adj, n* | **pflanzlich**; **Pflanzen-** |
| ▪ They grow sunflowers on this farm for making into **vegetable** oil. | ▪ Auf dieser Farm baut man Sonnenblumen an, um sie zu **pflanzlichem** Öl zu verarbeiten. |
| ▪ Beans contain a lot of **vegetable** protein. | ▪ Bohnen enthalten viel **Pflanzeneiweiß**. |

| | |
|---|---|
| **meadow** ['medəʊ] *n* | die **Wiese** |
| ▪ The cows were grazing in a beautiful **meadow**. | ▪ Die Kühe weideten auf einer wunderschönen **Wiese**. |
| **pasture** [*BE:* 'pɑːstʃə, *AE:* 'pæstʃər] *n* | die **Weide**, das **Weideland** |
| ▪ The **pasture** begins right behind the farmhouse. | ▪ Das **Weideland** fängt gleich hinter dem Bauernhaus an. |
| **to pick** [tə 'pɪk] *v* | **pflücken** |
| ▪ I **picked** several kilos of redcurrants and made jam out of them. | ▪ Ich habe mehrere Kilo rote Johannisbeeren **gepflückt** und sie zu Marmelade verarbeitet. |
| **hay** [heɪ] *n* | das **Heu** |
| ▪ The barn was full of **hay** for the winter. | ▪ Die Scheune war voll mit **Heu** für den Winter. |
| **straw** [strɔː] *n* | das **Stroh** |
| ▪ Have you ever slept on **straw** with just a blanket to keep you warm? | ▪ Hast du schon mal nur mit einer Decke zum Warmhalten auf **Stroh** geschlafen? |
| **cattle** ['kætl] *n pl* | das **Vieh** |
| ▪ The **cattle** were grazing in the field. | ▪ Das **Vieh** graste auf der Weide. |
| **breed** [briːd] *n* | die **Rasse** |
| ▪ This **breed** of sheep is particularly robust. | ▪ Diese **Rasse** von Schafen ist besonders widerstandsfähig. |
| **breeding** ['briːdɪŋ] *n* | die **Zucht** |
| ▪ Texas is famous for the **breeding** of longhorns. | ▪ Texas ist berühmt für die **Zucht** von Longhorn-Rindern. |
| **to breed** [tə 'briːd] *v;* | **züchten** |
| ▸ **v irr** S. 439 breed | |
| ▪ Many Indian tribes **bred** their own horses. | ▪ Viele Indianerstämme **züchteten** ihre eigenen Pferde. |
| **tame** [teɪm] *adj* | **zahm** |
| ▪ The chickens are very **tame** and will eat out of your hand. | ▪ Die Hühner sind sehr **zahm** und werden dir aus der Hand fressen. |
| **wild** [waɪld] *adj* | **wild** |
| ▪ There are a lot of **wild** animals living in a nearby forest. | ▪ In einem nahegelegenen Wald leben viele **wilde** Tiere. |

| | |
|---|---|
| **to feed** [tə 'fiːd] *v;* ▸ **v irr** S. 441 feed | **füttern** |
| ▪ The farmer's wife was **feeding** the pigs with leftovers. | ▪ Die Bäuerin **fütterte** die Schweine mit Resten. |
| **fishing** ['fɪʃɪŋ] *n* | der **Fischfang** |
| ▪ **Fishing** is one of Norway's major industries. | ▪ Der **Fischfang** ist eine der Hauptindustrien Norwegens. |
| **weed** [wiːd] *n* | das **Unkraut** |
| ▪ I have to do more gardening. There are so many **weeds**. | ▪ Ich muss mehr im Garten arbeiten. Es ist zu viel **Unkraut** da. |
| **ecology** [ɪ'kɒlədʒɪ] *n* | die **Ökologie** |
| ▪ Michelle has a degree in **ecology** and has written a book on environmental protection. | ▪ Michelle hat einen Abschluss in **Ökologie** und ein Buch über Umweltschutz geschrieben. |
| **organic** [ɔː'gænɪk] *adj* | **biologisch angebaut, Bio-** |
| ▪ **Organic** food must grown without artificial fertilizers. | ▪ **Bio**kost muss ohne künstliche Düngemittel angebaut werden. |
| **alternative** [ɔːl'tɜːnətɪv] *adj* | **alternativ** |
| ▪ We must insist on more **alternative** forms of chicken farming which are more appropriate to the species. | ▪ Wir müssen auf mehr **alternativen** Formen der Hühnerhaltung bestehen, die artgerecht sind. |

# Technik, Energie und Forschung

| | |
|---|---|
| **engine** ['endʒɪn] *n* | die **Maschine**, der **Motor** |
| ▪ After only a few hours the **engine** stopped working and I had to call the maintenance department. | ▪ Nach nur wenigen Stunden stoppte die **Maschine** und ich musste den Reparaturdienst anrufen. |

➡ Für **Automotoren** wird gewöhnlich der Begriff **engine** verwendet; mit **motor** bezeichnet man im Allgemeinen einen **Motor**, der eine Maschine antreibt.

| | |
|---|---|
| **machine** [mə'ʃiːn] *n* | die **Maschine**, das **Gerät** |
| ▪ Huge **machines** are used in modern road building. | ▪ Im modernen Straßenbau werden riesige **Maschinen** eingesetzt. |

**motor** ['məʊtə] *n* — der **Motor**

- Electric motors are technically simpler than conventional **motors**. — Elektromotoren sind technisch einfacher als herkömmliche **Motoren**.

➡ engine ▶ S. 341

**function** ['fʌŋkʃn] *n* — die **Funktion**

- Could you explain the exact **function** of this part to me? — Könntest du mir die exakte **Funktion** dieses Teils erklären?

**to work** [tə 'wɜːk] *v* — **funktionieren**

- The machine I bought yesterday doesn't **work** properly. I'll have to return it to the store. — Die Maschine, die ich gestern gekauft habe, **funktioniert** nicht richtig. Ich werde sie reklamieren müssen.

**useful** ['juːsfl] *adj* — **nützlich**, **brauchbar**

- A hands-free kit can be quite **useful** when you want to use your mobile while driving. — Eine Freisprechanlage kann sehr **nützlich** sein, wenn man beim Autofahren telefonieren will.

**useless** ['juːsləs] *adj* — **nutzlos**, **sinnlos**, **unbrauchbar**

- The scientist was told that his invention was **useless**. — Dem Wissenschaftler wurde mitgeteilt, dass seine Erfindung **nutzlos** sei.

**to be of use** [tə biː əv 'juːs] *phrase;* — **nützen**

▶ v irr S. 439 be

- This spare part **is of** no **use** to us. — Dieses Ersatzteil **nützt** uns nichts.

**electricity** [ɪˌlek'trɪsətɪ] *n* — der **Strom**, die **Elektrizität**

- **Electricity** is produced by a battery or a generator. — **Strom** wird von einer Batterie oder einem Generator erzeugt.

**electrical** [ɪ'lektrɪkl] *adj* — **elektrisch**

- Power stations supply **electrical** energy. — Kraftwerke liefern **elektrische** Energie.

➡ electric verwendet man für Geräte, die mit Strom laufen, z. B. **electric shaver – elektrischer Rasierapparat**; electrical ist der eher technische oder abstrakte Begriff, z. B. **electrical equipment – elektrische Ausrüstung**.

**electric** [ɪ'lektrɪk] *adj* — **elektrisch**

- I got an **electric** shock when I touched the wire. — Ich habe einen **elektrischen** Schlag bekommen, als ich den Draht berührte.

➡ electrical ▶ S. 342

| | |
|---|---|
| **hybrid car** ['haɪbrɪd ˌkɑː] *n* | das **Hybridauto** |
| ▪ A **hybrid car** is a vehicle that runs on electricity and petrol. | ▪ Ein **Hybridauto** ist ein Fahrzeug, das mit Strom und Benzin fährt. |
| **power** ['paʊə] *n* | die **Kraft**, die **Energie** |
| ▪ This machine is too old. We should invest in a new one with more **power**. | ▪ Diese Maschine ist zu alt. Wir sollten in eine neue mit mehr **Energie** investieren. |
| **powerful** ['paʊəfl] *adj* | **stark**, **kräftig** |
| ▪ A Rolls-Royce has a quiet but **powerful** engine. | ▪ Ein Rolls-Royce hat einen leisen, aber **starken** Motor. |
| **discovery** [dɪ'skʌvərɪ] *n* | die **Entdeckung** |
| ▪ The **discovery** of oil in the North Sea made Britain less dependent on oil imports. | ▪ Die **Entdeckung** von Öl in der Nordseee hat Großbritannien weniger abhägig von Ölimporten gemacht. |
| **to discover** [tə dɪ'skʌvə] *v* | **entdecken** |
| ▪ Marie Curie **discovered** radium in 1898. | ▪ Marie Curie **entdeckte** 1898 das Radium. |
| **invention** [ɪn'venʃn] *n* | die **Erfindung** |
| ▪ The computer is often called the greatest **invention** since the steam engine. | ▪ Der Computer wird oft als größte **Erfindung** seit der Dampfmaschine bezeichnet. |
| **to invent** [tʊ ɪn'vent] *v* | **erfinden** |
| ▪ People say that Alexander Graham Bell **invented** the telephone. | ▪ Man sagt, dass Alexander Graham Bell das Telefon **erfunden habe**. |
| **system** ['sɪstəm] *n* | das **System** |
| ▪ An electric circuit is a **system** of wires through which electricity can flow. | ▪ Ein Stromkreis ist ein **System** von Drähten, durch das Strom fließen kann. |
| **systematic** [ˌsɪstə'mætɪk] *adj* | **systematisch** |
| ▪ We need to find a more **systematic** approach to our problems within the research department. | ▪ Wir müssen eine **systematischere** Herangehensweise an unsere Probleme innerhalb der Forschungsabteilung finden. |

| | |
|---|---|
| **precise** [prɪˈsaɪs] *adj*<br>▪ This thermometer is not **precise** enough. Can you get a better one? | **genau, präzise**<br>▪ Dieses Thermometer ist nicht **genau** genug. Kannst du ein besseres besorgen? |
| **technique** [tekˈniːk] *n*<br>▪ They are working on a new **technique** for preserving food. | die **Technik**, das **Verfahren**, die **Methode**<br>▪ Sie arbeiten an einem neuen **Verfahren**, Lebensmittel haltbarer zu machen. |
| **technology** [tekˈnɒlədʒɪ] *n*<br>▪ **Technology** is applied science. | die **Technologie**<br>▪ **Technologie** ist angewandte Wissenschaft. |
| **technical** [ˈteknɪkl] *adj*<br>▪ The start was delayed for **technical** reasons. | **technisch**<br>▪ Der Start verzögerte sich aus **technischen** Gründen. |
| **device** [dɪˈvaɪs] *n*<br>▪ This is a **device** for testing levels of air pollution. | das **Gerät**<br>▪ Dies ist ein **Gerät** zur Messung des Ausmaßes der Luftverschmutzung. |
| **pump** [pʌmp] *n*<br>▪ After the flooding we used a **pump** to get the water out of our basement. | die **Pumpe**<br>▪ Nach den Überschwemmungen verwendeten wir eine **Pumpe**, um das Wasser aus unserem Keller zu bekommen. |
| **to pump** [tə ˈpʌmp] *v*<br>▪ The first working steam engine drove a pump which **pumped** water out of a coal mine. | **pumpen**<br>▪ Die erste funktionierende Dampfmaschine trieb eine Pumpe an, die Wasser aus einem Kohlebergwerk **pumpte**. |
| **pressure** [ˈpreʃə] *n*<br>▪ The **pressure** of natural gas or water forces the crude oil to the surface. | der **Druck**<br>▪ Der **Druck** des Erdgases oder Wassers treibt das Rohöl an die Oberfläche. |
| **cable** [ˈkeɪbl] *n*<br>▪ This **cable** connects the computer to the router. | das **Kabel**<br>▪ Dieses **Kabel** verbindet den Computer mit dem Router. |

| | |
|---|---|
| **pipe** [paɪp] *n*<br>▪ The latest cold spell has caused a **pipe** to burst and flood the whole street. | das **Rohr**<br>▪ Die letzte Kältewelle hat ein **Rohr** platzen lassen, wodurch die gesamte Straße überflutet wurde. |
| **battery** ['bætərɪ] *n*<br>▪ The remote control isn't working. The **batteries** must be dead. | die **Batterie**<br>▪ Die Fernbedienung funktioniert nicht. Die **Batterien** müssen leer sein. |
| **switch** [swɪtʃ] *n*<br>▪ This device doesn't have a **switch**. You just plug it in. | der **Schalter**<br>▪ Dieses Gerät hat keinen **Schalter**. Man steckt einfach den Stecker rein. |
| **to adjust** [tʊ ə'dʒʌst] *v*<br>▪ The scales aren't working properly, they need **adjusting**. | **einstellen**<br>▪ Die Waage funktioniert nicht richtig, sie muss **eingestellt** werden. |
| **automatic** [ˌɔːtə'mætɪk] *adj*<br>▪ This is an **automatic** camera. You just have to push the release. | **automatisch**<br>▪ Dies hier ist eine **automatische** Kamera. Sie müssen nur auf den Auslöser drücken. |
| **mechanical** [mə'kænɪkl] *adj*<br>▪ A **mechanical** watch must be wound regularly. | **mechanisch**<br>▪ Eine **mechanische** Uhr muss regelmäßig aufgezogen werden. |
| **electronic** [ɪˌlek'trɒnɪk] *adj*<br>▪ All our accounting is done by **electronic** data processing. | **elektronisch**<br>▪ Unsere gesamte Buchführung erfolgt durch **elektronische** Datenverarbeitung. |
| **scale** [skeɪl] *n*<br>▪ This thermometer has one **scale** in Celsius and one in Fahrenheit. | die **Skala**, der **Maßstab**<br>▪ Dieses Thermometer hat eine **Skala** für Celsius und eine für Fahrenheit. |
| **energy** ['enədʒɪ] *n*<br>▪ I turn down the thermostat when I leave the flat to save **energy**. | die **Energie**<br>▪ Ich drehe das Thermostat herunter, wenn ich die Wohnung verlasse, um **Energie** zu sparen. |
| **power station** ['paʊə ˌsteɪʃn] *n*<br>▪ Electricity is produced in **power stations** like nuclear power plants. | das **Elektrizitätswerk**<br>▪ Elektrizität wird in **Elektrizitätswerken** wie Atomkraftwerken produziert. |

| | |
|---|---|
| **nuclear power plant** [*BE:* ˌnjuːklɪə ˈpaʊə ˌplɑːnt, *AE:* ˌnuːklɪər ˈpaʊər ˌplænt] *n* | das **Atomkraftwerk** |
| ▪ Nuclear power is produced in **nuclear power plants** by nuclear fission. | ▪ Atomenergie wird in **Atomkraftwerken** durch Kernspaltung produziert. |
| ➡ Ein anderes Wort für **Kernkraftwerk** ist nuclear power station. | |
| **radioactive** [ˌreɪdɪəʊˈæktɪv] *adj* | **radioaktiv** |
| ▪ Uranium and plutonium are **radioactive** elements. | ▪ Uran und Plutonium sind **radioaktive** Elemente. |
| **renewable energies** [rɪˌnjuːəbl ˈenədʒɪz] *n pl* | die **erneuerbare Energien** |
| ▪ Sunlight, wind, rain and geothermal heat are **renewable energies**. | ▪ Sonnenlicht, Wind, Regen und Erdwärme sind **erneuerbare Energien**. |
| **solar** [ˈsəʊlə] *adj* | **Sonnen-**, **Solar-** |
| ▪ **Solar** power is free and virtually unlimited. | ▪ **Sonnen**energie kostet nichts und ist praktisch unbegrenzt. |
| **science** [ˈsaɪəns] *n* | die **Naturwissenschaft**, die **Wissenschaft** |
| ▪ Liz is interested in physics and other **sciences**. | ▪ Liz interessiert sich für Physik und andere **Wissenschaften**. |
| **scientific** [ˌsaɪənˈtɪfɪk] *adj* | **wissenschaftlich** |
| ▪ Dr Mackay was awarded 5,000 dollars for his pioneering **scientific** research. | ▪ Dr. Mackay erhielt einen Preis von 5.000 Dollar für seine bahnbrechenden **wissenschaftlichen** Forschungen. |
| **theory** [ˈθɪərɪ] *n* | die **Theorie** |
| ▪ New findings exploded the whole **theory**. | ▪ Neue Erkenntnisse widerlegten die ganze **Theorie**. |
| **theoretical** [ˌθɪəˈretɪkl] *adj* | **theoretisch** |
| ▪ His research provided **theoretical** proof for the existence of black holes. | ▪ Seine Forschungen lieferten den **theoretischen** Beweis für die Existenz schwarzer Löcher. |

| | |
|---|---|
| **research** [rɪ'sɜːtʃ] *n*<br>▪ They are still doing a lot of **research** on a cure for AIDS. | die **Forschung**<br>▪ Es wird immer noch viel **Forschung** bei der Suche nach einem Heilmittel für AIDS betrieben. |
| **experiment** [ɪk'sperɪmənt] *n*<br>▪ The laboratory conducted a series of **experiments** on the blood samples. | das **Experiment**<br>▪ Das Labor führte eine Reihe von **Experimenten** mit den Blutproben durch. |
| **method** ['meθəd] *n*<br>▪ They've developed a new **method** for preserving milk. | die **Methode**<br>▪ Sie haben eine neue **Methode** zur Haltbarmachung von Milch entwickelt. |
| **efficient** [ɪ'fɪʃnt] *adj*<br>▪ The new generation of palmtops is far more **efficient** than the old one. | **effizient**, **leistungsstark**<br>▪ Die neue Generation von Palmtops ist weitaus **leistungsstärker** als die alte. |
| **effective** [ɪ'fektɪv] *adj*<br>▪ Researchers are working on a more **effective** method of identifying the disease. | **wirkungsvoll**<br>▪ Forscher arbeiten an einer **wirkungsvolleren** Methode zur Bestimmung der Krankheit. |
| **development** [dɪ'veləpmənt] *n*<br>▪ Oil has been important for the **development** of Arabic countries. | die **Entwicklung**<br>▪ Öl war und ist für die **Entwicklung** der arabischen Länder wichtig. |
| **to develop** [tə dɪ'veləp] *v*<br>▪ Car makers should be forced by law to **develop** non-polluting engines. | **entwickeln**<br>▪ Die Autohersteller sollten gesetzlich dazu gezwungen werden, umweltfreundliche Motoren zu **entwickeln**. |
| **result** [rɪ'zʌlt] *n*<br>▪ It's very likely that global warming is the **result** of many decades of air pollution. | die **Folge**, das **Ergebnis**<br>▪ Es ist sehr wahrscheinlich, dass die globale Erderwärmung die **Folge** jahrzehntelanger Luftverschmutzung ist. |
| **negative** ['negətɪv] *adj*<br>▪ The result of the blood sample was **negative**. | **negativ**<br>▪ Das Resultat der Blutprobe war **negativ**. |

**positive** ['pɒsətɪv] *adj* — **positiv**
- The doctor told her the result of the urine sample was **positive**. — Der Arzt teilte ihr mit, dass das Ergebnis der Urinprobe **positiv** sei.

# Roh- und Werkstoffe

**material** [mə'tɪərɪəl] *n* — das **Material**, der **Stoff**
- This industry mainly uses man-made **materials**. — Diese Industrie verwendet hauptsächlich synthetische **Stoffe**.

**wood** [wʊd] *n* — das **Holz**
- These chairs and tables are all made of **wood**. — Diese Stühle und Tische sind aus **Holz**.

**oil** [ɔɪl] *n* — das **Erdöl**
- The price of **oil** has dropped again by three per cent. — Der Preis für **Erdöl** ist wieder um drei Prozent gesunken.

**gas** [gæs] *n* — das **Gas**
- We heat our home with **gas**, but we cook with electricity. — Wir heizen unser Haus mit **Gas**, aber wir kochen mit Strom.

**iron** ['aɪən] *n* — das **Eisen**
- Concrete is strengthened with **iron**. — Beton wird durch **Eisen** verstärkt.

**wool** [wʊl] *n* — die **Wolle**
- The best **wool** comes from Scottish sheep. — Die beste **Wolle** stammt von schottischen Schafen.

**cotton** ['kɒtn] *n* — die **Baumwolle**
- **Cotton** is more comfortable to wear than synthetics. — **Baumwolle** ist angenehmer zu tragen als Kunstfasern.

**metal** ['metl] *n* — das **Metall**
- Many old toys were made entirely of **metal**. — Viele alte Spielzeuge bestanden vollständig aus **Metall**.

**gold** [gəʊld] *n* — das **Gold**
- A goldsmith makes **gold** into jewellery. — Ein Goldschmied verarbeitet **Gold** zu Schmuck.

| | |
|---|---|
| **silver** ['sɪlvə] *n* | das **Silber** |
| ▪ The earrings she's wearing are pure **silver**. | ▪ Die Ohrringe, die sie trägt, sind aus reinem **Silber**. |
| **plastic** ['plæstɪk] *n* | der **Kunststoff** |
| ▪ Some people call the second half of the 20th century the age of **plastic**. | ▪ Manche Menschen nennen die zweite Hälfte des 20. Jahrhunderts das Zeitalter des **Kunststoffs**. |
| **glass** [*BE:* glɑːs, *AE:* glæs] *n* | das **Glas** |
| ▪ **Glass** is used for making windows and bottles. | ▪ **Glas** wird zur Herstellung von Fenstern und Flaschen verwendet. |
| **leather** ['leðə] *n* | das **Leder** |
| ▪ This belt is made from **leather**. | ▪ Dieser Gürtel ist aus **Leder**. |
| **soft** [sɒft] *adj* | **weich** |
| ▪ Lead is one of the **softest** metals. | ▪ Blei gehört zu den **weichsten** Metallen. |
| **hard** [hɑːd] *adj* | **hart** |
| ▪ Diamonds are **harder** than steel. | ▪ Diamanten sind **härter** als Stahl. |
| **heavy** ['hevɪ] *adj* | **schwer** |
| ▪ The big suitcase is much too **heavy** for you. | ▪ Der große Koffer ist viel zu **schwer** für dich. |
| **fat** [fæt] *adj* | **dick** |
| ▪ My doctor told me to eat more healthily because I'm slowly getting **fat**. | ▪ Mein Arzt hat mir gesagt, ich solle mich gesünder ernähren, weil ich langsam **dick** werde. |
| ➡ fat ▶ S. 23 | |
| **thick** [ðɪk] *adj* | **dick** |
| ▪ The walls of my room are very **thick**. | ▪ Die Wände meines Zimmers sind sehr **dick**. |
| ➡ fat ▶ S. 23 | |
| **thin** [θɪn] *adj* | **dünn** |
| ▪ The walls of our flat are very **thin**. | ▪ Die Wände unserer Wohnung sind sehr **dünn**. |
| **light** [laɪt] *adj* | **leicht** |
| ▪ The box is heavy. Take that one, it's very **light**. | ▪ Diese Kiste ist schwer. Nimm die da, sie ist sehr **leicht**. |

| | |
|---|---|
| **fragile** ['frædʒaɪl] *adj* | **zerbrechlich** |
| ▪ Glass is more **fragile** than wood. | ▪ Glas ist **zerbrechlicher** als Holz. |
| **smooth** [smu:ð] *adj* | **glatt** |
| ▪ Sand the surface until it's perfectly **smooth**. | ▪ Schleif die Oberfläche, bis sie vollkommen **glatt** ist. |
| **rough** [rʌf] *adj* | **rau, grob** |
| ▪ Tweed is a **rough** woollen cloth. | ▪ Tweed ist ein **grober** Wollstoff. |
| **raw material** [ˌrɔ: mə'tɪərɪəl] *n* | der **Rohstoff** |
| ▪ Coal and iron are two **raw materials** often used in the processing industry. | ▪ Kohle und Eisen sind zwei **Rohmaterialien**, die in der weiterverarbeitenden Industrie häufig verwendet werden. |
| **mixture** ['mɪkstʃə] *n* | die **Mischung**, das **Gemisch** |
| ▪ Steel is a **mixture** of iron and carbon. | ▪ Stahl ist eine **Mischung** aus Eisen und Kohlenstoff. |
| **to mix** [tə 'mɪks] *v* | **(ver)mischen** |
| ▪ You get concrete by **mixing** sand, stones, cement and water. | ▪ Beton erhält man, indem man Sand, Steine, Zement und Wasser **mischt**. |
| **to consist of** [tə kən'sɪst əv] *phrase* | **bestehen aus** |
| ▪ The atmosphere on the planet Jupiter **consists** mainly **of** hydrogen and helium. | ▪ Die Atmosphäre des Planeten Jupiter **besteht** hauptsächlich **aus** Wasserstoff und Helium. |
| **powder** ['paʊdə] *n* | das **Pulver** |
| ▪ Cement is a grey **powder**. | ▪ Zement ist ein graues **Pulver**. |
| **stone** [stəʊn] *n* | der **Stein** |
| ▪ The cottage has a wooden roof and walls of **stone**. | ▪ Das Häuschen hat ein Dach aus Holz und Wände aus **Stein**. |
| **marble** ['mɑ:bl] *n* | der **Marmor** |
| ▪ Many Greek and Roman statues are made of **marble**. | ▪ Viele griechische und römische Statuen bestehen aus **Marmor**. |
| **coal** [kəʊl] *n* | die **Kohle** |
| ▪ Oil, **coal** and natural gas are fossil fuels. | ▪ Öl, **Kohle** und Erdgas sind fossile Brennstoffe. |

| | |
|---|---|
| **steel** [stiːl] *n*<br>▪ Iron is turned into **steel** in steelworks. | der **Stahl**<br>▪ In Stahlwerken wird Eisen zu **Stahl** verarbeitet. |
| **aluminium** *BE* [ˌæləˈmɪnɪəm], **aluminum** *AE* [əˈluːmɪnəm] *n*<br>▪ **Aluminium** is a light metal used for tins and cooking utensils. | das **Aluminium**<br>▪ **Aluminium** ist ein Leichtmetall, das für Dosen und Küchenutensilien verwendet wird. |
| **copper** [ˈkɒpə] *n*<br>▪ Electric wire is made of **copper**. | das **Kupfer**<br>▪ Elektrodraht besteht aus **Kupfer**. |
| **lead** [led] *n*<br>▪ **Lead** is a heavy metal that is very soft but also poisonous. | das **Blei**<br>▪ **Blei** ist ein Schwermetall, das sehr weich, aber auch giftig ist. |
| **concrete** [ˈkɒŋkriːt] *n*<br>▪ Modern architecture mainly uses **concrete**, glass and steel. | der **Beton**<br>▪ In der modernen Architektur werden hauptsächlich **Beton**, Glas und Stahl verwendet. |
| **cement** [səˈment] *n*<br>▪ **Cement** is used to stick bricks together in a building. | der **Zement**<br>▪ **Zement** wird verwendet, um Backsteine in einem Gebäude zusammenzuhalten. |
| **rubber** [ˈrʌbə] *n*<br>▪ Tyres, balls, condoms and many other things are made of **rubber**. | der **Gummi**<br>▪ Reifen, Bälle, Kondome und viele andere Dinge werden aus **Gummi** hergestellt. |
| **cloth** [klɒθ] *n*<br>▪ What kind of **cloth** is this? Cotton? | der **Stoff**, das **Tuch**<br>▪ Was für ein **Stoff** ist das? Baumwolle? |
| **fabric** [ˈfæbrɪk] *n*<br>▪ These curtains are made of a special **fabric** from Pakistan. | der **Stoff**<br>▪ Diese Gardinen sind aus einem ganz besonderen **Stoff** aus Pakistan hergestellt. |
| **silk** [sɪlk] *n*<br>▪ **Silk** and cashmere are among the most expensive fabrics. | die **Seide**<br>▪ **Seide** und Kaschmir gehören zu den teuersten Stoffen. |

# Gesellschaft und Staat

## Geschichte

| | |
|---|---|
| **king** [kɪŋ] *n* | der **König** |
| ▪ Queen Elizabeth's father was **King** George VI. | ▪ Königin Elisabeths Vater war **König** Georg VI. |
| **queen** [kwiːn] *n* | die **Königin** |
| ▪ Elizabeth II became **queen** of England in 1952. | ▪ Elisabeth II. wurde 1952 **Königin** von England. |
| **emperor, empress** ['empərə, 'emprəs] *n* | der **Kaiser**, die **Kaiserin** |
| ▪ Hadrian is the name of the Roman **emperor** the wall between England and Scotland is named after. | ▪ Hadrian heißt der römische **Kaiser**, nach dem der Wall zwischen England und Schottland benannt ist. |
| ▪ Who was the last **empress** of Germany? | ▪ Wer war die letzte deutsche **Kaiserin**? |
| **monarch** ['mɒnək] *n m/f* | der **Herrscher**, die **Herrscherin** |
| ▪ The company was visited by the **monarch** of a small African country. | ▪ Die Firma wurde von dem **Herrscher** eines kleinen afrikanischen Landes besucht. |
| **monarchy** ['mɒnəkɪ] *n* | die **Monarchie** |
| ▪ The government tried to abolish the **monarchy**. | ▪ Die Regierung versuchte, die **Monarchie** abzuschaffen. |
| **kingdom** ['kɪŋdəm] *n* | das **Königreich** |
| ▪ The United **Kingdom** consists of Great Britain and Northern Ireland. | ▪ Das Vereinigte **Königreich** besteht aus Großbritannien und Nordirland. |
| **empire** ['empaɪə] *n* | das **Reich** |
| ▪ The Western Roman **Empire** ended in 476 AD. | ▪ Das Weströmische **Reich** endete 476 n. Chr. |
| **to conquer** [tə 'kɒŋkə] *v* | **erobern** |
| ▪ The allied forces **conquered** the town after a three-day siege. | ▪ Die Alliierten **eroberten** die Stadt nach dreitägiger Belagerung. |

| | |
|---|---|
| **to subject** [tə səb'dʒekt] *v*<br>▪ King Henry won the civil war and **subjected** the people to his rule. | **unterwerfen**<br>▪ König Heinrich gewann den Bürgerkrieg und **unterwarf** das Volk seiner Herrschaft. |
| **ruler** ['ruːlə] *n m/f*<br>▪ The **ruler** celebrated the 50th anniversary of his coronation. | der **Herrscher**, die **Herrscherin**<br>▪ Der **Herrscher** feierte den 50. Jahrestag seiner Krönung. |
| **to reign** [tə 'reɪn] *v*<br>▪ Queen Victoria **reigned** for over 60 years. | **herrschen**<br>▪ Königin Victoria **herrschte** über 60 Jahre lang. |
| **crown** [kraʊn] *n*<br>▪ The highlight of the exhibition was the **crown** that Otto the Great had made in 966. | die **Krone**<br>▪ Glanzlicht der Ausstellung war die **Krone**, die Otto der Große 966 herstellen ließ. |
| **historical** [hɪ'stɒrɪkl] *adj*<br>▪ You should look at the events in their **historical** context. | **historisch**<br>▪ Man sollte die Ereignisse in ihrem **historischen** Kontext betrachten. |
| **prince, princess** [prɪns, prɪn'ses] *n*<br>▪ A **prince** is either the son of a queen or king, or the ruler of a small state.<br>▪ The **Princess** kissed the frog who immediately turned into a prince. | der **Prinz**, die **Prinzessin**<br>▪ Ein **Prinz** ist entweder der Sohn einer Königin oder eines Königs oder der Herrscher eines kleinen Landes.<br>▪ Die **Prinzessin** küsste den Frosch, der sich sofort in einen Prinzen verwandelte. |
| **slave** [sleɪv] *n m/f*<br>▪ Around 15 million African **slaves** were brought to America. | der **Sklave**, die **Sklavin**<br>▪ Etwa 15 Millionen afrikanische **Sklaven** wurden nach Amerika gebracht. |
| **civilization** ['sɪvəlaɪ'zeɪʃn] *n*<br>▪ I enrolled for a course on ancient **civilizations**. | die **Zivilisation**<br>▪ Ich habe mich für einen Kurs über alte **Zivilisationen** eingeschrieben. |
| **colonization** ['kɒlənaɪ'zeɪʃn] *n*<br>▪ The **colonization** of the Australian continent began about 50,000 years ago. | die **Besiedelung**<br>▪ Die **Besiedelung** des australischen Kontinents begann vor etwa 50.000 Jahren. |

| | |
|---|---|
| **to colonize** [tə 'kɒlənaɪz] *v*<br>▪ Who were the first people to **colonize** Greenland? | **besiedeln**<br>▪ Wer war das Volk, das als erstes Grönland **besiedelte**? |
| **excavation** ['ekskə'veɪʃn] *n*<br>▪ The most recent **excavations** brought some Roman coins to the surface. | die **Ausgrabung**<br>▪ Die jüngsten **Ausgrabungen** brachten einige römische Münzen ans Tageslicht. |
| **mummy** ['mʌmɪ] *n*<br>▪ The guest lecturer gave a talk about Egyptian **mummies**. | die **Mumie**<br>▪ Der Gastdozent hat einen Vortrag über ägyptische **Mumien** gehalten. |
| **to liberate** [tə 'lɪbəreɪt] *v*<br>▪ The country **was liberated** by the allied forces. | **befreien**<br>▪ Das Land **wurde** von den Alliierten **befreit**. |
| **revolution** ['revə'luːʃn] *n*<br>▪ The French **Revolution** took place in 1789. | die **Revolution**<br>▪ Die Französische **Revolution** ereignete sich 1789. |
| **Stone Age** ['stəʊn eɪdʒ] *n*<br>▪ How many centuries did the **Stone Age** last for? | die **Steinzeit**<br>▪ Wie viele Jahrhunderte dauerte die **Steinzeit**? |
| **antiquity** [æn'tɪkwətɪ] *n*<br>▪ Marcus is taking a course on Roman **antiquity**. | die **Antike**<br>▪ Marcus belegt einen Kurs zur römischen **Antike**. |
| **Middle Ages** ['mɪdl 'eɪdʒɪz] *n*<br>▪ One of the most famous English myths of the **Middle Ages** is the legend of King Arthur. | das **Mittelalter**<br>▪ Eine der berühmtesten englischen Mythen des **Mittelalters** ist die Legende von König Artus. |
| **World War I** ['wɜːld wɔː 'wʌn] *n*<br>▪ After **World War I** Germany was proclaimed a republic. | der **Erste Weltkrieg**<br>▪ Nach dem **Ersten Weltkrieg** wurde in Deutschland die Republik ausgerufen. |
| **World War II** ['wɜːld wɔː 'tuː] *n*<br>▪ **World War II** lasted from 1939 to 1945. | der **Zweite Weltkrieg**<br>▪ Der **Zweite Weltkrieg** dauerte von 1939 bis 1945. |
| **civil war** ['sɪvɪl 'wɔː] *n*<br>▪ The Spanish **civil war** ended in 1939. | der **Bürgerkrieg**<br>▪ Der Spanische **Bürgerkrieg** endete 1939. |

| | |
|---|---|
| **imperialism** [ɪm'pɪərɪəlɪzm] *n*<br>▪ There's a documentary on the BBC tonight dealing with the history of British **imperialism**. | der **Imperialismus**<br>▪ Heute Abend läuft ein Dokumentarfilm auf BBC, der von der Geschichte des britischen **Imperialismus** handelt. |
| **colony** ['kɒlənɪ] *n*<br>▪ India was formerly a British **colony**. | die **Kolonie**<br>▪ Indien war früher eine britische **Kolonie**. |
| **nobility** [nəʊ'bɪlətɪ] *n*<br>▪ Only the **nobility** were seen at the party. | der **Adel**<br>▪ Nur der **Adel** war auf der Feier zu sehen. |
| **aristocracy** [ærɪ'stɒkrəsɪ] *n*<br>▪ Only members of the **aristocracy** were invited. | der **Adel**<br>▪ Eingeladen waren nur Mitglieder des **Adels**. |
| **resistance** [rɪ'zɪstəns] *n*<br>▪ They joined the **resistance** as soon as the dictator seized power. | der **Widerstand**<br>▪ Sie gingen in den **Widerstand**, sobald der Diktator die Macht ergriff. |
| **opposition** ['ɒpə'zɪʃn] *n*<br>▪ The soldiers met with stiff **opposition**. | der **Widerstand**<br>▪ Die Soldaten trafen auf heftigen **Widerstand**. |
| **nationalism** ['næʃnəlɪzm] *n*<br>▪ **Nationalism** is an extreme form of patriotism. | der **Nationalismus**<br>▪ Der **Nationalismus** ist eine radikale Form des Patriotismus. |
| **fascism** ['fæʃɪzm] *n*<br>▪ **Fascism** was a right-wing nationalist movement in Italy in the 1920s and 30s. | der **Faschismus**<br>▪ Der **Faschismus** war eine rechtsnationalistische Bewegung im Italien der 1920er- und 30er-Jahre. |
| **modern age** ['mɒdən 'eɪdʒ] *n*<br>▪ T. S. Eliot's poem "The Waste Land" is a landmark in the literature of the **modern age**. | die **Moderne**<br>▪ T. S. Eliots Gedicht „Das wüste Land" ist ein Meilenstein in der Geschichte der **Moderne**. |
| **modernity** [mɒ'dɜːnətɪ] *n*<br>▪ The drama deals with the conflict between tradition and **modernity**. | die **Moderne**<br>▪ Das Drama handelt vom Konflikt zwischen Tradition und **Moderne**. |

**epoch** ['iːpɒk] *n* — die **Epoche**
- Queen Victoria's death marked the end of an **epoch**.
- Der Tod von Königin Victoria markierte das Ende einer **Epoche**.

# Gesellschaft

**society** [sə'saɪətɪ] *n* — die **Gesellschaft**
- Britain is a multicultural **society**.
- Großbritannien ist eine multikulturelle **Gesellschaft**.

**social** ['səʊʃl] *adj* — **sozial**, **gesellschaftlich**
- **Social** problems, such as unemployment and homelessness, are increasing.
- **Gesellschaftliche** Probleme wie Arbeitslosigkeit und Obdachlosigkeit nehmen zu.

**private** ['praɪvət] *adj* — **privat**, **Privat-**
- Could I talk to you in **private**?
- Könnte ich Sie **privat** sprechen?
- I don't like the way newspapers gossip about people's **private** lives.
- Mir gefällt nicht, wie Zeitungen über das **Privat**leben von Menschen klatschen.

**public** ['pʌblɪk] *n* — die **Öffentlichkeit**
- Buckingham Palace is open to the **public**.
- Der Buckingham-Palast ist der **Öffentlichkeit** zugänglich.

**public** ['pʌblɪk] *adj* — **öffentlich**
- I'm sorry, this is a private and not a **public** meeting.
- Es tut mir leid, dies ist eine private und keine **öffentliche** Versammlung.

**population** [ˌpɒpjʊ'leɪʃn] *n* — die **Bevölkerung**
- Germany has a **population** of about 82 million people.
- Deutschland hat eine **Bevölkerung** von etwa 82 Millionen Menschen.

**poverty** ['pɒvətɪ] *n* — die **Armut**
- The East End of London is a district of great **poverty**.
- Das East End in London gehört zu den Gegenden mit großer **Armut**.

**poor** [pɔː] *adj* — **arm**
- They are too **poor** to buy food for their children.
- Sie sind zu **arm**, um Nahrung für ihre Kinder zu kaufen.

| | |
|---|---|
| **misery** ['mɪzərɪ] *n* | das **Elend** |
| ▪ Charles Dickens often wrote about people living in hardship and **misery**. | ▪ Charles Dickens schrieb oft über Menschen, die in Not und **Elend** leben. |
| **beggar** ['begə] *n m/f* | der **Bettler**, die **Bettlerin** |
| ▪ Every big city has **beggars** asking for money. | ▪ Jede Großstadt hat **Bettler**, die um Geld betteln. |
| **lack** [læk] *n* | der **Mangel** |
| ▪ A lot of people in the slums get sick for **lack** of clean water. | ▪ Viele Menschen aus den Slums erkranken aus **Mangel** an sauberem Wasser. |
| **to spare** [tə 'speə] *v* | **übrig haben** |
| ▪ The government doesn't have any more money to **spare** to help the refugees. | ▪ Die Regierung **hat** kein Geld mehr **übrig**, um den Flüchtlingen zu helfen. |
| **wealth** [welθ] *n* | der **Reichtum** |
| ▪ Saudi Arabia's **wealth** comes from its oil. | ▪ Der **Reichtum** Saudi-Arabiens stammt von seinem Öl. |
| **wealthy** ['welθɪ] *adj* | **wohlhabend** |
| ▪ It's run-down now but it used to be a **wealthy** neighbourhood. | ▪ Die Gegend ist jetzt heruntergekommen, war früher aber **wohlhabend**. |
| **rich** [rɪtʃ] *adj* | **reich** |
| ▪ My uncle was a millionaire. He got **rich** as a film producer. | ▪ Mein Onkel war Millionär. Er wurde als Filmproduzent **reich**. |
| **country** ['kʌntrɪ] *n* | das **Land** |
| ▪ Nearly all European **countries** are members of the EU now. | ▪ Nahezu alle europäischen **Länder** sind jetzt Mitglied der EU. |
| **nation** ['neɪʃn] *n* | die **Nation** |
| ▪ The rich **nations** must help the poor countries. | ▪ Die reichen **Nationen** müssen den armen Ländern helfen. |
| **nationality** [ˌnæʃə'nælətɪ] *n* | die **Nationalität** |
| ▪ In London you can see people of different **nationalities**. | ▪ In London kann man Menschen verschiedener **Nationalität** sehen. |

| | |
|---|---|
| **national** ['næʃnəl] *adj* | **national** |
| ▪ All the citizens formed a **national** opposition against the government. | ▪ Alle Bürger bildeten eine **nationale** Opposition gegen die Regierung. |
| **international** [ˌɪntə'næʃnəl] *adj* | **international** |
| ▪ Interpol is an **international** organization. | ▪ Interpol ist eine **internationale** Organisation. |
| **state** [steɪt] *n* | **Staats-** |
| ▪ The president has flown to Canada for a short **state** visit. | ▪ Der Präsident ist auf einen kurzen **Staats**besuch nach Kanada geflogen. |
| **foreigner** ['fɒrənə] *n m/f* | der **Ausländer**, die **Ausländerin** |
| ▪ In summer there are more **foreigners** in London than Londoners. | ▪ Im Sommer sind mehr **Ausländer** in London als Londoner. |
| **foreign** ['fɒrən] *adj* | **ausländisch, fremd, Auslands-** |
| ▪ Some countries try to keep out **foreign** products. | ▪ Einige Länder versuchen, die Einfuhr **ausländischer** Erzeugnisse zu verhindern. |
| ▪ She's the daughter of a diplomat with lots of **foreign** experience. | ▪ Sie ist die Tochter eines Diplomaten mit viel **Auslands**erfahrung. |
| **abroad** [ə'brɔːd] *adv* | **Ausland** |
| ▪ Karen has been living **abroad** for five years. | ▪ Karen lebt seit fünf Jahren im **Ausland**. |
| **civil** ['sɪvl] *adj* | **bürgerlich, zivil** |
| ▪ Henry David Thoreau wrote the influential essay on **civil** disobedience. | ▪ Henry David Thoreau schrieb den einflussreichen Aufsatz über **zivilen** Ungehorsam. |
| **class** [*BE:* klɑːs, *AE:* klæs] *n* | die **Schicht** |
| ▪ The new tax law will treat all **classes** of society fairly and justly. | ▪ Das neue Steuerrecht wird alle **Schichten** der Gesellschaft fair und gerecht behandeln. |
| **status** [*BE:* 'steɪtəs, *AE:* 'stætəs] *n* | der **Status** |
| ▪ I wonder what her **status** is. Does she have dual citizenship? | ▪ Ich frage mich, welchen **Status** sie hat. Hat sie die doppelte Staatsbürgerschaft? |

| | |
|---|---|
| **emigrant** ['emɪgrənt] *n m/f*<br>▪ The boat sank with 400 **emigrants** from Ireland. | der **Auswanderer**, die **Auswanderin**, der **Emigrant**, die **Emigrantin**<br>▪ Das Boot sank mit 400 **Auswanderern** aus Irland. |
| **to emigrate** [tʊ 'emɪgreɪt] *v*<br>▪ A friend of mine **emigrated** to Australia with his parents. | **auswandern**<br>▪ Ein Freund von mir **wanderte** mit seinen Eltern nach Australien **aus**. |
| **immigrant** ['ɪmɪgrənt] *n m/f*<br>▪ In the 19th century most **immigrants** to America came from Europe. | der **Einwanderer**, die **Einwanderin**, der **Immigrant**, die **Immigrantin**<br>▪ Im 19. Jahrhundert kamen die meisten **Einwanderer** in Amerika aus Europa. |
| **to immigrate** [tʊ 'ɪmɪgreɪt] *v*<br>▪ How many people **immigrate** to the US every year? | **einwandern**<br>▪ Wie viele Menschen **wandern** jedes Jahr in die USA **ein**? |
| **(political) asylum** [(pəˌlɪtɪkl) ə'saɪləm] *n*<br>▪ Many people come to Britain each year asking for **political asylum**. | das **(politische) Asyl**<br>▪ Viele Menschen kommen jedes Jahr nach Großbritannien und bitten um **politisches Asyl**. |
| **to leave** [tə 'liːv] *v;* ▸ **v irr** S. 443 leave<br>▪ They **left** Europe to make a new home in America. | **verlassen**, **zurücklassen**<br>▪ Sie **verließen** Europa, um in Amerika eine neue Heimat zu finden. |
| **residence permit** ['rezɪdənsˌpɜːmɪt] *n*<br>▪ Do you need a **residence permit** if you want to stay for more than half a year in the country? | die **Aufenthaltsgenehmigung**<br>▪ Braucht man eine **Aufenthaltsgenehmigung**, wenn man länger als ein halbes Jahr im Land bleiben möchte? |
| **EU citizen** [iː'juː ˌsɪtɪzn] *n m/f*<br>▪ Do **EU-citizens** need a visa for the US? | der **EU-Bürger**, die **EU-Bürgerin**<br>▪ Brauchen **EU-Bürger** ein Visum für die USA? |
| **non-EU citizen** [ˌnɒniːjuː 'sɪtɪzn] *n m/f*<br>▪ There was a long queue waiting in front of the customs' counter for **non-EU citizens**. | der **nicht aus der EU stammende Ausländer**, die **nicht aus der EU stammende Ausländerin**<br>▪ Eine lange Schlange stand vor dem Zollschalter für **nicht aus der EU stammende Ausländer**. |

| | |
|---|---|
| **diversity** [daɪ'vɜːsətɪ] *n*<br>▪ Our neighbourhood is known for its cultural **diversity**. | die **Vielfalt**<br>▪ Unser Viertel ist bekannt für seine kulturelle **Vielfalt**. |
| **racism** ['reɪsɪzm] *n*<br>▪ Martin Luther King fought against **racism** and inequality in America. | der **Rassismus**<br>▪ Martin Luther King kämpfte gegen **Rassismus** und Ungleichheit in Amerika. |
| **discrimination** [dɪˌskrɪmɪ'neɪʃn] *n*<br>▪ Human rights activists have accomplished a lot in their struggle against **discrimination**. | die **Benachteiligung**, die **Diskriminierung**<br>▪ Menschenrechtler haben schon viel im Kampf gegen die **Diskriminierung** erreicht. |
| **to discriminate** [tə dɪ'skrɪmɪneɪt] *v*<br>▪ Employers must not **discriminate** against employees on the basis of gender, religion or colour. | **benachteiligen**, **diskriminieren**<br>▪ Arbeitgeber dürfen Arbeitnehmer nicht wegen ihres Geschlechts, ihrer Religion oder ihrer Hautfarbe **benachteiligen**. |

# Religion und Moral

| | |
|---|---|
| **religion** [rɪ'lɪdʒən] *n*<br>▪ Christianity, Islam and Buddhism belong to the great **religions**. | die **Religion**<br>▪ Das Christentum, der Islam und der Buddhismus gehören zu den großen **Religionen**. |
| **religious** [rɪ'lɪdʒəs] *adj*<br>▪ The Puritans emigrated to America for **religious** reasons.<br>▪ After the death of her husband Angela found solace in the **religious** community of her village. | **religiös**, **Religions-**<br>▪ Die Puritaner wanderten aus **religiösen** Gründen nach Amerika aus.<br>▪ Nach dem Tod ihres Gatten fand Angela Trost in der **Religions**gemeinschaft ihrer Dorfes. |
| **faith** [feɪθ] *n*<br>▪ Nelson Mandela never lost **faith** in nonviolence. | der **Glaube**<br>▪ Nelson Mandela verlor nie den **Glauben** an die Gewaltlosigkeit. |
| **to believe** [tə bɪ'liːv] *v*<br>▪ Many religions **believe** in life after death. | **glauben**<br>▪ Viele Religionen **glauben** an ein Leben nach dem Tode. |

| | |
|---|---|
| **God** [gɒd] *n*<br>▪ Churches are places where people pray to Jesus, Mary or **God**. | der **Gott**<br>▪ Kirchen sind Orte, an denen Menschen zu Jesus, Maria oder **Gott** beten. |
| **spirit** ['spɪrɪt] *n*<br>▪ The Bible says that Mary conceived her son through the Holy **Spirit**. | der **Geist**<br>▪ In der Bibel steht, dass Maria ihren Sohn durch den Heiligen **Geist** empfing. |
| **to pray** [tə 'preɪ] *v*<br>▪ Jews go to a synagogue to **pray**. | **beten**<br>▪ Juden gehen in eine Synagoge, um zu **beten**. |
| **moral** ['mɒrəl] *adj*<br>▪ Andrew is a conscientious objector on **moral** grounds. | **moralisch**<br>▪ Andrew ist Kriegsdienstverweigerer aus **moralischen** Gründen. |
| **immoral** [ɪ'mɒrəl] *adj*<br>▪ Christina's a vegetarian and says it's **immoral** to eat living things. | **unmoralisch**<br>▪ Christina ist Vegetarierin und sagt, es sei **unmoralisch**, Lebewesen zu essen. |
| **atheist** ['eɪθɪɪst] *n m/f*<br>▪ Anthony became an **atheist** because he wanted to be free of the religious constraints of his family. | der **Atheist**, die **Atheistin**<br>▪ Anthony wurde **Atheist**, weil er von religiösen Zwängen seiner Familie frei sein wollte. |
| **existence** [ɪg'zɪstəns] *n*<br>▪ Do you believe in the **existence** of angels? | die **Existenz**<br>▪ Glaubst du an die **Existenz** von Engeln? |
| **to exist** [tʊ ɪg'zɪst] *v*<br>▪ Many philosophers have asked "Does God **exist**?". | **existieren**<br>▪ Viele Philosophen haben die Frage „**Existiert** Gott?" gestellt. |
| **idea** [aɪ'dɪə] *n*<br>▪ Do you believe in life after death? – I have no **idea**. | die **Ahnung**, die **Idee**<br>▪ Glaubst du an ein Leben nach dem Tod? – Ich habe keine **Ahnung**. |
| **devout** [dɪ'vaʊt] *adj*<br>▪ Labiba is a **devout** Moslem. | **gläubig**<br>▪ Labiba ist **gläubige** Muslimin. |

| | |
|---|---|
| **imagination** [ɪˌmædʒɪˈneɪʃn] *n*<br>▪ The concept of reincarnation is beyond my **imagination**. | die **Vorstellung**, die **Vorstellungskraft**<br>▪ Der Gedanke an die Wiedergeburt liegt jenseits meiner **Vorstellungskraft**. |
| **conscience** [ˈkɒnʃns] *n*<br>▪ I have a bad **conscience** because I lied to her. | das **Gewissen**<br>▪ Ich habe ein schlechtes **Gewissen**, weil ich sie belogen habe. |
| **denomination** [dɪˌnɒmɪˈneɪʃn] *n*<br>▪ In the US there are several Protestant **denominations**. | die **Konfession**<br>▪ In den USA gibt es mehrere protestantische **Konfessionen**. |
| **Christian** [ˈkrɪstʃən] *adj*<br>▪ The **Christian** religion is divided into the Protestant, Roman Catholic and Orthodox Churches. | **christlich**<br>▪ Die **christliche** Religion ist in die protestantische, katholische und orthodoxe Kirche unterteilt. |
| **Catholic** [ˈkæθlɪk] *adj*<br>▪ The Pope is the head of the **Catholic** Church. | **katholisch**<br>▪ Der Papst ist das Oberhaupt der **katholischen** Kirche. |
| **Protestant** [ˈprɒtɪstənt] *adj*<br>▪ Martin Luther started the **Protestant** movement by publishing his 95 theses in 1517. | **protestantisch, evangelisch**<br>▪ Martin Luther setzte die **protestantische** Bewegung in Gang, indem er 1517 seine 95 Thesen veröffentlichte. |
| **Jewish** [ˈdʒuːɪʃ] *adj*<br>▪ Her father was a **Jewish** Arab who grew up in Cairo. | **jüdisch**<br>▪ Ihr Vater war **jüdischer** Araber, der in Kairo aufwuchs. |
| **Islamic** [ɪzˈlæmɪk] *adj*<br>▪ **Islamic** law is called the "sharia". | **islamisch**<br>▪ Das **islamische** Gesetz heißt „Scharia". |
| **Muslim** [*BE:* ˈmʊzlɪm, *AE:* ˈmʌzləm] *adj*<br>▪ The **Muslim** faith is practised all over the world. | **moslemisch**<br>▪ Der **moslemische** Glaube wird überall auf der Welt praktiziert. |
| **Buddhist** [ˈbʊdɪst] *adj*<br>▪ Some of the most beautiful **Buddhist** temples are in Thailand. | **buddhistisch**<br>▪ Einige der schönsten **buddhistischen** Tempel stehen in Thailand. |

| | |
|---|---|
| **Hindu** ['hɪnduː] *adj*<br>▪ According to **Hindu** tradition people are reincarnated. | **hindustisch**<br>▪ Nach der **hinduistischen** Tradition wird der Mensch wiedergeboren. |
| **Pope** [pəʊp] *n*<br>▪ **Pope** Gregory VII was the first pope to excommunicate a king. | der **Papst**<br>▪ **Papst** Gregor VII. war der erste Papst, der einen König exkommunizierte. |
| **priest** [priːst] *n m/f*<br>▪ Roman Catholic **priests** are not allowed to marry. | der **Priester**, die **Priesterin**<br>▪ Römisch-katholische **Priester** dürfen nicht heiraten. |
| **nun** [nʌn] *n*<br>▪ At the age of 19 Maria entered a convent to become a **nun**. | die **Nonne**<br>▪ Im Alter von 19 Jahren trat Maria ins Kloster ein, um **Nonne** zu werden. |
| **monk** [mʌŋk] *n*<br>▪ Buddhist **monks** shave their heads and wear yellow clothes. | der **Mönch**<br>▪ Buddhistische **Mönche** rasieren sich den Kopf und tragen gelbe Kleidung. |
| **holy** ['həʊlɪ] *adj*<br>▪ Some people believe the **holy** grail was the cup that Jesus used at the last supper. | **heilig**<br>▪ Manche glauben, der **heilige** Gral sei der Becher, den Jesus beim letzten Abendmahl verwendete. |
| **forever** [fər'evə] *adv*<br>▪ I'll remember my visit to the Vatican **forever**. | **ewig**<br>▪ Ich werde mich **ewig** an meinen Besuch im Vatikan erinnern. |
| **Bible** ['baɪbl] *n*<br>▪ The **Bible** consists of the Old and the New Testament. | die **Bibel**<br>▪ Die **Bibel** besteht aus dem Alten und dem Neuen Testament. |
| **sin** [sɪn] *n*<br>▪ In all major religions murder is a **sin**. | die **Sünde**<br>▪ In allen großen Religionen ist Mord eine **Sünde**. |
| **paradise** ['pærədaɪs] *n*<br>▪ After Adam and Eve had eaten the forbidden fruit they had to leave **paradise**. | das **Paradies**<br>▪ Nachdem Adam und Eva von der verbotenen Frucht gegessen hatten, mussten sie das **Paradies** verlassen. |

| | |
|---|---|
| **hell** [hel] *n* | die **Hölle** |
| ▪ War is **hell** on earth. | ▪ Der Krieg ist die **Hölle** auf Erden. |
| **angel** ['eɪndʒəl] *n* | der **Engel** |
| ▪ Many altarpieces show Jesus and the Virgin Mary surrounded by **angels**. | ▪ Viele Altarbilder zeigen Jesus und die Jungfrau Maria von **Engeln** umgeben. |
| **devil** ['devl] *n* | der **Teufel** |
| ▪ Is the concept of the **devil** an invention of the Middle Ages? | ▪ Ist die Idee des **Teufels** eine Erfindung des Mittelalters? |
| **soul** [səʊl] *n* | die **Seele** |
| ▪ Faust sold his **soul** to the devil. | ▪ Faust hat seine **Seele** dem Teufel verkauft. |

# Politik

| | |
|---|---|
| **politics** ['pɒlətɪks] *n* | die **Politik** |
| ▪ Many people who are interested in **politics** read "The Guardian". | ▪ Viele Menschen, die sich für **Politik** interessieren, lesen den „Guardian". |
| **political** [pə'lɪtɪkl] *adj* | **politisch** |
| ▪ There are six big **political** parties in Germany. | ▪ In Deutschland gibt es sechs große **politische** Parteien. |
| **party** ['pɑːtɪ] *n* | die **Partei** |
| ▪ The two big political **parties** in the US are the Republicans and the Democrats. | ▪ Die beiden großen politischen **Parteien** in den USA sind die Republikaner und die Demokraten. |
| **power** ['paʊə] *n* | die **Macht** |
| ▪ The Queen has little political **power**. | ▪ Die Queen hat wenig politische **Macht**. |
| **powerful** ['paʊəfl] *adj* | **mächtig** |
| ▪ Alan Greenspan, the former chairman of the Federal Reserve Bank, was a **powerful** man. | ▪ Alan Greenspan, der ehemalige Chef der US-Notenbank, war ein **mächtiger** Mann. |

| | |
|---|---|
| **to influence** [tʊ 'ɪnflʊəns] *v* | **beeinflussen** |
| ▪ The US refrained from **influencing** the political process in the Middle East. | ▪ Die USA unterließen es, den politischen Prozess im Nahen Osten zu **beeinflussen**. |
| **government** ['gʌvnmənt] *n* | die **Regierung** |
| ▪ Does Britain have a Labour or a Conservative **government**? | ▪ Ist in Großbritannien die Labour- oder die Konservative Partei an der **Regierung**? |

➡ Die Regierung der USA wird meist als **administration** bezeichnet.

| | |
|---|---|
| **to govern** [tə 'gʌvn] *v* | **regieren** |
| ▪ The Queen is the head of state but the country is **governed** by politicians. | ▪ Die Queen ist das Staatsoberhaupt, aber das Land wird von Politikern **regiert**. |
| **to reign** [tə 'reɪn] *v* | **regieren** |
| ▪ Queen Victoria **reigned** for over 60 years. | ▪ Queen Victoria **regierte** über 60 Jahre lang. |
| **opposition** [ˌɒpə'zɪʃn] *n* | die **Opposition** |
| ▪ Bernard spent 20 years in **opposition** until his party finally won the majority of votes. | ▪ Bernard verbrachte 20 Jahre in der **Opposition**, bis seine Partei schließlich die Mehrheit der Stimmen gewann. |
| **prime minister** [ˌpraɪm 'mɪnɪstə] *n m/f* | der **Premierminister**, die **Premierministerin** |
| ▪ The **prime minister** is the head of the British government. | ▪ Der **Premierminister** ist der Chef der britischen Regierung. |
| **president** ['prezɪdənt] *n m/f* | der **Präsident**, die **Präsidentin** |
| ▪ The **president** of the United States is elected every four years. | ▪ Der **Präsident** der Vereinigten Staaten wird alle vier Jahre gewählt. |
| **chancellor** [*BE:* 'tʃɑːnsələ, *AE:* 'tʃænsələr] *n m/f* | der **Kanzler**, die **Kanzlerin** |
| ▪ Angela Merkel was the first female German **chancellor**. | ▪ Angela Merkel war die erste deutsche **Kanzlerin**. |
| **minister** ['mɪnɪstə] *n m/f* | der **Minister**, die **Ministerin** |
| ▪ The cabinet is made up of the **ministers** of the government. | ▪ Das Kabinett besteht aus den **Ministern** der Regierung. |

➡ Minister werden auch als **secretary** bezeichnet, z. B. **Secretary of State – Außenminister**.

| | |
|---|---|
| **parliament** ['pɑːləmənt] *n* | das **Parlament** |
| ▪ Most **parliaments** have a Lower and an Upper House. | ▪ Die meisten **Parlamente** haben ein Unter- und ein Oberhaus. |
| **Member of Parliament** *BE* [ˌmembə əv 'pɑːləmənt] *n m/f (Kurzf. MP)* | der **Abgeordnete**, die **Abgeordnete** |
| ▪ He's the **Member of Parliament** for Northampton. | ▪ Er ist **Abgeordneter** für Northampton. |

➡ Ein **US-amerikanischer Abgeordneter** heißt **Congressman** bzw. **Congresswoman**, d. h. er oder sie ist entweder Mitglied des Senats (**senator**) oder Mitglied des Repräsentantenhauses (**Member of the House of Representatives**).

| | |
|---|---|
| **democracy** [dɪ'mɒkrəsɪ] *n* | die **Demokratie** |
| ▪ There is no **democracy** without free elections. | ▪ Es gibt keine **Demokratie** ohne freie Wahlen. |
| **democratic** [ˌdemə'krætɪk] *adj* | **demokratisch** |
| ▪ Germany has been a **democratic** nation since 1949. | ▪ Deutschland ist seit 1949 ein **demokratisches** Land. |
| **dictatorship** [dɪk'teɪtəʃɪp] *n* | die **Diktatur** |
| ▪ Has there ever been a **dictatorship** in Great Britain? | ▪ Gab es in Großbritannien schon mal eine **Diktatur**? |
| **to suppress** [tə sə'pres] *v* | **unterdrücken** |
| ▪ Minority rights were rigorously **suppressed** during the dictatorship. | ▪ Die Minderheitenrechte wurden während der Diktatur rigoros **unterdrückt**. |
| **embassy** ['embəsɪ] *n* | die **Botschaft** |
| ▪ You should contact the **embassy** of your home country if you lose your passport abroad. | ▪ Man sollte die **Botschaft** seines Heimatlandes kontaktieren, wenn man im Ausland seinen Pass verloren hat. |
| **consulate** ['kɒnsjʊlət] *n* | das **Konsulat** |
| ▪ There was a big anti-war demonstration in front of the American **consulate**. | ▪ Vor dem amerikanischen **Konsulat** fand eine große Antikriegsdemonstration statt. |
| **republic** [rɪ'pʌblɪk] *n* | die **Republik** |
| ▪ Ireland became an independent **republic** in 1921. | ▪ Irland wurde 1921 unabhängige **Republik**. |

| | |
|---|---|
| **people** ['pi:pl] *n* | das **Volk** |
| ▪ The Japanese are a hard-working **people**. | ▪ Die Japaner sind ein fleißiges **Volk**. |
| **majority** [mə'dʒɒrətɪ] *n* | die **Mehrheit** |
| ▪ The **majority** of South Africans voted for black politicians. | ▪ Die **Mehrheit** der Südafrikaner wählte schwarze Politiker. |
| **minority** [maɪ'nɒrətɪ] *n* | die **Minderheit** |
| ▪ African-Americans are the second largest **minority** in the US. | ▪ Die Afroamerikaner sind die zweitgrößte **Minderheit** in den USA. |
| **election** [ɪ'lekʃn] *n* | die **Wahl** |
| ▪ **Elections** are held every four years. | ▪ Die **Wahlen** finden alle vier Jahre statt. |
| **to elect** [tʊ ɪ'lekt] *v* | **wählen** |
| ▪ John F. Kennedy was **elected** President of the United States in 1960. | ▪ John F. Kennedy wurde 1960 zum Präsidenten der Vereinigten Staaten **gewählt**. |
| **vote** [vəʊt] *n* | die **Stimme**, die **Abstimmung** |
| ▪ At the next election I'll give my **vote** to the Greens. | ▪ Bei der nächsten Wahl werde ich meine **Stimme** den Grünen geben. |
| ▪ The **vote** was 6 to 3 against the motion. | ▪ Die **Abstimmung** ging 6 zu 3 gegen den Antrag aus. |
| **to vote** [tə 'vəʊt] *v* | **wählen** |
| ▪ Have you **voted** yet? The polling station is about to close. | ▪ Hast du schon **gewählt**? Das Wahllokal macht gleich zu. |
| **to vote for** [tə 'vəʊt fə] *phrase* | **wählen** |
| ▪ Which party are you going to **vote for**? | ▪ Welche Partei wirst du **wählen**? |
| **to run for** [tə 'rʌn fə] *phrase;* ▸ **v irr** S. 444 run | **kandidieren für** |
| ▪ He **ran for** the office of President in 2004 but didn't win the election. | ▪ Er **kandidierte** 2004 **für** das Amt des Präsidenten, gewann aber die Wahl nicht. |
| **to demonstrate** [tə 'demənstreɪt] *v* | **demonstrieren** |
| ▪ Only a handful of people **demonstrated** in front of the White House. | ▪ Nur eine Handvoll Menschen **demonstrierte** vor dem Weißen Haus. |

| | |
|---|---|
| **capitalism** ['kæpɪtəlɪzm] *n*<br>▪ **Capitalism** has won the economic war against communism. | der **Kapitalismus**<br>▪ Der **Kapitalismus** hat den Wirtschaftskrieg gegen den Kommunismus gewonnen. |
| **communism** ['kɒmjʊnɪzm] *n*<br>▪ **Communism** is a political ideology which believed that means of production should not be owned by individuals. | der **Kommunismus**<br>▪ Der **Kommunismus** ist eine politische Ideologie, nach der Produktionsmittel nicht einzelnen Menschen gehören sollten. |
| **socialism** ['səʊʃəlɪzm] *n*<br>▪ German immigrants brought the idea of **socialism** to America in the 1850s. | der **Sozialismus**<br>▪ In den 1850er Jahren brachten deutsche Auswanderer die Idee des **Sozialismus** nach Amerika. |
| **ideology** [ˌaɪdɪ'ɒlədʒɪ] *n*<br>▪ The founder of the company is said to be a supporter of national socialist **ideology**. | die **Ideologie**<br>▪ Man sagte, der Gründer der Firma sei ein Anhänger der nationalsozialistischen **Ideologie** gewesen. |
| **independence** [ˌɪndɪ'pendəns] *n*<br>▪ The bomb was planted by separatists fighting for **independence**. | die **Unabhängigkeit**<br>▪ Die Bombe wurde von Separatisten, die für die **Unabhängigkeit** kämpfen, gelegt. |
| **independent** [ˌɪndɪ'pendənt] *adj*<br>▪ The USA became **independent** in 1776. | **unabhängig**<br>▪ Die USA wurden 1776 **unabhängig**. |
| **union** ['juːnɪən] *n*<br>▪ How many states belong to the European **Union**?<br>▪ The **union** of the two parties did not lead to victory in the election. | die **Union**, die **Vereinigung**<br>▪ Wie viele Staaten gehören zur Europäischen **Union**?<br>▪ Die **Vereinigung** der beiden Parteien hat nicht zum Wahlsieg geführt. |
| **to unite** [tə juː'naɪt] *v*<br>▪ In 1990 the two German states were **united**. | **vereinigen, verbinden**<br>▪ 1990 wurden die beiden deutschen Staaten **vereinigt**. |
| **negotiation** [nɪˌgəʊʃɪ'eɪʃn] *n*<br>▪ The **negotiations** took place in a hotel outside Bonn. | die **Verhandlung**<br>▪ Die **Verhandlungen** fanden in einem Hotel außerhalb Bonns statt. |

| | |
|---|---|
| **diplomatic** [ˌdɪpləˈmætɪk] *adj*<br>▪ Representatives of various nations are trying to find a **diplomatic** solution to the conflict. | **diplomatisch**<br>▪ Vertreter verschiedener Nationen versuchen eine **diplomatische** Lösung des Konflikts zu finden. |
| **crisis** [ˈkraɪsɪs] *n; pl* **crises**<br>▪ The collapse of the commodities market led to a **crisis** on Wall Street. | die **Krise**<br>▪ Der Zusammenbruch des Rohstoffmarkts führte zu einer **Krise** an der Wall Street. |
| **United Nations** [juːˌnaɪtɪd ˈneɪʃnz] *n*<br>▪ The UN was founded in 1945 and **United Nations** Day is celebrated on 24 October each year. | die **Vereinten Nationen**<br>▪ Die UNO wurde 1945 gegründet und der Tag der **Vereinten Nationen** wird jedes Jahr am 24. Oktober gefeiert. |
| **European Union** [ˌjʊərəpiːən ˈjuːnɪən] *n (Kurzf. EU)*<br>▪ In 2008 the **European Union** had 27 member states. | die **Europäische Union** (Kurzf. EU)<br>▪ Im Jahr 2008 hatte die **Europäische Union** 27 Mitgliedsstaaten. |
| **international law** [ˌɪntənæʃnəl ˈlɔː] *n*<br>▪ How can the world community enforce **international law**? | das **Völkerrecht**<br>▪ Wie kann die Weltgemeinschaft das **Völkerrecht** durchsetzen? |
| **developing country** [dɪˌveləpɪŋ ˈkʌntrɪ] *n*<br>▪ The World Bank is going to pay up to $100bn in aid to **developing countries** next year. | das **Entwicklungsland**<br>▪ Die Weltbank wird im nächsten Jahr bis zu 100 Millarden Dollar Entwicklungshilfe an die **Entwicklungsländer** zahlen. |

# Verteidigung und Sicherheit

| | |
|---|---|
| **safety** ['seɪftɪ] *n*<br>▪ The government could no longer guarantee the **safety** of foreigners. | die **Sicherheit**<br>▪ Die Regierung konnte die **Sicherheit** der Ausländer nicht mehr garantieren. |
| **safe** [seɪf] *adj*<br>▪ After 9/11 New Yorkers did not feel **safe** in high-rise buildings anymore. | **sicher**<br>▪ Nach dem 11. September fühlten sich die New Yorker in Hochhäusern nicht mehr **sicher**. |
| **flag** [flæg] *n*<br>▪ The "Stars and Stripes" is the **flag** of the USA. | die **Flagge**, die **Fahne**<br>▪ Das „Sternenbanner" ist die **Flagge** der USA. |
| **home (country)** [ˌhəʊm ('kʌntrɪ)] *n*<br>▪ For many young Pakistanis, Britain is their **home**. | das **Heimat(land)**<br>▪ Für viele junge Pakistaner ist Großbritannien die **Heimat**. |
| **border** ['bɔːdə] *n*<br>▪ San Diego is on the **border** between the US and Mexico. | die **Grenze**<br>▪ San Diego liegt an der **Grenze** zwischen den USA und Mexiko. |
| **war** [wɔː] *n*<br>▪ The **war** between Iran and Iraq lasted from 1980 to 1988. | der **Krieg**<br>▪ Der **Krieg** zwischen Iran und Irak dauerte von 1980 bis 1988. |
| **to break out** [tə ˌbreɪk 'aʊt] *phrase;*<br>▸ **v irr** S. 439 break<br>▪ The Second World War **broke out** on September 1, 1939. | **ausbrechen**<br>▪ Der Zweite Weltkrieg **brach** am 1. September 1939 **aus**. |
| **to shoot** [tə 'ʃuːt] *v;*<br>▸ **v irr** S. 444 shoot<br>▪ The prime minister was **shot** at close range. | **schießen**<br>▪ Der Premierminister wurde aus kurzer Distanz **erschossen**. |
| **peace** [piːs] *n*<br>▪ Most of Europe has enjoyed **peace** since 1945. | der **Frieden**<br>▪ Fast ganz Europa erlebt seit 1945 **Frieden**. |

| | |
|---|---|
| **peaceful** ['pi:sfl] *adj* | **friedlich** |
| ▪ Delegations from Poland and Russia met in Vienna to find a **peaceful** solution to the current crisis. | ▪ Delegationen aus Polen und Russland trafen sich in Wien, um eine **friedliche** Lösung der aktuellen Krise zu finden. |
| **enemy** ['enəmɪ] *n m/f* | der **Gegner**, die **Gegnerin**, der **Feind**, die **Feindin** |
| ▪ The US and Japan were **enemies** in the Second World War. | ▪ Die USA und Japan waren im Zweiten Weltkrieg **Gegner**. |
| **soldier** ['səʊldʒə] *n m/f* | der **Soldat**, die **Soldatin** |
| ▪ The **soldiers** in the US Army are called GIs. | ▪ Die **Soldaten** in der US-Armee werden GIs genannt. |
| **civil** ['sɪvl] *adj* | **zivil** |
| ▪ This helicopter can be used for both military and **civil** purposes. | ▪ Dieser Hubschrauber kann sowohl für militärische als auch für **zivile** Zwecke genutzt werden. |
| **army** ['ɑːmɪ] *n* | die **Armee**, das **Militär**, das **Heer** |
| ▪ The **army**, navy and air force make up a nation's armed forces. | ▪ Das **Heer**, die Marine und die Luftwaffe bilden die Streitkräfte eines Staates. |
| **navy** ['neɪvɪ] *n* | die **Marine** |
| ▪ The **navy** is the branch of the armed forces that fights at sea. | ▪ Die **Marine** ist derjenige Zweig der Streitkräfte, der zur See kämpft. |
| **air force** ['eə fɔːs] *n* | die **Luftwaffe** |
| ▪ During the Second World War the Royal **Air Force** flew its first mission against a German city in May 1940. | ▪ Während des Zweiten Weltkrieges flog die britische **Luftwaffe** ihren ersten Einsatz gegen eine deutsche Stadt im Mai 1940. |
| **combat** ['kɒmbæt] *n* | der **Kampf** |
| ▪ The monument commemorates the soldiers who died in **combat**. | ▪ Das Mahnmal gedenkt der Soldaten, die im **Kampf** fielen. |
| **battle** ['bætl] *n* | die **Schlacht** |
| ▪ In the **Battle** of Hastings the Normans defeated the Anglo-Saxons. | ▪ In der **Schlacht** von Hastings besiegten die Normannen die Angelsachsen. |

| | |
|---|---|
| **to fight** [tə 'faɪt] *v*<br>▪ In the War of Independence the British colonies in America **fought** against the Kingdom of Great Britain. | **kämpfen**<br>▪ Im Unabhängigkeitskrieg **kämpften** die britischen Kolonien in Amerika gegen das Königreich Großbritannien. |
| **to persecute** [tə 'pɜːsɪkjuːt] *v*<br>▪ The government has been **persecuting** ethnic minorities for years. | **verfolgen**<br>▪ Die Regierung **verfolgt** seit Jahren ethnische Minoritäten. |
| **conflict** ['kɒnflɪkt] *n*<br>▪ The **conflict** between Israel and the Palestinians is about to escalate. | der **Konflikt**<br>▪ Der **Konflikt** zwischen Israel und den Palästinensern ist im Begriff zu eskalieren. |
| **terrorism** ['terərɪzm] *n*<br>▪ **Terrorism** in this part of the world is supported by the local mafia. | der **Terrorismus**<br>▪ Der **Terrorismus** in diesem Teil der Welt wird von der lokalen Mafia unterstützt. |
| **gun** [gʌn] *n*<br>▪ The English defeated the local population because they had better **guns**. | die **Waffe**<br>▪ Die Engländer besiegten die lokale Bevölkerung, weil sie bessere **Waffen** hatten. |
| **weapon** ['wepən] *n*<br>▪ It's legal in the US to own a **weapon** for self-defence. | die **Waffe**<br>▪ In den USA ist es legal, eine **Waffe** zur Selbstverteidigung zu besitzen. |
| **armed** [ɑːmd] *adj*<br>▪ The troops fighting in the desert were heavily **armed**. | **bewaffnet**<br>▪ Die Soldaten, die in der Wüste kämpften, waren schwer **bewaffnet**. |
| **defence** *BE*, **defense** *AE* [dɪ'fens] *n*<br>▪ Soldiers should only be there for the **defence** of a country. | die **Verteidigung**<br>▪ Soldaten sollten nur für die **Verteidigung** eines Landes da sein. |
| **to defend** [tə dɪ'fend] *v*<br>▪ You can't **defend** a country against a nuclear attack. | **verteidigen**, **schützen**<br>▪ Man kann ein Land nicht gegen einen Atomangriff **verteidigen**. |

| | |
|---|---|
| **attack** [əˈtæk] *n* | der **Angriff** |
| ▪ The **attack** on Pearl Harbor began early in the morning on 7 December, 1941. | ▪ Der **Angriff** auf Pearl Harbor begann am Morgen des 7. Dezember 1941. |
| **to occupy** [tʊ ˈɒkjʊpaɪ] *v* | **besetzen** |
| ▪ Russian troops **occupied** Berlin in 1945. | ▪ Russische Truppen **besetzten** 1945 Berlin. |
| **resistance** [rɪˈzɪstəns] *n* | der **Widerstand** |
| ▪ Gandhi practised passive **resistance** to gain Indian independence. | ▪ Gandhi leistete passiven **Widerstand**, um die Unabhängigkeit für Indien zu gewinnen. |
| **to liberate** [tə ˈlɪbəreɪt] *v* | **befreien** |
| ▪ A task force **liberated** the hostages and killed all the kidnappers. | ▪ Eine Spezialeinheit **befreite** die Geiseln und tötete alle Entführer. |
| **troop** [truːp] *n* | die **Truppe** |
| ▪ The government sent **troops** into the region to stop the riots. | ▪ Die Regierung schickte **Truppen** in die Region, um die Krawalle zu beenden. |
| **to guard** [tə ˈgɑːd] *v* | **bewachen, beschützen** |
| ▪ Three heavily armed soldiers **guarded** the warlord. | ▪ Drei schwer bewaffnete Soldaten **bewachten** den Warlord. |
| **uniform** [ˈjuːnɪfɔːm] *n* | die **Uniform** |
| ▪ The police in Britain wear dark blue **uniforms**. | ▪ In Großbritannien trägt die Polizei eine dunkelblaue **Uniform**. |
| **hero** [ˈhɪərəʊ] *n m/f* | der **Held**, die **Heldin** |
| ▪ The real **heroes** of war are those who save other people's lives. | ▪ Die wirklichen **Helden** des Krieges sind diejenigen, die anderen das Leben retten. |
| **honour** *BE* [ˈɒnə], **honor** *AE* [ˈɒnər] *n* | die **Ehre** |
| ▪ The soldiers wanted to win **honour** in battle. | ▪ Die Soldaten wollten **Ehre** im Kampf gewinnen. |
| **to betray** [tə bɪˈtreɪ] *v* | **verraten** |
| ▪ Nobody will ever know if he tried to **betray** his country or if he was a double agent. | ▪ Niemand wird je herausfinden, ob er sein Land **verraten** wollte oder ein Doppelagent war. |

| | |
|---|---|
| **refugee** [ˌrefjʊ'dʒiː] *n*<br>▪ The **refugees** had lost everyhing and needed help badly. | der **Flüchtling**<br>▪ Die **Flüchtlinge** hatten alles verloren und brauchten dringend Hilfe. |
| **to flee** [tə 'fliː] *v;* ▸ **v irr** S. 441 flee<br>▪ The civilian population is **fleeing** the war zone. | **fliehen, flüchten**<br>▪ Die Zivilbevölkerung **flüchtete** aus dem Kampfgebiet. |
| **to escape** [tʊ ɪ'skeɪp] *v*<br>▪ The people were trying to **escape** from the burning village. | **flüchten, entkommen**<br>▪ Die Menschen versuchten, aus dem brennenden Dorf zu **entkommen**. |
| **torture** ['tɔːtʃə] *n*<br>▪ The police used **torture** during the interrogation. | die **Folter**<br>▪ Die Polizei wendete während des Verhörs **Folter** an. |
| **disarmament** [dɪs'ɑːməmənt] *n*<br>▪ The 1990s were a decade of intense **disarmament**. | die **Abrüstung**<br>▪ Die 1990er waren ein Jahrzehnt intensiver **Abrüstung**. |

# Staatliche Institutionen und Verwaltung

| | |
|---|---|
| **state** [steɪt] *n*<br>▪ The separatists are fighting for a free and independent **state**.<br>▪ The United States consists of 50 **states**. | der **Staat**, der **Bundesstaat**<br>▪ Die Separatisten kämpfen für einen freien und unabhängigen **Staat**.<br>▪ Die Vereinigten Staaten bestehen aus 50 **Bundesstaaten**. |
| **state** [steɪt] *adj*<br>▪ She's getting a **state** pension of £300. | **staatlich**<br>▪ Sie erhält eine **staatliche** Rente von 300 Pfund. |
| **inhabitant** [ɪn'hæbɪtənt] *n m/f*<br>▪ Iceland has only 250,000 **inhabitants**. | der **Einwohner**, die **Einwohnerin**<br>▪ Island hat nur 250.000 **Einwohner**. |
| **administration** [ədˌmɪnɪ'streɪʃn] *n*<br>▪ I got a job as a secretary in the **administration**. | die **Verwaltung**<br>▪ Ich habe einen Job als Sekretärin in der **Verwaltung** bekommen. |
| **office** ['ɒfɪs] *n*<br>▪ Mr Hall was elected to the **office** of governor. | das **Amt**<br>▪ Mr. Hall wurde in das **Amt** des Gouverneurs gewählt. |

**official** [ə'fɪʃl] *adj* — **offiziell, amtlich**
- It isn't **official** yet, but the mayor of Birmingham is the new party leader. — Es ist noch nicht **amtlich**, aber der Bürgermeister von Birmingham ist der neue Parteichef.

**department** [dɪ'pɑːtmənt] *n* — die **Abteilung**, das **Amt**
- George is the head of the new environmental protection **department**. — George ist Leiter der neuen **Abteilung** für Umweltschutz.

➡ Vor allem im Amerikanischen bedeutet **department** auch **Ministerium**, z. B. **Department of Defense – Verteidigungsministerium** oder **Department of the Interior – Innenministerium**.

**form** [fɔːm] *n* — das **Formular**
- Please fill in this **form** if you have any goods to declare. — Bitte füllen Sie dieses **Formular** aus, wenn sie Waren anzumelden haben.

**signature** ['sɪgnətʃə] *n* — die **Unterschrift**
- This contract is only valid with two **signatures**. — Dieser Vertrag ist nur mit zwei **Unterschriften** rechtskräftig.

**to sign** [tə 'saɪn] *v* — **unterschreiben**
- Please fill in this form and **sign** it. — Bitte füllen Sie dieses Formular aus und **unterschreiben** Sie es.

**to fill in** [tə ˌfɪl 'ɪn] *phrase* — **ausfüllen**
- If you want to apply, please **fill in** this form. — Wenn Sie sich bewerben wollen, **füllen** Sie bitte dieses Formular **aus**.

**to fill out** [tə ˌfɪl 'aʊt] *phrase* — **ausfüllen**
- They asked all passengers to **fill out** a red form. — Sie baten alle Passagiere, ein rotes Formular **auszufüllen**.

**certificate** [sə'tɪfɪkət] *n* — die **Urkunde**, die **Bescheinigung**
- Those of you who attend the course regularly will get an official **certificate** at the end. — Alle, die regelmäßig am Kurs teilnehmen, erhalten am Ende eine offizielle **Urkunde**.

**capital** ['kæpɪtl] *n* — die **Hauptstadt**
- Canberra, not Sydney, is the **capital** of Australia. — Canberra, nicht Sydney, ist die **Hauptstadt** von Australien.

| | |
|---|---|
| **province** ['prɒvɪns] *n*<br>▪ Maria lives in a small town in the Canadian **province** of Alberta. | die **Provinz**<br>▪ Maria wohnt in einer kleinen Stadt in der kanadischen **Provinz** Alberta. |
| **county** ['kaʊntɪ, 'kʌntrɪ] *n*<br>▪ East Sussex, Surrey and Kent are **counties** in southern England. | die **Grafschaft**, der **Landkreis**<br>▪ East Sussex, Surrey und Kent sind **Grafschaften** in Südengland. |
| **community** [kə'mjuːnətɪ] *n*<br>▪ I live in a small rural **community** in the north of Yorkshire. | die **Gemeinde**<br>▪ Ich wohne in einer kleinen, ländlichen **Gemeinde** im Norden von Yorkshire. |
| **municipal authorities** [mjuːˌnɪsɪpl ɔː'θɒrətɪz] *n pl*<br>▪ The **municipal authorities** closed the amusement park for safety reasons. | die **Stadtverwaltung**<br>▪ Die **Stadtverwaltung** hat den Freizeitpark aus Sicherheitsgründen geschlossen. |
| **city council** ['sɪtɪ ˌkaʊnsl] *n*<br>▪ Liam has been elected into the **city council**. | der **Stadtrat**<br>▪ Liam ist in den **Stadtrat** gewählt worden. |
| **mayor** [meə] *n m/f*<br>▪ The former **mayor** of our town married a film star and moved to Hollywood. | der **Bürgermeister**, die **Bürgermeisterin**<br>▪ Der frühere **Bürgermeister** unserer Stadt heiratete einen Filmstar und zog nach Hollywood. |
| **town hall** *BE* [ˌtaʊn 'hɔːl], **city hall** *AE* [ˌsɪtɪ 'hɔːl] *n*<br>▪ The mayor welcomed his guests in the **town hall.**<br>▪ The old **city hall** was destroyed by the earthquake of 1996. | das **Rathaus**<br>▪ Der Bürgermeister begrüßte seine Gäste im **Rathaus.**<br>▪ Das alte **Rathaus** wurde durch das Erdbeben von 1996 zerstört. |
| **seat** [siːt] *n*<br>▪ The ruling party lost ten **seats** in the new parliament. | der **Sitz**<br>▪ Die Regierungspartei verlor zehn **Sitze** im neuen Parlament. |
| **citizen** ['sɪtɪzn] *n m/f*<br>▪ After living in the US for ten years, he married and became a US **citizen**. | der **Staatsbürger**, die **Staatsbürgerin**, der **Bürger**, die **Bürgerin**<br>▪ Nachdem er zehn Jahre in den USA gelebt hatte, heiratete er und wurde amerikanischer **Staatsbürger**. |

# Gesetz und Rechtsprechung

| | |
|---|---|
| **law** [lɔː] *n*<br>▪ It's against the **law** to drink and drive. | das **Gesetz**, das **Recht**<br>▪ Alkohol am Steuer verstößt gegen das **Gesetz**. |
| **legal** ['liːgl] *adj*<br>▪ In the US it is **legal** for nearly everyone to own a gun. | **legal, gesetzlich (zulässig)**<br>▪ In den USA ist der Besitz von Schusswaffen für fast jedermann **legal**. |
| **illegal** [ɪ'liːgl] *adj*<br>▪ In many US states it is **illegal** for people under 21 to drink alcohol. | **illegal, (gesetzlich) verboten**<br>▪ In vielen Staaten der USA ist es **gesetzlich verboten**, unter 21 Jahren Alkohol zu trinken. |
| **court** [kɔːt] *n*<br>▪ Miriam has to appear in **court** as a witness. | das **Gericht**<br>▪ Miriam muss als Zeugin vor **Gericht** erscheinen. |
| **trial** ['traɪəl] *n*<br>▪ People must not be condemned without **trial**. | der **Prozess**, das **Gerichtsverfahren**<br>▪ Man darf nicht ohne **Prozess** verurteilt werden. |
| **accused** [ə'kjuːzd] *n m/f*<br>▪ The **accused** was sentenced to ten years in prison. | der **Angeklagte**, die **Angeklagte**<br>▪ Der **Angeklagte** wurde zu zehn Jahren Haft verurteilt. |
| **to accuse** [tʊ ə'kjuːz] *v*<br>▪ Two men were arrested and **accused** of selling drugs. | **anklagen, beschuldigen**<br>▪ Zwei Männer wurden festgenommen und wegen Drogenhandels **angeklagt**. |
| **witness** ['wɪtnəs] *n m/f*<br>▪ A little boy saw the crime. He was the only **witness**. | der **Zeuge**, die **Zeugin**<br>▪ Ein kleiner Junge sah das Verbrechen. Er war der einzige **Zeuge**. |
| **victim** ['vɪktɪm] *n*<br>▪ Jack the Ripper killed all his **victims** with a knife. | das **Opfer**<br>▪ Jack the Ripper brachte alle seine **Opfer** mit einem Messer um. |
| **justice** ['dʒʌstɪs] *n*<br>▪ Martin Luther King fought for freedom and **justice**. | die **Gerechtigkeit**<br>▪ Martin Luther King kämpfte für Freiheit und **Gerechtigkeit**. |

| | |
|---|---|
| **just** [dʒʌst] *adj*<br>▪ Sending him to prison for drunk driving was a **just** decision. | **gerecht**<br>▪ Es war eine **gerechte** Entscheidung, ihn wegen Alkohols am Steuer einzusperren. |
| **unjust** [ˌʌn'dʒʌst] *adj*<br>▪ Many consider the new tax laws to be **unjust**. | **ungerecht**<br>▪ Viele halten die neuen Steuergesetze für **ungerecht**. |
| **guilt** [gɪlt] *n*<br>▪ The lawyer was aware of his client's **guilt**. | die **Schuld**<br>▪ Der Anwalt war sich der **Schuld** seines Mandanten bewusst. |
| **guilty** ['gɪltɪ] *adj*<br>▪ She was found **guilty** of murder. | **schuldig**<br>▪ Sie wurde des Mordes für **schuldig** befunden. |
| **innocent** ['ɪnəsənt] *adj*<br>▪ The judge acquitted him. He was **innocent**. | **unschuldig**<br>▪ Der Richter sprach ihn frei. Er war **unschuldig**. |
| **freedom** ['friːdəm] *n*<br>▪ The **freedoms** guaranteed by the First Amendment must not be curtailed by the government. | die **Freiheit**<br>▪ Die durch den Ersten Zusatzartikel garantierten **Freiheiten** dürfen von der Regierung nicht beschnitten werden. |
| **free** [friː] *adj*<br>▪ After the acquittal he felt **free** and relieved. | **frei**<br>▪ Nach dem Freispruch fühlte er sich **frei** und erleichtert. |
| **punishment** ['pʌnɪʃmənt] *n*<br>▪ The terrorists will not escape **punishment**. | die **Strafe**<br>▪ Die Terroristen werden ihrer **Strafe** nicht entkommen. |
| **crime** [kraɪm] *n*<br>▪ The job of the police is to prevent **crime**. | das **Verbrechen**, die **Kriminalität**<br>▪ Es ist die Aufgabe der Polizei, **Verbrechen** zu verhindern. |
| **criminal** ['krɪmɪnl] *n m/f*<br>▪ Prisons ought to reform rather than punish **criminals**. | der **Verbrecher**, die **Verbrecherin**, der **Kriminelle**, die **Kriminelle**<br>▪ Gefängnisse sollten **Verbrecher** bessern, statt sie zu bestrafen. |

**criminal** ['krɪmɪnl] *adj* — **strafbar**
- Dumping waste at sea is a **criminal** offence. — Abfallverklappung auf See ist eine **strafbare** Handlung.

**theft** [θeft] *n* — der **Diebstahl**
- Are there many **thefts** and burglaries in your neighbourhood? — Gibt es in Ihrer Nachbarschaft viele **Diebstähle** und Einbrüche?

**to steal** [tə 'sti:l] *v;* ▸ **v irr** S. 445 steal — **stehlen**
- Ted's bike was **stolen** while he was shopping. — Teds Fahrrad wurde **gestohlen**, während er beim Einkaufen war.

**murder** ['mɜ:də] *n* — der **Mord**
- The terrorists are wanted for **murder**. — Die Terroristen werden wegen **Mordes** gesucht.

**to murder** [tə 'mɜ:də] *v* — **ermorden**
- He hadn't **murdered** the man. — Er hatte den Mann nicht **ermordet**.

**assassination** [əˌsæsɪ'neɪʃn] *n* — die **Ermordung**
- The population was shocked by the **assassination** of their president. — Die Bevölkerung war wegen der **Ermordung** ihres Präsidenten geschockt.

**to kill** [tə 'kɪl] *v* — **töten, umbringen**
- The kidnappers wanted to **kill** their victim but the police was able to prevent the crime. — Die Entführer wollten ihr Opfer **umbringen**, doch die Polizei konnte die Tat vereiteln.

**constitution** [ˌkɒnstɪ'tju:ʃn] *n* — die **Verfassung**
- The first words of the US **Constitution** are: "We the People of the United States". — Die Anfangsworte der **Verfassung** der USA lauten: „Wir, das Volk der Vereinigten Staaten".

**judiciary** [dʒu:'dɪʃərɪ] *n* — die **Justiz**
- After he was arrested by the police he was handed over to the **judiciary**. — Nachdem die Polizei ihn verhaftet hatte, wurde er der **Justiz** übergeben.

**human rights** [ˌju:mən 'raɪts] *n pl* — die **Menschenrechte**
- **Human rights** are analienable and should be observed by every country. — Die **Menschenrechte** sind unveräußerlich und sollten von jedem Land beachtet werden.

| | |
|---|---|
| **statement** ['steɪtmənt] *n*<br>▪ Since he had seen the burglar he went to the police to give a **statement**. | die **Aussage**<br>▪ Da er den Einbrecher beobachtet hatte, ging er zur Polizei, um eine **Aussage** zu machen. |
| **to swear** [tə 'sweə] *v;*<br>▸ **v irr** S. 445 swear<br>▪ A witness must **swear** to tell the truth and nothing but the truth. | **schwören**<br><br>▪ Ein Zeuge muss **schwören**, die Wahrheit und nichts als die Wahrheit zu sagen. |
| **to confess** [tə kən'fes] *v*<br>▪ The man was punished even though he had never **confessed** to the crime. | **gestehen**<br>▪ Der Mann wurde bestraft, obwohl er das Verbrechen nie **gestanden** hatte. |
| **proof** [pruːf] *n*<br>▪ Do you have any **proof** that you weren't at the scene of the crime? | der **Beweis**, der **Nachweis**<br>▪ Haben Sie irgendwelche **Beweise**, dass Sie nicht am Tatort gewesen sind? |
| **to prove** [tə 'pruːv] *v;*<br>▸ **v irr** S. 443 prove<br>▪ His fingerprints **prove** that he was at the scene of the crime. | **beweisen**<br><br>▪ Seine Fingerabdrücke **beweisen**, dass er sich am Tatort aufgehalten hat. |
| **sentence** ['sentəns] *n*<br>▪ The **sentence** was two years in prison. | das **Urteil**<br>▪ Das **Urteil** lautete auf zwei Jahre Gefängnis. |
| **to sentence** [tə 'sentəns] *v*<br>▪ The judge **sentenced** him to three years imprisonment. | **verurteilen**<br>▪ Der Richter **verurteilte** ihn zu drei Jahren Gefängnis. |
| **verdict** ['vɜːdɪkt] *n*<br>▪ The jury wasn't able to reach a unanimous **verdict**. | das **Urteil**<br>▪ Die Jury konnte kein einstimmiges **Urteil** fällen. |
| **judgement** ['dʒʌdʒmənt] *n*<br>▪ The court has not passed **judgement** in this case. | das **Urteil**<br>▪ Das Gericht hat in diesem Fall kein **Urteil** gefällt. |
| **to punish** [tə 'pʌnɪʃ] *v*<br>▪ Motorists should be severely **punished** for reckless driving. | **bestrafen**<br>▪ Autofahrer sollten für rücksichtslo-ses Fahren hart **bestraft** werden. |

| | |
|---|---|
| **to acquit** [tʊ əˈkwɪt] *v*<br>▪ The jury **acquitted** her of all charges. | **freisprechen**<br>▪ Die Jury **sprach** sie von allen Anklagepunkten **frei**. |
| **suspect** [ˈsʌspekt] *n*<br>▪ The police haven't solved the case but they have arrested two **suspects**. | der **Verdächtige**, die **Verdächtige**<br>▪ Die Polizei hat den Fall nicht aufgeklärt, aber sie hat zwei **Verdächtige** verhaftet. |
| **arrest** [əˈrest] *n*<br>▪ Several **arrests** were made by the police during the riots. | die **Festnahme**, die **Verhaftung**<br>▪ Während der Unruhen kam es zu mehreren **Verhaftungen** durch die Polizei. |
| **to arrest** [tʊ əˈrest] *v*<br>▪ His boss was **arrested** on suspicion of embezzlement. | **festnehmen, verhaften**<br>▪ Sein Chef wurde wegen Verdacht auf Unterschlagung **festgenommen**. |
| **prison** [ˈprɪzn] *n*<br>▪ Drunk drivers who injure people should be sent to **prison**. | das **Gefängnis**<br>▪ Betrunkene Autofahrer, die Menschen verletzen, sollte man ins **Gefängnis** stecken. |
| **to control** [tə kənˈtrəʊl] *v*<br>▪ The police were no longer able to **control** the demonstrators. | **kontrollieren**<br>▪ Die Polizei war nicht mehr in der Lage, die Demonstranten zu **kontrollieren**. |

➡ Eine Kontrolle im Sinne einer Überprüfung wird durch check ausgedrückt: **a security check – eine Sicherheitskontrolle** oder **I was checked at the airport – Ich wurde am Flughafen kontrolliert**.

| | |
|---|---|
| **to check** [tə ˈtʃek] *v*<br>▪ All our passports were **checked** at the border.<br>➡ to control ▶ S. 381 | **(über)prüfen, kontrollieren**<br>▪ Alle unsere Reisepässe wurden an der Grenze **überprüft**. |
| **to threaten** [tə ˈθretn] *v*<br>▪ The mugger **threatened** me with a knife. | **bedrohen, drohen**<br>▪ Der Straßenräuber **bedrohte** mich mit einem Messer. |
| **force** [fɔːs] *n*<br>▪ The police had to use **force** to get the drunk out of the train. | die **Gewalt**<br>▪ Die Polizei musste **Gewalt** anwenden, um den Betrunkenen aus dem Zug zu holen. |

| | |
|---|---|
| **violence** ['vaɪələns] *n*<br>▪ Gandhi taught that you should never use **violence** even if others use **violence** against you. | die **Gewalt**<br>▪ Gandhi lehrte, nie **Gewalt** anzuwenden, auch wenn andere **Gewalt** gegen dich anwenden. |
| **violent** ['vaɪələnt] *adj*<br>▪ Sport fans sometimes become **violent**, especially when they're drunk. | **gewalttätig**<br>▪ Sportfans werden manchmal **gewalttätig**, besonders, wenn sie betrunken sind. |
| **robbery** ['rɒbərɪ] *n*<br>▪ He was sent to prison for armed **robbery**. | der **Raub(überfall)**<br>▪ Er kam wegen bewaffneten **Raubüberfalls** ins Gefängnis. |
| **to rob** [tə 'rɒb] *v*<br>▪ The famous outlaw Jesse James **robbed** banks and trains. | **berauben, ausrauben**<br>▪ Der berühmte Bandit Jesse James **raubte** Banken und Züge **aus**. |
| **burglar** ['bɜːglə] *n*<br>▪ The police caught the **burglar** climbing out of the window. | der **Einbrecher**, die **Einbrecherin**<br>▪ Die Polizei hat den **Einbrecher** geschnappt, als er gerade aus dem Fenster kletterte. |
| **to kidnap** [tə 'kɪdnæp] *v*<br>▪ The neighbour **kidnapped** the boy but set him free again after only two hours. | **entführen**<br>▪ Der Nachbar **entführte** den Jungen, aber ließ ihn nach zwei Stunden wieder frei. |
| **to swindle** [tə 'swɪndl] *v*<br>▪ She **swindled** the old man out of all his savings. | **betrügen**<br>▪ Sie hat den alten Mann um seine gesamten Ersparnisse **betrogen**. |
| **to rape** [tə 'reɪp] *v*<br>▪ He tried to **rape** her but she managed to run away. | **vergewaltigen**<br>▪ Er versuchte, sie zu **vergewaltigen**, doch ihr gelang es wegzulaufen. |

# Zeit

## Jahresablauf

| | |
|---|---|
| **year** [jɪə] *n* | das **Jahr** |
| **season** ['siːzn] *n* | die **Jahreszeit** |
| **spring** [sprɪŋ] *n* | der **Frühling**, das **Frühjahr** |
| **summer** ['sʌmə] *n* | der **Sommer** |
| **autumn** *BE* ['ɔːtəm], **fall** *AE* [fɔːl] *n* | der **Herbst** |
| **winter** ['wɪntə] *n* | der **Winter** |
| **month** [mʌnθ] *n* | der **Monat** |
| **week** [wiːk] *n* | die **Woche** |
| **weekend** [*BE:* ˌwiːk'end, *AE:* 'wiːkend] *n* | das **Wochenende** |

➡ **am Wochenende** heißt auf Britisch **at the weekend** und auf Amerikanisch **on the weekend** – nicht selten werden jedoch die Wendungen **next weekend – nächstes Wochenende** und **for the weekend – übers Wochenende** gebraucht.

| | |
|---|---|
| **working day** [*BE:* ˌwɜːkɪŋ 'deɪ, *AE:* 'wɜːkɪŋ ˌdeɪ] *n* | der **Werktag**, der **Arbeitstag** |
| **weekly** ['wiːklɪ] *adj* | **wöchentlich** |
| **fortnight** *BE* ['fɔːtnaɪt] *n* | **14 Tage**, **zwei Wochen** |
| **monthly** ['mʌnθlɪ] *adj* | **monatlich** |
| **yearly** ['jɪəlɪ] *adj* | **jährlich** |
| **six months** [ˌsɪks 'mʌnθs] *n* | das **Halbjahr** |
| **half-yearly** [*BE:* ˌhɑːf'jɪəlɪ, *AE:* ˌhæf'jɪrlɪ] *adj* | **halbjährlich** |

# Monatsnamen

| | |
|---|---|
| **January** ['dʒænjʊərɪ] *n* | der **Januar** |
| **February** ['febrʊərɪ] *n* | der **Februar** |
| **March** [mɑːtʃ] *n* | der **März** |
| **April** ['eɪprəl] *n* | der **April** |
| **May** [meɪ] *n* | der **Mai** |
| **June** [dʒuːn] *n* | der **Juni** |
| **July** [dʒʊ'laɪ] *n* | der **Juli** |
| **August** ['ɔːgəst] *n* | der **August** |
| **September** [sep'tembə] *n* | der **September** |
| **October** [ɒk'təʊbə] *n* | der **Oktober** |
| **November** [nəʊ'vembə] *n* | der **November** |
| **December** [dɪ'sembə] *n* | der **Dezember** |

# Wochentage

| | |
|---|---|
| **Monday** ['mʌndeɪ] *n* | der **Montag** |

➡ Adverbiale Phrasen wie **montags, dienstags** usw. heißen **on Mondays, on Tuesdays** usw.

| | |
|---|---|
| **Tuesday** ['tjuːzdeɪ] *n*<br>➡ Monday ▶ S. 384 | der **Dienstag** |
| **Wednesday** ['wenzdeɪ] *n*<br>➡ Monday ▶ S. 384 | der **Mittwoch** |
| **Thursday** ['θɜːzdeɪ] *n*<br>➡ Monday ▶ S. 384 | der **Donnerstag** |
| **Friday** ['fraɪdeɪ] *n*<br>➡ Monday ▶ S. 384 | der **Freitag** |

| | |
|---|---|
| **Saturday** ['sætədeɪ] *n*<br>➡ Monday ▶ S. 384 | der **Samstag**, der **Sonnabend** |
| **Sunday** ['sʌndeɪ] *n*<br>➡ Monday ▶ S. 384 | der **Sonntag** |

## Tageszeit

| | |
|---|---|
| **day** [deɪ] *n*<br>▪ Most people work five **days** a week. | der **Tag**<br>▪ Die meisten Menschen arbeiten **fünf** Tage in der Woche. |
| **daily** ['deɪlɪ] *adj*<br>▪ It's part of my **daily** routine to eat a bowl of porridge every morning. | **täglich**<br>▪ Es gehört zu meiner **täglichen** Routine, jeden Morgen eine Schale Haferflockenbrei zu essen. |
| **by day** [baɪ 'deɪ] *adv*<br>▪ Ellie works as a waitress **by day**. | **tagsüber**<br>▪ Ellie arbeitet **tagsüber** als Kellnerin. |
| **morning** ['mɔːnɪŋ] *n*<br>▪ Most newspapers come out in the **morning**.<br>▪ Yesterday **morning** the weather was cold and cloudy. | der **Morgen**, der **Vormittag**<br>▪ Die meisten Zeitungen kommen am **Morgen** heraus.<br>▪ Gestern **Vormittag** war das Wetter kalt und bewölkt. |
| **this morning** [ˌθɪs 'mɔːnɪŋ] *adv*<br>▪ I got up at 6.30 **this morning**. | **heute Morgen**<br>▪ Ich bin **heute Morgen** um 6:30 Uhr aufgestanden. |
| **in the morning** [ɪn ðə 'mɔːnɪŋ] *adv*<br>▪ Harry never drinks coffee **in the morning** – only after lunch. | **vormittags**<br>▪ Harry trinkt **vormittags** nie Kaffee – erst nach dem Mittagessen. |
| **am** [ˌeɪ'em] *adv*<br>▪ We have a meeting on Tuesday at 9 **am**. | **morgens**, **vormittags**<br>▪ Wir haben am Dienstag um 9 Uhr **morgens** eine Sitzung. |

➡ Die Abkürzungen **am** und **pm** verwendet man für die Uhrzeiten vor und nach 12 Uhr mittags, wobei **am** (ante meridiem) für 0 bis 12 Uhr steht und **pm** (post meridiem) für 12 bis 24 Uhr. Punkt 12 Uhr mittags heißt **noon**; 24 Uhr **midnight**.

| | |
|---|---|
| **noon** [nuːn] *n* | der **Mittag** |
| ▪ The shootout happened around **noon**. | ▪ Die Schießerei fand gegen **Mittag** statt. |
| **at noon** [ət ˈnuːn] *adv* | **mittags** |
| ▪ In Spain many shops close for lunch **at noon**. | ▪ In Spanien schließen viele Läden **mittags** zur Mittagspause. |
| **afternoon** [*BE:* ˌɑːftəˈnuːn, *AE:* ˌæftərˈnuːn] *n* | der **Nachmittag** |
| ▪ Let's meet in the late **afternoon** or early evening. | ▪ Treffen wir uns am späten **Nachmittag** oder frühen Abend. |
| **in the afternoon** [*BE:* ɪn ðɪ ˌɑːftəˈnuːn, *AE:* ɪn ðə ˌæftərˈnuːn] *adv* | **nachmittags** |
| ▪ Would 2 o'clock **in the afternoon** suit you? | ▪ Würde Ihnen 2 Uhr **nachmittags** passen? |
| **pm** [ˌpiːˈem] *adv* | **nachmittags** |
| ▪ The plane leaves at 3 **pm**. | ▪ Das Flugzeug fliegt um 3 Uhr **nachmittags**. |
| ➡ am ▶ S. 385 | |
| **evening** [ˈiːvnɪŋ] *n* | der **Abend** |
| ▪ Most people watch TV in the **evening**. | ▪ Die meisten Menschen sehen am **Abend** fern. |
| **in the evening** [ɪn ðɪ ˈiːvnɪŋ] *adv* | **abends** |
| ▪ I always read **in the evening**. | ▪ Ich lese **abends** immer. |
| **night** [naɪt] *n, adj* | der **Abend**, die **Nacht**; **Nacht-** |
| ▪ The best TV programmes are late at **night**. | ▪ Die besten Fernsehprogramme gibt es spät am **Abend**. |
| ▪ Take the **night** bus. It's safer than the underground. | ▪ Nimm den **Nacht**bus! Er ist sicherer als die U-Bahn. |
| **at night** [ət ˈnaɪt] *adv* | **nachts** |
| ▪ She shouldn't walk alone through the park **at night**. | ▪ Sie sollte **nachts** nicht allein durch den Park gehen. |
| **midnight** [ˈmɪdnaɪt] *n* | die **Mitternacht** |
| ▪ Let's meet at **midnight** in the old cemetery. | ▪ Treffen wir uns auf dem alten Friedhof um **Mitternacht**. |

| | |
|---|---|
| **tonight** [tə'naɪt] *adv* | **heute Abend, heute Nacht** |
| ▪ Let's go dancing **tonight**. | ▪ Lass uns **heute Abend** tanzen gehen. |
| **last night** [*BE:* ˌlɑːst 'naɪt, *AE:* ˌlæst 'naɪt] *adv* | **gestern Abend, gestern Nacht** |
| ▪ Did you see the talk show at 9 o'clock **last night**? | ▪ Hast du **gestern Abend** um 9 Uhr die Talkshow gesehen? |

## Uhrzeit

| | |
|---|---|
| **o'clock** [ə'klɒk] *adv* | **Uhr** |
| ▪ School starts at 9 **o'clock**. | ▪ Die Schule fängt um 9 **Uhr** an. |
| **hour** ['aʊə] *n* | die **Stunde** |
| ▪ His presentation took only an **hour**. | ▪ Seine Präsentation dauerte nur eine **Stunde**. |
| **half an hour** [*BE:* ˌhɑːf ən 'aʊə, *AE:* ˌhæf ən 'aʊə] *n* | die **halbe Stunde** |
| ▪ I'll be back in **half an hour**. | ▪ Ich bin in einer **halben Stunde** zurück. |
| **half-hour** [*BE:* ˌhɑːf'aʊə, *AE:* ˌhæf'aʊə] *n* | die **halbe Stunde** |
| ▪ I expect her back within the next **half-hour**. | ▪ Ich erwarte sie innerhalb der nächsten **halben Stunde** zurück. |
| **quarter of an hour** [ˌkwɔːtə əv ən 'aʊə] *n* | die **Viertelstunde** |
| ▪ The train leaves in a **quarter of an hour**. | ▪ Der Zug fährt in einer **Viertelstunde** ab. |
| **minute** ['mɪnɪt] *n* | die **Minute** |
| ▪ A quarter of an hour has 15 **minutes**. | ▪ Eine Viertelstunde hat 15 **Minuten**. |
| **second** ['sekənd] *n* | die **Sekunde** |
| ▪ Gary held his breath for 50 **seconds**. | ▪ Gary hielt 50 **Sekunden** lang seine Luft an. |
| **What time ...?** [ˌwɒt 'taɪm] *phrase* | **Um wie viel Uhr ...?** |

| | |
|---|---|
| **around the clock** [əˌraʊnd ðə ˈklɒk] *adv* | **rund um die Uhr** |
| ▪ The entrance is guarded **around the clock**. | ▪ Der Eingang wird **rund um die Uhr** bewacht. |
| **past** [*BE:* pɑːst, *AE:* pæst] *prep* | **nach** |
| ▪ It's five **past** four. | ▪ Es ist fünf **nach** vier. |
| **to** [tuː] *prep* | **vor** |
| ▪ I'll be there at ten **to** six. | ▪ Ich werde um zehn **vor** sechs da sein. |
| **ago** [əˈgəʊ] *adv* | **vor** |
| ▪ Her father died 32 years **ago**. | ▪ Ihr Vater starb **vor** 32 Jahren. |
| **at** [æt] *prep* | **um** |
| ▪ The concert begins **at** eight. | ▪ Das Konzert fängt **um** acht an. |
| **sharp** [ʃɑːp] *adv* | **Punkt** |
| ▪ I want you to be back at ten o'clock **sharp**. | ▪ Ich will, dass du um **Punkt** zehn zurück bist. |

# Andere Zeitbegriffe

## Gegenwart, Vergangenheit und Zukunft

| | |
|---|---|
| **time** [taɪm] *n* | die **Zeit** |
| ▪ I'd love to come but I haven't got the **time**. | ▪ Ich würde sehr gern kommen, aber ich habe keine **Zeit**. |
| **in** [ɪn] *prep* | **im Jahr(e)**, **in** (oder es bleibt unübersetzt) |
| ▪ The Vietnam War ended **in** 1975. | ▪ Der Vietnamkrieg endete 1975. |
| ▪ Graham will see her again **in** eleven months. | ▪ Graham wird sie **in** elf Monaten wiedersehen. |
| **during** [ˈdjʊərɪŋ] *prep* | **während** |
| ▪ I never watch TV **during** the day. | ▪ Ich schaue **während** des Tages nie fern. |

**date** [deɪt] *n*
- What's the **date** today? – It's the fourteenth of January.

das **Datum**
- Welches **Datum** haben wir heute? – Den vierzehnten Januar.

**now** [naʊ] *adv*
- Don't wait – act **now**!

**jetzt**, **nun**
- Warte nicht – handle **jetzt**!

**today** [tə'deɪ] *adv*
- If you post the letter **today**, it will get there tomorrow.

**heute**
- Wenn Sie den Brief **heute** aufgeben, ist er morgen dort.

**yesterday** ['jestədeɪ] *adv*
- I only started **yesterday**.

**gestern**
- Ich habe erst **gestern** angefangen.

**the day before yesterday** [ðə ˌdeɪ bɪˌfɔː 'jestədeɪ] *adv*
- I hope the steaks are still okay. I bought them **the day before yesterday**.

**vorgestern**
- Ich hoffe, die Steaks sind noch gut. Ich habe sie **vorgestern** gekauft.

**tomorrow** [tə'mɒrəʊ] *adv*
- You can speak to the boss **tomorrow**. He's not here today.

**morgen**
- Sie können **morgen** mit dem Chef sprechen. Heute ist er nicht da.

**the day after tomorrow** [*BE:* ðə ˌdeɪ ɑːftə tə'mɒrəʊ, *AE:* ðə ˌdeɪ æftər tə'mɒrəʊ] *adv*
- I'll probably be finished by **the day after tomorrow**.

**übermorgen**
- Ich werde wahrscheinlich **übermorgen** fertig sein.

**moment** ['məʊmənt] *n*
- It will take a **moment**.

der **Augenblick**, der **Moment**
- Es wird einen **Augenblick** dauern.

**century** ['sentʃərɪ] *n*
- The Industial Revolution began in the 18th **century**.

das **Jahrhundert**
- Die industrielle Revolution begann im 18. **Jahrhundert**.

**past** [*BE:* pɑːst, *AE:* pæst] *n*
- The **past** is always part of the present.

die **Vergangenheit**
- Die **Vergangenheit** ist immer Teil der Gegenwart.

**present** ['preznt] *n*
- The **present** can only interpret the past but not understand it.

die **Gegenwart**
- Die **Gegenwart** kann die Vergangenheit nur interpretieren, sie jedoch nicht verstehen.

| | |
|---|---|
| **at present** [ət ˈpreznt] *adv*<br>▪ There isn't much hope of finding the stolen pictures again **at present**. | **zurzeit**<br>▪ Es gibt **zurzeit** nicht viel Hoffnung, die gestohlenen Bilder wiederzufinden. |
| **future** [ˈfjuːtʃə] *n, adj*<br>▪ A fortune teller claims to be able to see into the **future**.<br>▪ Had I been able to predict **future** events, I would have tried to prevent what happened. | die **Zukunft**; **zukünftig**<br>▪ Eine Wahrsagerin behauptet, in die **Zukunft** sehen zu können.<br>▪ Wäre ich fähig gewesen, **zukünftige** Ereignisse vorherzusehen, hätte ich versucht zu verhindern, was geschah. |
| **nowadays** [ˈnaʊədeɪz] *adv*<br>▪ We used to have three TV channels to choose from. **Nowadays** we have 500. | **heutzutage**<br>▪ Früher hatten wir drei Fernsehprogramme zur Wahl. **Heutzutage** haben wir 500. |
| **then** [ðen] *adv*<br>▪ I remember the first landing on the moon. I was a little boy **then**. | **damals**<br>▪ Ich erinnere mich an die erste Mondlandung. **Damals** war ich ein kleiner Junge. |

## Dauer und Häufigkeit

| | |
|---|---|
| **until** [ʌnˈtɪl] *prep*<br>▪ Office workers in Britain usually start at 9 and work **until** 5 o'clock. | **bis**<br>▪ In Großbritannien fangen Bürokräfte meist um 9 Uhr an und arbeiten **bis** 17 Uhr. |
| **till** [tɪl] *conj*<br>▪ I'll take care of the baby **till** you come back. | **bis**<br>▪ Ich kümmere mich um das Baby, **bis** du zurückkommst. |
| **by** [baɪ] *prep*<br>▪ Please hand in your essays **by** Friday. | **bis (spätestens)**<br>▪ Bitte gebt eure Essays **bis spätestens** Freitag ab. |

| | |
|---|---|
| **for** [fɔː] *prep* | **lang, seit** |
| ▪ I lived in America **for** one year. | ▪ Ich wohnte ein Jahr **lang** in Amerika. |
| ▪ Tina's been ill **for** a week. | ▪ Tina ist **seit** einer Woche krank. |

➡ Das deutsche **seit** wird durch **for** ausgedrückt, wenn es sich auf einen Zeitraum bezieht (**for a month**) und durch **since**, wenn es sich um einen Zeitpunkt, der in der Regel der Anfangspunkt ist, handelt (**since Monday**).

| | |
|---|---|
| **since** [sɪns] *prep* | **seit** |
| ▪ It's been a week **since** Tina fell ill. | ▪ Es ist eine Wocher her, **seit** Tina krank wurde. |
| ➡ for ▸ S. 391 | |
| **from** [frɒm] *prep* | **von** |
| ▪ I'm doing the night shift this week. I work **from** 10 pm until 6 in the morning. | ▪ Ich habe diese Woche Nachtschicht. Ich arbeite **von** 22 Uhr abends bis 6 Uhr morgens. |
| **already** [ɔːl'redɪ] *adv* | **schon** |
| ▪ James isn't coming, he's **already** seen the film. | ▪ James kommt nicht mit, er hat den Film **schon** gesehen. |
| **still** [stɪl] *adv* | **noch** |
| ▪ It was **still** dark when we left. | ▪ Es war **noch** dunkel, als wir abfuhren. |
| **not yet** [ˌnɒt 'jet] *adv* | **noch nicht** |
| ▪ Where's Luke? I have**n't** seen him **yet**. | ▪ Wo ist Luke? Ich habe ihn **noch nicht** gesehen. |
| **forever** [fər'evə] *adv* | **(für) immer** |
| ▪ The Rolling Stones will be remembered **forever**. | ▪ An die Rolling Stones wird man sich **immer** erinnern. |
| **to take** [tə 'teɪk] *v;* ▸ **v irr** S. 446 take | **dauern** |
| ▪ How long will it **take** to drive to Canterbury? | ▪ Wie lange wird es **dauern**, nach Canterbury zu fahren? |
| **to last** [*BE:* tə 'lɑːst, *AE:* tə 'læst] *v* | **dauern** |
| ▪ The negotiations with the supplier **lasted** three days. | ▪ Die Verhandlungen mit dem Zulieferer **dauerten** drei Tage. |
| **shortly** ['ʃɔːtlɪ] *adv* | **in Kürze** |
| ▪ The game will be starting **shortly**. | ▪ Das Spiel fängt **in Kürze** an. |

| | |
|---|---|
| **long** [lɒŋ] *adj*<br>▪ It's a **long** flight from London to Sydney. | **lang**<br>▪ Es ist ein **langer** Flug von London nach Sydney. |
| **ever** ['evə] *adv*<br>▪ Have you **ever** been to New Zealand? | **jemals, schon einmal**<br>▪ Waren Sie **schon einmal** in Neuseeland? |
| **always** ['ɔːlweɪz] *adv*<br>▪ In tennis one player **always** wins. | **immer**<br>▪ Beim Tennis gewinnt **immer** ein Spieler. |
| **often** ['ɒfn] *adv*<br>▪ I like the theatre but I don't **often** have time to go. | **oft, häufig**<br>▪ Ich gehe gern ins Theater, aber ich habe nicht **oft** Zeit dazu. |
| **sometimes** ['sʌmtaɪmz] *adv*<br>▪ **Sometimes** he goes by car but usually he takes the bus. | **manchmal**<br>▪ **Manchmal** fährt er mit dem Auto, aber meistens nimmt er den Bus. |
| **usually** ['juːʒʊəlɪ] *adv*<br>▪ We **usually** go to bed around ten thirty. | **meistens, normalerweise, gewöhnlich**<br>▪ Wir gehen **meistens** gegen halb elf ins Bett. |
| **rarely** ['reəlɪ] *adv*<br>▪ They've moved away, so we **rarely** see them. | **kaum**<br>▪ Sie sind weggezogen, deshalb sehen wir sie **kaum**. |
| **never** ['nevə] *adv*<br>▪ I've heard of him but I've **never** seen him. | **nie, niemals**<br>▪ Ich habe von ihm gehört, ihn aber noch **nie** gesehen. |
| **while** [waɪl] *n*<br>▪ I saw her a little **while** ago. | die **Weile**<br>▪ Ich habe sie vor einer **Weile** getroffen. |
| **frequent** ['friːkwənt] *adj*<br>▪ Gordon always takes his notebook on his **frequent** flights. | **häufig**<br>▪ Gordon nimmt auf seinen **häufigen** Flügen immer sein Notebook mit. |
| **seldom** ['seldəm] *adv*<br>▪ I'm not a vegetarian, but I very **seldom** eat meat. | **selten**<br>▪ Ich bin kein Vegetarier, doch ich esse sehr **selten** Fleisch. |

## Früher und später

| | |
|---|---|
| **before** [bɪˈfɔː] *conj, prep* | **bevor; vor** |
| ▪ Alex was a teacher **before** she became a writer. | ▪ Alex war Lehrerin, **bevor** sie Schriftstellerin wurde. |
| ▪ Jamie always jogs **before** breakfast. | ▪ Jamie joggt immer **vor** dem Frühstück. |
| **then** [ðen] *adv* | **danach, dann** |
| ▪ First the President spoke and **then** his guests. | ▪ Zuerst sprach der Präsident und **dann** seine Gäste. |
| **after** [*BE:* ˈɑːftə, *AE:* ˈæftər] *prep* | **nach** |
| ▪ Granddad likes to take a nap **after** dinner. | ▪ Opa macht **nach** dem Essen gern ein Nickerchen. |
| **early** [ˈɜːlɪ] *adv* | **früh, früher, zu früh** |
| ▪ Sorry for being so **early**. I couldn't wait any longer. | ▪ Entschuldigen Sie, dass ich so **früh** komme. Ich konnte nicht länger warten. |
| ▪ The plane was due at 12 noon but arrived 20 minutes **early**. | ▪ Das Flugzeug sollte um 12 Uhr landen, kam aber 20 Minuten **früher** an. |
| **late** [leɪt] *adv* | **spät, zu spät** |
| ▪ If I don't catch the train I'll be **late**. | ▪ Wenn ich den Zug nicht erreiche, komme ich **zu spät**. |
| **later** [ˈleɪtə] *adv* | **später** |
| ▪ Bye now, I'll see you **later**. | ▪ Tschüs erst mal, bis **später**. |
| **in time** [ɪn ˈtaɪm] *adv* | **rechtzeitig** |
| ▪ We arrived just **in time** to catch our train. | ▪ Wir kamen gerade **rechtzeitig**, um unseren Zug zu erreichen. |
| **soon** [suːn] *adv* | **bald** |
| ▪ Don't be afraid. Your mother will be back again **soon**. | ▪ Hab keine Angst! Deine Mutter ist **bald** wieder da. |
| **immediately** [ɪˈmiːdɪətlɪ] *adv* | **sofort** |
| ▪ Send an ambulance **immediately**! | ▪ Schicken Sie **sofort** einen Krankenwagen! |
| **at once** [ət ˈwʌns] *adv* | **sofort** |
| ▪ Don't wait! Do it **at once**! | ▪ Warte nicht! Tu es **sofort**! |

| | |
|---|---|
| **suddenly** ['sʌdnlɪ] *adv*<br>▪ We woke up when **suddenly** the house began to shake. | **plötzlich**<br>▪ Wir wachten auf, als **plötzlich** das Haus anfing zu wackeln. |
| **first** [fɜːst] *adv*<br>▪ There's so much work I don't know what to do **first**. | **zunächst, als Erstes**<br>▪ Es gibt so viel Arbeit, dass ich nicht weiß, was ich **als Erstes** tun soll. |
| **last** [*BE:* lɑːst, *AE:* læst] *adj, adv*<br>▪ The **last** train leaves around midnight.<br>▪ Fred arrived **last** as usual. | **letzter; als Letzte(r, -s)**<br>▪ Der **letzte** Zug fährt gegen Mitternacht.<br>▪ Wie gewöhnlich erschien Fred **als Letzter**. |
| **yet** [jet] *adv*<br>▪ I'm looking for Sue. Have you seen her **yet**? | **schon**<br>▪ Ich suche nach Sue. Hast du sie **schon** gesehen? |
| **recently** ['riːsntlɪ] *adv*<br>▪ The film came out only **recently** but I haven't seen it yet. | **kürzlich, vor kurzem**<br>▪ Der Film ist erst **kürzlich** herausgekommen, aber ich habe ihn noch nicht gesehen. |
| **lately** ['leɪtlɪ] *adv*<br>▪ Karen hasn't watched much TV **lately**. | **in letzter Zeit**<br>▪ Karen hat in **letzter** Zeit wenig ferngesehen. |
| **finally** ['faɪnəlɪ] *adv*<br>▪ After several traffic jams we **finally** reached Brighton. | **endlich, schließlich**<br>▪ Nach mehreren Staus erreichten wir **endlich** Brighton. |
| **urgent** ['ɜːdʒənt] *adj*<br>▪ Please write this e-mail immediately. It's very **urgent**. | **eilig, dringend**<br>▪ Bitte schreiben Sie diese E-Mail unverzüglich. Es ist sehr **dringend**. |

# Zeitlicher Ablauf

**once** [wʌns] *adv* — **einmal, einst**
- London was **once** a Roman town. — London war **einmal** eine römische Stadt.

**twice** [twaɪs] *adv* — **zweimal**
- Danny goes jogging **twice** a week: on Wednesdays and Sundays. — Danny geht **zweimal** die Woche joggen: mittwochs und sonntags.

**to start** [tə 'stɑːt] *v* — **anfangen, beginnen**
- Rachel **started** to say something but then stopped. — Rachel **fing an**, etwas zu sagen, aber redete dann nicht weiter.

**to begin** [tə bɪ'gɪn] *v;* — **beginnen, anfangen**
▸ v irr S. 439 begin
- The American Civil War **began** in 1861 and ended in 1865. — Der Amerikanische Bürgerkrieg **begann** 1861 und endete 1865.

**to finish** [tə 'fɪnɪʃ] *v* — **enden, aufhören**
- What time does the programme **finish**? — Um wie viel Uhr **endet** die Sendung?

**to stop** [tə 'stɒp] *v* — **aufhören, stehen bleiben**
- Could you **stop** talking? I'm trying to think. — Könntet ihr **aufhören** zu reden? Ich versuche nachzudenken.
- We **stopped** to look in the shop windows. — Wir **blieben stehen**, um uns die Schaufenster anzusehen.

**over** ['əʊvə] *adv* — **zu Ende, vorbei**
- Let's go home. The party's **over**. — Gehen wir nach Hause. Die Party ist **vorbei**.

**end** [end] *n* — das **Ende**, der **Schluss**
- I stayed until the very **end** of the party. — Ich bin bis ganz zum **Schluss** der Party geblieben.

**to end** [tʊ 'end] *v* — **beenden**
- The atom bomb **ended** World War II in August 1945. — Die Atombombe **beendete** den Zweiten Weltkrieg im August 1945.

**to continue** [tə kən'tɪnjuː] *v* — **fortsetzen**
- Many school-leavers want to **continue** their education at college. — Viele Schulabgänger wollen ihre Ausbildung an einem College **fortsetzen**.

| | |
|---|---|
| **delay** [dɪ'leɪ] *n*<br>▪ There were lots of **delays** at the airport due to fog. | die **Verspätung**<br>▪ Auf dem Flughafen gab es viele **Verspätungen** wegen Nebels. |
| **to delay** [tə dɪ'leɪ] *v*<br>▪ The arrival of the bus was **delayed** because of engine damage. | **sich verzögern**<br>▪ Die Ankunft des Busses **verzögerte sich** wegen eines Motorschadens. |
| **to postpone** [tə ˌpəʊs'pəʊn] *v*<br>▪ They meeting was **postponed** until the following day. | **verschieben**<br>▪ Die Sitzung wurde auf den folgenden Tag **verschoben**. |
| **current** [*BE:* 'kʌrənt, *AE:* 'kɜːrənt] *adj*<br>▪ His book on the **current** problems of society has become a best-seller. | **aktuell**<br>▪ Sein Buch über die **aktuellen** Probleme der Gesellschaft ist ein Bestseller. |
| **to interrupt** [tʊ ˌɪntə'rʌpt] *v*<br>▪ John **interrupts** his wife every time she says something. | **unterbrechen**<br>▪ John **unterbricht** seine Frau jedes Mal, wenn sie etwas sagt. |

# Raum

## Räumliche Begriffe

| | |
|---|---|
| **place** [pleɪs] *n*<br>▪ I know this **place**. I've been here before. | der **Ort**, die **Stelle**<br>▪ Ich kenne diesen **Ort**. Ich war hier schon mal. |
| **there** [ðeə] *adv*<br>▪ I hear there's a concert in Cork. Are you going **there**? | **dort**, **dahin**, **dorthin**<br>▪ Ich habe gehört, in Cork ist ein Konzert. Fährst du **dorthin**? |
| **to** [tuː] *prep*<br>▪ It's about 400 kilometres from here **to** Aberdeen. | **nach**<br>▪ Von hier **nach** Aberdeen sind es etwa 400 Kilometer. |
| **away** [ə'weɪ] *adv*<br>▪ They jumped on their bicycles and rode **away**. | **fort**, **weg**<br>▪ Sie sprangen auf ihre Räder und fuhren **fort**. |
| **somewhere** ['sʌmweə] *adv*<br>▪ Try to find him, he must be **somewhere**. | **irgendwo**<br>▪ Versucht ihn zu finden, er muss **irgendwo** sein. |
| **anywhere** ['enɪweə] *adv*<br>▪ Your glasses could be **anywhere**. | **überall**<br>▪ Deine Brille könnte **überall** sein. |
| **nowhere** ['nəʊweə] *adv*<br>▪ The missing person was **nowhere** to be found. | **nirgendwo**<br>▪ Die vermisste Person war **nirgend-wo** zu finden. |
| **everywhere** ['evrɪweə] *adv*<br>▪ You can find nice pubs **everywhere** in Britain. | **überall**<br>▪ In Großbritannien findet man **über-all** nette Pubs. |
| **front** [frʌnt] *n*<br>▪ The **front** of the house was damaged by the storm. | die **Vorderseite**<br>▪ Die **Vorderseite** des Hauses wurde durch den Sturm beschädigt. |
| **in front of** [ɪn 'frʌnt əv] *prep*<br>▪ Lots of people were standing **in front of** the cinema. | **vor**<br>▪ **Vor** dem Kino standen viele Men-schen. |

| | |
|---|---|
| **back** [bæk] *n* | die **Rückseite** |
| ▪ The bike was found at the **back** of the building. | ▪ Das Fahrrad wurde an der **Rückseite** des Hauses gefunden. |
| **behind** [bɪ'haɪnd] *prep, adv* | **hinter; dahinter** |
| ▪ Polly was hiding **behind** a tree. | ▪ Polly versteckte sich **hinter** einem Baum. |
| **middle** ['mɪdl] *n* | die **Mitte** |
| ▪ Germany is in the **middle** of Europe. | ▪ Deutschland liegt in der **Mitte** Europas. |
| **side** [saɪd] *n* | die **Seite** |
| ▪ Cars drive on the left **side** of the road in Australia. | ▪ In Australien fahren die Autos auf der linken **Seite** der Straße. |
| **right** [raɪt] *adv* | **rechts** |
| ▪ Turn **right** at the crossroads. | ▪ Biegen Sie an der Kreuzung **rechts** ab! |
| **left** [left] *adv* | **links** |
| ▪ The library is **left** of the post office. | ▪ Die Bibliothek liegt **links** von der Post. |
| **above** [ə'bʌv] *prep* | **über, oberhalb** |
| ▪ The plane was flying far **above** the clouds. | ▪ Das Flugzeug flog weit **über** den Wolken. |
| **narrow** ['nærəʊ] *adj* | **schmal** |
| ▪ The street is too **narrow** for buses and lorries. | ▪ Die Straße ist zu **schmal** für Busse und Lastwagen. |
| **down** [daʊn] *adv* | **hinunter, (he)runter** |
| ▪ Patrick went **down** to the cellar to look at the heating. | ▪ Patrick ging in den Keller **hinunter**, um nach der Heizung zu schauen. |
| **downstairs** [ˌdaʊn'steəz] *adv* | **unten** |
| ▪ The bedroooms are upstairs and the living room is **downstairs**. | ▪ Die Schlafzimmer sind oben und das Wohnzimmer ist **unten**. |
| **over** ['əʊvə] *prep* | **über** |
| ▪ The dog jumped **over** the fence and ran away. | ▪ Der Hund sprang **über** den Zaun und lief weg. |
| **here** [hɪə] *adv* | **hier** |
| ▪ I've lived **here** all my life. | ▪ Ich wohne **hier** schon mein ganzes Leben. |

| | |
|---|---|
| **away** [ə'weɪ] *adv*<br>▪ She got into her car and drove **away**. | **weg**<br>▪ Sie stieg in ihren Wagen und fuhr **weg**. |
| **far** [fɑː] *adj*<br>▪ We can walk there, it isn't **far**. | **weit**<br>▪ Wir können zu Fuß hingehen, es ist nicht **weit**. |

➡ Die Steigerungsformen **farther**, **farthest** werden nur räumlich verwendet. Dagegen können **further**, **furthest** sowohl in räumlicher als auch in übertragener Bedeutung gebraucht werden, z. B. **two miles further – zwei Meilen weiter** oder **further reasons – weitere Gründe**.

| | |
|---|---|
| **near** [nɪə] *adj*<br>▪ Can you tell me where the **nearest** bus stop is? | **nahe**<br>▪ Können Sie mir sagen, wo die **nächste** Bushaltestelle ist? |

➡ **nearest** bedeutet räumlich **nächstgelegen**, **next** hingegen **der/die/das nächste** in der Reihenfolge, z.B.: **Get off at the next bus stop. – Steigen Sie an der nächsten Haltestelle aus.**

| | |
|---|---|
| **next to** ['nekst tə] *prep*<br>▪ Charlotte's an old friend. She sat **next to** me at school. | **neben**<br>▪ Charlotte ist eine alte Freundin. Sie saß in der Schule **neben** mir. |
| **by** [baɪ] *prep*<br>▪ When I entered the room she was standing **by** the window. | **neben**<br>▪ Als ich den Raum betrat, stand sie **neben** dem Fenster. |
| **opposite** ['ɒpəzɪt] *prep*<br>▪ The teacher usually stands **opposite** the class. | **gegenüber**<br>▪ Der Lehrer steht meist der Klasse **gegenüber**. |
| **round** [raʊnd] *prep*<br>▪ Monica walked **round** the table and looked at me from all sides. | **um ... herum**<br>▪ Monica ging **um** den Tisch **herum** und schaute mich von allen Seiten an. |
| **below** [bɪ'ləʊ] *prep*<br>▪ There's a lot of oil **below** the surface of the desert. | **unter**<br>▪ **Unter** der Oberfläche der Wüste liegt viel Öl. |
| **under** ['ʌndə] *prep*<br>▪ Most of the iceberg is **under** the surface of the water. | **unter**<br>▪ Der größte Teil des Eisberges liegt **unter** der Wasseroberfläche. |

| | |
|---|---|
| **among** [ə'mʌŋ] *prep*<br>▪ There are several valuable examples **among** your stamps. | **zwischen**<br>▪ **Zwischen** deinen Briefmarken befinden sich mehrere wertvolle Stücke. |
| **between** [bɪ'twi:n] *prep*<br>▪ There's a direct train service **between** London and Paris. | **zwischen**<br>▪ Es gibt eine direkte Zugverbindung **zwischen** London und Paris. |
| **up** [ʌp] *adv*<br>▪ Caroline went **up** to put the children to bed. | **nach oben, hoch, hinauf**<br>▪ Caroline ging **nach oben**, um die Kinder ins Bett zu bringen. |
| **upstairs** [ˌʌp'steəz] *adv*<br>▪ The bathroom is **upstairs**. | **oben**<br>▪ Das Bad ist **oben**. |
| **high** [haɪ] *adj*<br>▪ Mount Whitney is the **highest** mountain in California. | **hoch**<br>▪ Der Mount Whitney ist der **höchste** Berg Kaliforniens. |
| **low** [ləʊ] *adj*<br>▪ The clouds are very **low**. It's going to rain. | **niedrig, tief**<br>▪ Die Wolken sind sehr **tief**. Es wird regnen. |
| **direction** [dɪ'rekʃn] *n*<br>▪ Chris is walking in the wrong **direction**. | die **Richtung**<br>▪ Chris läuft in die falsche **Richtung.** |
| **around** [ə'raʊnd] *adv*<br>▪ A merry-go-round goes **around** in a circle. | **um (herum)**<br>▪ Ein Karussell dreht sich im Kreis **herum**. |
| **for** [fɔ:] *prep*<br>▪ The ferry left **for** Harwich this morning. | **nach, in Richtung**<br>▪ Die Fähre ist heute Morgen **nach** Harwich ausgelaufen. |
| **towards** [*BE:* tə'wɔ:dz, *AE:* tɔ:dz] *prep*<br>▪ I got a fright when I saw a big dog running **towards** me. | **auf … zu**<br>▪ Ich bekam einen Schreck, als ich einen großen Hund **auf** mich **zu**laufen sah. |
| **into** ['ɪntə] *prep*<br>▪ It's getting cold, let's go **into** the house. | **in (hinein)**<br>▪ Es wird kalt, gehen wir lieber **ins** Haus **hinein**. |

| | |
|---|---|
| **out of** ['aʊt əv] *prep* | **aus (heraus)** |
| ▪ Joe jumped **out of** bed when the alarm clock rang. | ▪ Joe sprang **aus** dem Bett, als der Wecker klingelte. |
| **from** [frɒm] *prep* | **aus** |
| ▪ Sean comes **from** Ireland. | ▪ Sean ist **aus** Irland. |
| **through** [θru:] *prep* | **durch** |
| ▪ Our train is going **through** the Channel Tunnel. | ▪ Unser Zug fährt **durch** den Kanaltunnel. |
| **across** [ə'krɒs] *prep* | **(hin)über** |
| ▪ A boat took us **across** the river. | ▪ Ein Boot brachte uns **über** den Fluss. |
| **inside** [ˌɪn'saɪd] *prep* | **innerhalb** |
| ▪ They ran the last five laps **inside** the stadium. | ▪ Sie liefen die letzten fünf Runden **innerhalb** des Stadions. |
| **outside** [ˌaʊt'saɪd] *prep* | **außerhalb (von)** |
| ▪ They live in a township **outside** Cape Town. | ▪ Sie wohnen in einem Township **außerhalb** von Kapstadt. |
| **distance** ['dɪstəns] *n* | die **Entfernung** |
| ▪ The Channel Tunnel allows trains to cover the **distance** between London and Paris in about three hours. | ▪ Durch den Kanaltunnel überwinden Züge die **Entfernung** von London nach Paris in etwa drei Stunden. |
| **deep** [di:p] *adj* | **tief** |
| ▪ Be careful when you go swimming. The water's very **deep**! | ▪ Vorsicht beim Baden! Das Wasser ist sehr **tief**. |
| **position** [pə'zɪʃn] *n* | der **Standort** |
| ▪ San Francisco is known for its beautiful **position** overlooking the Bay. | ▪ San Francisco ist bekannt für seinen schönen **Standort** mit Blick über die Bucht. |
| **forward(s)** ['fɔ:wəd(z)] *adv* | **vorwärts** |
| ▪ The doors closed automatically and the train started to move slowly **forwards**. | ▪ Die Türen schlossen sich automatisch und der Zug bewegte sich langsam **vorwärts**. |
| **backward(s)** ['bækwəd(z)] *adv* | **rückwärts** |
| ▪ In a countdown you count **backwards** in seconds to zero. | ▪ Bei einem Countdown zählt man die Sekunden **rückwärts** bis null. |

# Bewegung, Geschwindigkeit und Ruhe

**to move** [tə 'muːv] *v* — **(sich) bewegen**
- Don't open the door while the train's **moving**. — Nicht die Tür öffnen, solange **sich** der Zug **bewegt**!

**to turn** [tə 'tɜːn] *v* — **sich (um)drehen**
- Molly **turned** around and waved at us. — Molly **drehte sich um** und winkte uns zu.

**to get on** [tə ˌget 'ɒn] *phrase;* ▸ v irr S. 441 get — **einsteigen**
- Brenda **got on** the train just before it departed. — Kurz bevor der Zug abfuhr, ist Brenda **eingestiegen**.

**to get in** [tə ˌget 'ɪn] *phrase;* ▸ v irr S. 441 get — **einsteigen**
- Why don't you **get in** the car and wait for me? I'll be right back. — Warum **steigen** Sie nicht in den Wagen **ein** und warten auf mich? Ich bin gleich zurück.

**to get off** [tə ˌget 'ɒf] *phrase;* ▸ v irr S. 441 get — **aussteigen**
- **Get off** at Netherfield Park Station. I'll pick you up. — **Steig** am Bahnhof Netherfield Park **aus**! Ich hole dich ab.

**to get out** [tə ˌget 'aʊt] *phrase;* ▸ v irr S. 441 get — **aussteigen**
- Kathleen **got out** of the taxi and rushed into the hotel lobby to meet her fiancé. — Kathleen **stieg** aus dem Taxi **aus** und eilte in die Hotellobby, um ihren Verlobten zu treffen.

**to go down** [tə ˌgəʊ 'daʊn] *phrase;* ▸ v irr S. 442 go — **hinuntergehen**
- When Diane **went down** the stairs, she saw a burglar in the dining room. — Als Diane die Treppe **hinunterging**, sah sie einen Einbrecher im Esszimmer.

**to be in a hurry** [*BE:* tə biː ɪn ə 'hʌrɪ, *AE:* tə biː ɪn ə 'hɜːrɪ] *phrase;* ▸ v irr S. 439 be — **es eilig haben**
- **I'm in a hurry.** — Ich **habe es eilig**.

**quickly** ['kwɪklɪ] *adv* — **schnell**
- Young children learn very **quickly**. — Kleine Kinder lernen sehr **schnell**.

| | |
|---|---|
| **fast** [*BE:* fɑːst, *AE:* fæst] *adj* | **schnell** |
| ▪ Mandy's a **fast** but careful driver. | ▪ Mandy ist eine **schnelle**, aber vorsichtige Fahrerin. |
| **slow** [sləʊ] *adj* | **langsam** |
| ▪ Seeing London by bus is fun but very **slow**. | ▪ London im Bus zu erleben, macht Spaß, geht aber sehr **langsam**. |
| **to walk** [tə ˈwɔːk] *v* | **(zu Fuß) gehen** |
| ▪ We had no car, so we had to **walk**. | ▪ Wir hatten kein Auto, also mussten wir **zu Fuß gehen**. |
| **to fall** [tə ˈfɔːl] *v;* ▸ **v irr** S. 441 fall | **fallen**, **stürzen** |
| ▪ Josie **fell** off her horse and broke her arm. | ▪ Josie **stürzte** vom Pferd und brach sich den Arm. |
| **speed** [spiːd] *n* | die **Geschwindigkeit**, das **Tempo** |
| ▪ The Concorde could reach **speeds** of Mach 2 and higher. | ▪ Die Concorde erreichte eine **Geschwindigkeit** von Mach 2 und höher. |
| **to overtake** [tʊ ˌəʊvəˈteɪk] *v;* ▸ **v irr** S. 443 overtake | **überholen** |
| ▪ Don't **overtake** if you can't see the oncoming traffic. | ▪ Nicht **überholen**, wenn man den entgegenkommenden Verkehr nicht sehen kann. |
| **to slow down** [tə ˌsləʊ ˈdaʊn] *phrase* | **langsamer fahren**, **abbremsen** |
| ▪ **Slow down**! The speed limit here is 25 mph! | ▪ **Fahr langsamer**! Hier darf man nicht schneller als 25 Meilen pro Stunde fahren. |

## Kommen und Gehen

| | |
|---|---|
| **to go** [tə ˈgəʊ] *v;* ▸ **v irr** S. 442 go | **gehen** |
| ▪ I'd like to stay a little longer, but I really have to **go**. | ▪ Ich würde gern noch etwas bleiben, aber ich muss jetzt wirklich **gehen**. |
| **to leave** [tə ˈliːv] *v;* ▸ **v irr** S. 443 leave | **fortgehen**, **weggehen**, **losgehen** |
| ▪ I have to **leave** at 7.30 to catch the bus. | ▪ Um den Bus zu erreichen, muss ich um halb acht **losgehen**. |
| **to get** [tə ˈget] *v;* ▸ **v irr** S. 441 get | **(hin)kommen**, **ankommen** |
| ▪ Thank God we **got** there in time. | ▪ Gott sei Dank **sind** wir rechtzeitig **angekommen**. |

| | |
|---|---|
| **to come** [tə 'kʌm] *v;*<br>▸ v irr S. 440 come<br>▪ Jake wants you to **come** to his birthday party. | **kommen**<br>▪ Jake möchte, dass du zu seiner Geburtstagsfeier **kommst**. |
| **to return** [tə rɪ'tɜːn] *v*<br>▪ Gordon leaves for work at 7.30 in the morning and **returns** around 5 in the afternoon. | **zurückkommen**<br>▪ Gordon geht morgens um 7.30 Uhr zur Arbeit und **kommt** gegen 17.00 Uhr am Nachmittag **zurück**. |
| **to walk** [tə 'wɔːk] *v*<br>▪ We had no car, so we had to **walk**. | **(zu Fuß) gehen**<br>▪ Wir hatten kein Auto, also mussten wir **zu Fuß gehen**. |
| **to go for a walk** [tə ˌgəʊ fər ə 'wɔːk] *phrase*<br>▪ One of her habits is to **go for a walk** every morning at 6.30. | **spazieren gehen**<br>▪ Es ist eine ihrer Gewohnheiten, jeden Morgen um 6.30 Uhr **spazieren zu gehen**. |
| **to arrive** [tʊ ə'raɪv] *v*<br>▪ The train **arrives** in London at 10.30 am. | **ankommen**<br>▪ Der Zug **kommt** um 10.30 Uhr in London **an**. |
| **to pass** [*BE:* tə 'pɑːs, *AE:* tə 'pæs] *v*<br>▪ Barbara always waves at me when she **passes** my house. | **vorbeifahren**<br>▪ Barbara winkt mir jedes Mal, wenn sie an meinem Haus **vorbeifährt**. |
| **to stay** [tə 'steɪ] *v*<br>▪ We climbed up to the crater of the volcano but **stayed** there for only a few minutes. | **sich aufhalten**<br>▪ Wir kletterten zum Krater des Vulkans hinauf, doch wir **hielten uns** dort nur wenige Minuten **auf**. |
| **to reach** [tə 'riːtʃ] *v*<br>▪ The train **reached** Victoria Station 20 minutes late. | **erreichen**<br>▪ Der Zug **erreichte** den Bahnhof Victoria Station mit 20 Minuten Verspätung. |
| **to appear** [tʊ ə'pɪə] *v*<br>▪ Patrick said he'd be here by six but he hasn't **appeared** yet. | **auftauchen, erscheinen**<br>▪ Patrick sagte, er werde um sechs hier sein, ist aber bis jetzt nicht **aufgetaucht**. |
| **to disappear** [tə ˌdɪsə'pɪə] *v*<br>▪ One day she **disappeared** and was never seen again. | **verschwinden**<br>▪ Eines Tages **verschwand** sie und wurde nie wieder gesehen. |

# Farben und Formen

## Farben

| | |
|---|---|
| **colour** *BE* ['kʌlə], **color** *AE* ['kʌlər] *n* | die **Farbe** |
| **white** [waɪt] *adj* | **weiß** |
| **black** [blæk] *adj* | **schwarz** |
| **yellow** ['jeləʊ] *adj* | **gelb** |
| **red** [red] *adj* | **rot** |
| **blue** [bluː] *adj* | **blau** |
| **orange** ['ɒrɪndʒ] *adj* | **orange** |
| **green** [griːn] *adj* | **grün** |
| **violet** ['vaɪələt] *adj* | **violett** |
| **brown** [braʊn] *adj* | **braun** |
| **grey** *BE*, **gray** *AE* [greɪ] *adj* | **grau** |
| **pink** [pɪŋk] *adj* | **rosa** |
| **colourful** *BE* ['kʌləfl], **colorful** *AE* ['kʌlərfl] *adj* | **bunt** |
| **dark** [dɑːk] *adj* | **dunkel** |
| **light** [laɪt] *adj* | **hell** |

# Formen

| | |
|---|---|
| **shape** [ʃeɪp] *n* | die **Form**, die **Gestalt** |
| **circle** ['sɜːkl] *n* | der **Kreis** |
| **round** [raʊnd] *adj* | **rund** |
| **line** [laɪn] *n* | die **Linie** |
| **square** ['skweə] *n* | das **Quadrat** |
| **rectangle** ['rektæŋgl] *n* | das **Rechteck** |
| **triangle** ['traɪæŋgl] *n* | das **Dreieck** |
| **cross** [krɒs] *n* | das **Kreuz** |
| **corner** ['kɔːnə] *n* | die **Ecke** |
| **angular** ['æŋgjʊlə] *adj* | **eckig** |
| **angle** ['æŋgl] *n* | der **Winkel** |
| **sphere** ['sfɪə] *n* | die **Kugel** |
| **edge** [edʒ] *n* | der **Rand**, die **Kante** |
| **flat** [flæt] *adj* | **flach** |
| **point** [pɔɪnt] *n* | der **Punkt**, die **Spitze** |
| **pointed** ['pɔɪntɪd] *adj* | **spitz** |
| **arrow** ['ærəʊ] *n* | der **Pfeil** |

# Zahlen und Maßeinheiten

## Grundzahlen

| | | |
|---|---|---|
| 0 | **zero** ['zɪərəʊ] | **null** |
| 1 | **one** [wʌn] | **eins** |
| 2 | **two** [tuː] | **zwei** |
| 3 | **three** [θriː] | **drei** |
| 4 | **four** [fɔː] | **vier** |
| 5 | **five** [faɪv] | **fünf** |
| 6 | **six** [sɪks] | **sechs** |
| 7 | **seven** ['sevn] | **sieben** |
| 8 | **eight** [eɪt] | **acht** |
| 9 | **nine** [naɪn] | **neun** |
| 10 | **ten** [ten] | **zehn** |
| 11 | **eleven** [ɪ'levn] | **elf** |
| 12 | **twelve** [twelv] | **zwölf** |
| 13 | **thirteen** [ˌθɜː'tiːn] | **dreizehn** |
| 14 | **fourteen** [ˌfɔː'tiːn] | **vierzehn** |
| 15 | **fifteen** [ˌfɪf'tiːn] | **fünfzehn** |
| 16 | **sixteen** [ˌsɪks'tiːn] | **sechzehn** |
| 17 | **seventeen** [ˌsevn'tiːn] | **siebzehn** |
| 18 | **eighteen** [ˌeɪ'tiːn] | **achtzehn** |
| 19 | **nineteen** [ˌnaɪn'tiːn] | **neunzehn** |
| 20 | **twenty** ['twentɪ] | **zwanzig** |

| | | |
|---|---|---|
| **21** | **twenty-one** [ˌtwentɪˈwʌn] | **einundzwanzig** |
| **22** | **twenty-two** [ˌtwentɪˈtuː] | **zweiundzwanzig** |
| **30** | **thirty** [ˈθɜːtɪ] | **dreißig** |
| **40** | **forty** [ˈfɔːtɪ] | **vierzig** |
| **50** | **fifty** [ˈfɪftɪ] | **fünfzig** |
| **60** | **sixty** [ˈsɪkstɪ] | **sechzig** |
| **70** | **seventy** [ˈsevntɪ] | **siebzig** |
| **80** | **eighty** [ˈeɪtɪ] | **achtzig** |
| **90** | **ninety** [ˈnaɪntɪ] | **neunzig** |
| **100** | **(one) hundred** [(ˌwʌn) ˈhʌndrəd] | **(ein)hundert** |
| **1,000** | **(one) thousand** [(ˌwʌn) ˈθaʊznd] | **(ein)tausend** |
| **1,000,000** | **one million** [ˌwʌn ˈmɪljən] | **eine Million** |
| **1,000,000,000** | **one billion** [ˌwʌn ˈbɪljən] | **eine Milliarde** |

**number** [ˈnʌmbə] *n* — die **Zahl**, die **Nummer**, die **Anzahl**

- Many people think that the **number** 13 is an unlucky number. — Viele glauben, dass die **Zahl** 13 eine Unglückszahl sei.
- Simon lives on Dawson Street at **number** 25. — Simon wohnt in der Dawson Street, **Nummer** 25.
- Although it's a rather small town there are quite a **number** of bookshops. — Obwohl es eher eine kleinere Stadt ist, gibt es eine nicht geringe **Anzahl** von Buchläden.

**figure** [ˈfɪgə] *n* — die **Zahl**

- I don't know the latest **figures**. — Ich kenne die neuesten **Zahlen** nicht.

**to count** [tə ˈkaʊnt] *v* — **zählen**

- Sandra can **count** from one to ten in Chinese. — Sandra kann auf Chinesisch von eins bis zehn **zählen**.

| | |
|---|---|
| **digit** ['dɪdʒɪt] *n*<br>▪ Jonathan's telephone number has nine **digits**. | die **Ziffer**<br>▪ Jonathans Telefonnummer hat neun **Ziffern**. |
| **sum** [sʌm] *n*<br>▪ The **sum** of 6 and 4 is 10. | die **Summe**<br>▪ Die **Summe** aus 6 und 4 beträgt 10. |
| **difference** ['dɪfrəns] *n*<br>▪ Tom got 52 per cent of the vote, Jim only 48 – that's a **difference** of 18 votes. | die **Differenz**<br>▪ Tom hat 52 Prozent der Stimmen erhalten, Jim nur 48 – das entspricht einer **Differenz** von 18 Stimmen. |
| **to calculate** [tə 'kælkjʊleɪt] *v*<br>▪ Lisa **calculated** that she would have to save $200 a month. | **(er)rechnen, ausrechnen**<br>▪ Lisa **rechnete aus**, dass sie 200 Dollar pro Monat würde sparen müssen. |
| **to add** [tʊ 'æd] *v*<br>▪ If you **add** 12 and 15 you get 27. | **addieren**<br>▪ Wenn man 12 und 15 **addiert**, bekommt man 27. |
| **to subtract** [tə səb'trækt] *v*<br>▪ If you **subtract** 10 from 100 you get 90. | **subtrahieren**<br>▪ Wenn man 10 von 100 **subtrahiert**, erhält man 90. |
| **to multiply** [tə 'mʌltɪplaɪ] *v*<br>▪ You get the number of kilometres by **multiplying** the number of miles by 1.6. | **multiplizieren**<br>▪ Man erhält die Zahl der Kilometer, wenn man die Meilen mit 1,6 **multipliziert**. |
| **to divide** [tə dɪ'vaɪd] *v*<br>▪ You convert kilometres into miles by **dividing** them by 1.6. | **dividieren**<br>▪ Man rechnet Kilometer in Meilen um, indem man sie durch 1,6 **dividiert**. |

# Ordnungszahlen

| | | |
|---|---|---|
| 1st | **first** [fɜːst] | **erste(r, -s)** |
| 2nd | **second** ['sekənd] | **zweite(r, -s)** |
| 3rd | **third** [θɜːd] | **dritte(r, -s)** |
| 4th | **fourth** [fɔːθ] | **vierte(r, -s)** |
| 5th | **fifth** [fɪfθ] | **fünfte(r, -s)** |
| 6th | **sixth** [sɪksθ] | **sechste(r, -s)** |
| 7th | **seventh** ['sevnθ] | **sieb(en)te(r, -s)** |
| 8th | **eighth** [eɪtθ] | **achte(r, -s)** |
| 9th | **ninth** [naɪnθ] | **neunte(r, -s)** |
| 10th | **tenth** [tenθ] | **zehnte(r, -s)** |
| 11th | **eleventh** [ɪ'levnθ] | **elfte(r, -s)** |
| 12th | **twelfth** [twelfθ] | **zwölfte(r, -s)** |
| 13th | **thirteenth** [ˌθɜː'tiːnθ] | **dreizehnte(r, -s)** |
| 14th | **fourteenth** [ˌfɔː'tiːnθ] | **vierzehnte(r, -s)** |
| 15th | **fifteenth** [ˌfɪf'tiːnθ] | **fünfzehnte(r, -s)** |
| 16th | **sixteenth** [ˌsɪks'tiːnθ] | **sechzehnte(r, -s)** |
| 17th | **seventeenth** [ˌsevn'tiːnθ] | **siebzehnte(r, -s)** |
| 18th | **eighteenth** [ˌeɪ'tiːnθ] | **achtzehnte(r, -s)** |
| 19th | **nineteenth** [ˌnaɪn'tiːnθ] | **neunzehnte(r, -s)** |
| 20th | **twentieth** ['twentɪəθ] | **zwanzigste(r, -s)** |
| 21st | **twenty-first** [ˌtwentɪ'fɜːst] | **einundzwanzigste(r, -s)** |

| | | |
|---|---|---|
| 22nd | **twenty-second** [ˌtwentɪˈsekənd] | **zweiundzwanzigste(r, -s)** |
| 23rd | **twenty-third** [ˌtwentɪˈθɜːd] | **dreiundzwanzigste(r, -s)** |
| 24th | **twenty-fourth** [ˌtwentɪˈfɔːθ] | **vierundzwanzigste(r, -s)** |
| 30th | **thirtieth** [ˈθɜːtɪəθ] | **dreißigste(r, -s)** |
| 40th | **fortieth** [ˈfɔːtɪəθ] | **vierzigste(r, -s)** |
| 50th | **fiftieth** [ˈfɪftɪəθ] | **fünfzigste(r, -s)** |
| 60th | **sixtieth** [ˈsɪkstɪəθ] | **sechzigste(r, -s)** |
| 70th | **seventieth** [ˈsevntɪəθ] | **siebzigste(r, -s)** |
| 80th | **eightieth** [ˈeɪtɪəθ] | **achtzigste(r, -s)** |
| 90th | **ninetieth** [ˈnaɪntɪəθ] | **neunzigste(r, -s)** |
| 100th | **hundredth** [ˈhʌndrədθ] | **hundertste(r, -s)** |
| 1,000th | **thousandth** [ˈθaʊzndθ] | **tausendste(r, -s)** |
| 1,000,000th | **millionth** [ˈmɪljənθ] | **millionste(r, -s)** |

# Maße und Gewichte

**metre** *BE* ['miːtə], **meter** *AE* ['miːtər] *n* — der **Meter**

➡ Längenmaße: 1 metre = 1.094 yards = 3.28 feet; 1 centimetre = 0.39 inches;1 kilometre = 0.62 miles; 1 mile = 1,609 km; 1 nautical mile = 1,852 km; 1 yard = 3 feet = 91,44 cm; 1 foot = 12 inches = 30,48 cm; 1 inch = 2,54 cm.

**centimetre** *BE* ['sentɪˌmiːtə], **centimeter** *AE* ['sentɪˌmiːtər] *n* — der **Zentimeter**
➡ metre ▶ S. 412

**millimetre** *BE* ['mɪlɪˌmiːtə], **millimeter** *AE* ['mɪlɪˌmiːtər] *n* — der **Millimeter**
➡ metre ▶ S. 412

**kilometre** *BE* ['kɪləˌmiːtə], **kilometer** *AE* [kɪ'lɒmətər] *n* — der **Kilometer**
➡ metre ▶ S. 412

**mile** [maɪl] *n* — die **Meile**
➡ metre ▶ S. 412

**yard** [jɑːd] *n* — das **Yard**
➡ metre ▶ S. 412

**foot** [fʊt] *n; pl* **feet** — der **Fuß**
➡ metre ▶ S. 412

**inch** [ɪntʃ] *n* — das **Zoll**
➡ metre ▶ S. 412

**litre** *BE* ['liːtə], **liter** *AE* ['liːtər] *n* — der **Liter**

➡ Hohlmaße: 1 litre = Brit 1.76 pints = 0.22 gallons; 1 litre = Am 2.11 pints = 0.26 gallons; 1 pint = Brit 0,57 l; Am = 0,47 l; 1 gallon = Brit 4,54 l; Am = 3,78 l; 1 barrel = ca. 30-40 gallons, (Erdöl:) = 159 l.

**pint** [paɪnt] *n* — das **Pint**
➡ litre ▶ S. 412

**gallon** ['gælən] *n* — die **Gallone**
➡ litre ▶ S. 412

**barrel** ['bærəl] *n* — das **Barrel**
➡ litre ▶ S. 412

| | |
|---|---|
| **gram** [græm] *n* | das **Gramm** |
| ➡ Gewichte: 1 gram = 0.035 ounces; 1 ounce = 28,25 g; 1 pound = 453,59 g; 1 kilo = 2.2 pounds; 1 long ton = Brit 1016,05 kg; 1 short ton = Am 907,185 kg. | |
| **gramme** *BE* [græm] *n*<br>➡ gram ▶ S. 413 | das **Gramm** |
| **kilo(gram)** ['kɪlə(ˌgræm)] *n*<br>➡ gram ▶ S. 413 | das **Kilo(gramm)** |
| **ton** [tʌn] *n*<br>➡ gram ▶ S. 413 | die **Tonne** |
| **tonne** [tʌn] *n*<br>➡ gram ▶ S. 413 | die **Tonne** |
| **pound** [paʊnd] *n*<br>➡ gram ▶ S. 413 | das **Pfund** |
| **ounce** [aʊns] *n*<br>➡ gram ▶ S. 413 | die **Unze** |
| **degree** [dɪ'griː] *n* | das **Grad** |
| ➡ Temperaturen: Fahrenheit = (9/5 x °C) + 32 or (1,8 x °C) + 32; Celsius = 5/9 x (°F – 32) or 0.55 x (°F – 32). | |
| **measure** ['meʒə] *n*<br>▪ Litre and metre are **measures** used in the metric system. | das **Maß**<br>▪ Liter und Meter sind **Maße** des metrischen Systems. |
| **to measure** [tə 'meʒə] *v*<br>▪ Temperatures are **measured** in Celsius or Fahrenheit. | **messen**<br>▪ Temperaturen werden in Celsius oder Fahrenheit **gemessen**. |
| **weight** [weɪt] *n*<br>▪ Carol went on a diet and lost a lot of **weight**. | das **Gewicht**<br>▪ Carol machte eine Diät und verlor viel an **Gewicht**. |
| **to weigh** [tə 'weɪ] *v*<br>▪ Jockeys seldom **weigh** more than 50 kilos. | **wiegen**<br>▪ Jockeys **wiegen** selten über 50 Kilo. |
| **thermometer** [θə'mɒmɪtə] *n*<br>▪ **Thermometers** are used to measure body temperature. | das **Thermometer**<br>▪ **Thermometer** werden verwendet, um die Körpertemperatur zu messen. |

# Mengenbegriffe

| | |
|---|---|
| **all** [ɔːl] *pron*<br>▪ Jane has invited **all** her friends. | **alle**<br>▪ Jane hat **alle** ihre Freunde eingeladen. |
| **everything** ['evrɪθɪŋ] *pron*<br>▪ We bought **everything** for a picnic. | **alles**<br>▪ Wir haben **alles** für ein Picknick eingekauft. |
| **a lot of** [ə 'lɒt əv] *pron*<br>▪ You can make **a lot of** money as a professional football player. | **viel(e)**<br>▪ Als Berufsfußballer kann man **viel** Geld verdienen. |
| **much** [mʌtʃ] *pron*<br>▪ I don't go out **much** because I haven't got **much** time. | **viel**<br>▪ Ich gehe nicht **viel** aus, weil ich nicht **viel** Zeit habe. |

➡ Die Steigerung von **much** und **many** ist **more** und **most**.

| | |
|---|---|
| **many** ['menɪ] *pron*<br>▪ I haven't got **many** CDs but I've got a lot of books.<br>➡ much ▶ S. 414 | **viele**<br>▪ Ich habe nicht **viele** CDs, aber ich habe viele Bücher. |
| **little** ['lɪtl] *pron*<br>▪ Mary had very **little** money in her purse. | **wenig**<br>▪ Mary hatte sehr **wenig** Geld im Portemonnaie. |

➡ Die Steigerung von **little** ist **less** und **least**.

➡ Stellt man for **little** und **few** den unbestimmten Artikel **a** (**a little/a few**), dann vergrößert sich die angegebene Mengen zu **ein wenig, ein paar, ein bisschen** oder **einige**.

| | |
|---|---|
| **few** [fjuː] *pron*<br>▪ Many people live to be 80, but **few** live to be 100.<br>➡ little ▶ S. 414 | **wenig(e)**<br>▪ Viele Menschen werden 80 Jahre, aber **wenige** werden 100 Jahre alt. |
| **over** ['əʊvə] *prep*<br>▪ We receive **over** 400 TV channels. | **über, mehr als**<br>▪ Wir empfangen **über** 400 Fernsehkanäle. |
| **each** [iːtʃ] *pron*<br>▪ We have five rooms, **each** with its own bathroom. | **jede(r, -s)**<br>▪ Wir haben fünf Zimmer, **jedes** mit eigenem Bad. |

**every** ['evrɪ] *pron* — **jede(r, -s)**
- We go to see Grandma **every** day. — Wir besuchen Oma **jeden** Tag.

**somebody** ['sʌmbədɪ] *pron* — **jemand**
- There's **somebody** who wants to talk to you. — Da ist **jemand**, der dich sprechen will.

**someone** ['sʌmwʌn] *pron* — **jemand**
- **Someone**'s put salt in my coffee. — **Jemand** hat mir Salz in den Kaffee getan.

**anyone** ['enɪwʌn] *pron* — **(irgend)jemand**
- Has **anyone** seen my pocket calculator? — Hat **irgendjemand** meinen Taschenrechner gesehen?

**everybody** ['evrɪˌbɒdɪ] *pron* — **jeder(mann)**, **alle**
- In small villages **everybody** knows **everybody** else. — In kleinen Dörfern kennt **jeder jeden**.

**everyone** ['evrɪwʌn] *pron* — **jeder(mann)**, **alle**
- **Everyone** can have a chocolate bar. — **Jeder** darf eine Tafel Schokolade haben.

**no one** ['nəʊ wʌn] *pron* — **keine(r, -s)**
- The reunification of Germany was an event that **no one** had expected. — Die Wiedervereinigung Deutschlands war ein Ereignis, das **keiner** erwartet hatte.

**nobody** ['nəʊbədɪ] *pron* — **niemand**; **keine(r, -s)**
- I called but **nobody** answered the phone. — Ich habe angerufen, aber **niemand** ging ans Telefon.

**both** [bəʊθ] *pron* — **beide**
- **Both** of his parents are teachers. — Seine Eltern sind **beide** Lehrer.

**enough** [ɪ'nʌf] *pron* — **genug**, **genügend**
- There isn't **enough** to eat in our fridge. We should go shopping. — Es gibt nicht **genug** zu essen in unserem Kühlschrank. Wir sollten einkaufen gehen.

**quite** [kwaɪt] *pron* — **ziemlich**
- It takes **quite** a while to get from the airport to the centre. — Es dauert **ziemlich** lange, vom Flughafen zum Zentrum zu kommen.

**another** [ə'nʌðə] *pron* — **noch ein(e)**
- Would you like **another** cup of tea? — Möchten Sie **noch eine** Tasse Tee?

**some** [sʌm] *pron* — **etwas, einige, ein paar**
- We had **some** cheese and biscuits for tea. — Wir hatten **etwas** Käse und Gebäck zum Tee.

➡ some und any bleiben im Deutschen oft unübersetzt. any wird hauptsächlich in Fragen und Verneinungen gebraucht. Im Aussagesatz bedeutet any meist **jede (-r, -s) Beliebige**. Some steht in positiven Sätzen und höflichen Fragen.

**something** ['sʌmθɪŋ] *pron* — **etwas**
- We can eat **something** after the show. — Wir können nach der Vorstellung **etwas** essen.

**any** ['enɪ] *pron* — **etwas, irgendein(e), irgendwelche**
- Have you got **any** money? — Hast du Geld?

➡ some ▶ S. 416

**anything** ['enɪθɪŋ] *pron* — **(irgend)etwas**
- Is there **anything** I can do for you? — Kann ich **etwas** für Sie tun?

**no** [nəʊ] *pron* — **kein(e)**
- There were not enough doctors, and **no** hospitals. — Es gab nicht genügend Ärzte und **keine** Krankenhäuser.

**nothing** ['nʌθɪŋ] *pron* — **nichts**
- The safe's empty. There's **nothing** in it. — Der Safe ist leer. Es ist **nichts** darin.

**a bit** [ə 'bɪt] *adv* — **etwas, ein bisschen**
- I'm **a bit** tired and am going to lie down for a while. — Ich bin **etwas** müde und lege mich ein wenig hin.

**about** [ə'baʊt] *adv* — **etwa, ungefähr**
- New York City has **about** eight million inhabitants. — New York City hat **ungefähr** acht Millionen Einwohner.

**piece** [piːs] *n* — das **Stück**
- For dessert you can have ice cream and a **piece** of apple pie. — Zum Nachtisch können Sie Eis und ein **Stück** Apfelkuchen haben.

**pair** [peə] *n* — das **Paar**
- The socks you are wearing aren't a **pair**. — Die Socken, die du anhast, sind kein **Paar**.

➡ Für zweiteilige Gegenstände wird sehr oft pair of verwendet, z. B. **a pair of scissors – eine Schere, a pair of trousers – eine Hose**.

| | |
|---|---|
| **group** [gruːp] *n* | die **Gruppe** |
| ▪ Travelling in a **group** can be more fun than travelling alone. | ▪ Das Reisen in der **Gruppe** macht manchmal mehr Spaß als allein zu reisen. |
| **none** [nʌn] *pron* | **keine(r, -s)** |
| ▪ Louise tried three public phones but **none** of them was working. | ▪ Louise probierte es an drei öffentlichen Telefonzellen, aber **keine** funktionierte. |
| **to contain** [tə kən'teɪn] *v* | **enthalten** |
| ▪ Skimmed milk **contains** less fat. | ▪ Entrahmte Milch **enthält** weniger Fett. |
| **quantity** ['kwɒntətɪ] *n* | die **Quantität**, die **Menge** |
| ▪ Quality is more important than **quantity**. | ▪ Qualität ist wichtiger als **Quantität**. |
| **numerous** ['njuːmərəs] *adj* | **zahlreich** |
| ▪ When I came home after my business trip I found **numerous** folders on my desk. | ▪ Als ich von meiner Geschäftsreise zurückkam, fand ich **zahlreiche** Ordner auf meinem Schreibtisch. |

# Ordnungsbegriffe

| | |
|---|---|
| **kind** [kaɪnd] *n* | die **Art**, die **Sorte** |
| ▪ There are 50 different **kinds** of kangaroos in Australia. | ▪ Es gibt 50 verschiedene **Arten** von Kängurus in Australien. |
| **sort** [sɔːt] *n* | die **Art**, die **Sorte** |
| ▪ In England you can buy many different **sorts** of tea. | ▪ In England kann man viele verschiedene **Sorten** Tee kaufen. |
| **type** [taɪp] *n* | die **Sorte**, die **Art**, der **Typ** |
| ▪ I bought two **types** of coffee. Let's see which one you like best. | ▪ Ich habe zwei **Sorten** Kaffee gekauft. Mal sehen, welchen du lieber magst. |
| **quality** ['kwɒlətɪ] *n* | die **Qualität** |
| ▪ It costs more but it's also better **quality**. | ▪ Es kostet mehr, ist aber auch bessere **Qualität**. |

| | |
|---|---|
| **class** [*BE:* klɑːs, *AE:* klæs] *n*<br>▪ Are you travelling first or second **class**? | die **Klasse**<br>▪ Reisen Sie erster oder zweiter **Klasse**? |
| **order** [ˈɔːdə] *n*<br>▪ The names on this list are in no particular **order**. | die **Reihenfolge**, die **Folge**<br>▪ Die Namen auf dieser Liste stehen in keiner besonderen **Reihenfolge**. |
| **to arrange** [tʊ əˈreɪndʒ] *v*<br>▪ The books on this shelf are **arranged** in alphabetical order. | **anordnen**<br>▪ Die Bücher in diesem Regal sind in alphabetischer Reihenfolge **angeordnet**. |
| **level** [ˈlevl] *n*<br>▪ You can park on the top **level** of the building. | die **Ebene**, das **Niveau**<br>▪ Man kann auf der oberen **Ebene** des Gebäudes parken. |
| **brand** [brænd] *n*<br>▪ What **brand** of chewing gum do you like best? | die **Marke**, die **Sorte**<br>▪ Welche **Marke** magst du bei Kaugummi am liebsten? |
| **series** [ˈsɪəriːz] *n; pl inv*<br>▪ One driver's mistake led to a **series** of accidents. | die **Serie**, die **Reihe**<br>▪ Der Fehler eines Fahrers führte zu einer ganzen **Reihe** von Unfällen. |

# Klassifizierung – allgemeine Begriffe

## Unterschied und Einteilung

| | |
|---|---|
| **like** [laɪk] *prep*<br>■ It looks **like** gold but it isn't. | **wie**<br>■ Es sieht aus **wie** Gold, ist aber keines. |
| **as … as** [æz … æz] *conj*<br>■ Robert's **as** intelligent **as** his teacher. | **(genau)so … wie**<br>■ Robert ist **genauso** intelligent **wie** sein Lehrer. |
| **than** [ðæn] *prep*<br>■ Callum's only 15, but taller **than** his father. | **als**<br>■ Callum ist erst 15, aber größer **als** sein Vater. |
| **together** [tə'geðə] *adv*<br>■ The family were all **together** again at last. | **zusammen**<br>■ Die ganze Familie war endlich wieder **zusammen**. |
| **part** [pɑːt] *n*<br>■ Tyres, brakes and other **parts** of a car must be checked regularly. | der **Teil**<br>■ Reifen, Bremsen und andere **Teile** eines Autos müssen regelmäßig kontrolliert werden. |
| **rest** [rest] *n*<br>■ I gave the waiter 20 pounds and told him to keep the **rest**. | der **Rest**<br>■ Ich gab dem Kellner 20 Pfund und sagte ihm, er könne den **Rest** behalten. |
| **regular** ['regjʊlə] *adj*<br>■ Trains between Dover and London run at **regular** intervals. | **regelmäßig**<br>■ Die Züge zwischen Dover und London verkehren in **regelmäßigen** Abständen. |
| **only** ['əʊnlɪ] *adv*<br>■ There were **only** two of us against five of them. | **nur**<br>■ Wir waren **nur** zu zweit gegen fünf von ihnen. |
| **difference** ['dɪfrəns] *n*<br>■ I see no **difference** between the original and the copy. | der **Unterschied**<br>■ Ich sehe keinen **Unterschied** zwischen dem Original und der Kopie. |

| | |
|---|---|
| **different** ['dɪfrənt] *adj* | **verschieden, unterschiedlich** |
| ▪ The cars look the same but have **different** engines. | ▪ Die Autos sehen gleich aus, haben aber **verschiedene** Motoren. |
| **opposite** ['ɒpəzɪt] *n* | das **Gegenteil** |
| ▪ The **opposite** of "interesting" is "boring". | ▪ Das **Gegenteil** von „interessant" ist „langweilig". |
| **normal** ['nɔːml] *adj* | **normal, üblich** |
| ▪ **Normal** working hours in Britain are from nine to five. | ▪ Die **übliche** Arbeitszeit geht in Großbritannien von 9 bis 17 Uhr. |
| **to include** [tʊ ɪn'kluːd] *v* | **(mit) einschließen, inbegriffen sein** |
| ▪ The price of a meal **includes** soup and salad. | ▪ Der Preis für ein Essen **schließt** Suppe und Salat **ein**. |
| **to combine** [tə kəm'baɪn] *v* | **verbinden** |
| ▪ Fog **combined** with air pollution leads to smog. | ▪ Nebel, **verbunden** mit Luftverschmutzung, führt zu Smog. |
| **either ... or** ['aɪðə ... ɔː] *conj* | **entweder ... oder** |
| ▪ Make up your mind! Say **either** yes **or** no. | ▪ Entscheide dich! Sag **entweder** ja **oder** nein! |

➡ Die Wörter **either** und **neither** können im BE wie im AE ['ɪðə] oder ['iːðə] bzw. ['naɪðə] oder [niːðə] ausgesprochen werden.

| | |
|---|---|
| **both ... and** [bəʊθ ... ænd] *conj* | **sowohl ... als auch** |
| ▪ **Both** John F. **and** Robert Kennedy were killed by assassins. | ▪ **Sowohl** John F. **als auch** Robert Kennedy wurden von Attentätern ermordet. |
| **exception** [ɪk'sepʃn] *n* | die **Ausnahme** |
| ▪ A woman at the head of a company is an **exception**. | ▪ Eine Frau an der Spitze eines Konzerns ist eine **Ausnahme**. |
| **except** [ɪk'sept] *prep* | **außer, ausgenommen** |
| ▪ The museum is open daily **except** on Mondays. | ▪ Das Museum ist täglich **außer** montags geöffnet. |
| **equal** ['iːkwəl] *adj* | **gleich** |
| ▪ They are demanding **equal** pay for **equal** work. | ▪ Sie verlangen **gleiche** Bezahlung für **gleiche** Arbeit. |
| **similar** ['sɪmɪlə] *adj* | **ähnlich** |
| ▪ A grizzly is **similar** to a brown bear. | ▪ Ein Grizzlybär sieht einem Braunbären **ähnlich**. |

| | |
|---|---|
| **average** ['ævərɪdʒ] *adj*<br>▪ Brian's just an **average** guy. | **durchschnittlich**<br>▪ Brian ist nur ein **durchschnittlicher** Typ. |
| **detail** [*BE:* 'diːteɪl, *AE:* dɪ'teɪl] *n*<br>▪ There is a plan, but no **details** yet. | die **Einzelheit**<br>▪ Es gibt einen Plan, aber bisher keine **Einzelheiten**. |
| **whole** [həʊl] *adj*<br>▪ Many exchange students spend a **whole** year abroad. | **ganze(r, -s)**<br>▪ Viele Austauschstudenten verbringen ein **ganzes** Jahr im Ausland. |
| **irregular** [ɪ'regjʊlə] *adj*<br>▪ The verb "to dream" can be regular or **irregular**. | **unregelmäßig**<br>▪ Das Verb „to dream" kann regelmäßig oder **unregelmäßig** sein. |
| **particular** [pə'tɪkjʊlə] *adj*<br>▪ Is there any **particular** colour you prefer? | **bestimmte(r, -s); besondere(r, -s)**<br>▪ Bevorzugen Sie eine **bestimmte** Farbe? |
| **rare** [reə] *adj*<br>▪ The eagle is a **rare** bird in Europe. | **selten**<br>▪ Der Adler ist in Europa ein **seltener** Vogel. |
| **to limit** [tə 'lɪmɪt] *v*<br>▪ The time allowed for speaking should be **limited** to 15 minutes. | **begrenzen**<br>▪ Die zulässige Redezeit sollte auf 15 Minuten **begrenzt** werden. |
| **especially** [ɪ'speʃlɪ] *adv*<br>▪ Mountain roads are dangerous, **especially** at night. | **besonders, vor allem**<br>▪ Bergstraßen sind gefährlich, **besonders** bei Nacht. |
| **comparison** [kəm'pærɪsn] *n*<br>▪ Jenny's an angel in **comparison** with her brother. | der **Vergleich**<br>▪ Jenny ist ein Engel im **Vergleich** zu ihrem Bruder. |
| **to compare** [tə kəm'peə] *v*<br>▪ You can't **compare** them. They're too different. | **vergleichen**<br>▪ Man kann sie nicht **vergleichen**. Sie sind zu verschieden. |
| **common** ['kɒmən] *adj*<br>▪ Sean is quite a **common** name in Ireland. | **gewöhnlich**<br>▪ Sean ist in Irland ein völlig **gewöhnlicher** Name. |

| | |
|---|---|
| **belonging to** [bɪ'lɒŋgɪŋ tə] *phrase* | **(da)zugehörig** |
| ▪ Mr Atkins bought the whole property with all the buildings **belonging to** it. | ▪ Mr. Atkins hat das ganze Grundstück mit allen **dazugehörigen** Gebäuden gekauft. |

# Ursache und Wirkung

| | |
|---|---|
| **in order to** [ɪn 'ɔːdə tə] *conj* | **um ... zu** |
| ▪ Dad took the clock apart **in order to** repair it. | ▪ Papa nahm die Uhr auseinander, **um** sie **zu** reparieren. |
| **because** [bɪ'kɒz] *conj* | **weil** |
| ▪ You can't get a driving licence **because** you aren't 17 yet. | ▪ Du bekommst keinen Führerschein, **weil** du noch nicht 17 bist. |
| **reason** ['riːzn] *n* | der **Grund** |
| ▪ I understand your **reasons** but I still think you should apologize. | ▪ Ich verstehe deine **Gründe**, aber ich meine immer noch, du solltest dich entschuldigen. |
| **origin** ['ɒrɪdʒɪn] *n* | der **Ursprung**, die **Herkunft** |
| ▪ "Cow" is a Germanic word, "beef" is of French **origin**. | ▪ „Cow" ist ein germanisches Wort, „beef" ist französischen **Ursprungs**. |
| **original** [ə'rɪdʒnəl] *n* | das **Original** |
| ▪ This is not the **original** but a copy. | ▪ Dies ist nicht das **Original**, sondern eine Kopie. |
| **originally** [ə'rɪdʒnəllɪ] *adv* | **ursprünglich** |
| ▪ She's **originally** from Nairobi. | ▪ Sie kommt **ursprünglich** aus Nairobi. |
| **cause** [kɔːz] *n* | die **Ursache** |
| ▪ Faulty brakes were the **cause** of the accident. | ▪ Defekte Bremsen waren die **Ursache** des Unfalls. |
| **to cause** [tə 'kɔːz] *v* | **verursachen, auslösen** |
| ▪ The forest fire was **caused** by lightning. | ▪ Der Waldbrand wurde durch Blitzschlag **verursacht**. |

| | |
|---|---|
| **result** [rɪ'zʌlt] *n*<br>▪ It's very likely that global warming is the **result** of many decades of air pollution. | die **Folge**, das **Ergebnis**<br>▪ Es ist sehr wahrscheinlich, dass die globale Erderwärmung die **Folge** jahrzehntelanger Luftverschmutzung ist. |
| **effect** [ɪ'fekt] *n*<br>▪ Gavin took an aspirin but it didn't have any **effect** on his headache. | die **Wirkung**, die **Auswirkung**<br>▪ Gavin nahm ein Aspirin gegen seine Kopfschmerzen, aber es hatte keine **Wirkung**. |
| **reaction** [rɪ'ækʃn] *n*<br>▪ Ben asked his brother a question but he didn't show any **reaction**. | die **Reaktion**<br>▪ Ben stellte seinem Bruder eine Frage, aber er zeigte keine **Reaktion**. |
| **so** [səʊ] *conj*<br>▪ All flights were booked up, **so** I had to go by train. | **also**, **darum**, **deshalb**<br>▪ Alle Flüge waren ausgebucht, **deshalb** musste ich mit der Bahn fahren. |
| **therefore** ['ðeəfɔː] *adv*<br>▪ Blue whales are very rare and **therefore** a protected species. | **deshalb**, **daher**<br>▪ Blauwale sind sehr selten und stehen **daher** unter Artenschutz. |

## Art und Weise

| | |
|---|---|
| **way** [weɪ] *n*<br>▪ Eating less is the best **way** to lose weight. | die **Art und Weise**, die **Methode**<br>▪ Weniger zu essen, ist die beste **Art und Weise** abzunehmen. |
| **how** [haʊ] *conj*<br>▪ Often it doesn't matter what you say but **how** you say it. | **wie**<br>▪ Es spielt häufig keine Rolle, was man sagt, sondern **wie** man es sagt. |
| **nearly** ['nɪəlɪ] *adv*<br>▪ Sue had a serious accident and very **nearly** died. | **fast**<br>▪ Sue hatte einen schweren Unfall und wäre **fast** gestorben. |
| **almost** ['ɔːlməʊst] *adv*<br>▪ Only a few more days, our holiday is **almost** over. | **fast**, **beinahe**<br>▪ Nur noch ein paar Tage, unsere Ferien sind **fast** vorbei. |

| | |
|---|---|
| **hardly** ['hɑːdlɪ] *adv* | **kaum** |
| ■ They like their teacher but have **hardly** learned anything at all. | ■ Sie haben ihren Lehrer gern, aber **kaum** etwas gelernt. |

➡ Das Adverb zu **hard** heißt **hard** und nicht **hardly**, z. B. **I studied hard for the test. – Ich habe viel für den Test gelernt.**, aber **I hardly studied for the test at all. – Ich habe kaum für den Test gelernt.**

| | |
|---|---|
| **too** [tuː] *adv* | **auch** |
| ■ I know the book and I've seen the film **too**. | ■ Ich kenne das Buch und habe **auch** den Film gesehen. |
| **also** ['ɔːlsəʊ] *adv* | **auch** |
| ■ Linda speaks English and French and **also** a little German. | ■ Linda spricht Englisch und Französisch und **auch** etwas Deutsch. |
| **somehow** ['sʌmhaʊ] *adv* | **irgendwie** |
| ■ It isn't easy but we'll do it **somehow**. | ■ Es ist nicht einfach, aber wir werden es **irgendwie** schaffen. |
| **just** [dʒʌst] *adv* | **bloß, nur** |
| ■ The Beatles weren't **just** a pop group.They became a legend. | ■ Die Beatles waren nicht **nur** eine Popgruppe; sie wurden zur Legende. |
| **straight** [streɪt] *adv* | **direkt, geradewegs** |
| ■ I was so tired that after dinner I went **straight** to bed. | ■ Ich war so müde, dass ich nach dem Abendessen **direkt** ins Bett ging. |
| **generally** ['dʒenrəlɪ] *adv* | **normalerweise, im Allgemeinen** |
| ■ British children **generally** start school at the age of five. | ■ Britische Kinder kommen **normalerweise** mit fünf in die Schule. |
| **actually** ['æktʃʊəlɪ] *adv* | **eigentlich, tatsächlich** |
| ■ The Queen's official birthday is in June, although her birthday is **actually** in April. | ■ Der offizielle Geburtstag der Queen ist im Juni, obwohl sie **eigentlich** im April Geburtstag hat. |
| **by chance** [*BE:* baɪ 'tʃɑːns, *AE:* baɪ 'tʃæns] *phrase* | **zufällig** |
| ■ We didn't have a date, I met her purely **by chance**. | ■ Wir waren nicht verabredet, ich habe sie rein **zufällig** getroffen. |
| **scarcely** ['skeəslɪ] *adv* | **kaum** |
| ■ I don't go out much because I know **scarcely** any people here. | ■ Ich gehe nicht viel aus, weil ich hier **kaum** jemanden kenne. |

| | |
|---|---|
| **willingly** ['wɪlɪŋlɪ] *adv*<br>▪ Billy does a lot of housework, and he does it **willingly**. | **gern, bereitwillig**<br>▪ Billy hilft viel im Haushalt, und er tut es **gern**. |
| **thoroughly** ['θʌrəlɪ] *adv*<br>▪ The police searched the scene of the crime **thoroughly** but found nothing. | **gründlich, sorgfältig**<br>▪ Die Polizei suchte den Tatort **gründlich** ab, fand aber nichts. |
| **completely** [kəm'pli:tlɪ] *adv*<br>▪ A few more days and it will be **completely** finished. | **völlig, vollkommen**<br>▪ Noch ein paar Tage und es wird **vollkommen** fertig sein. |
| **absolutely** ['æbsəlu:tlɪ] *adv*<br>▪ We were **absolutely** exhausted after the long march. | **völlig, total**<br>▪ Wir waren nach dem langen Marsch **völlig** erschöpft. |

# Strukturwörter

## Artikel

**the** [ðə] — **der, die, das; die**

- **The** dog chased **the** cat around **the** house. — **Der** Hund jagte die **Katze** im Haus herum.
- **The** children love playing outdoors. — **Die** Kinder spielen gern draußen.

➡ Die Aussprache des bestimmten Artikels **the** ist immer [ðə], es sei denn, das folgende Wort beginnt in der Aussprache mit einem Vokal (im BE) oder man betont den Artikel; dann sagt man [ðɪ] oder [ðiː]. Die Aussprache des unbestimmten Artikels **a** ist immer [ə], es sei denn, er wird betont; dann sagt man [eɪ]; ebenso ist **an** fast immer [ən].

**a** [ə] — **ein(e)**

- **A** fly is an insect. — **Eine** Fliege ist ein Insekt.

➡ the ▶ S. 426

**an** [ən] — **ein(e)**

- It took David **an** hour to get from here to Leeds. — David hat **eine** Stunde von hier nach Leeds gebraucht.

➡ the ▶ S. 426

## Pronomen

### Personalpronomen

**I** [aɪ] — **ich**

- **I** am not going to wash my car today. — **Ich** werde heute mein Auto nicht waschen.

**you** [juː] — **du**

- Will **you** be at home tonight? — Wirst **du** heute Abend zu Hause sein?

➡ Um **you** (Singular = du/Sie) und **you** (Plural = ihr/Sie) auseinanderzuhalten, hört man in der amerikanischen Umgangssprache häufig die Wendung **you guys**, wenn mehrere Personen gemeint sind (auch wenn es sich um Frauen handelt).

| | |
|---|---|
| **he** [hiː] | **er** |
| ▪ This is John. **He**'s from Manchester. | ▪ Das ist John. **Er** kommt aus Manchester. |
| **she** [ʃiː] | **sie** |
| ▪ My wife's Irish. **She** was born in Dublin. | ▪ Meine Frau ist Irin. **Sie** wurde in Dublin geboren. |
| **it** [ɪt] | **es, er, sie** |
| ▪ **It**'s always the same old story. | ▪ **Es** ist immer dieselbe alte Geschichte. |
| ▪ Where's my coat? – **It**'s in the bathroom. | ▪ Wo ist mein Mantel? – **Er** ist im Bad. |
| ▪ He pulled a gun and pointed **it** at us. | ▪ Er zog eine Waffe und richtete **sie** auf uns. |
| **we** [wiː] | **wir** |
| ▪ **We** work together. | ▪ **Wir** arbeiten zusammen. |
| **you** [juː] | **ihr, Sie, man** |
| ▪ Could **you** help me do the dishes? | ▪ Könntet **ihr** mir mit dem Abwasch helfen? |
| ▪ Did **you** remember to call Mr Wickham? | ▪ Haben **Sie** daran gedacht, Mr. Wickham anzurufen? |
| ▪ **You** can't always get what **you** want. | ▪ **Man** bekommt nicht immer, was **man** will. |

➡ you ▸ S. 426

➡ Das deutsche Wörtchen **man** hat viele Übersetzungsmöglichkeiten: **one**, **you** oder **they** und **people**, wie in **They/People say ... – Man sagt, ...** sowie die Passivkonstruktion **I was told ... – Man hat mir gesagt, ...**.

| | |
|---|---|
| **they** [ðeɪ] | **sie, man** |
| ▪ My parents aren't here. **They**'re on holiday. | ▪ Meine Eltern sind nicht da. **Sie** sind im Urlaub. |
| ▪ **They** say that summers are getting hotter every year. | ▪ **Man** sagt, dass die Sommer jedes Jahr heißer werden. |

| | |
|---|---|
| **me** [miː] | **mir, mich, ich** |
| ▪ He followed **me** when I was walking through the park. | ▪ Er folgte **mir**, als ich durch den Park ging. |
| ▪ The hostess welcomed **me** and gave me a glass of beer. | ▪ Die Gastgeberin begrüßte **mich** und reichte mir ein Glas Bier. |
| ▪ Who's that little boy in the picture? – That's **me**! | ▪ Wer ist der kleine Junge auf dem Foto? – Das bin **ich**! |
| **you** [juː] | **dir, dich, du** |
| ▪ I sent **you** a text message. | ▪ Ich habe **dir** eine SMS geschickt. |
| ▪ I saw **you** waiting for the M12 yesterday. | ▪ Gestern habe ich **dich** gesehen, als du auf den M12 gewartet hast. |
| ▪ Is that **you**, Paul? | ▪ Bist **du** das Paul? |
| **him** [hɪm] | **ihm, ihn, er** |
| ▪ I gave **him** a couple of DVDs for you. | ▪ Ich habe **ihm** ein paar DVDs für dich gegeben. |
| ▪ Have you met Jim? – Yes, I know **him**. | ▪ Hast du Jim schon mal getroffen? – Ja, ich kenne **ihn**. |
| ▪ Which is your boyfriend? Is that **him**? | ▪ Welcher ist dein Freund? Ist es **er**? |
| **her** [hɜː] | **ihr, sie** |
| ▪ Anita gave **her** a kiss. | ▪ Anita gab **ihr** einen Kuss. |
| ▪ And you met **her** on the train? | ▪ Und du hast **sie** im Zug getroffen? |
| ▪ Is that Katie over there? – No, that's not **her**. | ▪ Ist das Katie dort drüben? – Nein, das ist **sie** nicht. |
| **it** [ɪt] | **ihm, ihr, es, ihn, sie** |
| ▪ Have you fed the horse? – No, I just gave **it** a carrot. | ▪ Hast du das Pferd gefüttert? – Nein, ich habe **ihm** nur eine Möhre gegeben. |
| ▪ Molly loves her new plant. She even talkes to **it**. | ▪ Molly liebt ihre neue Pflanze. Sie spricht sogar mit **ihr**. |
| ▪ Paul took the old book from the shelf and showed **it** to me. | ▪ Paul nahm das alte Buch aus dem Regal und zeigte **es** mir. |
| ▪ Where's my new teddy bear? Have you seen **it**? | ▪ Wo ist mein neuer Teddybär? Hast du **ihn** gesehen? |
| ▪ How was the opening ceremony? – The organizers had to postpone **it**. | ▪ Wie war die Eröffnungsfeier? – Die Organisatoren mussten **sie** verschieben. |

| | |
|---|---|
| **us** [ʌs]<br>▪ We won the first match, and then they beat **us**.<br>▪ Both of **us** saw the tiger. | **uns, wir**<br>▪ Wir haben das erste Spiel gewonnen, und dann haben sie **uns** geschlagen.<br>▪ **Wir** haben den Tiger beide gesehen. |
| **you** [juː]<br>▪ Don't you remember? I gave **you** an envelope when I met **you** in the lobby.<br>▪ Didn't I tell **you** about our new client?<br>▪ Rob's been trying to reach **you** all morning. | **euch, Ihnen, Sie**<br>▪ Erinnert ihr euch nicht? Ich gab **euch** einen Umschlag, als ich **euch** in der Hotelhalle traf.<br>▪ Habe ich **Ihnen** nicht von unserem neuen Kunden erzählt?<br>▪ Den ganzen Morgen schon versucht Rob **Sie** zu erreichen. |
| **them** [ðem]<br>▪ We offered **them** something to drink.<br>▪ Where are the kids? I can't see **them**. | **ihnen, sie**<br>▪ Wir boten **ihnen** etwas zu trinken an.<br>▪ Wo sind die Kinder? Ich kann **sie** nicht sehen. |

## Possessivpronomen

| | |
|---|---|
| **my** [maɪ] | **mein(e)** |
| **your** [jɔː] | **dein(e)** |
| **his** [hɪz] | **sein(e)** |

➡ Bei Körperteilen, Kleidungsstücken usw. steht fast immer das dazugehörige Possessivpronomen, wofür im Deutschen meist nur der Artikel gebraucht wird, z. B. **He had his hands in his pockets. – Er hatte die Hände in den Taschen.**

| | |
|---|---|
| **her** [hɜː] | **ihr(e)** |
| **its** [ɪts] | **sein(e), ihr(e)** |

➡ Nicht das Possessivpronomen **its** verwechseln mit **it's**: Letzteres ist die zusammengezogene Form von **it is** oder **it has**.

| | |
|---|---|
| **our** ['aʊə] | **unser(e)** |
| **your** [jɔː] | **euer, eure, Ihr(e)** |
| **their** [ðeə] | **ihr(e)** |

| | |
|---|---|
| **mine** [maɪn] | **meine(r, -s)** |

➡ **my**, **your**, **his**, **her**, **its**, **our**, **your** und **their** werden adjektivisch gebraucht; **mine**, **yours**, **his**, **hers**, **its**, **yours**, **ours**, **yours** und **theirs** substantivisch.

| | |
|---|---|
| **yours** [jɔːz]<br>➡ mine ▶ S. 430 | **deine, deine(r, -s)** |
| **his** [hɪz]<br>➡ mine ▶ S. 430 | **seine(r, -s)** |
| **hers** [hɜːz]<br>➡ mine ▶ S. 430 | **ihre(r, -s)** |
| **ours** ['aʊəz]<br>➡ mine ▶ S. 430 | **unsere(r, -s)** |
| **yours** [jɔːz]<br>➡ mine ▶ S. 430 | **eure(r, -s); Ihre(r, -s)** |
| **theirs** [ðeəz]<br>➡ mine ▶ S. 430 | **ihre(r, -s)** |

## Reflexivpronomen

| | |
|---|---|
| **myself** [maɪ'self] | **mich, selbst, allein** |
| **yourself** [jɔː'self] | **dich, selbst, allein** |
| **himself** [hɪm'self] | **sich, selbst, allein** |
| **herself** [hə'self] | **sich, selbst, allein** |
| **itself** [ɪt'self] | **sich, selbst, allein** |
| **ourselves** [aʊə'selvz] | **uns, selbst, allein** |
| **yourselves** [jɔː'selvz] | **euch, selbst, allein** |
| **themselves** [ðəm'selvz] | **sich, selbst, allein** |
| **oneself** [wʌn'self] | **sich, selbst, allein** |
| **each other** [ˌiːtʃ 'ʌðə] | **einander, sich (gegenseitig)** |
| **one another** [ˌwʌn ə'nʌðə] | **einander, sich (gegenseitig)** |

## Demonstrativpronomen

| | |
|---|---|
| **this** [ðɪs] | **diese(r, -s); dies; das** |
| **these** [ðiːz] *pl* | **diese (hier)** |
| **that** [ðæt] | **der (dort), die (dort), das (dort); diese(r, -s)** |
| **those** [ðəʊz] *pl* | **die (da), die (dort), diese (da), diese (dort), diejenigen** |

## Interrogativpronomen

| | |
|---|---|
| **who** [huː] | **wer** |
| **who(m)** [huː(m)] | **wem, wen** |
| **whose** [huːz] | **wessen** |
| **what** [wɒt] | **was; welche(r, -s)** |
| **where** [weə] | **wo, wohin** |
| **when** [wen] | **wann** |
| **why** [waɪ] | **warum, weshalb** |
| **which** [wɪtʃ] | **welche(r, -s)** |
| **how** [haʊ] | **wie** |

## Relativpronomen

| | |
|---|---|
| **who** [hu:] | **der, die, das; welche(r, -s)** |

➡ Die Relativpronomen **who**, **whom**, **that** und **whose** werden für Personen verwendet, **that**, **which** und **whose** für Sachen.

| | |
|---|---|
| **who(m)** [hu:(m)]<br>➡ who ▶ S. 432 | **dem, den, der, die; welche(r, -s)** |
| **whose** [hu:z]<br>➡ who ▶ S. 432 | **dessen, deren** |
| **that** [ðæt]<br>➡ who ▶ S. 432 | **der, die, das; welche(r, -s); dem; den** |
| **which** [wɪtʃ]<br>➡ who ▶ S. 432 | **der, die, das; welche(r, -s)** |
| **what** [wɒt]<br>➡ who ▶ S. 432 | **(das,) was** |
| **whoever** [hu:'evə] | **wer auch (immer)** |
| **whatever** [wɒt'evə] | **was auch (immer)** |

# Präpositionen

| | |
|---|---|
| **with** [wɪð]<br>▪ Do you want your coffee **with** or without sugar? | **mit**<br>▪ Möchtest du deinen Kaffee **mit** oder ohne Zucker? |
| **without** [wɪð'aʊt]<br>▪ You can't breathe **without** air. | **ohne**<br>▪ **Ohne** Luft kann man nicht atmen. |
| **as** [æz]<br>▪ Brian's a teacher but he works **as** a football coach. | **als**<br>▪ Brian ist Lehrer, arbeitet aber **als** Fußballtrainer. |
| **from … to** [frɒm … tu:]<br>▪ We flew **from** New York **to** Denver.<br>▪ The game lasted **from** eight **to** ten. | **von … nach, von … bis**<br>▪ Wir flogen **von** New York **nach** Denver.<br>▪ Das Spiel dauerte **von** acht **bis** zehn. |

| | |
|---|---|
| **for** [fɔː]<br>▪ I've got a little present **for** you. | **für**<br>▪ Ich habe ein kleines Geschenk **für** dich. |
| **about** [ə'baʊt]<br>▪ Let's not talk **about** money now.<br>▪ He didn't tell me **about** his financial problems. | **über, von**<br>▪ Lass uns jetzt nicht **über** Geld sprechen!<br>▪ Er hat mir nichts **von** seinen finanziellen Problemen gesagt. |
| **at** [æt]<br>▪ Robert was standing **at** the bus stop waiting patiently for the bus to arrive.<br>▪ Where's Sarah? She's not **at** school. | **an, in**<br>▪ Robert stand **an** der Bushaltestelle und wartete geduldig auf die Ankuft des Busses.<br>▪ Wo ist Sarah? Sie ist nicht **in** der Schule. |
| **on** [ɒn]<br>▪ There are beautiful pictures **on** all the walls. | **an**<br>▪ **An** allen Wänden hängen schöne Bilder. |
| **of** [ɒv]<br>▪ I love the colour **of** her hair.<br>▪ Elizabeth I became Queen **of** England in 1558. | **von** (im Genitiv meist unübersetzt)<br>▪ Ich liebe die Farbe ihres Haares.<br>▪ Elisabeth I. wurde 1558 Königin **von** England. |
| **by** [baɪ]<br>▪ "Hamlet" was written **by** Shakespeare.<br>▪ Ian was injured **by** a car. | **von, per, mit, durch**<br>▪ „Hamlet" wurde **von** Shakespeare geschrieben.<br>▪ Ian wurde **durch** ein Auto verletzt. |
| **in** [ɪn]<br>▪ Always keep eggs **in** the refrigerator! | **in, im**<br>▪ Bewahre Eier immer **im** Kühlschrank auf! |
| **within** [wɪð'ɪn]<br>▪ They'll arrive **within** an hour. | **innerhalb**<br>▪ Sie werden **innerhalb** der nächsten Stunde ankommen. |
| **according to** [ə'kɔːdɪŋ tə]<br>▪ **According to** statistics, there are more accidents in the kitchen than on the road. | **nach, gemäß**<br>▪ **Nach** der Statistik passieren mehr Unfälle in der Küche als auf der Straße. |

| | |
|---|---|
| **instead of** [ɪn'sted əv] | **statt, anstelle von** |
| ▪ You can use margarine **instead of** butter. | ▪ Man kann Margarine **statt** Butter verwenden. |
| **in spite of** [ɪn 'spaɪt əv] | **trotz** |
| ▪ They went sailing **in spite of** the storm. | ▪ Sie gingen **trotz** des Sturms segeln. |

# Konjunktionen

| | |
|---|---|
| **and** [ænd] | **und** |
| ▪ I'm tired **and** hungry. | ▪ Ich bin müde **und** hungrig. |
| **or** [ɔː] | **oder** |
| ▪ You can have coffee **or** tea. | ▪ Sie können Kaffee **oder** Tee haben. |
| **but** [bʌt] | **aber, sondern** |
| ▪ The restaurant is expensive **but** very good. | ▪ Das Restaurant ist teuer, **aber** sehr gut. |
| ▪ He's isn't 50 **but** 60 years old. | ▪ Er ist nicht 50, **sondern** 60 Jahre alt. |
| **that** [ðæt] | **dass** |
| ▪ We're happy **that** the children are safe. | ▪ Wir sind glücklich, **dass** den Kindern nichts geschehen ist. |
| **if** [ɪf] | **wenn, falls, ob** |
| ▪ We're going jogging tomorrow **if** it doesn't rain. | ▪ Wir gehen morgen joggen, **wenn** es nicht regnet. |
| ▪ I don't know **if** Lily's coming or not. | ▪ Ich weiß nicht, **ob** Lily kommt oder nicht. |
| **(in order) to** [(ɪn 'ɔːdə) tə] | **um … zu** |
| ▪ American football players wear helmets **to** protect their heads. | ▪ American-Football-Spieler tragen Helme, **um** ihren Kopf **zu** schützen. |
| **although** [ɔːl'ðəʊ] | **obwohl, obgleich** |
| ▪ **Although** my camera is 20 years old, it takes excellent pictures. | ▪ **Obwohl** meine Kamera 20 Jahre alt ist, macht sie ausgezeichnete Aufnahmen. |
| **though** [ðəʊ] | **obwohl, obgleich** |
| ▪ **Though** the pay is terrible, I enjoy my job. | ▪ **Obwohl** die Bezahlung miserabel ist, macht mir meine Arbeit Spaß. |

| | |
|---|---|
| **however** [haʊ'evə]<br>▪ Women have equal rights. Most of them, **however**, don't get the same wages as men. | **jedoch, doch, aber**<br>▪ Frauen sind gleichberechtigt. **Jedoch** bekommen die meisten nicht die gleichen Löhne wie Männer. |
| **whether** ['weðə]<br>▪ We don't know yet **whether** we'll be able to come. | **ob**<br>▪ Wir wissen noch nicht, **ob** wir kommen können. |
| **as if** [əz 'ɪf]<br>▪ She behaved **as if** nothing had happened. | **(so) als ob**<br>▪ Sie benahm sich so, **als ob** nichts geschehen wäre. |
| **unless** [ən'les]<br>▪ You'll fail your exam **unless** you study harder. | **wenn nicht, es sei denn**<br>▪ Du fällst durch die Prüfung, **wenn** du **nicht** mehr lernst. |
| **wherever** [wer'evə]<br>▪ Bob takes his dog with him **wherever** he goes. | **wo(hin) (auch) immer**<br>▪ Bob nimmt seinen Hund mit, **wohin** er **auch** geht. |
| **whenever** [wen'evə]<br>▪ Come again **whenever** you like! | **wann, wann (auch) immer, immer wenn**<br>▪ Besucht uns wieder, **wann** ihr wollt. |

# Hilfs- und Modalverben

| | |
|---|---|
| **be** [biː] *v;* ▸ **v irr** S. 439 be<br>▪ I want to **be** rich.<br>▪ My car **was** stolen last night. | **sein, werden**<br>▪ Ich möchte reich **sein**.<br>▪ Mein Auto **wurde** letzte Nacht gestohlen. |
| **have** [hæv] *v;* ▸ **v irr** S. 442 have<br>▪ **Have** you read "Eragon"? | **haben**<br>▪ **Hast** du „Eragon" gelesen? |
| **do** ['duː] *v*<br>▪ **Do** you speak English?<br>▸ **v irr** S. 440 do | **tun** (meist unübersetzt)<br>▪ Sprechen Sie Englisch? |

➡ Man kann do verwenden, um eine Aussage zu verstärken oder zu betonen, z. B. **Do be careful! – Seid bloß vorsichtig!** oder **I did see him but … – Ich habe ihn wohl gesehen, aber …**

| | |
|---|---|
| **can** [kæn] *v* | **können, dürfen** |
| ▪ **Can** you drive? | ▪ **Kannst** du Auto fahren? |
| ▪ In rugby you **can** pick the ball up and run with it. | ▪ Beim Rugby **darf** man den Ball aufheben und damit laufen. |

➡ Als unvollständiges Hilfsverb kann can nur die Vergangenheit could bilden; alle anderen Zeitstufen werden mit to be able to gebildet.

| | |
|---|---|
| **cannot** ['kænɒt] *v (Kurzf. can't)* | **kann nicht, darf nicht** |
| ▪ Help, I **cannot** swim. | ▪ Hilfe, ich **kann nicht** schwimmen. |
| ▪ I'm afraid you **cannot** park here. | ▪ Tut mir leid, hier **dürfen** Sie nicht parken. |

➡ can ▸ S. 436

| | |
|---|---|
| **could** [kʊd] *v* | **konnte, könnte** |
| ▪ My daughter **could** swim when she was five. | ▪ Meine Tochter **konnte** mit fünf schwimmen. |
| ▪ We **could** do a lot more to save energy. | ▪ Wir **könnten** viel mehr tun, um Energie zu sparen. |

➡ can ▸ S. 436

| | |
|---|---|
| **could not** ['kʊd nɒt] *v (Kurzf. couldn't)* | **konnte nicht, könnte nicht** |
| ▪ I **could not** do my homework. | ▪ Ich **konnte** meine Hausaufgaben nicht machen. |
| ▪ I **could not** do it even if I wanted to. | ▪ Ich **könnte** es nicht tun, auch wenn ich wollte. |

➡ can ▸ S. 436

| | |
|---|---|
| **may** [meɪ] *v* | **können, dürfen, mögen** |
| ▪ **May** I use your phone? – Yes, you **may**. | ▪ **Kann** ich Ihr Telefon benutzen? – Ja, bitte. |
| ▪ I **may** be fat but I'm still pretty fast. | ▪ Ich **mag** dick sein, aber ich bin noch ganz schön schnell. |

➡ Das deutsche **dürfen** wird meist durch to be allowed to ausgedrückt; may in der Bedeutung **dürfen** kommt fast nur noch in Beispielen wie **May I ...? Yes, you may./No, you may not. – Darf ich ... ? Ja./Nein.** vor. Sonst drückt may meistens eine Möglichkeit aus, z. B. **She may not be at home. – Vielleicht ist sie nicht zu Hause.**

| | |
|---|---|
| **might** [maɪt] *v* | **könnte, könntest, könnten, könntet, dürfte, dürftest, dürften, dürftet** |
| ▪ It **might** rain today, but I don't think it will. | ▪ Es **könnte** heute regnen, aber ich glaube es nicht. |

**will** [wɪl] *v* — **werden, wollen** (Zukunft)

- Jim **will** explain it to you. — Jim **wird** es dir erklären.
- **Will** you please come this way? — **Wollen** Sie bitte hier entlangkommen?

➡ will wird in allen Personen dazu gebraucht, die Zukunft auszudrücken. will kann aber auch in höflichen Fragen (statt would oder could) verwendet werden. Das deutsche **wollen** wird durch to want to übersetzt, z. B. **She wants to help you. – Sie will dir helfen.**

**to be going to** [tə biː ˈɡəʊɪŋ tə] *phrase;* ▸ **v irr** S. 439 be — **werden** (Zukunft)

- The government **is going to** close two smaller hospitals. — Die Regierung **wird** zwei kleinere Kliniken schließen.

➡ to be going to wird verwendet, um zukünftige Handlungen auszudrücken, die fest geplant sind, oder um unmittelbar bevorstehende Ereignisse, die man bereits sehen kann, auszudrücken, z. B. **Look at the clouds. It's going to rain any minute. – Schau dir die Wolken an. Es wird jeden Moment regnen.**

**would** [wʊd] *v* — **würde, würdest, würden, würdet**

- I **would** rather stay at home tonight. — Ich **würde** heute Abend lieber zu Hause bleiben.

➡ Man verwendet would hauptsächlich, um die Bedingungsform (Konditional) auszudrücken. Es entspricht dann dem deutschen **würde**.

**shall** [ʃæl] *v* — **sollen, werden, wollen**

- What **shall** we do? — Was **sollen** wir tun?
- We **shall** not rest until we're free again. — Wir **werden** nicht ruhen, bis wir wieder frei sind.
- **Shall** we go out for a drink? — **Wollen** wir etwas trinken gehen?

➡ shall wird in Fragen mit I und we gebraucht und bedeutet dann **sollen** und vor we auch **wollen**; In Aussagesätzen bedeutet shall auch **werden**; das deutsche **sollen** übersetzt man u. a. mit to be supposed to, z. B. **You're not supposed to read this. – Du sollst das nicht lesen.**

**should** [ʃʊd] *v* — **sollte, solltest, sollten, solltet**

- You **should** always lock the door when you leave. — Man **sollte** immer die Tür abschließen, wenn man fortgeht.

➡ Im modernen Englisch bedeutet should fast immer **sollte**. In sehr förmlichem Englisch kann – ähnlich wie shall für will – should anstelle von would gebraucht werden, z. B. **I shouldn't do that if I were you. – Ich würde das an deiner Stelle nicht tun.**

**ought to** ['ɔːt tə] *v* — **sollte, solltest, sollten, solltet**

- You **ought to** be more careful. You might have an accident. — Du **solltest** vorsichtiger sein. Du könntest einen Unfall haben.

**must** [mʌst] *v* — **müssen**

- You **must** see that film. It's really good. — Du **musst** den Film sehen. Er ist wirklich gut.

➡ Das Hilfsverb must gibt es nur im Präsens; in allen anderen Zeitstufen wird have to verwendet. Vorsicht! Das Gegenteil von must ist nicht must not – **nicht dürfen**, sondern need not oder not have to – **nicht brauchen/nicht müssen**.

**must not** ['mʌst nɒt] *v (Kurzf. mustn't)* — **nicht dürfen**

- You **must not** tell Mother about it. — Du **darfst** Mutter nichts davon erzählen.

➡ Vorsicht! must not heißt **nicht dürfen** und nicht etwa **nicht müssen**. Da es must not nur im Präsens gibt, muss in allen anderen Zeitstufen not be allowed to verwendet werden, z. B. **I wasn't allowed to leave the city. – Ich durfte die Stadt nicht verlassen.**

**have to** ['hæv tə] *v* — **müssen, brauchen**

- Jake **had to** leave early to catch his train. — Jake **musste** früher weg, um seinen Zug zu bekommen.
- You didn't **have to** tell my friends about it. — Du **brauchtest** meinen Freunden davon nichts **zu** erzählen.

**need not** *BE* ['niːd nɒt] *v (Kurzf. needn't)* — **nicht müssen, nicht brauchen**

- You **need not** come if you don't want to. — Du **musst nicht** kommen, wenn du nicht willst.

➡ need not gibt es nur im Präsens; in allen anderen Zeitstufen wird not have to verwendet, z. B. **You didn't have to do it. – Du brauchtest es nicht zu tun.**

# Anhang

## Unregelmäßige Verben

Die nicht aufgeführten Formen sind regelmäßig oder können abgeleitet werden.
Es bedeuten: pr.s. = present simple, p.s. = past simple, pp. = past participle

**be**

*pr.s.:* I **am**, you **are**, he/she/it **is**, we **are**, you **are**, they **are**
*p.s.:* I **was**, you **were**, he/she/it **was**, we **were**, you **were**, they **were**
*pp.:* **been**

**bear**

*p.s.:* **bore** *pp.:* **borne**

**beat**

*p.s.:* **beat** *pp.:* **beaten**

**become**

*p.s.:* **became** *pp.:* **become**

**begin**

*p.s.:* **began** *pp.:* **begun**

**bet**

*p.s.:* **bet** *pp.:* **bet**

**bleed**

*p.s.:* **bled** *pp.:* **bled**

**blow**

*p.s.:* **blew** *pp.:* **blown**

**break**

*p.s.:* **broke** *pp.:* **broken**

**breed**

*p.s.:* **bred** *pp.:* **bred**

**bring**

*p.s.:* **brought** *pp.:* **brought**

**broadcast**
*p.s.:* broadcast *pp.:* broadcast

**build**
*p.s.:* built *pp.:* built

**burn**
*p.s.:* burnt/burned *pp.:* burnt/burned

**buy**
*p.s.:* bought *pp.:* bought

**catch**
*p.s.:* caught *pp.:* caught

**choose**
*p.s.:* chose *pp.:* chosen

**come**
*p.s.:* came *pp.:* come

**cost**
*p.s.:* cost *pp.:* cost

**creep**
*p.s.:* crept *pp.:* crept

**cut**
*p.s.:* cut *pp.:* cut

**do**
*p.s.:* did *pp.:* done

**draw**
*p.s.:* drew *pp.:* drawn

**dream**
*p.s.:* dreamt/dreamed *pp.:* dreamt/dreamed

**drink**
*p.s.:* drank *pp.:* drunk

**drive**
*p.s.:* drove *pp.:* driven

**eat**
*p.s.:* ate *pp.:* eaten

**fall**
*p.s.:* fell *pp.:* fallen

**feed**
*p.s.:* fed *pp.:* fed

**feel**
*p.s.:* felt *pp.:* felt

**find**
*p.s.:* found *pp.:* found

**fit**
*p.s.:* fitted, AE: fit *pp.:* fitted, AE: fit

**flow**
*p.s.:* flew *pp.:* flown

**flee**
*p.s.:* fled *pp.:* fled

**fly**
*p.s.:* flew *pp.:* flown

**forecast**
*p.s.:* forecast *pp.:* forecast

**forget**
*p.s.:* forgot *pp.:* forgotten

**forgive**
*p.s.:* forgave *pp.:* forgiven

**freeze**
*p.s.:* froze *pp.:* frozen

**get**
*p.s.:* got *pp.:* got, AE: gotten

**give**
*p.s.:* gave *pp.:* given

**go**
*p.s.:* went — *pp.:* gone

**grow**
*p.s.:* grew — *pp.:* grown

**hang**
*p.s.:* hung — *pp.:* hung

**have**
*pr.s.:* I have, you have, he/she/it has, we have, you have, they have — *p.s.:* had
*pp.:* had

**hear**
*p.s.:* heard — *pp.:* heard

**hide**
*p.s.:* hid — *pp.:* hidden/hid

**hit**
*p.s.:* hit — *pp.:* hit

**hold**
*p.s.:* held — *pp.:* held

**hurt**
*p.s.:* hurt — *pp.:* hurt

**keep**
*p.s.:* kept — *pp.:* kept

**know**
*p.s.:* knew — *pp.:* known

**lay**
*p.s.:* laid — *pp.:* laid

**lead**
*p.s.:* led — *pp.:* led

**learn**
*p.s.:* learnt/learned — *pp.:* learnt/learned

**leave**
*p.s.:* left *pp.:* left

**lend**
*p.s.:* lent *pp.:* lent

**let**
*p.s.:* let *pp.:* let

**lie**
*p.s.:* lay *pp.:* lain

**lose**
*p.s.:* lost *pp.:* lost

**make**
*p.s.:* made *pp.:* made

**mean**
*p.s.:* meant *pp.:* meant

**meet**
*p.s.:* met *pp.:* met

**overtake**
*p.s.:* overtook *pp.:* overtaken

**pay**
*p.s.:* paid *pp.:* paid

**prove**
*p.s.:* proved *pp.:* proved, AE: proven

**put**
*p.s.:* put *pp.:* put

**read**
*p.s.:* read *pp.:* read

**ride**
*p.s.:* rode *pp.:* ridden

**ring**
*p.s.:* rang *pp.:* rung

**rise**
*p.s.:* rose *pp.:* risen

**run**
*p.s.:* ran *pp.:* run

**say**
*p.s.:* said *pp.:* said

**see**
*p.s.:* saw *pp.:* seen

**sell**
*p.s.:* sold *pp.:* sold

**send**
*p.s.:* sent *pp.:* sent

**set**
*p.s.:* set *pp.:* set

**sew**
*p.s.:* sewed *pp.:* sewn/sewed

**shake**
*p.s.:* shook *pp.:* shaken

**shine**
*p.s.:* shone *pp.:* shone

**shoot**
*p.s.:* shot *pp.:* shot

**show**
*p.s.:* showed *pp.:* shown/showed

**shut**
*p.s.:* shut *pp.:* shut

**sight-read**
*p.s.:* sight-read *pp.:* sight-read

**sing**
*p.s.:* sang *pp.:* sung

**sink**
*p.s.:* sank/sunk *pp.:* sunk

**sit**
*p.s.:* sat *pp.:* sat

**sleep**
*p.s.:* slept *pp.:* slept

**speak**
*p.s.:* spoke *pp.:* spoken

**speed**
*p.s.:* sped/speeded *pp.:* sped/speeded

**spell**
*p.s.:* spelt/spelled *pp.:* spelt/spelled

**spend**
*p.s.:* spent *pp.:* spent

**spill**
*p.s.:* spilt/spilled *pp.:* spilt/spilled

**stand**
*p.s.:* stood *pp.:* stood

**steal**
*p.s.:* stole *pp.:* stolen

**stink**
*p.s.:* stank/stunk *pp.:* stunk

**swear**
*p.s.:* swore *pp.:* sworn

**swell**
*p.s.:* swelled *pp.:* swollen

**sweep**
*p.s.:* swept *pp.:* swept

**swim**
*p.s.:* swam *pp.:* swum

**take**
*p.s.:* took *pp.:* taken

**teach**
*p.s.:* taught *pp.:* taught

**tear**
*p.s.:* tore *pp.:* torn

**tell**
*p.s.:* told *pp.:* told

**think**
*p.s.:* thought *pp.:* thought

**throw**
*p.s.:* threw *pp.:* thrown

**understand**
*p.s.:* understood *pp.:* understood

**wake**
*p.s.:* woke *pp.:* woken

**wear**
*p.s.:* wore *pp.:* worn

**win**
*p.s.:* won *pp.:* won

**write**
*p.s.:* wrote *pp.:* written

# Länder, Sprachen und Völker

| | |
|---|---|
| **Europe** ['jʊərəp] *n* | **Europa** |
| **European** [ˌjʊərə'piːən] *adj, n m/f* | **europäisch**; der **Europäer**, die **Europäerin** |
| **Norway** ['nɔːweɪ] *n* | **Norwegen** |
| **Norwegian** [nɔː'wiːdʒn] *adj, n, n m/f* | **norwegisch**; **Norwegisch**; der **Norweger**, die **Norwegerin** |
| **Sweden** ['swiːdn] *n* | **Schweden** |
| **Swedish** ['swiːdɪʃ] *adj, n* | **schwedisch**; **Schwedisch** |
| **Swede** [swiːd] *n m/f* | der **Schwede**, die **Schwedin** |
| **Finland** ['fɪnlənd] *n* | **Finnland** |
| **Finnish** ['fɪnɪʃ] *adj, n* | **finnisch**; **Finnisch** |
| **Finn** [fɪn] *n m/f* | der **Finne**, die **Finnin** |
| **Denmark** ['denmɑːk] *n* | **Dänemark** |
| **Danish** ['deɪnɪʃ] *adj, n* | **dänisch**; **Dänisch** |
| **Dane** [deɪn] *n m/f* | der **Däne**, die **Dänin** |
| **Great Britain** [ˌgreɪt 'brɪtn] *n* | **Großbritannien** |
| **British, Briton** ['brɪtɪʃ, 'brɪtn] *adj, n m/f; pl* **British** | **britisch**; der **Brite**, die **Britin** |
| **England** ['ɪŋglənd] *n* | **England** |
| **English** ['ɪŋglɪʃ] *adj, n, n pl* | **englisch**; **Englisch**; die **Engländer** |
| **Englishman** ['ɪŋglɪʃmən] *n; pl* **Englishmen** | der **Engländer** |
| **Englishwoman** ['ɪŋglɪʃˌwʊmən] *n; pl* **Englishwomen** | die **Engländerin** |
| **Ireland** ['aɪələnd] *n* | **Irland** |
| **Irish** ['aɪərɪʃ] *adj, n pl* | **irisch**; die **Iren** |
| **Irishman** ['aɪərɪʃmən] *n; pl* **Irishmen** | der **Ire** |

| | |
|---|---|
| **Irishwoman** ['aɪərɪʃˌwʊmən] *n; pl* **Irishwomen** | die **Irin** |
| **Northern Ireland** [ˌnɔːðn 'aɪələnd] *n* | **Nordirland** |
| **Northern Irish** [ˌnɔːðn 'aɪərɪʃ] *adj, n pl* | **nordirisch**; **Nordiren** |
| **Wales** [weɪlz] *n* | **Wales** |
| **Welsh** [welʃ] *adj, n, n m/f* | **walisisch**; **Walisisch**; der **Waliser**, die **Waliserin** |
| **Welshman** ['welʃmən] *n; pl* **Welshmen** | der **Waliser** |
| **Welshwoman** ['welʃˌwʊmən] *n; pl* **Welshwomen** | die **Waliserin** |
| **Gaelic** ['geɪlɪk] *n, adj* | **Gälisch**; **gälisch** |
| **Celtic** ['keltɪk] *n, adj* | **Keltisch**; **keltisch** |
| **Scotland** ['skɒtlənd] *n* | **Schottland** |
| **Scottish** ['skɒtɪʃ] *adj* | **schottisch** |
| **Scot** [skɒt] *n m/f* | der **Schotte**, die **Schottin** |
| **Netherlands** ['neðələndz] *n pl* | **Niederlande** |
| **Holland** ['hɒlənd] *n* | **Holland** |
| **Dutch** [dʌtʃ] *adj, n, n pl* | **niederländisch**; **Niederländisch**, **holländisch**; **Holländisch**; die **Niederländer**; die **Holländer** |
| **Dutchman** ['dʌtʃmən] *n; pl* **Dutchmen** | der **Niederländer**, der **Holländer** |
| **Dutchwoman** ['dʌtʃˌwʊmən] *n; pl* **Dutchwomen** | die **Niederländerin**, die **Holländerin** |
| **Belgium** ['beldʒəm] *n* | **Belgien** |
| **Belgian** ['beldʒən] *adj, n m/f* | **belgisch**; der **Belgier**, die **Belgierin** |
| **Germany** ['dʒɜːmənɪ] *n* | **Deutschland** |
| **German** ['dʒɜːmən] *adj, n, n m/f* | **deutsch**; **Deutsch**; der **Deutsche**, die **Deutsche** |

| | |
|---|---|
| **Austria** ['ɒstrɪə] *n* | **Österreich** |
| **Austrian** ['ɒstrɪən] *adj, n m/f* | **österreichisch**; der **Österreicher**, die **Österreicherin** |
| **Switzerland** ['swɪtsələnd] *n* | die **Schweiz** |
| **Swiss** [swɪs] *adj, n m/f* | **schweizerisch**, **Schweizer**; der **Schweizer**, die **Schweizerin** |
| **Italy** ['ɪtəlɪ] *n* | **Italien** |
| **Italian** [ɪ'tælɪən] *adj, n, n m/f* | **italienisch**; **Italienisch**; der **Italiener**, die **Italienerin** |
| **France** [*BE:* frɑːns, *AE:* fræns] *n* | **Frankreich** |
| **French** [frentʃ] *adj, n, n pl* | **französisch**; **Französisch**; die **Franzosen** |
| **Frenchman** ['frentʃmən] *n; pl* **Frenchmen** | der **Franzose** |
| **Frenchwoman** ['frentʃˌwʊmən] *n; pl* **Frenchwomen** | die **Französin** |
| **Spain** [speɪn] *n* | **Spanien** |
| **Spanish** ['spænɪʃ] *adj, n* | **spanisch**; **Spanisch** |
| **Spaniard** ['spænjəd] *n m/f* | der **Spanier**, die **Spanierin** |
| **Portugal** ['pɔːtʃəgl] *n* | **Portugal** |
| **Portuguese** [ˌpɔːtʃʊ'giːz] *adj, n, n m/f; pl inv* | **portugiesisch**; **Portugiesisch**; der **Portugiese**, die **Portugiesin** |
| **Greece** [griːs] *n* | **Griechenland** |
| **Greek** [griːk] *adj, n, n m/f* | **griechisch**; **Griechisch**; der **Grieche**, die **Griechin** |
| **Russia** ['rʌʃə] *n* | **Russland** |
| **Russian** ['rʌʃn] *adj, n, n m/f* | **russisch**; **Russisch**; der **Russe**, die **Russin** |
| **Poland** ['pəʊlənd] *n* | **Polen** |
| **Polish** ['pəʊlɪʃ] *adj, n* | **polnisch**; **Polnisch** |

| | |
|---|---|
| **Pole** [pəʊl] *n m/f* | der **Pole**, die **Polin** |
| **Czech Republic** [ˌtʃek rɪ'pʌblɪk] *n* | **Tschechische Republik** |
| **Czech** [tʃek] *adj, n, n m/f* | **tschechisch**; **Tschechisch**; der **Tscheche**, die **Tschechin** |
| **America** [ə'merɪkə] *n* | **Amerika** |
| **American** [ə'merɪkən] *adj, n m/f* | **amerikanisch**; der **Amerikaner**, die **Amerikanerin** |
| **North America** [ˌnɔːθ ə'merɪkə] *n* | **Nordamerika** |
| **North American** [ˌnɔːθ ə'merɪkən] *adj, n m/f* | **nordamerikanisch**; der **Nordamerikaner**, die **Nordamerikanerin** |
| **South America** [ˌsaʊθ ə'merɪkə] *n* | **Südamerika** |
| **South American** [ˌsaʊθ ə'merɪkən] *adj, n m/f* | **südamerikanisch**; der **Südamerikaner**, die **Südamerikanerin** |
| **Hispanic** [hɪ'spænɪk] *n, n m/f* | das **Hispanoamerikanisch**; der **Hispanoamerikaner**, die **Hispanoamerikanerin** |
| **Latin America** [ˌlætɪn ə'merɪkə] *n* | **Lateinamerika** |
| **Latin American** [ˌlætɪn ə'merɪkən] *adj, n m/f* | **lateinamerikanisch**; der **Lateinamerikaner**, die **Lateinamerikanerin** |
| **United States** [juːˌnaɪtɪd 'steɪts] *n* | die **Vereinigten Staaten**, die **USA** |
| **American** [ə'merɪkən] *adj, n m/f* | **US-amerikanisch**; der **US-Amerikaner**, die **US-Amerikanerin** |
| **Canada** ['kænədə] *n* | **Kanada** |
| **Canadian** [kə'neɪdɪən] *adj, n m/f* | **kanadisch**; der **Kanadier**, die **Kanadierin** |
| **Brazil** [brə'zɪl] *n* | **Brasilien** |
| **Brazilian** [brə'zɪlɪən] *adj, n m/f* | **brasilianisch**; der **Brasilianer**, die **Brasilianerin** |

| | |
|---|---|
| **Argentina** [ˌɑːdʒənˈtiːnə] *n* | **Argentinien** |
| **Argentinian** [ˌɑːdʒənˈtɪnɪən] *adj, n m/f* | **argentinisch**; der **Argentinier**, die **Argentinierin** |
| **Asia** [ˈeɪʃə] *n* | **Asien** |
| **Asian** [ˈeɪʃn, ˈeɪʃn, ˈeɪʒn] *adj, n m/f* | **asiatisch**; der **Asiate**, die **Asiatin** |
| **Arabia** [əˈreɪbɪə] *n* | **Arabien** |
| **Arabic** [ˈærəbɪk] *adj, n* | **arabisch**; **Arabisch** |
| **Arab** [ˈærəb] *n m/f* | der **Araber**, die **Araberin** |
| **Turkey** [ˈtɜːkɪ] *n* | die **Türkei** |
| **Turkish** [ˈtɜːkɪʃ] *adj, n* | **türkisch**; **Türkisch** |
| **Turk** [tɜːk] *n m/f* | der **Türke**, die **Türkin** |
| **Israel** [ˈɪzreɪl] *n* | **Israel** |
| **Israeli** [ɪzˈreɪlɪ] *adj, n m/f* | **israelisch**; der **Israeli**, die **Israeli** |
| **Hebrew** [ˈhiːbruː] *adj, n* | **hebräisch**; **Hebräisch** |
| **China** [ˈtʃaɪnə] *n* | **China** |
| **Chinese** [tʃaɪˈniːz] *adj, n, n m/f* | **chinesisch**; **Chinesisch**; der **Chinese**, die **Chinesin** |
| **Japan** [dʒəˈpæn] *n* | **Japan** |
| **Japanese** [ˌdʒæpəˈniːz] *adj, n, n m/f* | **japanisch**; **Japanisch**; der **Japaner**, die **Japanerin** |
| **India** [ˈɪndɪə] *n* | **Indien** |
| **Indian** [ˈɪndɪən] *adj, n m/f* | **indisch**; der **Inder**, die **Inderin** |
| **Australia** [ɒˈstreɪlɪə] *n* | **Australien** |
| **Australian** [ɒˈstreɪlɪən] *adj, n m/f* | **australisch**; der **Australier**, die **Australierin** |
| **New Zealand** [ˌnjuː ˈziːlənd] *n, adj* | **Neuseeland**; **neuseeländisch** |
| **New Zealander** [ˌnjuː ˈziːləndə] *n m/f* | der **Neuseeländer**, die **Neuseeländerin** |

| | |
|---|---|
| **Africa** ['æfrɪkə] *n* | **Afrika** |
| **African** ['æfrɪkən] *adj, n m/f* | **afrikanisch**; der **Afrikaner**, die **Afrikanerin** |
| **South Africa** [ˌsaʊθ 'æfrɪkə] *n* | **Südafrika** |
| **South African** [ˌsaʊθ 'æfrɪkən] *adj, n m/f* | **südafrikanisch**; der **Südafrikaner**, die **Südafrikanerin** |
| **Egypt** ['iːdʒɪpt] *n* | **Ägypten** |
| **Egyptian** [ɪ'dʒɪpʃn] *adj, n m/f* | **ägyptisch**; der **Ägypter**, die **Ägypterin** |
| **Bahamas** [bə'hɑːməz] *n* | **Bahamas** |
| **Barbados** [bɑː'beɪdɒs] *n* | **Barbados** |
| **Cameroon** [ˌkæmə'ruːn] *n* | **Kamerun** |
| **Cuba** ['kjuːbə] *n* | **Kuba** |
| **Falkland Islands** ['fɔːklənd ˌaɪləndz] *n* | die **Falklandinseln** |
| **Ghana** ['gɑːnə] *n* | **Ghana** |
| **Jamaica** [dʒə'meɪkə] *n* | **Jamaika** |
| **Kenya** ['kenjə] *n* | **Kenia** |
| **Malta** ['mɔːltə] *n* | **Malta** |
| **Nigeria** [naɪ'dʒɪərɪə] *n* | **Nigeria** |
| **Puerto Rico** [ˌpwɜːtə 'riːkəʊ] *n* | **Puerto Rico** |
| **Ruanda** [*BE:* rʊ'ændə, *AE:* rʊ'ɑːndə] *n* | **Ruanda** |
| **Samoa** [sə'məʊə] *n* | **Samoa** |
| **Sierra Leone** [sɪˌerə lɪ'əʊn] *n* | **Sierra Leone** |
| **Singapore** [*BE:* ˌsɪŋə'pɔː, *AE:* ˌsɪŋəpɔːr] *n* | **Singapur** |
| **Tanzania** [ˌtænzə'niːə] *n* | **Tansania** |
| **Uganda** [juː'gændə] *n* | **Uganda** |
| **Zimbabwe** [zɪm'bɑːbweɪ] *n* | **Simbabwe** |

## A

## C

## F

## G

## H

# M

## N



## O

## P

## T

## V

## W

## Y



## Z

## A

## B

## C

## D

## E

## F

## G

## H

## N



## O

## S